海关高等教育教材
HAIGUAN GAODENG JIAOYU JIAOCAI

# 会计学基础

## FUNDAMENTALS OF ACCOUNTING

潘裕文◎主 编

中国海关出版社有限公司
·北京·

**图书在版编目（CIP）数据**

会计学基础/潘裕文主编 .—北京：中国海关出版社有限公司，
2022. 2

ISBN 978-7-5175-0572-3

Ⅰ. ①会… Ⅱ. ①潘… Ⅲ. ①会计学
Ⅳ. ①F230

中国版本图书馆 CIP 数据核字（2022）第 031167 号

**会 计 学 基 础**

**KUAIJIXUE JICHU**

主　　编：潘裕文
责任编辑：邹　蒙
出版发行：中国海关出版社有限公司
社　　址：北京市朝阳区东四环南路甲 1 号　　邮政编码：100023
网　　址：www. customskb. com/book
编 辑 部：01065194242-7530（电话）
发 行 部：01065194221/4238/4246/4247（电话）　　01065194233（传真）
社办书店：01065195616/5127（电话）　　01065194262/63（邮购电话）
https：//weidian. com/？userid＝319526934（网址）
印　　刷：北京工商事务印刷有限公司　　经　　销：新华书店
开　　本：787mm×1092mm　1/16
印　　张：25. 25　　字　　数：597 千字
版　　次：2022 年 2 月第 1 版
印　　次：2022 年 2 月第 1 次印刷
书　　号：ISBN 978-7-5175-0572-3
定　　价：68. 00 元

# “海关高等教育教材”丛书序

我国古代海关的起源，一般认为是在西周，至今已有三千多年的历史。其名称几经变迁，经历过关、塞、关楼、津、市、市舶司、月港督饷馆、钞关、户关、工关、榷关、常关等，直到清代康熙二十四年（1685年），中国历史上才第一次出现了正式的、以海关命名的进出境关口。1840年鸦片战争以后，中国沦为半殖民地半封建国家，丧失了关税自主权和海关行政管理权。为培养我国自己的税务、海关人才，清政府于1908年在北京创办了税务学堂。1913年，北洋政府教育部批准将税务学堂改名为税务专门学校。在四十余年的办学中，该校为中国海关培养了两千余名专业人才。

中华人民共和国的海关专业教育起步于1953年，以上海海关学校的设立为标志。1980年经国务院批准，上海海关学校升格为上海海关专科学校。1996年更名为上海海关高等专科学校。2007年3月，教育部批准在上海海关高等专科学校的基础上设立上海海关学院，设置了管理学、经济学、法学、文学等若干本科专业。上海海关学院作为全国唯一系列设置海关类课程和专业的本科院校，承担着传播海关专业知识、培养海关专门人才、进行海关学术研究、开展海关国际交流与合作的重任。

上海海关学院的发展，事关人才培养重任，事关国家的海关改革与发展，如何更好地服务国家战略，需要我们冷静思考、科学规划、抓住机遇、真抓实干，在新的起点上以新的办学思路、新的办学举措、新的办学业绩来适应新时代海关事业的改革与发展，以及国际经济贸易的发展。

在海关总署党组的领导和全国海关的支持下，升本后的上海海关学院严格按照教育教学规律组织教学工作，夯实教学管理基础，切实加强教学监控，狠抓人才培养质量，并积极探索构建以海关学为核心的学科群，探讨海关学基础理论，明确海关学的研究对象，建立包括海关管理学、海关法学、关税学等在内的二级学科理论体系，努力使中国海关拥有与自身地位相匹配的学科地位。

为满足迅速发展的海关高等教育的实际需要，2009年以来，学校连续两轮组织教师编写“海关高等教育教材”。该套教材涵盖了海关法律、关税、商品归类、海关估价、海关稽查、海关统计、风险管理、原产地规则、海关专业英语等诸多内容，具有涉及海关专业诸多领域、专业性强、偏重原理、强调理论和实践相结合等特点。“海关高等教育教材”不仅能满足海关高等教育的需要，同时也是对海关实践的理论总结，对丰富和发展海关学科专业，构建以海关学为核心的学科群具有重要的意义。

自2015年起，在教材使用的基础上，我们认真总结教材编写方面的经验，贴合海关和外经贸事业发展对人才培养的实际需求，启动新一轮教材体系建设工作。我们将始终坚持以教材体系建设为抓手，推动学校走特色办学、内涵建设发展之路，着力在“三型一高”，即应用型、复合型、涉外型的高素质人才培养方面发挥应有的作用，早日实现建设海关特色鲜明、服务国家战略、具有国际影响力的世界一流高等学府的办学目标。我们相信，本着科学、务实、与时俱进的精神编写的教材，不仅能够为学校的教学提供科学适用的教材，也将为海关学科建设和人才培养做出积极的贡献。

上海海关学院院长 丛玉豪

2018年2月

# 前　言

经济全球化的高速发展，使会计成为一种国际通用的“商业语言”，并在当今社会中发挥着不可替代的作用。会计不仅为社会各界提供管理决策所必需的信息，而且，会计信息还成为政府制定宏观经济政策的重要依据。会计是从事经济和管理工作的人员所必须掌握的一门基础知识。经济发展的日新月异对会计教育造成了巨大的影响，实务操作中的新业务和新问题不断涌现，对于高校会计课程的教学目标、内容和方法，提出了新的更高的要求，会计课程的教材建设显得十分必要。为此，我们在总结多年积累的会计理论研究与教学实践经验的基础上，精心编著了这本《会计学基础》教材。

本书以会计学的基本理论、基本方法和基本操作技能为主线，并辅以制造业企业一般经济业务为例，介绍了账户设置、复式记账、填制和审核会计凭证、登记账簿、财产清查、编制财务报表等会计核算方法的具体应用。用通俗易懂的语言来阐述会计学的基本概念与理论，强调会计基本方法的整体性和应用性，从而较好地体现出会计学基础理论体系的严谨性，并从企业会计实际工作出发，描述企业经济业务，列举了大量的会计实务案例。本书的主要特点体现在以下方面。

一是吸收最新会计准则和税法的改革成果。本书依据 2017 年 11 月 4 日修订的《中华人民共和国会计法》及新颁布和修订的《企业会计准则》、《会计基础工作规范》、财政部 2019 年发布的《关于修订印发 2019 年度一般企业财务报表格式的通知》、2018 年 3 月 28 日国务院常务会议决定对增值税税率进行调整的《增值税会计处理规定》等法规，以及 2019 年 3 月 20 日《政府工作报告》关于增值税减税减免的政策等相关内容编写，以保证教材的时效性与准确性。

二是强调会计理论对会计方法与实务的指导作用。会计基本理论、方法和技能构成了会计学课程的完整内容体系。会计理论应是会计学课程内容的核心部分，是学习者必须掌握的重点和难点内容。难度越大，越应当对这部分内容给予特别重视。为此，本书对相关的会计理论进行了必要整合，并采用特别提示、补充材料、相关链接、图解、例示及文字描述等多种方式，对会计理论内容进行了深入浅出、通俗易懂的阐释，力求做到以会计理论贯穿全书，使其与会计方法和技能的应用等内容有机地融于一体，使学生能感受到会计理论对会计实务的巨大影响力及其指导作用，进而达到对会计既知其然更知其所以然，并能熟练加以运用的目的。

三是总体内容适量，体系完整。本书理论体系安排科学合理，按照教学的基本规律设计，先易后难，循序渐进。在体例设计上，每章除了正文外，还配有章前导读、本章学习目标、本章重点、本章思维导图、本章小结、关键词汇、练习与思考等，以夯实学生的理论基础。除此之外，教材还配有分章案例分析，通过增加大量的企业实际案例，来拓宽学生视野，让他们紧跟时代潮流，实现理论与实务的深度融合。通过构建多元化立体性教学、学习资源，强化学生能力培养。

本书可作为高等院校会计学、财务管理、审计学及其他经济管理类专业学生的教材，也可作为从事会计、经济管理、金融等实际工作者的参考书。

本书由潘裕文担任主编，负责总体框架的设计、写作大纲的拟订和编写的组织工作。各章的撰写具体分工为：第一、二、三、八、九、十章由潘裕文编写，第四章由陈苏明编写，第五、六章由张向丽编写，第七章由唐钰琳编写，高琦负责全书统稿。

本书在编写过程中得到了上海海关学院王文华教授、李红霞教授、姬青燕副教授和尤雪英副教授的大力支持和帮助，中国海关出版社有限公司的编辑也提出了许多宝贵的意见。谨在此向他们表示衷心的感谢！因编著参考了大量书籍和网上资料，在此，向所有被引用到本教材的书籍和资料的作者表示最真诚的感谢！

本书虽经多次修改，但限于作者水平，难免有一些缺点、错误和不足之处，恳请同行和读者批评指正，以便本书得到进一步修改完善。

编　者

2021 年 5 月

# 目　录

# 第一章 总 论

## 章前导读

社会越发展，会计越重要。会计作为一种国际通用的“商业语言”，有着核算和监督经济业务的基本职能，在经济管理中扮演着重要角色。会计是什么？不同背景的人会给出不同的答案。我国会计理论界曾经就会计的含义展开大量的研究，逐渐形成了“管理活动论”和“信息系统论”两个主流学派。管理活动论认为，会计是人类进行经济管理的一种活动，会计本身就具有经济管理的职能，因此，会计应主动地对经济活动进行控制、监督或管理。信息系统论认为，会计是旨在为提高企业和各个单位的经济效益，加强经济管理而建立的一个以提供财务信息为主的经济信息系统。本章第一节介绍了会计产生与发展的过程，阐明了会计环境对会计的影响；第二节阐述了会计的基本概念、职能和目标；第三节对会计核算的基本前提、基础和会计信息质量要求的相关内容做了描述；第四节介绍了会计核算方法和会计循环。

## 本章学习目标

⊙了解会计产生的原因与发展的过程，理解会计的概念与特点；
⊙了解会计的基本职能，理解会计核算与会计监督的关系；
⊙理解会计的目标；
⊙理解并掌握会计基本假设、会计核算基础、会计信息质量要求；
⊙掌握会计核算的基本方法。

## 本章重点

会计的概念与特点；会计假设、会计核算基础，以及会计信息质量要求的应用。

## 本章思维导图

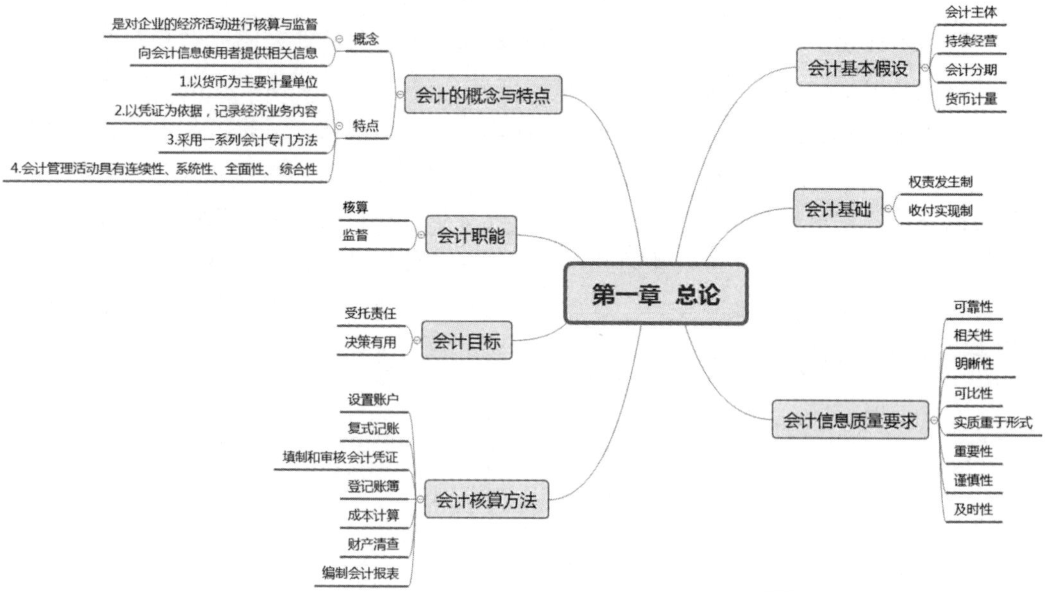


# 第一节 会计的产生与发展

## 一、会计的产生

会计的产生与发展历史源远流长，其历史起点可以追溯到人类的史前时期。在中国、巴比伦、埃及、希腊，以及世界上其他古老的国度里，会计的发展都经历了原始计量、记录时代，原始计量、记录是处于萌芽状态的会计行为。

会计是经济管理的一个重要组成部分。任何社会都不能离开物质资料的生产。在物质资料的生产过程中，人们十分关心生产中的耗费和生产成果，总希望用尽可能少的劳动耗费创造出尽可能多的物质资料。为此，就必须加强对生产活动的管理，即对生产耗费和生产成果进行记录、计算、对比、分析，借以掌握、控制生产活动的过程和结果。正因为管理要求对生产活动进行观察、计量、记录、汇总、分析，于是便产生了会计。

会计是社会生产的产物，是伴随着生产和经济的发展而发展的。在人类社会初期，生产力水平很低，人们对生产的消耗与成果的计算，通过头脑记忆或采用“结绳记事”“刻木记事”，在生产的同时附带做些简单的收支符号即可。之后由于生产过程日益复杂，剩余产品逐渐增多，单凭头脑记忆和附带做些记录已经不能满足管理和反映生产活动的要求。人们对经济管理的要求越来越高，作为经济管理活动的会计工作，必须从生产的职能中分离出来，成为独立的职能。据史书记载，早在我国西周时期，就设有专门的官吏，掌管朝廷的财务赋税，进行“日成、月要、岁会”的工作，零星算之为计，总合算之为会，这可以算是我国会计含义的起源。

## 二、会计的发展过程

早期的会计是比较简单的，只是对财物的收支进行计算和记录。随着社会生产的日益发展和科学技术水平的不断进步与提高，会计经历了一个由简单到复杂、由低级到高级的漫长发展过程。一般认为，会计的发展过程主要经历了古代会计、近代会计和现代会计三个历史阶段。

### （一）古代会计阶段

古代会计，从时间上看，是从旧石器时代中晚期到封建社会末期的这段漫长的时期。人类原始计量记录行为的产生是以人类生产行为的发生、发展作为根本前提的，它是社会发展到一定阶段的产物。据考证，人类的原始计量记录行为产生于旧石器时代的中晚期，人们通过在山洞内绘出简单的动物图像，在骨片上刻画条痕和在鹿角上刻画纹道来达到管理生产、分配和储备剩余产品的目的。随着生产力的发展，在具备了初步的数的概念后，人们陆续创造出一些符号和表现方法，如“结绳记事”“刻契记数”“绘图记事”等。这些原始的简单记录，就是会计的萌芽。随着生产力的进一步发展，科技的进步，劳动消耗和劳动成果的种类不断增多，出现了大量的剩余产品，会计逐渐“从生产职能中分离出来，成为特殊的、专门委托的当事人的独立的职能”。据马克思的考证，在原始的规模小的印度公社已经有了一个记账员，登记农业项目，记录与此相关的一切事项，这便是早期的会计。

据史书记载，中国“会计”一词最早出现于西周，在朝廷设有“司会”之官职主管会计工作。“会计”主要指对收支活动的记录、计算、考察和监督。《孟子正义》对“会计”一词的解释为：“零星算之为计，总和算之为会。”秦汉时期会计记录使用“入出”作为记账符号，创立了账簿（当时叫“簿书”或“簿”，如谷簿、钱簿等）。唐宋时期作为中国封建经济发达的时期，在单式簿记的结账和报账方面做出了很大的贡献。在唐朝由流水账和誊清账组成的账簿体系已初步形成。宋代更发明了“四柱清册”的结账与报账方法，被称为四柱结算法。

四柱清册把一定时期内财物收付的记录，通过“旧管、新收、开除、实在”四个部分分类记录，并可以进行平衡检验。其相互关系为：旧管+新收=开除+实在。这个关系式相当于现在企业用于库存结算时的计算公式：上期期末（或本期期初）结存+本期收入=本期支出+本期期末结存，将我国的单式收付簿记提高到一个较为科学的水平。

明末清初，中国出现了满足商业上核算盈亏需要的“龙门账”。“龙门账”将全部账目分为四类：进（收入）、缴（支出及费用）、存（财产及债权）、该（投资和债务），这四个项目的关系式可以表述为：进-缴=存-该。

年终结账时，按照上述计算公式，从两方面计算盈亏，使其相符，即：进-缴=盈亏。相符（合龙门）于：存-该=盈亏。

明末清初，随着我国商品货币经济进一步发展，民间商业界又在“龙门账”的基础上有所创新，建立和运用了“四脚账”。“四脚账”又叫“天地合”，其特点是发生经济活动，均在账簿上记录两笔账，既要登记某一账项的来账方面，同时又要登记这一账项的去账方面，反映了同一账项的来龙去脉，已基本接近近代会计的“复式记账”原理。

古代会计突出的代表主要是会计具有独立的职能，直至形成比较完备的单式簿记的阶段。处在这一发展阶段的会计，会计核算的范围包括了统计生产过程中各种耗费与所得量以及对业务过程（生产过程）的核算，以后逐渐与统计和业务核算分开。

### （二）近代会计阶段

近代会计，从时间上看，是从 1494 年意大利数学家卢卡·帕乔利（Luca Pacioli）《算术、几何、比及比例概要》一书的出版到 20 世纪 40 年代末期这段时间。

15 世纪，意大利的佛罗伦萨、热那亚、威尼斯等地的商业和金融业极其繁荣，日益发展的商业和金融业要求不断改进和提高已经流行于这三个城市的复式记账方法，复式记账技术首先来自银行的存款转账业务。为适应实际需要，1494 年意大利数学家卢卡·帕乔利在他出版的《数学大全》中的《算术、几何、比及比例概要》一书中，结合数学原理从理论上全面系统地介绍了威尼斯簿记法，即借贷记账法，并介绍了以日记账、分录账和总账三种账簿为基础的会计制度，这部著作是作者三十多年的心血和结晶。该著作一经问世，便轰动了意大利的数学界，在会计发展史上，其地位是空前绝后的。世界会计史学界认为，自这一著作问世之后，整个会计界才从对会计实务的研究中摆脱出来，从而向着会计理论研究的方向发展。这是会计发展史上的第一个里程碑，标志着近代会计的最初产生。

15 世纪至 18 世纪，会计的理论与方法的发展仍然是比较缓慢的。直到蒸汽技术的发明实现了社会的工业革命，才使得会计有了较大的发展。在英国，由于生产力的迅速提高，会计迅速发展。过去，会计主要是记账和算账，现在还要编制和核查报表，而为了满足编制财务报表的需要，还要求研究资产的估价方法和有关理论等。1600 年，世界上第一个公司制企业——英国东印度公司诞生，社会经济生活中的各种经济关系真正地摆在了人们面前，人们对会计公正性的要求也随之日益增强。1853 年，在英国苏格兰又成立了世界上第一个注册会计师专业团体——爱丁堡会计师协会，并于 1854 年被授予皇家特许证，允许它的会计师冠以“特许会计师”的头衔，会计开始成为一种社会性专门职业和通用的商务语言，这被称为会计发展史上的第二个里程碑。

第一次世界大战以后，美国取代了英国，无论从生产还是科学技术的发展上都处于遥遥领先的地位。因此，会计学的发展中心，也从英国转移到美国。20 世纪 20 年代和 30 年代，美国对标准成本会计的研究有了突飞猛进的发展。到这一时期，会计方法已经比较完善，成本计算、会计报表分析、财产估价原则、标准成本制度等不断地被应用到会计中，使近代会计进入了成熟期。

在这一时期的中国，由于受长期的封建社会和闭关锁国的影响，会计的发展比较缓慢。

近代会计是从运用复式记账开始的。近代商品货币经济的发展推动了会计的发展，在会计的内容上，经历了由对经济过程的广泛计算和记录，到对经济过程的特定方面——价值运动计算、记录的发展，从而使会计形成了独立的、较为科学的会计方法体系。

与古代会计比较，近代会计的主要特点如下：

(1) 有可能以货币为统一的计量单位，限定了会计的内容，又为会计方法的科学发展奠定了基础；

(2) 采用了复式记账法，形成了一个严密的账户体系，为近代会计的形成奠定了基础；

(3) 适应商品货币经济的需要，为建立以企业为中心的会计学科体系奠定了基础。

### （三）现代会计阶段

现代会计，从时间上看，是以20世纪40年代为起点的。现代会计阶段实现了由簿记到会计的转变。在这一会计发展阶段，会计理论与会计实务都取得了惊人的发展，标志着会计的发展进入成熟时期。

在经济活动日趋复杂，生产日益社会化，人们的社会关系更加广泛的情况下，会计的地位和作用，会计的目标，会计所应用的原则、方法和技术都在不断发展、变化并日趋完善，并逐步形成自身的理论和方法体系。另外，科学技术水平的提高也对会计的发展起到了很大的促进作用。现代数学、现代管理科学与会计的结合，特别是电子计算机在会计数据处理中的应用，使会计工作的效能发生了很大变化，它扩大了会计信息的范围，提高了会计信息的精确性和及时性。由此，20世纪中叶，比较完善的现代会计逐步形成。一般认为，成本会计的出现和不断完善，在此基础上管理会计的形成和与财务会计相分离而单独成科，是现代会计的开端。

第二次世界大战以后，生产社会化程度有了大幅度提高，对会计信息的要求也日趋迫切。同时，由于先进技术在多方面的应用，促进了生产力的提高和企业组织形式的改变，作为一门应用学科的会计，必然也要适应这些变化。

从会计计算和记录技术的变化方面来看，随着电子计算机的应用及普及，会计逐步由手写发展为电子数据处理系统。会计电算化促进了会计信息传递速度的加快与使用范围的扩大，从而使会计信息的作用更加重要，为会计职能的充分发挥创造了有利的条件。因此，电子计算机在会计中的普遍应用，是现代会计发展史上的一个重要里程碑。

从会计信息的需要方面来看，社会化的大生产，使所有权与经营权进一步分离，从而导致外部与企业利益的相关者特别关注能反映企业经营成果和财务状况的会计信息。同时，会计工作者也日益向企业的管理部门、生产技术领域等基层单位渗透，从而与企业的日常管理活动紧密相关。在这种环境下，会计理论和方法随着企业内部和外部对会计信息的不同要求而分化为两个领域，即管理会计和财务会计，并基本形成了各自的理论体系及相应的程序和方法。

财务会计与管理会计之间的密切联系主要表现在：它们都是会计信息系统的重要组成部分，也都是企业经营管理的基本组成部分。在实际工作中，两者在会计核算部分具有共同的基础，即原始资料相同。以此作为基础，财务会计与管理会计基于不同的信息使用者需求的侧重点不同，各自对原始资料进行加工、整理。同时，它们的服务对象也有交叉，尽管财务会计侧重于为企业外部利益相关者服务，但是，它也为企业内部经营管理者服务，而管理会计虽然侧重于为企业内部经营管理者服务，同样它也可以为企业外部利益相关者服务。

财务会计与管理会计之间存在的差异主要表现在：第一，财务会计强调过去，管理会计则强调未来；第二，财务会计以会计主体为核心，管理会计则强调多元的主体观念，即管理会计根据需要可将一个部门、一条生产线或一个项目作为主体；第三，财务会计是一种强制性的会计信息系统，受“公认会计原则”的制约，必须按有关规定定期提供财务报表，管理会计则是非强制性会计信息系统，不受“公认会计原则”的制约，可根据决策的需要提供相关信息；第四，财务会计注重可证实性和货币性信息，管理会计则强调可证实性，并强调数量信息与质量信息、货币性信息与非货币性信息并重；第五，财务会计侧重于对企业外部利益相关者提供有助于决策的信息，管理会计则侧重于为企业内部经营管理者提供相关信息。

目前，人类社会已经进入空前的迅速发展时期。新兴技术层出不穷，并渗透到社会生产、生活的一切领域，对经济增长和社会演变产生了深远的影响。西方一些未来学家认为，旧的工业文明正在消失，新的产业革命已经开始，人类正转向信息社会。时间在超强度地缩短，空间在奇迹般地扩大，大千世界，瞬息万变，传统工业、传统社会正面临着新的挑战。新技术革命正凝聚着新文明如潮水般地冲击着人类知识体系的各个学科领域。这在客观上就要求摒弃那些过时了的知识体系和价值观念，以便与现代科学、现代社会发展的节奏合拍。为此，各个学科都在着手研究本学科的发展动向和发展趋势。会计作为一门技术性极强的经济管理科学，也在逐步发展和完善，成为一套不仅具有完整的理论与方法的体系，并且随着信息理论与信息技术的发展来参与生产经营的预测、决策和控制。

纵观会计学的发展史，会计的产生和发展离不开生产和经济的发展，而生产和经济的发展也离不开会计的产生和发展。生产和经济愈发展会计也愈发展，生产和经济愈重要会计也愈重要；两者相比较，生产和经济是第一位的，会计是第二位的，但是，在现在的环境和条件下，会计甚至起到决定性的作用。可以预见，随着世界经济的进一步发展，会计将在经济建设中发挥更加重要的作用。

## ? 思考

现代人一般认为会计就是算账、记账、报账。会计的产生与发展是否与社会环境有关？为什么？

## 知识链接

会计之最：

- 中国有关会计事项记载的文字，最早出现于商朝的甲骨文。
- 中国“会计”称号的命名和会计的职称均起源于西周。中国会计机构最早设立于西周，设司会之职主管会计，为计官之长。
- 中国最早对会计进行论述与评价的著名人物是孔子，他曾主管仓库，提出“会计当而已矣”。

• 中国最早的会计专著为唐代的《元和国计簿》，由史官李吉甫撰写，元和二年(807年)十二月面世，共十卷。

• 我国最早的复式记账法（龙门账）产生于明朝末年（1640年），相传为山西人傅山所创。

• 我国第一位会计师是谢霖，他于1918年9月取得北洋政府农商部核发的第一号会计师证书。中国第一位女会计师是张蕙生，她于1930年取得会计师执照。

• 我国第一个会计师事务所为“正则会计师事务所”，由谢霖、秦开等人于1918年创办。

# 第二节 会计的概念、职能和会计目标

## 一、会计的概念与特点

### （一）会计的概念

会计本身是一个不断发展的概念。关于会计的概念，不同背景的人会给出不同的答案。我国会计理论界曾经就会计的含义展开大量的研究，逐渐形成了“管理活动论”和“信息系统论”两个主流学派。管理活动论认为，会计是人类进行经济管理的一种活动，会计本身就具有经济管理的职能，因此会计应主动地对经济活动进行控制、监督或管理。信息系统论认为，会计是旨在为提高企业和各个单位的经济效益，加强经济管理而建立的一个以提供财务信息为主的经济信息系统。

所谓会计，是以货币为主要计量单位，采用专门的方法，对企业的经济活动进行核算和监督，旨在向企业内、外部的会计信息使用者提供反映企业财务状况、经营成果和现金流量的相关信息，它是一个经济信息系统，同时也是一项旨在提高经济效益的管理活动。

根据提供信息的对象不同，现代会计分为财务会计和管理会计两大分支，其中向企业外部信息使用者提供信息的为财务会计，向企业内部管理人员提供信息的为管理会计。

**? 思考**

从会计的概念中，你能了解什么信息？

### （二）会计的特点

**1. 以货币为主要计量单位**

以货币为主要计量单位主要指的是进行会计核算或监督，得到信息或提供信息时，主要以货币，也就是说是以价值的形式来进行核算和监督有关信息，提供有关信息。

会计提供的信息，可以简单地称为财务会计信息，它最终提供的是要反映整个企业整体的经济活动的信息，这些信息是具有综合性的，而要满足综合性，其他的计量单位是无法做到的。

一般综合性的计量单位往往包括实物计量、价值计量、劳动计量三个方面。

实物计量和劳动计量，在某种程度上，可以得到相应的信息，但是实物计量，更多体现的是一种使用价值，不便于综合；而劳动计量，可以进行综合，但是劳动计量在具体企业的经济活动方面，由于涉及的面很广、很具体，往往找不到具体的计量标准，所以劳动计量也不便于综合计量。所以，会计要综合反映整个企业的经济活动或者经营活动的整体全貌必须以货币为主要计量单位。

**2. 以凭证为依据，记录经济活动过程，并明确经济活动的责任**

企业等单位在经济活动过程中，每发生一项经济业务，都必须取得或填制合法的书面凭证。这些凭证不仅记录着经济业务的过程，而且明确经济活动的责任。会计必须根据合法的凭证记账、算账。如果没有合法的凭证，会计就不得做任何正式的记录。这是会计的又一个特点，它说明会计的记录都是有凭有据的，能如实地反映经济活动的真实情况。

**3. 采用一系列会计专门方法**

会计目标是要得到相应的财务会计信息，而方法就是处理得到这些会计信息专门的工具。所以，专门的方法是会计学中最主要的内容。会计运用着一系列科学的专门的核算方法，且这些专门的方法相互联系，相互配合，各有所用，构成一套完整的核算经济活动过程和经营成果的方法体系，有效地发挥会计应有的作用。会计核算的专门方法包括：设置账户、复式记账、填制和审核会计凭证、登记账簿、成本计算、财产清查和编制会计报表等。

**4. 会计管理活动具有连续性、系统性、全面性和综合性**

会计在进行核算和监督企业生产经营活动时，必须是连续地进行反映，而不能中断；系统性，正因为是连续性地反映，所以在反映过程中还应该体现系统性，这样便于人们对信息的使用。同时，对于提供的信息，在满足连续和系统的基础上，还要考虑全面性，也就是说只要涉及这个企业的生产经营活动，能够以货币计量的事物都应该进行反映，而不能遗漏。由于反映的过程体现了全面性，所以在提供有关会计信息时还应体现综合性。

## 二、会计职能

会计职能是指会计在经济管理中所具有的功能。会计的基本职能可以概括为两个——核算和监督。

### （一）会计的核算职能

会计的核算职能是指对大量的经济业务进行记录、计算、整理和汇总，并通过记账、算账、报账等程序，全面、完整、综合地反映经济活动的过程和结果，为经济管理和投资决策提供有用的信息。

**1. 会计核算的特点**

(1) 会计主要以货币为计量单位，核算各单位的经济活动状况。会计在核算经济活动时，主要使用货币度量，其他度量指标和文字说明只是其附带部分。这是因为，货币是商品交换的一般等价物，具有价值尺度的功能。会计只有借助于货币度量，才能把各种性质相同或不同的经济业务加以综合，求得资产、负债、所有者权益、收入、费用和利润等价值量的综合指标，以总括反映各单位错综复杂的经济活动过程和结果。

(2) 会计核算已经发生的经济活动状况，具有可验证性。会计提供的信息是面向过去的，即是各单位过去的一个时期内发生的经济活动状况。而且会计提供的信息必须符合规范，即必须按照会计准则、制度来核算。因此，会计提供的信息具有可核性，即具有可重复验证的特征。

(3) 会计的核算具有完整性、连续性和系统性。所谓完整性，是指对属于会计内容的全部经济业务都必须加以记录，不能有任何遗漏；所谓连续性，是指对经济业务的记录和核算是连续的，按发生的先后顺序，逐日、逐笔，不能间断；所谓系统性，是指用科学的核算方法，对会计信息进行加工处理，保证提供的会计信息资料能够成为一个有序的整体。

**2. 会计核算的组成内容**

根据2019年10月财政部《中华人民共和国会计法修订草案（征求意见稿）》的规定，会计核算的内容包括：

(1) 资产、负债、净资产的增减变动；

(2) 收入、支出、费用的增减变动；

(3) 财务成果的计算和处理；

(4) 需要办理会计手续、进行会计核算的其他事项。

### (二) 会计的监督职能

会计的监督职能是指利用各种价值指标，通过预测、决策、控制、分析、考评等具体方法，促使一个单位的经济活动按照规定的要求运行，以达到预期的目的。

**1. 会计监督的特点**

(1) 会计监督贯穿整个经济活动过程。会计监督包括事前监督、事中监督和事后监督。事前监督是指在经济活动开始前进行的监督，即审查未来的经济活动是否符合有关部门法令、制度、规定和计划，在经济上是否可行；事中监督是指对正在发生的经济活动过程及取得的核算资料进行审查，并以此纠正经济活动进行过程中的偏差或失误，促进经济活动按规定的要求正常运行；事后监督是指对已经发生的经济活动以及相应的核算资料进行审查、分析，并在此基础上总结经验，揭露矛盾，促进改善管理。

(2) 会计监督主要是通过价值指标来进行。由于各个单位的经济活动都同时伴随着价值运动，表现为价值量的增减变化，因此，会计监督通过价值指标可以全面、及时、有效地控制各个单位的经济活动。

2. 会计监督的内容

(1) 监督会计资料的真实可靠;

(2) 监督经济业务的合法性、合理性;

(3) 监督企业财产的安全和完整;

(4) 监督财经法规和财经纪律的执行情况。

近年来,由于经济的发展和管理理论的完善,关于会计职能的观点有所扩展,除核算和监督职能以外,会计还有参与经营决策的职能,即会计要利用提供的信息资料,对各种可行性方案,从经济效益出发,做出最佳选择和决断。有的观点还将此职能再细分为预测、决策、控制和分析等职能,其实,这些职能可以包括在会计监督的职能范围之内。因此,会计的基本职能是核算与监督,这仍然是被普遍接受的观点。

## 三、会计目标

会计目标是指会计工作应该达到的目的和标准,即向财务会计报告使用者提供与企业财务状况、经营成果和现金流量等有关的会计信息,反映企业管理层受托责任履行情况,有助于财务会计报告使用者做出经济决策。具体表现为以下两点:

### (一) 向会计信息使用者提供决策有用的会计信息

在市场经济条件下,企业处于错综复杂的经济关系之中,其生产经营活动与政府及有关部门、投资者、债权人、企业管理层和社会公众等方面存在着密切联系,都需要利用会计信息进行经济决策。政府及有关部门需要了解企业的会计信息来监督企业的有关活动,从而制定税收政策,进行税收征管及国民经济宏观调控;债权人、投资者和社会公众需要了解企业的会计信息来做出是否对企业进行信贷或投资的决策;企业管理层则需要利用会计信息做出相应的生产经营决策。因此,企业提供的会计信息,应当有助于会计信息使用者做出相应的经济决策。这体现了会计目标的“决策有用观”。

### (二) 反映企业管理层受托责任的履行情况

由于所有权与经营权的分离,企业所有者(外部的投资者)与经营者(企业内部管理层)之间的关系实际上是委托与受托关系,所有者把资源委托给经营者运营,经营者则承担资源的受托责任。虽然投资者不直接参与企业的经营活动,但他们需要了解经营者对受托资源的运营情况,关心企业的盈利水平和投资回报。因此,企业管理层负有通过财务报告如实向委托方报告受托责任的履行情况的义务。这体现了会计目标的“受托责任观”。

# 第三节　会计核算的基本前提、基础和会计信息质量要求

## 一、会计核算的基本前提

会计核算的目的是通过连续、系统、全面的记录、计算和反映企业的会计业务，为各个方面提供有价值的会计信息。会计工作总是在变幻莫测的社会经济环境中进行的，复杂的社会经济环境决定了会计活动中必然存在着许多不可预测的或变化不定的因素。会计要能全面反映和控制各种经济活动，对某些经济现象在无法确定其发展趋势与最终演变的情况下，必须经过逻辑推理做出符合客观事实的科学推断，以保证会计核算正确进行。这种合乎情理的推断就是会计假设，又称会计核算的基本前提，它是日常会计处理的必要前提。也就是说，会计核算的基本前提即会计假设，是指对会计资料的收集、整理和报告等所做的合乎逻辑的推理。会计核算对象的确定、会计政策的选择、会计数据的收集都要以这一系列的基本前提为依据。对会计假设的研究中曾出现过很多关于基本假设的概念，迄今为止，普遍得到承认的有会计主体、持续经营、会计分期、货币计量四项假设。

### （一）会计主体

会计主体，又称为会计实体、会计个体，是指会计信息所反映的特定单位或者组织，它规范了会计工作的空间范围。在组织会计核算之前，首先应明确会计为之服务的特定单位，这就是会计主体。简单地说，为“谁”服务，“谁”就是会计主体。因此，我国《企业会计准则——基本准则》第五条规定：“企业应当对其本身发生的交易或者事项进行会计确认、计量和报告。”

凡具有经济业务，又实行独立核算的独立实体，都可以成为一个特定的会计主体。一个会计主体实际上是一个经济责任中心。划分会计主体，就是规定会计活动的空间范围，实际上就是限定会计对象的范围。会计主体假设，可以正确反映企业所有财产和对外应付的债务，准确地计算它在经营中所取得的收益和损失，为决策提供有用的信息。

会计工作的目的是反映一个单位的财务状况、经营成果和现金流量，为包括投资者在内的各个方面做出决策服务。会计所要反映的总是特定的对象，只有明确规定会计核算的对象，将会计所要反映的对象与包括所有者在内的其他经济实体区别开来，才能保证会计核算工作的正常开展，实现会计的目标。

在会计主体前提下，会计核算应当以企业发生的各项交易或事项为对象，记录和反映企业本身的各项生产经营活动。会计主体基本前提，为会计人员在日常的会计核算中对各项交易或事项做出正确判断、对会计处理方法和会计处理程序做出正确选择提供了依据。

需要注意的是，会计主体与法律主体（法人）并非对等的概念，一般来说，法律主体往往是会计主体，而会计主体不一定是法律主体。如一个企业作为一个法律主体，应当建立会计核算体系，独立地反映其财务状况、经营成果和现金流量，因此，它是一个会计主体；又如在企业集团中，一个母公司拥有若干个子公司，企业集团在母公司的统一领导下

开展经营活动。为了全面反映这个企业集团的财务状况、经营成果和现金流量，就有必要将这个企业集团作为一个会计主体，通过编制合并会计报表，反映企业集团整体的财务状况、经营成果和现金流量。企业集团是一个会计主体，而不是一个法律主体。有时，为了内部管理的需要，也对企业内部的部门进行单独的核算，并编制出内部会计报表，企业内部划出的单独核算单位也可以视为一个会计主体，如一个生产车间、分厂、分公司等也可作为一个会计主体。会计主体可以是法人，如企业、事业单位，也可以是非法人，如独资或合伙企业等。

**? 思考**

章平①拥有一家打印社和一家健身馆。但这两家独资企业是分开经营的，是两个独立的会计主体。章平购买了一辆私人汽车，此项交易是否与两家企业有关？为什么？会计上把企业看作独立于业主之外的个体，你认为对吗？为什么？

### （二）持续经营

持续经营，是指在可以预见的将来，企业将会按当前的规模和状态继续经营下去，不会停业，也不会大规模削减业务。一个正在经营的企业的未来发展方向只可能有两种：一是按照经营目标持续经营，二是经营不善导致破产清算。不同的发展方向决定了企业采用不同的方法进行核算。从企业经营实践来看，绝大多数企业确实能够持续经营下去，破产、清算毕竟只是少数。因此，《企业会计准则——基本准则》第六条规定："企业会计确认、计量和报告应当以持续经营为前提。"

持续经营假设是把企业看作永久存在的实体，其业务经营是无限期地持续下去的。会计主体假设为会计的活动做了空间上的规定，而持续经营假设则为会计的正常活动做了时间上的规定。明确这个基本前提，就意味着会计主体将按照既定用途使用资产，按照既定的合约条件清偿债务，会计人员就可以在此基础上选择会计原则和会计方法。例如，一般情况下，企业的固定资产可以在一个较长的时期内发挥作用，如果可以判断企业会持续经营，就可以假定企业的固定资产会在持续经营的生产经营过程中长期发挥作用，并服务于生产经营过程，固定资产就可以根据历史成本进行记录，并采用折旧的方法，将历史成本分摊到各个会计期间或相关产品的成本中。如果判断企业不会持续经营，固定资产就不应采用历史成本进行记录并按期计提折旧。持续经营假设解决了财产计价、费用和收益的确定等问题。

会计主体假设解决会计核算的空间范围，持续经营假设解决会计核算的时间范围，同时持续经营又是会计分期的必要前提。

**? 思考**

如果你是A企业的相关利益人，你想了解A企业的财务状况和经营成果，那么，你

① 本书案例及练习题中涉及的人名、公司名等均为虚构，如有雷同，纯属巧合。

希望A企业在整个持续经营期间，是关门营业前提供一次相关会计信息给你，还是每年一次，或每月一次，或每旬，或每日？哪一种方式更容易满足你及时做出相关决策？

### （三）会计分期

会计分期，又称会计期间，是指将企业连续不断的生产经营活动人为地划分为若干个相等的时间阶段。其目的是能定期地反映企业的财务状况、经营成果和现金流量等信息。《企业会计准则——基本准则》规定：“企业应当划分会计期间，分期结算账目和编制财务会计报告。”

会计分期假设是从持续经营假设引申出来的，也可以说是持续经营的客观要求。企业的经营活动，从时间上看是持续不断的。但是，与企业有利益关系的单位或者个人，需要及时了解企业的财务状况和经营成果，而不可能等待全部经营过程完结之后，再考察企业经营成果。会计上为了确定损益和编制财务报表，定期为信息使用者提供信息，必须将持续不断的经营过程划分成若干期间。因此，会计期间的划分是一种人为的划分，企业的实际经营活动是周而复始地进行的。

会计期间一般按照公历时间划分，分为年、季、月。我国的会计期间按照日历时间划分为年度、半年度、季度和月度。年度、半年度、季度和月度均按公历起讫日期确定。半年度、季度和月度均称为会计中期。《中华人民共和国会计法》（以下简称《会计法》）规定，会计年度自公历1月1日起至12月31日止。

由于有了会计期间假设，便产生了期初和期末、本期和非本期的区别，进而产生了权责发生制和收付实现制，使得不同类型的会计主体有了记账的基准。

会计期间假设确定了会计核算的时间范围，并由此产生了具有期间特点的会计要素，如收入、费用，以及这些要素的确认与计量问题。从这个意义上讲，会计分期为会计核算提供了条件，但同时也为会计具体核算带来了相应的困难，例如，在一个会计期间内，各项资产和负债的变动与现金的收支是不会完全一致的，于是就有了跨期处理的问题等。

**提　示**

并不是所有的国家都按公历起讫日期确定一个会计年度。加拿大、日本、印度以公历4月1日到次年的3月31日为一个会计年度；瑞典、澳大利亚以公历7月1日到次年的6月30日为一个会计年度；美国、缅甸、泰国以公历10月1日到次年的9月30日为一个会计年度；阿富汗、伊朗以公历3月21日至次年3月20日为一个会计年度，等等。

### （四）货币计量

货币计量，是指会计主体在会计核算过程中采用同一种货币作为统一的尺度予以计量，并把企业的经营活动和财务状况的数据转化为按统一货币单位反映的会计信息。货币单位是会计的基本计量单位，其他计量单位，如实物单位、劳动时间单位等都是辅助单位。

企业整个生产经营活动过程中所涉及的业务会表现为一定的实物形态，如厂房、设备、原材料、库存商品等。由于它们的实物形态各异，所以采用的计量单位各不相同。例如，不同资产可以采用的计量单位包括：重量单位、长度单位、面积单位、实物数量单位等多种。由于各种计量单位，如重量、长度、容积、台、件等，只能从一个侧面反映企业的生产经营情况，计量单位之间无法换算，也无法在量上进行汇总和比较，不便于管理和会计计量，因而，要借助不同的计量单位，全面而综合地反映会计主体的经济业务是不太可能的。而货币，作为商品的一般等价物，是衡量一般商品价值的共同尺度，具有价值尺度、流通手段、贮藏手段和支付手段等特点，这决定了它能够作为衡量经济业务价值的共同尺度，以价值形式反映会计主体的财务状况和经营成果。这就产生了货币计量假设。可以说，在会计核算过程中之所以选择货币作为计量单位，是由货币的本身属性所决定的。

**1. 记账本位币的选择**

在货币计量前提下，企业的会计核算一般以人民币为记账本位币。所谓记账本位币，是指会计核算用来作为统一的价值的尺度进行货币计量的币种。它能够保证会计核算的综合性、可比性。随着我国对外开放政策的实施，外商投资企业在我国的迅速发展，国内企业的对外投资和对外贸易的日益增多，许多企业在日常经营活动中以外币收支为主，为便于企业对外开展业务，以简化核算，我国法律规定："业务收支以人民币以外的货币为主的单位，可以选定其中一种币作为记账本位币，但是编报的财务会计报告应当折算为人民币。"可见，在多种货币并存的条件下，我国法律规定会计核算以人民币作为记账本位币，在选择了以人民币作为记账本位币后，发生的外币收支业务，应按照一定的汇率折算为人民币记账。对于业务收支以外币为主的企业，也可以选定某种外币作为记账本位币，但编制的会计报表应当折算为人民币反映。在境外设立的中国企业向国内有关部门报送财务会计报告，也应当折算为人民币进行反映。

**2. 货币计量也假设了币值基本稳定**

货币计量是建立在币值基本稳定基础之上的，这实际上也是一种假设。货币计量实际上是对经济活动进行货币估价，而货币估价的惯例是历史成本计价。采用历史成本计价，就必须假设币值基本稳定，否则会计核算难以进行。币值即使不稳定，只要在允许的范围内变动，仍然可认为币值稳定。当然，如果币值的变动超过了规定的范围，就可能是通货膨胀会计的研究范围了。

综上所述，会计基本假定和会计实务的关系极为密切，会计假设具有相互依存、相互补充的关系。会计主体确认了会计核算的空间范围，持续经营与会计分期确立了会计核算的时间长度，货币计量则是会计核算的必要手段。没有会计主体，就不会有持续经营；没有持续经营，就不会有会计分期；没有货币计量，就不会有现代会计。会计只有在这些基本假定的基础上才能顺利进行核算工作，及时提供会计管理和其他经营管理所需要的资料，以充分发挥会计的作用。

**? 思考**

如果没有会计假设，会计核算能否进行？会产生怎样的后果？

## 二、会计核算基础

会计核算基础，是指在确认和计量一定会计期间的收入和费用时，选择的核算原则和标准，其目的是对收入与费用进行合理配比，进而作为确认当期损益的依据。会计核算的基础有权责发生制和收付实现制两种。我国《企业会计准则——基本准则》第九条规定："企业应当以权责发生制为基础进行会计确认、计量和报告。" 为了便于理解权责发生制，将收付实现制和权责发生制对照起来能够更方便、更有利于理解权责发生制。

### （一）权责发生制

权责发生制又称应收应付制或应计制，是指收入和费用的确认应当以收入和费用实际发生及影响作为确认计量的标准，即凡属本期已获得的收入，不管其款项是否收到，都作为本期的收入处理；凡属本期应负担的费用，不管款项是否付出，都作为本期的费用处理。反之，凡是不应归属于本期的收入，即使款项已经收到并入账，都不作为本期的收入处理；凡是不应归属本期的费用，即使款项已经付出并入账，都不作为本期的费用处理。权责发生制主要是从时间上规定会计确认的基础，其核心是以权利责任的发生来决定收入和费用的归属期间。实行权责发生制，必须辨明收入和费用的归属期和收支期间。收入和费用的归属期，是指应获得（创造）收入的会计期间和应负担费用（受益）的会计期间。收入和费用的收支期间，则是指收入收到了现款和费用付出了现款的会计期间。

按照权责发生制，一项收入之所以列入某个时期，是由于该时期赚得了该项收入，因而具有享受该项收入的权利；一项费用之所以分配给某个时期，是由于该时期接受了该项费用提供的服务，因而负有承担该项费用的责任。以权责发生制为基础进行会计确认、计量和报告，能够更加准确地反映特定会计期间真实的财务状况及经营成果。

### （二）收付实现制

收付实现制又称现收现付制或现金制，是与权责发生制相对应的一种会计核算基础，是指收入和费用的确认，应当以实际收到或支付现金作为确认收入和费用的依据，简单地讲，就是对于一笔收入，只要收到款项，就应当确认为收款当期的收入；对于一笔费用，只要支付款项，就应当确认为付款当期的费用，因此，收付实现制的判断标准比较简单。

通过对比权责发生制和收付实现制，可以更加明确两者的含义及区别。从收入的角度看，权责发生制以收入取得的权利形成为标准，而不论款项是否已经收到，而收付实现制正好相反，是以收到款项的时间为标准确认收入的。从费用的角度看，权责发生制以费用承担责任的发生为标准，而不论款项是否已经支付，收付实现制以支付款项的时间为标准来确认费用，而不是以权责关系来进行判断。

**【例 1-1】** A 公司 10 月份发生以下经济交易：

（1）10 月 12 日销售商品200 000元，160 000元于 10 月 15 日收到，10 000元已于 9 月 10 日预收，30 000元于 12 月 4 日收到。

（2）10 月 19 日预收 A 公司购货款60 000元。

（3）10 月 21 日支付第三季度房租50 000元。

（4）10 月 23 日发生产品销售运杂费10 000元，11 月 3 日以银行存款向运输单位支付。

（5）10 月 25 日预订第二年度报纸杂志，共计支付20 000元。

(6) 10 月 30 日支付当月水电费40 000元。

要求：分别按权责发生制和收付实现制计算 10 月份损益（见表 1-1）。

**表 1-1 权责发生制和收付实现制计算表**

| 业务序号 | 权责发生制 | | 收付实现制 | |
|---|---|---|---|---|
| | 收入 | 费用 | 收入 | 费用 |
| 1 | 200 000 | | 160 000 | |
| 2 | | | 60 000 | |
| 3 | | | | 50 000 |
| 4 | | 10 000 | | |
| 5 | | | | 20 000 |
| 6 | | 40 000 | | 40 000 |
| 合计 | 200 000 | 50 000 | 220 000 | 110 000 |
| 损益 | 150 000 | | 110 000 | |

采用权责发生制与收付实现制在处理收入和费用时，所依据的会计核算基础不同，其核算的各期损益也不相同。

**? 思考**

A 企业 12 月 20 日销售商品 250 000 元，货款在第二年的 1 月 10 日收到，请问应确认为 12 月份收入还是 1 月份收入？哪种更能准确反映企业当月的经营成果？如果 11 月 5 日预收了货款，12 月 20 日才发货，那应该什么时候确认收入？

## 三、会计信息质量要求

会计信息质量要求是对企业财务报告中所提供会计信息质量的基本要求，是使财务报告中所提供会计信息对投资者决策有用应具备的基本特征，其主要包括：

### （一）可靠性

可靠性又称客观性或真实性，是指企业应当以实际发生的交易或者事项为依据进行会计确认、计量和报告，如实反映符合确认和计量要求的各项会计要素及其他相关信息，保证会计信息真实可靠、内容完整。会计必须根据审核无误的原始凭证，采用特定的专门方法进行记账、算账、报账，保证会计核算的客观性。

客观性是对会计工作的基本要求。会计工作提供信息的目的是满足会计信息使用者的决策需要，因此，应该做到内容真实、数字准确、资料可靠。在会计核算中坚持客观性原则，就应当在会计核算时客观地反映企业的财务状况、经营成果和现金流量，保证会计信息的真实性；会计工作应当正确运用会计原则和方法，准确反映企业的实际情况；会计信息应当能够经受验证，以核实其是否真实。

如果企业的会计核算工作不是以实际发生的交易或事项为依据，没有如实地反映企业的财务状况、经营成果、现金流量，会计工作就失去了存在的意义，甚至会误导会计信息使用者，导致决策的失误。

**（二）相关性**

相关性又称有用性，是指企业提供的会计信息应当与财务会计报告使用者的经济决策需要相关，有助于财务会计报告使用者对企业过去、现在或者未来的情况做出评价或者预测。会计的主要目标就是向有关各方提供对其决策有用的信息。如果提供的信息对会计信息使用者的决策没有什么作用，不能满足会计信息使用者的需要，就不具有相关性。

信息的价值在于其与决策相关，有助于决策。相关的会计信息能够有助于会计信息使用者评价过去的决策，证实或修正某些预测，从而具有反馈价值；有助于会计信息使用者做出预测和决策，从而具有预测价值。在会计核算工作中坚持相关性原则，就要求在收集、加工、处理和提供会计信息的过程中，充分考虑会计信息使用者的信息需求。对于特定用途的会计信息，不一定都能通过财务会计报告来提供，也可以采用其他形式加以提供。

**（三）明晰性**

明晰性又称可理解性，是指企业提供的会计信息应当清晰明了，便于财务会计报告使用者理解和使用。根据明晰性的要求，会计记录应当清晰，账户对应关系应当明确，文字摘要清楚，数字金额准确，以便会计信息使用者能够准确完整地把握信息的内容，更好地加以利用。

在会计核算工作中坚持明晰性原则，会计记录应当准确、清晰，填制会计凭证、登记会计账簿必须做到依据合法、账户对应关系清楚、文字摘要完整；在编制会计报表时，项目钩稽关系清楚、项目完整、数字准确。如果企业的会计核算和编制的财务会计报告不能做到清晰明了，不便于理解和使用，就不符合明晰性原则的要求，就不能满足会计信息使用者的决策需求。

**（四）可比性**

可比性是指企业提供的会计信息应当具有可比性。同一企业不同时期发生的相同或者相似的交易或者事项，应当采用一致的会计政策，不得随意变更。确需变更的，应当在附注中说明。不同企业发生的相同或者相似的交易或者事项，应当采用规定的会计政策，确保会计信息口径一致、相互可比。

可比性原则要求企业的会计核算应当按照国家统一的会计制度的规定进行，使所有企业的会计核算都建立在相互可比的基础上。只要是相同的交易或事项，就应当采用相同的会计处理方法。会计处理方法的统一是保证会计信息相互可比的基础。不同的企业可能处于不同行业、不同地区，经济业务发生于不同时点，为了保证会计信息能够满足决策需要，便于比较不同企业的财务状况、经营成果和现金流量，企业应当遵循可比性原则的要求。

### （五）实质重于形式

实质重于形式是指企业应当按照交易或者事项的经济实质进行会计确认、计量和报告，不应仅以交易或者事项的法律形式为依据。在某些情况下，经济业务的实质与其法律形式可能脱节，为此，会计人员应当根据经济业务的实质来选择会计政策，而不能拘泥于其法律形式。

在实际工作中，交易或事项的外在法律形式或人为形式并不总能完全反映其实质内容。所以，会计信息要想反映其所拟反映的交易或事项，就必须根据交易或事项的实质和经济现实，而不能仅仅根据它们的法律形式进行核算和反映。例如，企业以租赁方式租入的资产（不包括短期租赁和低值资产租赁），虽然从法律形式看承租企业并不拥有其所有权，但是由于租赁合同中规定的租赁期相当长，接近于该资产的使用寿命；租赁期结束时承租企业有优先购买该资产的选择权；在租赁期内承租企业有权支配资产并从中受益，所以，从其经济实质来看，企业能够控制其创造的未来经济利益。因此，会计核算上将以租赁方式租入的资产视为承租企业的资产。

### （六）重要性

重要性是指企业提供的会计信息应当反映与企业财务状况、经营成果和现金流量等有关的所有重要交易或者事项。对于重要的交易或事项，应当单独、详细反映；对于不具重要性、不会导致投资者等有关各方决策失误或误解的交易或事项，可以合并、粗略反映，以节省提供会计信息的成本。

对资产、负债、损益等有较大影响，并进而影响财务会计报告使用者据以做出合理判断的重要会计事项，必须按照规定的会计方法和程序进行处理，并在财务会计报告中予以充分、准确的披露；对于次要的会计事项，在不影响会计信息真实性和不致误导财务会计报告使用者做出正确判断的前提下，可以适当简化处理。

重要性原则与会计信息成本效益直接相关。坚持重要性原则，就能够使提供会计信息的收益大于成本。对于那些不重要的项目，如果也采用严格的会计程序，分别核算、分项反映，就会导致会计信息的成本大于收益。

在评价某些项目的重要性时，很大程度上取决于会计人员的职业判断。一般来说，应当从质和量两个方面综合进行分析。从性质方面来说，当某一事项有可能对决策产生一定影响时，就属于重要性项目；从数量方面来说，当某一项目的数量达到一定规模时，就可能对决策产生影响。

### （七）谨慎性

谨慎性又称稳健性，是指企业对交易或者事项进行会计确认、计量和报告应当保持应有的谨慎，不应高估资产或者收益、低估负债或者费用。也就是说，在资产计价及损益确定时，如果有两种或两种以上的方法或金额可供选择，应选择使本期净资产和利润较低的方法或金额。

需要注意的是，谨慎性原则并不意味着企业可以任意设置各种秘密准备，否则，就属于滥用谨慎性原则，将视为重大会计差错，需要进行相应的会计处理。

企业的经营活动充满着风险和不确定性，在会计核算工作中坚持谨慎性原则，要求企业在面临不确定因素的情况下做出职业判断时，应当保持必要的谨慎，充分估计各种风险和损失，既不高估资产或收益，也不低估负债或费用。例如，要求企业定期或者至少每年年度终了，对可能发生的各项资产损失计提减值准备等，就充分体现了谨慎性原则对会计信息的修正。

**（八）及时性**

及时性是指企业对于已经发生的交易或者事项，应当及时进行会计确认、计量和报告，不得提前或者延后。

会计信息的价值在于帮助企业或其他方面做出经营决策，具有时效性。即使是客观、可比、相关的会计信息，如果不及时提供，对于会计信息使用者也没有任何意义，甚至可能误导会计信息使用者。在会计核算过程中坚持及时性原则，一是要求及时收集会计信息，即在经济业务发生后，及时收集整理各种原始单据；二是及时处理会计信息，即在国家统一的会计制度规定的时限内，及时编制出财务会计报告；三是及时传递会计信息，即在国家统一的会计制度规定的时限内，及时将编制出的财务会计报告传递给财务会计报告使用者。

如果企业的会计核算不能及时进行，会计信息不能及时提供，就无助于经营决策，就不符合及时性原则的要求。

## 第四节　会计核算方法和会计循环

会计方法是用来核算和监督会计对象，实现会计目标，完成会计任务的手段。会计方法包括会计核算方法、会计分析方法、会计检查方法、会计控制方法、会计预测和决策方法等，其中会计核算方法是基础。会计核算方法是对经济活动进行连续、系统、全面的反映和监督所应用的方法和手段。本节主要阐述会计核算方法，这是会计人员必须掌握的基础知识。

### 一、会计核算方法

会计核算的方法主要包括设置账户、复式记账、填制和审核会计凭证、登记账簿、成本计算、财产清查和编制会计报表。

**（一）设置账户**

设置账户是对会计对象的具体内容进行分类和监督的一种专门方法。由于各个单位经济活动的内容是复杂多样的，要对其进行系统的核算和经常监督，就必须按照经济业务的内容和管理要求，分别设置账户，进行分类登记，以便为经营管理提供所需要的各种信息和指标。

### （二）复式记账

复式记账是通过两个或两个以上相互对应的账户，双重地、平衡地记录每一项经济业务的一种专门方法。采用复式记账法，要对每一笔经济业务分别在有关的两个或两个以上账户中进行登记，以全面地、相互联系地反映企业经济活动情况。

### （三）填制和审核会计凭证

会计凭证是记录经济业务，明确经济责任，作为记账依据的书面证明。填制和审核会计凭证，能够为会计记录提供完整、真实的原始资料。

### （四）登记账簿

登记账簿是将审核无误的记账凭证资料，在账簿中的有关账户上进行连续、完整的记录和核算的一种专门方法。登记账簿时，既要按照账户的内容对经济业务进行分别的反映，又要按时间先后对经济业务进行序时的反映，以便将分散的会计核算资料加以系统的反映，为经营管理和编制会计报表提供系统、完整的数据资料。

### （五）成本计算

成本计算是按成本对象归集各个经济过程中发生的费用，从而确定各成本计算对象的总成本和单位成本的一种专门方法。在企业中，为了考核经营过程中各个阶段的费用支出，寻求节约支出和降低成本的途径，就需要将各个阶段发生的费用、支出按照一定的对象加以归集。采用成本计算这一方法，可以全面反映和监督经营过程中各项费用支出的情况。这对于挖掘降低成本的潜力，用最少的劳动耗费取得最大的经济效果具有非常大的意义。

### （六）财产清查

财产清查就是通过盘点实物、核对账目，查明各项财产物资和资金实有数额的一种专门方法。由于种种原因往往会出现账实不符的情况，为了如实反映财产物资的真实情况，做到账实相符，保证会计核算资料的真实性，就必须进行财产清查。通过财产清查，也可以发现物资管理中的问题，从而采取措施，改善财产物资管理，挖掘财产物资潜力。

### （七）编制会计报表

编制会计报表是以书面报告的形式定期地、总括地反映各单位经济活动情况和结果的一种专门方法。会计报表主要是以账簿记录为依据，经过加工整理而产生的一套完整的指标体系。它用来系统地总结企业的财务状况、现金流量和经营成果，以便为会计报表使用者决策提供有用的信息。

上述会计核算的七种专门方法，是相互联系、密切配合的，它们有机地构成一个完整的方法体系。会计核算专门方法如图 1–2 所示。

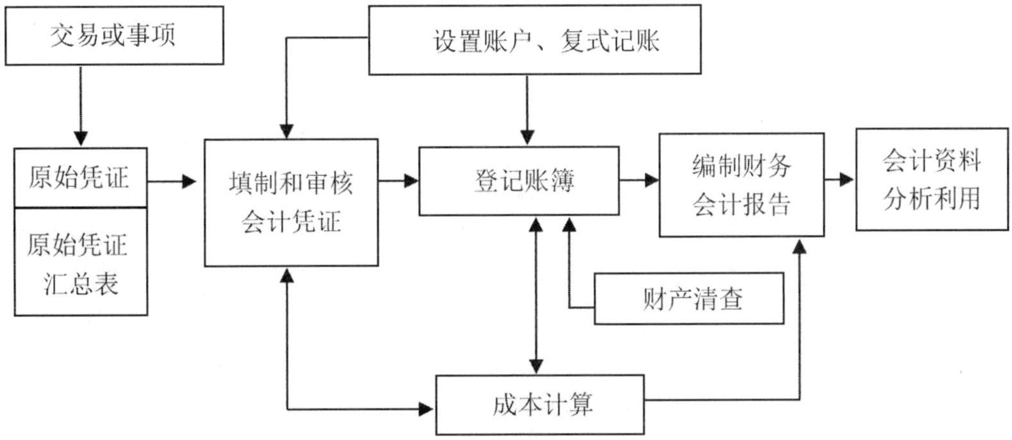


**图 1-2 会计核算方法示意图**

对于日常发生的经济业务，要以合法的会计凭证为依据，按照规定的账户进行分类，并应用复式记账法在有关账簿中进行登记。对于生产经营过程中发生的费用，应当进行成本计算。对于账簿记录，要通过财产清查进行核实，在保证账实相符的基础上，根据账簿记录定期编制会计报表。

## 二、会计循环

为了将会计主体经济活动的结果通过会计报表的方式提供给会计信息使用者，会计工作必须经过收集、鉴定、确认、计量、记录、存储、分类、分析、汇总、编制报表、传递信息等一系列的工作程序。这种在每一会计期间周而复始进行的程序，在会计上就称为会计工作的循环，简称会计循环。会计循环包括从经济业务分析确认到财务报表编制的全过程。会计循环的基本步骤如下。

### （一）初次确认

初次确认是指对收集到的经济业务数据进行的确认。以能否用货币计量为标准分析发生的经济业务，并将能够以货币计量的经济业务纳入会计处理系统，确定经济业务的发生对会计要素的具体影响。初次确认的实质，是将经济业务数据经过筛选确认为会计信息，并纳入会计信息系统的过程。经济业务数据的载体是原始凭证，会计人员对原始凭证进行初次确认，审核原始凭证并分析业务对会计要素的影响。

### （二）编制会计分录

通过审核原始凭证，分析具体的经济业务，依据借贷记账法的记账规则，确认相关会计科目，编制会计分录，确认借记和贷记的金额，并将结果填入记账凭证内。

### （三）登记账簿

登记账簿又称记账、过账，是将审核无误的记账凭证上编制的会计分录，记入总分类账簿的同时，再记入总分类账簿所属的明细分类账。

### （四）再次确认

再次确认是指对已经通过会计信息系统加工后的会计信息进行的确认。为了管理的需要，会计工作中，账簿中的有些数据需要进一步整理、归类、计算，这就是会计的再次确认。再次确认的实质，是将已形成的会计信息进一步加工的过程。

各种费用分配表、成本计算单是会计信息经过再次确认输出信息的载体。根据审核无误的各种费用分配表、成本计算单等原始凭证编制会计分录，然后再登记各类账簿。

### （五）编制调整前的试算平衡表

根据结账后账户借方和贷方的发生额、期末余额等编制调整前的试算平衡表，用来检查和验证账簿记录的正确性。

### （六）编制期末调整分录并过账

依据权责发生制的要求，使当期收入与当期费用相配比，对一些会计事项进行调整，以便正确计算当期损益，对未入账的经济业务编制调整分录，并记账，以使各账户反映最新情况。

### （七）结账

将本期各种收入账户和费用账户转到“本年利润”账户中，结清收入和费用账户，以便结出本期的经营成果。年末将“本年利润”账户转入“利润分配”账户。年末启用新账本时，还要将资产、负债、所有者权益类账户结转入到新账本中。

### （八）编制调整后的试算平衡表

由于编制了期末调整分录并过账，需要再次编制调整后的试算平衡表，再次检验账簿记录的正确性。

### （九）编制正式的财务报告

根据调整后的试算平衡表，编制资产负债表、利润表、现金流量表和所有者权益变动表等，以综合反映企业的财务状况。

## 本章小结

本章是对会计学基础的基本概念、基本理论、基本内容和基本方法的总体概括与总结。主要阐述会计的起源与发展；与会计核算有关的基本概念，如会计的概念及特点、会计职能以及会计目标等；对会计核算的基本前提、基础和会计信息质量要求进行阐述，同时对会计核算方法和会计循环进行了详细介绍。本章重点内容如下。

**1. 会计的概念**

关于会计的概念，在各种教材中都有不同的描述，没有统一的定论。我们认为，所谓会计，是以货币为主要计量单位，采用专门的方法，对企业的经济活动进行核算和监督，旨在向企业内、外部的会计信息使用者提供反映企业财务状况、经营成果和现金流量相关信息的活动。

**2. 会计的基本职能**

会计的基本职能有两个：核算和监督。

会计的核算职能是会计的第一职能，是对企业所发生的经济业务进行记录、计量、计算、报告的过程，是其他会计职能的基础。会计的核算具有连续性、系统性和完整性的特点。

会计的监督职能建立在会计核算职能的基础之上，是指利用各种价值指标，通过控制、分析、考评等具体方法，促使一个单位的经济活动按照规定的要求运行，以达到预期的目的。会计的监督既包括事后的监督，又包括事前和事中的监督。

会计的核算职能和监督职能两者密不可分，相互联系，辩证统一。

**3. 会计的目标**

会计目标是向财务会计报告使用者提供与企业财务状况、经营成果和现金流量等有关的会计信息，反映企业管理层受托责任履行情况，有助于财务会计报告使用者做出经济决策。

**4. 会计核算的前提**

会计核算的前提又称为会计假设，主要包括会计主体、持续经营、会计期间、货币计量。它们从总体上规定了会计核算的空间范围、时间范围、时间长度的划分以及会计核算时的计量基础。

**5. 会计核算的基础**

权责发生制又称应收应付制或应计制。它是以收入和费用是否在本期已经发生为标准来确认本期收入和费用的一种会计处理方法。其主要内容是：凡是当期已经实现的收入和已经发生或应当负担的费用，不论款项是否收付，都应当作为当期的收入和费用；凡是不属于当期的收入和费用，即使款项已经在当期收付，也不应当作为当期的收入和费用。

**6. 会计信息质量要求**

《企业会计准则——基本准则》对会计信息的质量提出八点要求：可靠性、相关性、明晰性、可比性、实质重于形式、重要性、谨慎性和及时性。

**7. 会计核算的方法**

会计核算的方法是会计方法体系中的基本方法。其内容主要包括：设置账户、复式记账、填制和审核会计凭证、登记账簿、成本计算、财产清查和编制会计报表。其中，从会计凭证到会计账簿到会计报表构成会计工作的主线，会计核算专门方法的具体内容也构成了本书的主要框架。

## 关键词汇

| | | | |
|---|---|---|---|
| 1. 会计 | 2. 会计职能 | 3. 会计核算 | 4. 会计监督 |
| 5. 会计目标 | 6. 会计假设 | 7. 会计主体 | 8. 持续经营 |
| 9. 会计分期 | 10. 货币计量 | 11. 权责发生制 | 12. 收付实现制 |
| 13. 可靠性 | 14. 相关性 | 15. 明晰性 | 16. 可比性 |
| 17. 实质重于形式 | 18. 重要性 | 19. 谨慎性 | 20. 及时性 |
| 21. 会计核算方法 | 22. 会计循环 | | |

## 练习与思考

### 一、单项选择题

1. 在宋朝时期，我国会计采用的是（　　）。
A. 复式记账法　B. 单式记账法　C. 四柱结算法　D. 增减记账法

2. 西方会计史中，第一部比较系统介绍了簿记的书的作者是（　　）。
A. 意大利人　B. 美国人　C. 英国人　D. 法国人

3. 现代会计起源于（　　）。
A. 19 世纪末期　B. 20 世纪 40 年代　C. 1494 年　D. 1854 年

4. 会计的主要计量单位是（　　）。
A. 劳动计量　B. 实物计量　C. 工时计量　D. 货币计量

5. 会计主体假设规定了会计核算的（　　）。
A. 时间范围　B. 空间范围　C. 期间费用范围　D. 成本开支范围

6. 会计核算时，将租入的固定资产作为自有的固定资产来进行管理和核算，体现了会计核算的（　　）要求。
A. 重要性　B. 实质重于形式　C. 可比性　D. 谨慎性

7. 权责发生制与收付实现制两种不同的会计基础，是基于（　　）。
A. 会计分期假设　B. 会计主体假设　C. 货币计量假设　D. 币值不变假设

8. 会计核算应该遵循（　　）的要求，合理地预计各项资产可能发生的损失。
A. 相关性　B. 可比性　C. 重要性　D. 谨慎性

9. 某企业将预收的货款计入“预收账款”科目，在收到款项的当期不确认收入，而在实际发出商品时确认收入，这主要体现的会计基本假设是（　　）。
A. 持续经营　B. 会计分期　C. 会计主体　D. 货币计量

10. 20×9 年 9 月 20 日采用赊销方式销售产品 50 000 元，12 月 25 日收到货款存入银行。按收付实现制核算时，该项收入应属于（ ）。

A. 20×9 年 9 月 B. 20×9 年 10 月 C. 20×9 年 11 月 D. 20×9 年 12 月

11. 20×9 年 3 月 20 日采用赊销方式销售产品 60 000 元，6 月 20 日收到货款存入银行。按权责发生制核算时，该项收入应属于（ ）。

A. 20×9 年 3 月 B. 20×9 年 4 月 C. 20×9 年 5 月 D. 20×9 年 6 月

12. 下列选项中，关于会计的基本特征的表述不正确的是（ ）。

A. 会计是一种经济管理活动 B. 会计以货币作为主要计量单位

C. 会计具有核算和预测的基本职能 D. 会计采用一系列专门的核算方法

13. 会计的基本职能是（ ）。

A. 核算和管理 B. 控制和监督 C. 核算和监督 D. 核算和分析

14. 下列不属于会计核算专门方法的是（ ）。

A. 填制和审核会计凭证 B. 登记账簿

C. 编制会计报表 D. 签订合同

15. 企业会计核算的基础是（ ）。

A. 收付实现制 B. 权责发生制 C. 定期盘存制 D. 永续盘存制

16. 会计的目标是（ ）。

A. 为信息使用者提供决策有用的信息 B. 保证国家财经政策的执行

C. 监督企业经营者依法行事 D. 记录企业的会计业务

17. 导致会计分期假设的基本前提是（ ）。

A. 会计分期 B. 会计主体 C. 持续经营 D. 货币计量

18. 按应收账款的一定比例计提坏账准备是贯彻（ ）原则的要求。

A. 及时性 B. 客观性 C. 谨慎性 D. 重要性

19. H 厂 20×9 年 3 月销售 A 产品一批，货款计 10 000 元，下月才能收回；3 月份销售 B 产品一批，货款 45 000 元已收讫；3 月份收回上月赊销给大达公司的 A 产品 15 000 元。按照权责发生制核算，该厂 20×9 年 3 月份的收入应为（ ）。

A. 60 000 元 B. 45 000 元 C. 55 000 元 D. 70 000 元

20. M 企业 20×9 年 1 月份发生下列支出：（1）支付本年度保险费 7 200 元；（2）支付去年第四季度借款利息 9 600 元；（3）支付本年度报刊订阅费 5 400 元。按照权责发生制原则，该企业 20×9 年 1 月份应负担的费用为（ ）。

A. 22 200元 B. 4 250元 C. 12 600元 D. 1 050元

21. 下列项目中，不属于会计核算方法的是（ ）。

A. 复式记账 B. 成本计算 C. 财产清查 D. 编制财务预算

22. 会计的主要特点是（ ）。

A. 以货币单位为主要计量单位　　B. 不需统一的计量单位
C. 以劳动单位为主要计量单位　　D. 以实物单位为主要计量单位

23. 根据我国《会计法》的规定，我国会计年度的期间为（　　）。
A. 公历1月1日至12月31日止　　B. 农历1月1日至12月30日止
C. 公历4月1日至3月31日止　　D. 公历10月1日至9月30日止

24. 进行会计核算提供的信息应当以实际发生的经济业务为依据，如实反映财务状况和经营成果，这符合（　　）。
A. 重要性原则　　B. 相关性原则　　C. 可靠性原则　　D. 可比性原则

25. 会计的基本前提包括会计主体、（　　）、会计期间和货币计量四个方面的内容。
A. 实际成本　　B. 经济核算　　C. 持续经营　　D. 会计准则

## 二、多项选择题

1. 企业在组织会计核算时，应作为会计核算基本前提的是（　　）。
A. 会计主体　　B. 持续经营　　C. 货币计量　　D. 会计监督
E. 会计分期

2. 会计主体可以是（　　）。
A. 进行独立核算的经营活动单位
B. 有几个企业通过控股关系组成的企业集团
C. 具有法人资格的企业
D. 非法人资格的企业
E. 非独立核算的生产车间

3. 根据权责发生制，下列各项中应计入本期的收入和费用的是（　　）。
A. 本期销售货款收存银行　　B. 上期销售货款本期收存银行
C. 本期预收下期货款存入银行　　D. 计提本期固定资产折旧费
E. 以银行存款支付下期的报纸杂志费

4. 下列不属于会计信息质量要求的是（　　）。
A. 可比性　　B. 权责发生制　　C. 收付实现制　　D. 实质重于形式
E. 重要性

5. 下列属于会计核算方法的是（　　）。
A. 复式记账　　B. 会计检查　　C. 登记账簿　　D. 编制会计报表
E. 财产清查

6. 按权责发生制的要求，下列收入和费用应归属本期的是（　　）。
A. 对方暂欠的本期销售收入　　B. 尚未付款的本月借款利息
C. 摊销前期已付款的报刊费　　D. 预付明年的保险费
E. 支付的本月水电费

7. 会计信息的使用者包括（　　）。

A. 政府及有关部门　B. 投资者　C. 债权人　D. 社会公众

E. 企业管理者

8. 会计期间划分为（　　）。

A. 月度　B. 季度　C. 半年度　D. 年度

E. 每天

9. 从会计的产生与发展过程中，我们认识到（　　）。

A. 经济越发展，会计越重要

B. 有生产活动就必然有会计

C. 会计是一项独立的、专业的管理活动

D. 社会生产从低级向高级发展，会计也由简单向复杂不断发展、完善

10. 下列各项中，属于会计信息质量要求的有（　　）。

A. 可靠性　B. 实质重于形式　C. 持续经营　D. 重要性

E. 权责发生制

11. 会计的目标包括（　　）。

A. 为决策者提供决策有用的信息　B. 反映经营管理者的经管责任

C. 提供企业非货币的技术信息　D. 提供企业非货币性的人员信息

12. 会计方法包括（　　）。

A. 会计核算方法　B. 会计分析方法　C. 会计检查方法　D. 会计预测方法

13. 会计使用的计量单位包括（　　）。

A. 货币计量单位　B. 实物计量单位　C. 时间计量单位　D. 劳动计量单位

E. 数量计量单位

14. 下列业务不属于会计核算范围的事项有（　　）。

A. 用银行存款购买材料　B. 编制财务计划

C. 企业自制材料入库　D. 与外企业签订购料合同

E. 产品完工验收入库

15. 会计监督一般是通过（　　）实现的。

A. 记录　B. 计量　C. 预测　D. 控制

## 三、判断题

1. 法律主体一定是会计主体，会计主体也一定是法律主体。（　　）

2. 我国所有企业的会计核算都必须以人民币作为记账本位币。（　　）

3. 会计核算应当区分自身的经济活动与其他单位的经济活动。（　　）

4. 凡是特定主体能够以货币表现的经济活动，都是会计核算和监督的内容。（　　）

5. 会计是经济管理的重要组成部分，是随着生产发展的经济管理需要而产生与发展

的。(　　)

6. 谨慎原则是指在会计核算中应尽量低估企业的资产和可能发生的损失、费用。(　　)

7. 可比性原则就是说企业会计处理方法前后各期应当一致，不能更改。(　　)

8. 会计核算一般以人民币为记账本位币，业务收支以外币为主的企业，也可选择某种外币作为记账本位币，但编制的财务会计报告应当折算为人民币反映。(　　)

9. 中期财务报告仅指半年度财务会计报告。(　　)

10. 货币量度是唯一的会计计量单位。(　　)

11. 会计主体假设规定了会计核算的空间范围。(　　)

12. 按照权责发生制，凡是当期已经实现的收入和已经发生或应当负担的费用，都应当作为当期的收入和费用；凡是不属于当期的收入和费用，不应当作为当期的收入和费用。但款项已在当期收付除外。(　　)

13. 如果可以判断企业不能持续经营，仍可以按持续经营的基本假设编制财务报告。(　　)

14. 权责发生制是企业会计核算的基础。(　　)

15. 会计核算中，对预期发生的损失和预期获得的收入均可计算入账。(　　)

16. 实质重于形式要求企业应当按照交易或者事项的经济实质进行会计确认、计量和报告，不应仅以交易或者事项的法律形式为依据。(　　)

17. 会计期末企业按照应收账款的一定比例计提坏账准备，体现了谨慎性的原则。(　　)

18. 凡属于本期的收入，必须收到款项。(　　)

19. 会计分期的意义在于界定了会计信息的时间段落，为分期结算账目和编制财务会计报告等奠定了理论与实务的基础。(　　)

20. 权责发生制以款项的实际收付作为标准，不考虑收入和费用的归属期，因此，会计期末无须进行账项调整。(　　)

21. 重要性原则要求，对于次要的会计事项，在不影响会计信息真实性和不致误导财务会计报告使用者做出正确判断的前提下可不做会计处理。(　　)

22. 相关性原则要求企业提供的会计信息应当与财务会计报告使用者的经济决策需要相关，有助于财务会计报告使用者对企业过去、现在或者未来的情况做出评价或者预测。(　　)

23. 可靠性原则要求企业应当以实际发生的交易或者事项为依据进行会计确认、计量和报告，如实反映符合确认和计量要求的各项会计要素及其他相关信息，保证会计信息真实可靠、内容完整。(　　)

24. 以权责发生制作为计账基础，当月收到的款项才作为当月的收入，当月没有收到的款项不能作为当月收入。(　　)

25. 将租入的固定资产作为企业资产予以确认，体现的是实质重于形式的原则。(　　)

## 四、业务题

习题一

明林公司202×年7月份发生的经济交易如下：

（1）销售产品5 000元，货款存入银行；

（2）销售产品10 000元，货款尚未收到；

（3）付7—12月份的租金3 000元；

（4）收到上月应收的销货款8 000元；

（5）收到购货单位预付货款4 000元，下月交货；

（6）本月应付水电费400元，下月支付。

【要求】分别按照权责发生制和收付实现制计算该企业的收入和费用，将下表填写完整。

| 业务序号 | 权责发生制 | | 收付实现制 | |
|---|---|---|---|---|
| | 收入 | 费用 | 收入 | 费用 |
| 1 | | | | |
| 2 | | | | |
| 3 | | | | |
| 4 | | | | |
| 5 | | | | |
| 6 | | | | |

习题二

新华公司202×年12月份发生的经济交易如下：

（1）销售产品70 000元，其中30 000元已收到存入银行，40 000元尚未收到；

（2）收到现金800元，系上月提供的劳务收入；

（3）用现金支付本月份的水电费900元；

（4）本月应计劳务收入1 900元；

（5）用银行存款预付下年度房租18 000元；

（6）用银行存款支付上月借款利息500元；

（7）预收销售货款26 000元，已通过银行收妥入账；

（8）本月负担年初已支付的保险费500元；

（9）上月预收货款的产品本月实现销售收入18 000元；

（10）本月负担下月支付的修理费1 200元。

【要求】

1. 按收付实现制原则计算12月份的收入、费用；

2. 按权责发生制原则计算12月份的收入、费用。

# 第二章　会计要素与会计等式

## 章前导读

会计的目标是提供有用的经济信息，会计的基本职能是核算和监督，核算和监督的对象是企业的资金运动及其所代表的经济活动。为了正确地反映企业的资金运动及其所代表的经济活动，就需要对其进行必要的分类，这种对会计对象的分类就是会计要素。会计要素也是设置会计科目和会计账户的基本依据；会计要素还是构成会计报表的基本框架。会计等式的平衡原理揭示了企业会计要素之间的规律性联系；会计等式是设置会计科目和账户、编制会计报表的理论依据，是复式记账的基础。本章第一节阐述了会计对象的概念、基本内容以及企业资金运动的基本过程；第二节阐明了会计要素的基本概念、特点、分类和确认条件，明确了会计要素计量属性及其应用原则；第三节介绍了会计等式的基本内容及恒等性，并通过具体实例说明经济业务的发生对会计等式的影响。

## 本章学习目标

⊙了解会计对象的概念以及企业资金运动的基本过程；

⊙理解会计要素的概念与特点；

⊙明确会计要素分类和确认条件；

⊙了解会计要素计量属性及其应用原则；

⊙明确会计要素之间的关系，掌握会计等式的基本内容；

⊙理解经济业务的发生对会计等式的影响。

## 本章重点

会计要素的概念、特点和分类；会计等式的具体内容及恒等原理。

# 本章思维导图

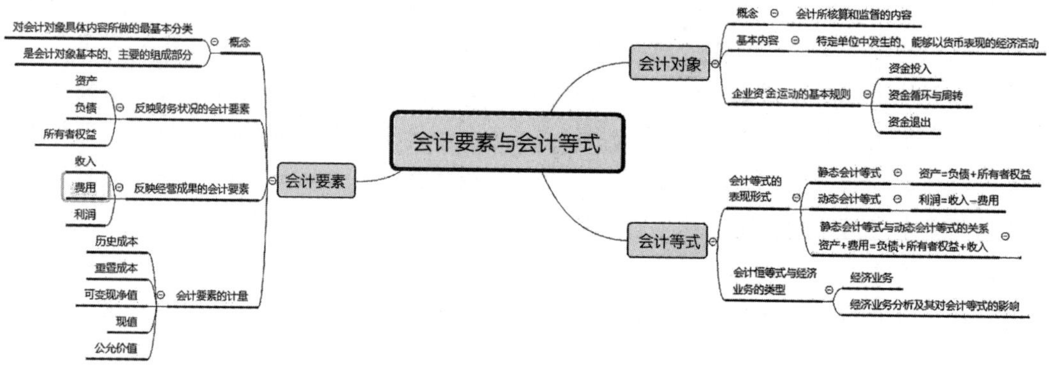


# 第一节　会计对象

## 一、会计对象的概念

会计对象是指会计所核算和监督的具体内容。会计是以货币为主要计量单位，对特定单位的经济活动进行核算和监督。因此，凡是特定主体能够以货币表现的经济活动，都是会计核算和监督的内容，也就是会计的对象。

## 二、会计对象的基本内容

从一般意义上讲，会计对象的基本内容就是特定单位中发生的、能够以货币表现的经济活动。而以货币表现的经济活动，通常又称为价值运动或资金运动，因此，会计对象的基本内容又可以概括地描述为社会再生产过程中的资金运动。

## 三、企业资金运动的基本过程

企业资金运动包括资金投入、资金运用、资金退出等过程。资金运动的详细内容，在不同的企业和行业中表现的内容也不一样，在此以制造业企业为例，来详细阐明会计对象的具体内容（见图 2-1）。

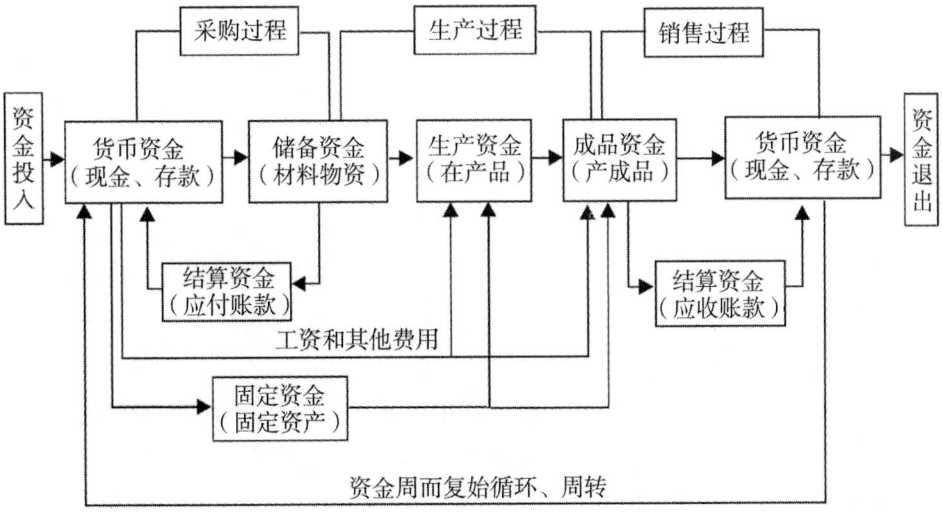


**图 2-1　制造业企业资金运动示意**

制造业企业的资金运动包括资金投入、资金循环与周转和资金退出三个部分。

### (一) 资金投入

资金投入包括企业所有者投入的资金和债权人投入的资金两部分，前者属于企业所有者权益，后者属于企业债权人权益，即企业负债。投入的资金即构成企业的经济资源——企业资产。

### (二) 资金循环与周转

资金循环与周转分为供应、生产、销售三个阶段。

**1. 供应阶段**

在供应过程环节，一方面企业通过固定资产投资来兴建房屋、建筑物，购置机器设备等；另一方面通过使用货币资金购买原材料、燃料等，形成生产所需的各种生产资料，从而使货币资金转化为储备资金。在这一过程中，主要活动包括购买原材料和固定资产两部分。

**2. 生产阶段**

在生产过程环节，劳动者借助手中的劳动手段将劳动对象加工成特定的产品，同时消耗原材料形成材料费、消耗固定资产形成折旧费、消耗工人劳动形成人工费等，各种耗费的货币化表现就是产品等有关对象的成本。从资金运动的角度来讲，在这个过程中，储备资金在产品完工之前转化为生产资金；在产品完工后又由生产资金转化为成品资金。

**3. 销售阶段**

在销售过程环节，就是将产品卖出去。从物质流角度来讲，产品卖出的过程就是使用价值的实现过程；从价值运动的过程来讲，产品卖出的过程就是价值的实现过程，在这个实现过程中，从资金运动的具体内容来讲，表现为企业获得了收入，同时销售了产品，发生有关支付销售成本与费用、收回货款等业务活动，此时成品资金又转化为货币资金。

由此可见，企业的资金运动是从货币资金形态开始，经过供应、生产、销售三个环节，分别表现为储备资金形态、生产资金形态、成品资金形态，最后又回到货币资金形态，由此，资金的这一运动过程被称为资金循环。随着企业生产经营过程的不断进行，资金周而复始不断地循环就叫资金周转。

**（三）资金退出**

资金退出包括偿还各项债务、上缴各种税金、向投资者分配利润等，使这部分资金退出本企业。

资金运动的三个阶段，构成了开放式的运动形式，是相互制约、相互联系的统一体。没有资金的投入，就没有资金的循环与周转；没有资金的循环与周转，就没有偿还各项债务、上缴各种税金、向投资者分配利润的资金；没有资金退出，就没有新一轮的资金投入，也就没有企业进一步的发展。

**提　示**

并不是企业经营活动过程中的所有活动都是会计核算的对象，会计核算的对象只有那些能够用货币计量的经济活动。

# 第二节　会计要素

## 一、会计要素的概念

会计对象的基本内容是资金运动，而资金运动所涉及的具体内容不仅非常广泛，而且性质与作用相差也很大。为了有条理地核算与管理会计的对象，就有必要按经济内容的特点对会计对象进行分类，以利于在会计工作中根据不同的类别进行确认、计量、记录和报告。这种分类在会计上称为会计要素。

一般来说，会计要素是根据交易或者事项的经济特征所确定的财务会计对象及其基本分类。会计要素是设定会计报表结构和内容的依据，也是进行会计确认和计量的依据。

我国《企业会计准则——基本准则》将会计要素划分为六项：资产、负债、所有者权益、收入、费用、利润。这六项会计要素又可以划分为两大类，即反映财务状况的会计要素和反映经营成果的会计要素。前者包括资产、负债和所有者权益；后者包括收入、费用和利润。

## 二、反映财务状况的会计要素

企业财务状况是企业某个时间点的资产及权益情况，是资金运动相对静止状态时的表现，反映财务状况的会计要素包括资产、负债、所有者权益三项，又称静态会计要素。

### （一）资产

**1. 资产的定义**

资产是指企业过去的交易或者事项形成的、由企业拥有或者控制的、预期会给企业带来经济利益的资源。

**2. 资产的特征**

企业要进行生产经营活动，必须具备一定数量的物质条件。这些物质条件一般统称为资产，它们是企业从事生产经营活动的物质基础。这些物质基础可以具有实物形态，如房屋、机器设备、现金、原材料、库存商品等，也可以不具有实物形态，如以债权形态出现的各种应收和预付款项，以特殊权利形态出现的专利权、商标权等无形资产。作为资产，它具有以下特征。

（1）资产是企业过去的交易或者事项形成的资源。企业过去的交易或者事项包括购买、生产、建造行为或其他交易或者事项。预期在未来发生的交易或者事项不形成资产。资产应当是现时客观地存在于企业的。计划在未来期间取得（购入或建造），其相关交易或事项尚未实际发生的财产，不属于企业的资产，如企业准备下一年度购置的生产设备、下季度准备购入的原材料等。

（2）资产是由企业拥有或者控制的资源。由企业拥有或者控制是指企业享有某项资源的所有权，或者虽然不享有某项资源的所有权，但该资源能被企业控制。“拥有”的基本含义是指企业具有该项财产的所有权 ，而“控制”是指尽管企业不拥有其所有权但拥有其使用权。在企业的资产中，对于土地、融资租入的设备等企业只享有其使用权而不拥有其所有权。将某一项目确认为企业的资产，不一定强求企业拥有其所有权，能够控制其使用权亦可。

（3）资产是预期会给企业带来经济利益的资源。预期会给企业带来经济利益是指直接或间接导致现金和现金等价物流入企业的潜力。作为企业的一项资产，其能够给企业直接创造经济收益，或有助于企业经济收益的实现。例如，企业的机器设备通过对材料加工而生产出完工产品，企业的完工产品在出售后可以实现销售收入。

**? 思考**

人们常说“人才是企业最宝贵的资产”，例如，企业优秀的管理者、技术研发人员等，都是极其宝贵的资源。你认为人力资源是企业的资产吗?

**3. 资产的确认条件**

将一项资源确认为资产，需要符合资产的定义，并同时满足以下两个条件：

（1）与该资源有关的经济利益很可能流入企业；

（2）该资源的成本或者价值能够可靠地计量。

**4. 资产的分类与内容**

资产按其流动性（或变现能力）分为流动资产和非流动资产。流动资产是指在一年或者超过一年的一个经营周期内变现或者耗用的资产，流动资产之外的资产就是非流动资产，又称长期资产。流动资产主要包括库存现金、银行存款、交易性金融资产、应收账款、应收票据、其他应收款、存货等，非流动资产主要包括长期股权投资、固定资产和无形资产等。

（1）流动资产。

流动资产主要包括：

①库存现金。库存现金是指企业持有的现款，如人民币、美元等。

②银行存款。银行存款是指企业存入银行账户的款项。

③其他货币资金。其他货币资金是指外埠存款、银行汇票存款、银行本票存款（银行本票是申请人将款项交存银行，由银行签发的承诺自己在见票时无条件支付确定的金额给收款人或者持票人的票据）、信用卡存款、信用证保证金存款、存出投资款等各种其他货币资金。

④应收账款。应收账款是指企业因为销售商品、提供劳务等而应该向客户收取（但暂未收到）的款项。应收账款是企业赊销行为的结果。应收账款是企业的一项主要债权。

⑤应收票据。应收票据是指在采用商业汇票支付方式下，企业因销售商品、提供劳务等而收到的尚未兑现的商业汇票。应收票据也是企业的一项重要债权。

**提 示**

《中华人民共和国票据法》和《支付结算办法》规定的票据包括：支票、本票、汇票（银行汇票和商业汇票）等。银行汇票是银行票据的一种。会计中的应收票据、应付票据仅指商业汇票。

⑥预付账款。预付账款是指企业按照购货合同规定预付给供应单位的款项。

⑦其他应收款。其他应收款是指除上述应收账款、应收票据以外的其他各种应收及暂付款项，如应当收取的各种赔款、为职工垫付的各种款项等。

⑧存货。存货是指企业在日常生产经营过程中持有的准备出售或耗用的各种货物，包括各类原材料、在产品、半成品、产成品或库存商品、以备周转使用的包装物和低值易耗品等周转材料。

（2）非流动资产。

非流动资产主要包括：

①长期股权投资。长期股权投资是指企业持有被投资企业的股权，不准备在一年内随时变现的投资。长期股权投资主要是指企业持有的对其子公司、合营企业及联营企业的权益性投资。企业进行长期股权投资的目的，是获得较为稳定的投资收益，或对被投资企业实施控制或影响。

②固定资产。固定资产是指使用年限在一年以上，单位价值在规定标准以上，并在使用过程中保持原来物质形态的资产，包括房屋、建筑物、机器、机械、运输工具，以及其他与生产经营有关的设备、器具、工具等。一般而言，固定资产的使用期限较长，且其单项价值较高。作为生产条件、劳务工具，企业购置或建造固定资产是为了“使用”而不是为了“销售”。

③无形资产。无形资产是指企业长期使用而没有实物形态的资产，包括专利权、非专

利技术、商标权、著作权、土地使用权等。无形资产是企业的一种经济资源，其能够在未来期间给企业带来经济利益，但具有较大的不确定性。无形资产是没有实物形态的非货币性长期资产，其效能发挥必须以企业有形资产为基础，即不能与特定企业或企业的实物资产相分离。

资产要素的分类如图 2-2 所示。

- 资产
  - 流动资产
    - 库存现金
    - 银行存款
    - 其他货币资金
    - 应收及预付账款
      - 应收票据
      - 应收账款
      - 预付账款
      - 其他应收款
    - 存货
      - 库存商品
      - 原材料
      - 周转材料
  - 非流动资产
    - 长期股权投资
    - 固定资产
      - 房屋
      - 建筑物
      - 机器设备
      - 运输设备
      - 工具器具
    - 无形资产
      - 专利权
      - 商标权
      - 著作权
      - 土地使用权
      - 非专利技术

**图 2-2 资产要素的分类**

### （二）负债

#### 1. 负债的定义

负债是指企业过去的交易或者事项形成的、预期会导致经济利益流出企业的现时义务。负债是企业生产经营所需资金的一个重要来源。

#### 2. 负债的特征

负债具有以下基本特征：

（1）负债是企业承担的一种现时义务。这种义务有时可能源自具有约束力的合同或法定要求，此时义务具有强制执行的性质，如企业已收到货物或已接受劳务而产生的应付款项，即属于此类，此时会计上的义务与法律上的义务是一致的。此外，义务还可能产生于正常的业务活动、习惯以及为保持良好业务关系或公平处事的愿望。如企业因产品保修政策而产生的预计负债，因短期借款而产生的预提利息费用等，这种负债在法律上与会计上不一致，会计的确认早于法律义务的形成。

**提 示**

我国《企业会计准则——基本准则》规定："现时义务是指企业在现行条件下已承担的义务。未来发生的交易或者事项形成的义务，不属于现时义务，不应当确认为负债。"

（2）负债的清偿会导致经济利益流出企业。企业履行因举债而形成的义务，必然会放弃含有经济利益的资产，如以支付现金、转让其他资产或提供劳务等方式偿债。企业取得负债则导致企业资产增加（即取得了新的资金）。

（3）负债是企业过去的交易、事项的一种后果。导致负债的交易或事项必须已经发生。例如，企业购买商品或接受劳务产生的应付款项，接受银行贷款产生的偿还贷款本息义务。在会计上，只有源于已经发生的交易或事项，才可能确认为一项负债。正在筹划的交易或事项，如刚签完合同、尚未交易的业务，则不能确认为负债。

**3. 负债的确认条件**

将一项现时义务确认为负债，需要符合负债的定义，并同时满足以下两个条件：

（1）与该义务有关的经济利益很可能流出企业；

（2）未来流出的经济利益的金额能够可靠地计量。

**4. 负债的分类与内容**

在企业的理财过程中，负债的偿付时间是需要重点关注的问题 。因此，企业负债一般按其偿还期长短被分为流动负债和非流动负债。流动负债又称短期负债，是指将要在一年或超过一年的一个营业周期内偿还的债务，主要包括短期借款、应付账款、应付票据、应付职工薪酬、应交税费、应付股利、其他应付款等。非流动负债又称长期负债，是指偿还期在一年或超过一年的一个营业周期以上的债务，主要包括长期借款、应付债券、长期应付款等。

（1）流动负债。

①短期借款。短期借款是指企业从银行或其他金融机构借入的期限在一年以下的各种借款。如企业从银行取得的、用来补充流动资金不足的临时性借款。

②应付账款。应付账款是指企业因为购买材料或商品、接受劳务等而应付给供应单位的款项。

③应付票据。应付票据是指企业因为购买材料或商品、接受劳务等而开出、承兑的商业汇票，包括银行承兑汇票和商业承兑汇票。

④预收账款。预收账款是指企业按照合同规定向购货单位预收的款项。

⑤应付职工薪酬。应付职工薪酬是指企业根据有关规定应付给职工的各种薪酬，包括工资、职工福利、社会保险费、住房公积金、工会经费、职工教育经费、解除职工劳动关系补偿等应付职工薪酬项目。

⑥应交税费。应交税费是指企业按照税法规定计算应缴纳的各种税费，包括增值税、消费税、所得税、资源税、土地增值税、城市维护建设税、房产税、土地使用税、车船使

用税、教育费附加等。

⑦应付股利。收益分配是企业重要的财务活动。股利是公司支付给投资者的投资报酬。公司支付给股东的股利主要包括现金股利和股票股利两种形式。一般而言，年度末了，企业董事会均会根据企业的具体情况，确定利润分配方案，并提交股东会议决定。应付股利是指企业已经决定分配给投资者但尚未实际支付的现金股利（或利润）。

⑧其他应付款。其他应付款是指除上述应付款项以外，企业应付或暂收其他单位或个人的款项，如存入保证金（如收到的包装物押金等）、暂收员工个人的款项等。

（2）非流动负债。

①长期借款。长期借款是指企业从银行或其他金融机构借入的期限在一年以上的各项借款。企业借入长期借款，主要是为了长期工程项目。

②应付债券。应付债券是指企业为筹集长期资金而实际发行的长期债券。

③长期应付款。长期应付款是指除长期借款和应付债券以外的其他各种长期应付款项，如采用补偿贸易方式下引进外国设备价款、应付融资租入固定资产租赁费等。

负债要素的分类如图 2-3 所示。

- 负债
  - 流动负债
    - 短期借款
    - 应付票据
    - 应付账款
    - 预收账款
    - 应付职工薪酬
    - 应交税费
    - 应付股利
    - 其他应付款
  - 非流动负债
    - 长期借款
    - 应付债券
    - 长期应付款

**图 2-3　负债要素的分类**

## （三）所有者权益

### 1. 所有者权益的定义

所有者权益是指企业资产扣除负债后由所有者享有的剩余权益。公司制企业中的所有者权益又称为股东权益。

所有者权益是所有者在企业资产中享有的经济利益，其金额为资产减去负债后的余额，又称为净资产。所有者权益反映企业的产权关系，即企业属于谁所有。

企业的全部资产，除了债权人所有的以外，其他应归投资者所有。企业投资人可以是国家、集体、法人，也可以是自然人。投资者把自己所拥有的经济资源投入企业，形成企业的资产，并通过企业经营使之增值，就自然应该享有一种可主张的权益，或称索求权，即所有者权益，如有权参与企业经营决策、有权参加分配股利等。

**2. 所有者权益的特征**

（1）所有者权益是企业投资人对企业净资产的所有权，它受总资产和总负债变动的影响而发生增减变动。

（2）所有者权益包含所有者以其出资额的比例分享企业利润，同时也必须以其出资额承担企业的经营风险。

（3）所有者权益还意味着所有者有法定的管理企业和委托他人管理企业的权利。

**知识链接**

企业的所有者和债权人均为企业资金的提供者，因而所有者权益和负债（债权人权益）两者均是对企业资产的要求权，但两者之间又存在着明显的区别，主要表现在以下方面。

· 所有者权益在企业经营期内可供企业长期、持续地使用，企业不必向投资人返还资本金。而负债则须按约定的期限归还给债权人，成为企业的负担。

· 企业所有者凭其对企业投入的资本，享受税后分配利润的权利。所有者权益是企业分配税后净利润的主要依据，而债权人除按规定取得利息外，无权分享企业的盈利。

· 企业所有者有权行使企业的经营管理权，或者授权管理人员行使经营管理权。但债权人并没有经营管理权。

· 负债是债权人对企业总资产的索偿权，而所有者权益是企业所有者对企业总资产扣除负债后的剩余资产（即净资产）的要求权，换句话说，债权人对企业资产的要求权优先于企业所有者。

**3. 所有者权益的分类与内容**

所有者权益的来源包括所有者投入的资本、其他综合收益、留存收益等。通常划分为实收资本（或股本）、资本公积、其他综合收益、盈余公积和未分配利润等项目。

（1）实收资本（或股本）。实收资本（或股本）是指企业按照章程规定或合同、协议约定接受投资者投入企业的资本。如果各种资产投入非股份制企业，则形成非股份制企业的实收资本；如投入股份制企业，则形成股份制企业的股本。

（2）资本公积。资本公积是指由投入资本本身所引起的各种增值。它与生产经营活动无直接关系。资本公积包括资本溢价（或股本溢价）。

资本溢价（或股本溢价）是指企业收到投资者的超出其在企业注册资本（股本）中所占份额的投资。其形成原因主要有溢价发行股票、投资者超额缴入资本等。

**提 示**

资本公积与实收资本虽然都属于投入资本范畴，但两者又有区别。实收资本一般是投资者投入的、为谋求价值增值的原始投资，而且属于法定资本，因此，实收资本无论是在来源上，还是在金额上，都有比较严格的限制。资本公积在金额上则没有严格限制，而且在来源上也相对比较多样，主要是资本（股本）溢价。

（3）其他综合收益。其他综合收益是指企业根据《企业会计准则——基本准则》规定未在当期损益中确认的各项利得和损失。

（4）盈余公积。盈余公积是指企业按照规定从净利润中提取的积累资金，包括法定盈余公积和任意盈余公积。法定盈余公积是指企业按照法律规定的比例从净利润中提取的盈余公积；任意盈余公积是指企业按照股东大会决议提取的盈余公积。

**提 示**

在我国，公司制企业的法定盈余公积按本年税后利润的10%的比例提取，当法定盈余公积累计额达到公司注册资本的50%以上时，可以不再提取。

资本公积、盈余公积可按照规定的程序转增资本；法定盈余公积和任意盈余公积也可以弥补企业亏损，在特殊情况下经批准还可以发放股利。

（5）未分配利润。未分配利润是指在企业实现的净利润中尚未指定其明确去向的那部分利润，企业准备留待以后年度去分配。其数量上是企业净利润扣除提取的盈余公积和分配给投资者的利润后的余额。如果未分配利润出现负数，即表示年末的未弥补亏损，应由以后年度的利润或盈余公积来弥补。

所有者权益要素的分类如图 2-4 所示。

- 所有者权益
  - 实收资本（或股本）
  - 资本公积
  - 其他综合收益
  - 盈余公积
    - 法定盈余公积
    - 任意盈余公积
  - 未分配利润

**图 2-4　所有者权益要素的分类**

## 三、反映经营成果的会计要素

企业经营成果是企业在某个时期的收入、费用及利润情况，是资金运动的动态表现。反映企业经营成果的会计要素包括收入、费用和利润三项，又称动态会计要素。

### （一）收入

**1. 收入的定义**

收入是指企业在日常活动中形成的、会导致所有者权益增加的、与所有者投入资本无关的经济利益的总流入。

**2. 收入的特征**

（1）收入是从企业的日常活动中产生的经济利益的流入，而不是从偶发的交易或事项中产生。日常活动是指企业为完成其经营目标所从事的经常性活动以及与之相关的活动。例如，工业企业制造并销售产品、商业企业销售商品等，均属于企业的日常活动。而企业非日常活动所形成的经济利益的流入不能确认为收入，应当计入利得。例如，企业出售固定资产的收入，因其不属于企业的日常活动，所以，虽为企业带来经济利益，但此项经济利益的流入不属于收入，而应当作为利得。

（2）收入可以表现为资产的增加或负债的减少，或二者兼而有之。

（3）收入会导致所有者权益的增加，但与所有者投入资本导致所有者权益增加无关。

（4）收入只包括本企业经济利益的总流入。企业为第三方或者客户代收的款项，如销售商品时收取的销项税额、代收运费等，不属于本企业的经济利益，不能作为本企业的收入。

**提 示**

收入与利得都是导致企业的所有者权益增加，且与所有者向企业投入资本无关的经济利益的总流入，但两者之间是有明显区别的，主要表现在以下方面。

· 收入是在日常活动中形成的，而利得是在非日常活动中形成的。

· 收入通常作为企业的营业收入，而利得一般作为企业的营业外收入。

**3. 收入的确认条件**

当企业与客户之间的合同同时满足下列条件时，企业应当在客户取得相关商品控制权时确认收入：

（1）合同各方已批准该合同并承诺将履行各自义务；

（2）该合同明确了合同各方与所转让商品或提供劳务相关的权利和义务；

（3）该合同有明确的与所转让商品相关的支付条款；

（4）该合同具有商业实质，即履行该合同将改变企业未来现金流量的风险、时间分布或金额；

（5）企业因向客户转让商品而有权取得的对价很可能收回。

**4. 收入的分类**

（1）按照日常活动的性质划分，收入可以分为销售商品收入、提供劳务收入和让渡资产使用权收入。

（2）按照企业经营业务的主次划分，收入可以分为主营业务收入和其他业务收入。其中，主营业务收入是企业在其基本的或主要的日常经营活动中获得的收入，如商品销售收入等；其他业务收入是指除主营业务收入以外的其他销售收入或其他业务收入，比如无形资产转让使用权的收入等。其他业务收入是企业在其相对于主营业务活动的次要经营活动中获得的收入。

主营业务收入与其他业务收入的区分，主要依据其在企业经营活动中的重要性。对于工商企业而言，产品或商品的生产与销售是企业基本的或主要的生产经营活动，因而，其收入属于主营业务收入。

收入要素的分类如图 2-5 所示。

- 收入
  - 按日常活动的性质划分
    - 销售商品收入
    - 提供劳务收入
    - 让渡资产使用权收入
  - 按经营业务的主次划分
    - 主营业务收入
    - 其他业务收入

**图 2-5 收入要素的分类**

### (二) 费用

#### 1. 费用的定义

费用是指企业在日常活动中发生的、会导致所有者权益减少的、与向所有者分配利润无关的经济利益的总流出。

#### 2. 费用的特征

费用具有以下方面的特征。

(1) 费用是企业在日常活动中形成的。这些日常活动的界定与收入定义中涉及的日常活动的界定相一致。因日常活动所产生的费用通常包括营业成本（主营业务成本和其他业务成本）、销售费用、管理费用和财务费用等。企业非日常活动所形成的经济利益的流出不能确认为费用，而应当计入损失。

(2) 费用是与向所有者分配利润无关的经济利益的总流出。费用的发生应当会导致经济利益的流出，从而导致资产的减少或者负债的增加。企业向所有者分配利润也会导致经济利益的流出，而该经济利益的流出显然属于所有者权益的抵减项目，不应确认为费用，应当将其排除在费用的定义之外。

(3) 费用会导致所有者权益的减少。与费用相关的经济利益的流出应当会导致所有者权益的减少，不会导致所有者权益减少的经济利益的流出不符合费用的定义，不应确认为费用。

**提 示**

费用与损失都是导致企业的所有者权益减少，且与向所有者分配利润无关的经济利益的总流出，但两者之间是有明显区别的，主要表现在以下方面。

· 费用是在日常活动中发生的，而损失是在非日常活动中发生的。

· 费用通常作为企业的营业利润中的减项，而损失一般作为企业的营业外支出。

#### 3. 费用的确认条件

(1) 与费用相关的经济利益应当很可能流出企业；

(2) 经济利益流出企业的结果会导致资产的减少或者负债的增加；

(3) 经济利益的流出额能够被可靠计量。

#### 4. 费用的分类

企业的费用按照经济用途可分为生产费用和期间费用。生产费用是指企业为生产产品、提供劳务等发生的可归属于产品成本、劳务成本等的费用，包括直接费用和间接费用。直接费用是直接为生产产品和提供劳务等发生的直接材料、直接人工和其他直接费用等，直接计入生产经营成本。间接费用是指企业为生产多种产品和提供劳务而发生的各种费用，应按一定标准分配计入各种产品的成本。期间费用是指不计入产品成本，而在发生的会计期间直接计入当期损益的费用，包括销售费用、管理费用和财务费用。销售费用是指在销售商品过程中发生的各种费用，如企业在销售商品过程中发生的运输费、装卸费、包装费、保险费、展览费和广告费等。管理费用是指企业的管理部门为组织和管理整个企业的生产经营活动所发生的费用，如企业董事会等公司经费，以及聘请中介机构费、业务招待费等费用。财务费用是指企业为筹集生产经营所需资金而发生的费用，如短期借款的利息支出、支付给银行的手续费用、汇兑损失等。

费用要素的分类如图 2-6 所示。

- 费用
  - 生产费用
    - 直接费用
    - 间接费用
  - 期间费用
    - 销售费用
    - 管理费用
    - 财务费用

**图 2-6 费用要素的分类**

## （三）利润

### 1. 利润的定义

利润是指企业在一定会计期间的经营成果。利润包括收入减去费用后的净额、直接计入当期利润的利得和损失等。直接计入当期利润的利得和损失是指应当计入当期损益、会导致所有者权益发生增减变动的、与所有者投入资本或者向所有者分配利润无关的利得或者损失。

### 2. 利润的特征

（1）利润是企业在一定会计期间的最终经营成果。利润是综合反映企业工作质量的一个重要指标，企业作为一个独立的经济实体，应当以其生产经营活动取得的收入抵补生产过程中的各项支出，并且为投资人提供一定的投资回报。企业盈利的大小在很大程度上反映了企业生产经营的效益，表明企业在每一个会计期间的最终经营成果。

（2）利润的金额取决于收入和费用，由收入与费用的差额确定，收入大于费用，则企业有盈利；反之，则亏损。利润的大小是企业缴纳所得税的计税依据，是国家财政收入的重要来源。

### 3. 利润的确认条件

利润反映的是收入减去费用、利得减去损失后的净额，因此，利润的确认主要依赖于收入和费用以及利得和损失的确认，其金额的确定也主要取决于收入、费用、利得、损失金额的计量。

### 4. 利润的分类

利润包括营业利润、利润总额和净利润三个层次，其相关计算公式如下。

（1）营业利润。

营业利润=营业收入-营业成本-税金及附加-销售费用-管理费用-财务费用-资产减值损失+公允价值变动收益（-公允价值变动损失）+投资收益（-投资损失）

其中，营业收入是指企业经营业务所确认的收入总额，包括主营业务收入和其他业务收入。

营业成本是指企业经营业务所发生的实际成本总额，包括主营业务成本和其他业务成本。

资产减值损失是指企业计提各项资产减值准备所形成的损失。

公允价值变动收益（或损失）是指企业交易性金融资产等公允价值变动形成的应计入当期损益的利得（或损失）。

投资收益（或损失）是指企业以各种方式对外投资所取得的收益（或发生的损失）。

（2）利润总额。

利润总额=营业利润+营业外收入-营业外支出

其中，营业外收入是指企业发生的与其日常活动无直接关系的各项利得。

营业外支出是指企业发生的与其日常活动无直接关系的各项损失。

（3）净利润。

净利润=利润总额-所得税费用

其中，所得税费用是指企业确认的应从当期利润总额中扣除的所得税费用。

利润要素的分类如图 2-7 所示。

利润
- 营业利润
- 利润总额
- 净利润

**图 2-7　利润要素的分类**

以上六个会计要素之间有着十分密切的联系，企业的任何可以用货币表现的经济活动都可以用这六个会计要素来概括，也只有通过这些会计要素，才能使经济业务和会计凭证、会计账簿和会计报表具体联系起来，使会计信息更好地反映会计主体生产经营活动的情况。其中，资产、负债、所有者权益三个要素是企业财务状况的静态反映，根据这些要素可以编制资产负债表，这三个要素又称为资产负债表要素；收入、费用、利润三个要素从动态方面反映企业某一会计期间的经营成果，根据这些要素可以编制利润表，这三个要素又称为利润表要素。利用这六个要素可以从静态和动态方面核算与管理企业的经济活动。因此，领会和掌握这六个会计要素的内涵和特点对以后的学习是非常重要的。

## 四、会计要素的计量

会计计量属性是指用货币对会计要素进行计量时的标准。根据我国《企业会计准则——基本准则》的规定，会计计量属性主要有历史成本、重置成本、可变现净值、现值和公允价值。

### （一）历史成本

历史成本又称为实际成本，是指取得或制造某项财产物资时所实际支付的现金或者其他等价物。在历史成本计量下，资产按照其购置时支付的现金或者现金等价物的金额，或者按照购置资产时所付出的对价的公允价值计量。负债按照其因承担现时义务而实际收到的款项或者资产的金额，或者承担现时义务的合同金额，或者按照日常活动中为偿还负债预期需要支付的现金，或者现金等价物的金额计量。

历史成本是最基本的计量属性，长期以来被广泛运用，其本身具有不可取代的优点：历史成本是由实际交易而不是可能的交易所决定的，基于交易双方的认可。由于交易已经发生，有证据可供稽核，历史成本计量能够反映历史的经济事实，所以有较大的可靠性。在一个持续经营的企业中，其长期资产不是为卖而买的，持有这类资产的目的是供企业长期使用和生产消费的，市场价格的变动对这些资产完全可以不予考虑。

但是，历史成本也有其局限性，最主要表现在：历史成本只能反映一个企业资产取得时的价值，不能反映资产在持有过程中的不确定性；当价格明显变动时，基于各个交易时点的历史成本代表不同的价值量，它们之间不可比，失去会计信息可比性；在物价上涨时，以历史成本计量的资产负债表中的非货币资产和负债就被低估，不能揭示实际财务状况；由于资产是历史成本计量的，则费用以历史成本计量，而收入是以现行价格计量，这样，收入与费用的配比就缺乏逻辑上的统一；在物价上涨时，费用按历史成本计量与收入按现行价格计量形成的利润无法区分管理当局的经营业绩和价格变动引起的持有利得。

### （二）重置成本

重置成本又称现行成本，是指按照当前市场条件，重新取得同样一项资产所需支付的现金或现金等价物金额。在重置成本计量下，资产按照现在购买相同或者相似资产所需支付的现金或者现金等价物的金额计量。负债按照现在偿付该项债务所需支付的现金或者现金等价物的金额计量。

与历史成本相比，重置成本的优点主要在于：按现行成本计量的费用与按现行价格计量的收入配比，可以避免在价格变动时虚计利润；期末资产负债表提供以现行成本为基础的现时信息，反映了现时财务状况；现行价格的收入与现行成本相配比实现逻辑上的统一性；便于区分管理当局的经营业绩和资产持有利得。

重置成本的缺点主要在于：重置成本的含义不明确，实际中也难以存在与原持有资产完全吻合的重置成本。另外，重置成本的确定较困难，并缺乏足够可信的证据，影响会计信息的可靠性。

### （三）可变现净值

可变现净值是指在正常生产经营过程中，以预计售价减去进一步加工成本和销售所必需的预计税金、费用后的净值。在可变现净值计量下，资产按照其正常对外销售所能收到现金或者现金等价物的金额扣减该资产至完工时估计将要发生的成本、估计的销售费用以及相关税金后的金额计量。

可变现净值是未折现的现金或现金等价物，没有考虑货币的时间价值，按可变现净值计量。未来收回的现金与现在收回的现金是等价的。另外，可变现净值计量属性完全依赖于可观察的市场价格，缺乏可靠的证据，影响了会计信息的可靠性。

**（四）现值**

现值是指对未来现金流量以恰当的折现率进行折现后的价值，是考虑货币时间价值因素等的一种计量属性。在现值计量下，资产按照预计从其持续使用和最终处置中所产生的未来净现金流入量的折现金额计量。负债按照预计期限内需要偿还的未来净现金流出量的折现金额计量。该计量属性考虑了货币的时间价值，能反映资产的经济价值，提供的会计信息与决策更相关。

但严格意义上来讲，现值并不是一项独立的计量属性，现值只是任何一种现金流量同利率的结合，是一种可以达到某种计量属性的手段和技术。因为任何一种计量属性都必须可用于交易或事项初始确认时的计量，而初始计量不存在现值问题。另外，从实务操作的角度看，现值的可靠性也较差。

**（五）公允价值**

公允价值是指在公平交易中，熟悉情况的交易双方自愿进行资产交换或者债务清偿的金额。在公允价值计量下，资产和负债按照市场参与者在计量日发生的有序交易中，出售资产所能收到或者转移负债所需支付的价格计量。

《企业会计准则——基本准则》第四十三条规定：企业在对会计要素进行计量时，一般应当采用历史成本，采用重置成本、可变现净值、现值、公允价值计量的，应当保证所确定的会计要素金额能够取得并可靠计量。

## 第三节　会计等式

会计等式是揭示会计要素之间内在联系的数学表达式，又称为会计方程式或会计恒等式。

由于企业的资金在生产经营过程中被分布占用在不同的阶段，所以会计要素之间的数量等式关系在企业生产经营的不同阶段也就产生了不同的表述形式。

### 一、会计等式的表现形式

**（一）静态会计等式**

静态会计等式又称财务状况等式或基本会计等式，是用以反映企业某一特定时点资产、负债和所有者权益三者之间平衡关系的会计等式，它是复式记账法的理论基础，也是编制资产负债表的依据。

就一个企业而言，为进行生产经营活动，以获取利润，必须拥有一定数额可供支配运用的资产，而企业的资产最初进入企业的来源渠道包括两种：一是由债权人提供；二是由所有者提供。既然企业的债权人和所有者为企业提供了全部资产，就应该对企业的资产享有要求权，这种对企业资产的要求权，在会计上总称为权益。其中属于债权人的部分，称为债权人权益，通常又称为负债；属于所有者的部分，称为所有者权益。

可见，资产表明企业拥有什么经济资源和拥有多少经济资源；权益则表明是谁提供了这些经济资源，谁对这些经济资源拥有要求权。资产与权益之间存在着相互依存的关系，二者是不可分割的。从数量上看，有一定数额的资产，就必定有对该资产的权益；有一定权益，则必然有体现其权益的资产。世界上没有无资产的权益，也不存在无权益的资产。也就是说，一个企业的资产总额与权益（负债和所有者权益）总额必定彼此相等。这种关系可以用以下等式表示：

资产=权益
=债权人权益+所有者权益
=负债+所有者权益

"资产=负债+所有者权益"是最基本的会计等式，通常称为第一会计等式。这一等式表明，在某一时点企业所掌握或拥有的经济资源的数额，债权人和企业所有者对这些资源所拥有的权益。

### （二）动态会计等式

动态会计等式又称经营成果等式，是用以反映企业一定时期收入、费用和利润之间恒等关系的会计等式，它是企业编制利润表的基础。

企业拥有资源是为了进行生产经营，这种生产经营是以营利为目的的：企业用货币资产购进生产经营所需要的原材料、辅助材料；购建厂房设备；雇用工人及管理者，这些都需要资金的投入与耗费，形成了企业的成本费用支出；企业将生产的产品销售出去取得收入，用收入抵减各种成本、费用及税金，就形成了企业的利润。因此，收入、费用与利润之间就形成了资产使用后的动态的会计等式：

利润=收入-费用

这一会计等式是企业资金运动的动态表现形式，反映企业一定时期内取得的利润或发生的亏损，通常又称为第二会计等式。

### （三）静态会计等式与动态会计等式的关系

从企业经济活动的整体来看，企业经济交易的产生不仅会导致静态会计要素发生变动，而且也会使得静态会计要素与动态会计要素同时发生变动。如企业支付办公费用的交易使得费用要素发生增加变动并同时使得资产要素发生减少变动等。企业的利润归企业所有者所有；企业的亏损也由所有者负担。企业一定时期的经营成果必然影响一定时点的财务状况，由于利润会影响所有者权益及资产增加或减少，所以，会计等式又可扩展为：

资产=负债+所有者权益+利润

资产=负债+所有者权益+（收入−费用）

将等式右侧的费用移至与其具有相同性质的资产一侧，即得到了会计要素之间的综合关系等式：

资产+费用=负债+所有者权益+收入

这一会计等式称为扩展会计等式，等式中的费用是对资产的使用与耗费所形成的资产的减少；收入是使利润增加的要素，在性质上属于企业资金来源。这一会计等式反映了企业在某个会计期间内净资产的变动情况，是将企业的静态财务状况和动态的经营成果联系在一起的综合结果，它揭示了各会计要素之间的内在关系。

在每个会计期期末，企业在结算时，收入与支出项目构成计算利润的要素，利润经过分配以后，上述的扩展会计等式又回复到起始形式：

资产=负债+所有者权益

这个等式既是企业财务状况的表现形式，也是最基本的会计恒等式。这个过程也就是由动态会计等式经利润分配后，又转化为新的静态会计等式，从动平衡转化为静平衡。

## 二、会计恒等式与经济业务的类型

### （一）经济业务

企业在开展生产经营过程中所发生的各种经济活动都会引起会计要素发生变化，这些经济活动在会计上称为“经济业务”或“会计事项”。

所谓“经济业务”或“会计事项”，是指企业在生产经营过程中所发生的可用货币表现并能引起会计要素变化的一切业务或事项。经济业务可分为外部经济业务和内部经济业务。

外部经济业务是指企业与其他企业单位或个人发生的经济往来关系而形成的经济业务，如向银行借款、购进原材料、支付水电费、销售产品、上缴税费等。

内部经济业务是指企业内部发生的经济业务，如工资费用的分配、成本的结转、费用的摊销等。

### （二）经济业务分析及其对会计等式的影响

从前文可以看出，资产是表明企业拥有或控制的经济资源，权益是表明谁提供了这些经济资源，谁对这些经济资源拥有要求权。因此，资产与权益之间形成了相互依存的关系。资产不能脱离权益而独立存在，资产和权益是资金从两个不同侧面观察分析的结果，从其存在、分布与使用的形态来看是资产，而从其形成与取得的来源来看是权益；从数量上看，有一定数额的资产，必定有一定数额的权益，反之亦然；也就是说，资产与权益之间在数量上存在着必然相等的关系。企业任何一项经济业务的发生，只能影响基本会计等式左边或右边各相应会计要素的金额发生增减变化，但不会破坏基本会计等式的平衡关系。以下举例说明经济业务发生对会计等式的影响。

【**例 2-1**】202×年 3 月 31 日，×达公司资产与权益（负债及所有者权益）的情况见表 2-1。

**表 2-1　×达公司 202×年 3 月 31 日资产负债表**

单位：元

| 资产 | 金额 | 负债及所有者权益 | 金额 |
|---|---|---|---|
| 库存现金 | 1 800 | 短期借款 | 50 000 |
| 银行存款 | 100 000 | 应付票据 | 11 000 |
| 应收账款 | 86 000 | 应付账款 | 79 000 |
| 原材料 | 74 000 | 长期借款 | 100 000 |
| 库存商品 | 100 000 | 实收资本 | 300 000 |
| 固定资产 | 500 000 | 盈余公积 | 141 800 |
| | | 利润分配 | 180 000 |
| 合计 | 861 800 | 合计 | 861 800 |

经济业务发生后，引起各项资产和权益（负债及所有者权益）的增减变动，包括以下四种类型。

第一种类型，经济业务的发生，引起资产项目和权益项目同时增加，双方增加的金额相等，等式平衡关系仍然保持。

（1）202×年 4 月 1 日，×达公司向建设银行借入三个月的短期借款 100 000 元，款项直接存入银行。

分析：这项经济业务的发生，使企业资产项目的“银行存款”增加了 100 000 元，权益中负债项目的“短期借款”也增加了 100 000 元。资产项目和权益中负债项目以相等的金额同时增加，双方的总额虽均发生了增加，旧的平衡被打破了，新的平衡又形成了，平衡关系仍然保持，会计等式依然成立。

资产＝负债+所有者权益

↑　　↑

+100 000　+100 000

（2）202×年 4 月 2 日，×达公司接受投资者追加投资 80 000 元，款项直接存入银行。

分析：这项经济业务的发生，使企业资产项目的“银行存款”增加了 80 000 元，权益中所有者权益项目的“实收资本”也增加了 80 000 元。资产项目和权益中所有者权益项目以相等的金额同时增加，双方的总额虽均发生了增加，旧的平衡被打破了，新的平衡又形成了，平衡关系仍然保持，会计等式依然成立。

资产=负债+所有者权益

↑　　　↑

+80 000　　+80 000

第二种类型，经济业务的发生，引起资产项目和权益项目同时减少，双方减少的金额相等，等式平衡关系仍然保持。

（3）202×年4月5日，×达公司以银行存款10 000元，偿还前期购买货物的款项。

分析：这项经济业务的发生，使企业资产项目的“银行存款”减少了10 000元，权益中负债项目的“应付账款”也减少了10 000元。资产项目和权益中负债项目以相等的金额同时减少，双方的总额虽均发生了减少，旧的平衡被打破了，新的平衡又形成了，平衡关系仍然保持，会计等式依然成立。

资产=负债+所有者权益

↓　↓

-10 000　-10 000

（4）202×年4月11日，经批准，×达公司决定减少注册资本100 000元，以银行存款向投资者退回其相应投资额。

分析：这项经济业务的发生，使企业资产项目的“银行存款”减少了100 000元，权益中所有者权益项目的“实收资本”也减少了100 000元。资产项目和权益中所有者权益项目以相等的金额同时减少，双方的总额虽均发生了减少，旧的平衡被打破了，新的平衡又形成了，平衡关系仍然保持，会计等式依然成立。

资产=负债+所有者权益

↓　　　↓

-100 000　　-100 000

## 提示

企业减少注册资本，必须完成法定的程序且企业剩余的注册资本数额不得少于规定的注册资本的最低数额。

第三种类型，经济业务的发生，引起资产项目之间此增彼减，增减金额相等，会计等式平衡关系仍然保持。

（5）202×年4月17日，×达公司用银行存款购买原材料60 000元。

分析：这项经济业务的发生，使企业资产的一个项目“原材料”增加了60 000元，资产的另一个项目“银行存款”却减少了60 000元，引起资产内部两个项目之间以相等的金额一增一减的变动。这一增一减，只表明资产形态的变化，而不会引起资产总额的变动，更不会涉及权益（负债及所有者权益）项目。因此，资产与权益的总额仍然保持不变且平衡，会计等式依然成立。

资产=负债+所有者权益

↓↑

+60 000-60 000

第四种类型，经济业务的发生，引起权益（负债及所有者权益）项目之间此增彼减，增减金额相等，等式平衡关系仍然保持。

（6）202×年 4 月 20 日，×达公司开出一张三个月到期的银行承兑汇票以偿还之前欠的货款 50 000 元。

分析：这项经济业务的发生，使企业权益中负债内的“应付票据”项目增加了 50 000 元，负债内的“应付账款”项目却减少了 50 000 元，只会引起负债内部两个项目之间以相等的金额一增一减的变动。这一增一减，既不会引起权益总额发生变动，也没有涉及资产项目。因此，资产与权益的总额仍然保持不变且平衡，会计等式依然成立。

资产=负债+所有者权益

↓↑

+50 000 −50 000

（7）202×年 4 月 22 日，×达公司经批准，决定将盈余公积 70 000 元转作资本。

分析：这项经济业务的发生，使企业权益中所有者权益内的“实收资本”项目增加了 70 000 元，所有者权益内的“盈余公积”项目却减少了 70 000 元，只会引起所有者权益内部两个项目之间以相等的金额一增一减的变动。这一增一减，既不会引起权益总额发生变动，也没有涉及资产项目。因此，资产与权益的总额仍然保持不变且平衡，会计等式依然成立。

资产=负债+所有者权益

↓ ↑

+70 000 −70 000

（8）202×年 4 月 23 日，经双方协商，某债权人将借给×达公司的长期借款 100 000 元转作向×达公司的投资。

分析：这项经济业务的发生，使企业权益中所有者权益内的“实收资本”项目增加了 100 000元，负债内的“长期借款”项目却减少了 100 000 元，只会引起权益内部的所有者权益一个项目增加，负债一个项目等额减少。这一增一减，既不会引起权益总额发生变动，也没有涉及资产项目。因此，资产与权益的总额仍然保持不变且平衡，会计等式依然成立。

资产=负债+所有者权益

↓ ↑

−100 000 +100 000

（9）202×年 4 月 30 日，×达公司按照股东大会决定向投资者发放股利 150 000 元。

分析：这项经济业务的发生，使企业权益中负债内的“应付股利”项目增加了 150 000元，所有者权益内的“利润分配”项目却减少了 150 000 元，只会引起权益内部的负债一个项目增加，所有者权益一个项目等额减少。这一增一减，既不会引起权益总额发生变动，也没有涉及资产项目。因此，资产与权益的总额仍然保持不变且平衡，会计等式依然成立。

资产=负债+所有者权益

↑ ↓

+150 000 −150 000

由上述四种类型的九项经济业务所引起的资产和权益的变化情况见表 2-2。

**表 2-2　×达公司 202×年 4 月 30 日资产权益变动情况表**

单位：元

| 资产 | 期初余额 | 增减金额 | 期末余额 | 负债及所有者权益 | 期初余额 | 增减金额 | 期末余额 |
|---|---|---|---|---|---|---|---|
| 库存现金 | 1 800 | | 1 800 | 短期借款 | 50 000 | （1） +100 000 | 150 000 |
| 银行存款 | 100 000 | （1） +100 000<br>（2） +80 000<br>（3） −10 000<br>（4） −100 000<br>（5） −60 000 | 110 000 | 应付票据 | 11 000 | （6） +50 000 | 71 000 |
| 应收账款 | 86 000 | | 86 000 | 应付账款 | 79 000 | （3） −10 000<br>（6） −50 000 | 9 000 |
| 原材料 | 74 000 | （5） +60 000 | 124 000 | 应付股利 | 0 | （9） +150 000 | 150 000 |
| 库存商品 | 100 000 | | | 长期借款 | 100 000 | （8） −100 000 | 0 |
| 固定资产 | 500 000 | | 100 000 | 实收资本 | 300 000 | （2） +80 000<br>（4） −100 000<br>（7） +70 000<br>（8） +100 000 | 450 000 |
| | | | 500 000 | 盈余公积 | 141 800 | （7） −70 000 | 71 800 |
| | | | | 利润分配 | 180 000 | （9） −150 000 | 30 000 |
| 合计 | 861 800 | +70 000 | 931 800 | 合计 | 861 800 | +70 000 | 931 800 |

以上所举例的九项经济业务，归纳起来包括以下四种类型：第一，经济业务发生，资产与权益项目同时增加相等的金额，如上例中的（1）（2）业务；第二，经济业务发生，资产与权益项目同时减少相等的金额，如上例中的（3）（4）业务；第三，经济业务发生，资产项目之间此增彼减相同金额，如上例中的（5）业务；第四，经济业务发生，权益项目之间此增彼减相同金额，如上例中的（6）（7）（8）（9）业务。以上经济业务类型如图 2-8 所示；经济业务对会计等式的影响类型见表 2-3。

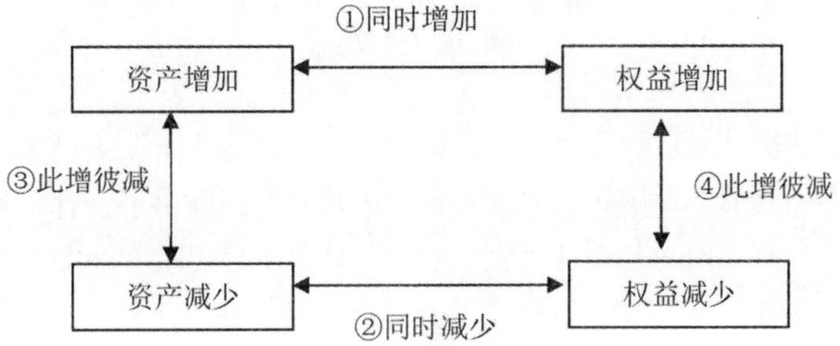


**图 2-8　经济业务类型**

**表 2-3 经济业务对"资产=负债+所有者权益"的影响类型**

| 业务序号 | 会计要素变动情况 | 变动项目 | | | 经济业务类型 |
|---|---|---|---|---|---|
| | | 资产 | 负债 | 所有者权益 | |
| 经济业务（1） | 一项资产增加，一项负债增加 | 银行存款↑ | 短期借款↑ | | 第一种 |
| 经济业务（2） | 一项资产增加，一项所有者权益增加 | 银行存款↑ | | 实收资本↑ | 第一种 |
| 经济业务（3） | 一项资产减少，一项负债减少 | 银行存款↓ | 应付账款↓ | | 第二种 |
| 经济业务（4） | 一项资产减少，一项所有者权益减少 | 银行存款↓ | | 实收资本↓ | 第二种 |
| 经济业务（5） | 一项资产增加，另一项资产减少 | 原材料↑<br>银行存款↓ | | | 第三种 |
| 经济业务（6） | 一项负债增加，另一项负债减少 | | 应付票据↑<br>应付账款↓ | | 第四种 |
| 经济业务（7） | 一项所有者权益增加，另一项所有者权益减少 | | | 实收资本↑<br>盈余公积↓ | 第四种 |
| 经济业务（8） | 一项负债减少，一项所有者权益增加 | | 长期借款↓ | 实收资本↑ | 第四种 |
| 经济业务（9） | 一项负债增加，一项所有者权益减少 | | 应付股利↑ | 利润分配↓ | 第四种 |

根据以上举例，可得出以下两点规律性的结论：其一，经济业务引起会计等式中有关项目的变化都是双重性的，或是等式两边等额增加，或是等式两边等额减少，或是等式一边内部项目之间等额一增一减；其二，经济业务引起会计等式的变化是多种多样的，但变化的结果都不会破坏等式两边的总额平衡关系。这种平衡关系是会计工作中设置账户、进行复式记账和编制资产负债表的理论依据。因此，正确理解和掌握这种平衡关系，有着十分重要的意义。

## 本章小结

本章主要阐述了会计对象的概念及其具体内容，以制造业企业为例引出资金运动的概念及资金运动的各个环节；在阐述上述资金运动的基础上，引出了会计要素及其计量、会计等式的具体内容，重点阐述了会计要素是对会计对象所做的基本分类，会计等式反映的是会计要素之间的平衡关系。资金平衡表现为资金占用等于资金来源，即资产等于负债加所有者权益，这是会计的基本等式，是设置账户的理论依据。任何经济业务的发生都会影响会计要素会计等式的变化，但不会破坏会计等式的平衡关系。本章重点内容如下。

1. 会计对象

会计对象是指会计所核算和监督的内容。会计是以货币为主要计量单位，对特定单位的经济活动进行核算和监督。因此，凡是特定主体能够以货币表现的经济活动，都是会计核算和监督的内容，也就是会计的对象。

会计对象的内容就是特定单位中发生的、能够以货币表现的经济活动。而以货币表现的经济活动，通常又称为价值运动或资金运动，因此，会计对象的基本内容又可以概括地描述为社会再生产经营过程中的资金运动。

2. 会计要素

会计要素是指对会计对象具体内容所做的最基本分类，是会计对象基本的、主要的组成部分。根据我国《企业会计准则——基本准则》的规定，将会计要素划分为六项，即资产、负债、所有者权益、收入、费用和利润。

资产、负债、所有者权益反映企业在一定时点的财务状况，是组成资产负债表的主要内容。收入、费用、利润反映一定时期的经营活动及其成果，是组成利润表的主要内容。

（1）资产是指企业过去的交易或者事项形成的、由企业拥有或者控制的、预期会给企业带来经济利益的资源。

（2）负债是指企业过去的交易或者事项形成的、预期会导致经济利益流出企业的现时义务。

（3）所有者权益是指企业资产扣除负债后由所有者享有的剩余权益。

（4）收入是指企业在日常活动中形成的、会导致所有者权益增加的、与所有者投入资本无关的经济利益的总流入。

（5）费用是指企业在日常活动中发生的、会导致所有者权益减少的、与向所有者分配利润无关的经济利益的总流出。

（6）利润是指企业在一定会计期间的经营成果。利润包括收入减去费用后的净额、直接计入当期利润的利得和损失等。

3. 会计要素的计量

会计计量是指用货币对会计要素进行计量时的标准。根据我国《企业会计准则——基本准则》的规定，会计计量属性主要有历史成本、重置成本、可变现净值、现值和公允价值。

（1）在历史成本计量下，资产按照购置时支付的现金或者现金等价物的金额，或者按照购置资产时所付出的对价的公允价值计量。负债按照因承担现时义务而实际收到的款项或者资产的金额，或者承担现时义务的合同金额，或者按照日常活动中为偿还负债预期需要支付的现金或者现金等价物的金额计量。

（2）在重置成本计量下，资产按照现在购买相同或者相似资产所需支付的现金或者现金等价物的金额计量。负债按照现在偿付该项债务所需支付的现金或者现金等价物的金额计量。

（3）在可变现净值计量下，资产按照其正常对外销售所能收到现金或者现金等价物的金额扣减该资产至完工时估计将要发生的成本、估计的销售费用以及相关税费后的金额计量。

（4）在现值计量下，资产按照预计从其持续使用和最终处置中所产生的未来净现金流入量的折现金额计量。负债按照预计期限内需要偿还的未来净现金流出量的折现金额计量。

（5）在公允价值计量下，资产和负债按照市场参与者在计量日发生的有序交易中，出售资产所能收到或者转移负债所需支付的价格计量。

**4. 会计等式**

会计等式是指运用数学方程的原理来描述会计对象的具体内容，即会计要素之间相互关系的一种表达式。它分为静态会计等式、动态会计等式和扩展会计等式。

（1）静态会计等式。

资产=负债+所有者权益

（2）动态会计等式。

利润=收入−费用

（3）扩展会计等式。

资产+费用=负债+所有者权益+收入

**5. 经济业务对会计等式的影响**

资产与权益之间是恒等的，两者是一个对立统一体。有一定的资产，就必然有一定的权益；有一定的权益，也必然表现为一定的资产。

经济业务对基本会计等式的影响分为：等式一边，此增彼减；等式两边，同增同减。

## 关键词汇

| | | | |
|---|---|---|---|
| 1. 会计对象 | 2. 资金运动 | 3. 货币资金 | 4. 储备资金 |
| 5. 生产资金 | 6. 成品资金 | 7. 会计要素 | 8. 资产 |
| 9. 负债 | 10. 所有者权益 | 11. 收入 | 12. 费用 |
| 13. 利润 | 14. 会计要素计量 | 15. 历史成本 | 16. 重置成本 |
| 17. 可变现净值 | 18. 现值 | 19. 公允价值 | 20. 会计等式 |

## 练习与思考

### 一、单项选择题

1. 会计的对象可以概括为（　　）。

A. 经济活动　B. 再生产过程中的资金运动　C. 生产活动　D. 管理活动

2. 下列各项目中属于静态会计要素的是（　　）。

A. 费用　B. 利润　C. 收入　D. 资产

3. 下列各项目中属于动态会计要素的是（　　）。
A. 收入　　B. 负债　　C. 资产　　D. 所有者权益

4. 下列各项目中不属于资产的是（　　）。
A. 预付账款　　B. 专利权　　C. 应收账款　　D. 预收账款

5. 资产通常按流动性分为（　　）。
A. 有形资产与无形资产　　B. 货币资产与非货币资产
C. 流动资产与非流动资产　　D. 本企业资产与租入的资产

6. 所有者权益是企业投资人对企业净资产的要求权，这种要求权取决于（　　）。
A. 企业资产总额的多少　　B. 企业负债总额的多少
C. 企业实现利润的多少　　D. 企业资产总额和负债总额的多少

7. 下列各项目中属于所有者权益的是（　　）。
A. 长期股权投资B. 长期应付款　　C. 固定资产　　D. 股本

8. 下列各项目中属于负债的是（　　）。
A. 预收账款　　B. 库存现金　　C. 存货　　D. 股本

9. 制造业企业的供应过程的资金运动主要是（　　）。
A. 货币资金转化为储备资金　　B. 货币资金转化为产品资金
C. 生产资金转化为产品资金　　D. 成品资金转化为货币资金

10. 下列属于资产的特点的是（　　）。
A. 将导致企业未来经济利益流入
B. 反映企业在一定时期所取得经营成果
C. 将导致企业未来经济利益流出
D. 是过去的交易、事项所构成的现时义务

11. 下列会计等式中不正确的是（　　）。
A. 资产=负债+所有者权益　　B. 负债=资产-所有者权益
C. 资产-负债=所有者权益　　D. 资产+负债=所有者权益

12. 下列经济业务中，影响会计等式总额发生变化的是（　　）。
A. 以银行存款50 000元购买材料
B. 购买机器设备20 000元，货款未付
C. 从银行提取现金40 000元
D. 收回客户所欠的货款30 000元，存入银行

13. 下列经济活动中，引起资产和负债同时减少的是（　　）。
A. 以银行存款偿付前欠货款　　B. 购买材料货款尚未支付
C. 收回应收账款，存入银行　　D. 接受投资者投资新设备

14. 下列经济活动中，引起负债之间此增彼减的是（　　）。
A. 收到应收账款，存入银行　　B. 向银行借入款项直接偿还应付账款

C. 用银行存款偿还长期负债　　D. 用现金支付职工工资

15. 下列经济活动中，引起所有者权益之间此增彼减的是（　　）。

A. 收到应收账款，存入银行　　B. 收到股东 A 的现金投资

C. 用银行存款偿还长期负债　　D. 用资本公积转增资本

16. 费用是指企业与销售商品、提供劳务等日常活动所发生的（　　）。

A. 经济利益的流出　　B. 生产费用

C. 财务耗费　　D. 经济损失

17. 下列经济业务的发生不会使会计等式两边总额发生变化的是（　　）。

A. 用银行存款支付前欠购料款　　B. 从银行提取现金

C. 向银行取得借款存入银行　　D. 收到预收账款存入银行

18. 某企业本期期初资产总额为 10 万元，本期期末负债总额比期初减少 1 万元，所有者权益比期初增加 3 万元。该企业期末资产总额是（　　）。

A. 9 万元　　B. 13 万元　　C. 10 万元　　D. 12 万元

19. 某公司年初全部负债为 25 000 元，年末为 19 000 元，资产总额年末比年初增加 11 000 元。计算该年度所有者权益增加（　　）。

A. 17 000 元　　B. 6 000 元　　C. 11 000 元　　D. 25 000 元

20. 某企业月初总资产为 300 万元，当月发生两笔经济业务：①购买固定资产 20 万元，价款未付；②用银行存款归还短期借款 30 万元。月末企业的权益总额为（　　）。

A. 290 万元　　B. 350 万元　　C. 250 万元　　D. 310 万元

21. 制造业企业的销售过程的资金运动主要是（　　）。

A. 货币资金转化为储备资金　　B. 货币资金转化为产品资金

C. 生产资金转化为产品资金　　D. 成品资金转化为货币资金

22. 某公司资产总额为 200 万元，当发生下列三笔经济业务后：

（1）向银行借款 20 万元存入银行；

（2）用银行存款偿还应付账款 15 万元；

（3）收回应收账款 10 万元存入银行。

其权益总计为（　　）。

A. 205 万元　　B. 235 万元　　C. 230 万元　　D. 245 万元

23. 以下项目中属于资产的是（　　）。

A. 短期借款　　B. 存货　　C. 实收资本　　D. 应付股利

24. 以下不属于企业的收入的是（　　）。

A. 销售商品所得收入　　B. 提供劳务所得收入

C. 为第三方客户代收的款项　　D. 让渡资产使用权所得收入

25. 所有者权益是企业投资者对企业净资产的所有权，在数量上等于（　　）。

A. 全部资产减去流动负债　　B. 企业的新增利润

C. 全部资产减去全部负债　　D. 全部资产加上全部负债

26. 某公司的所有者权益为10万元，即（　　）。

A. 该公司的投入资本为10万元　　B. 该公司的资产总额为10万元

C. 该公司的权益总额为10万元　　D. 该公司的净资产总额为10万元

27. （　　）是指资产按照购置时支付的现金或现金等价物的金额计量。

A. 历史成本　　B. 重置成本　　C. 可变现净值　　D. 公允价值

28. 收入是企业在（　　）中形成的、会导致所有者权益增加、与所有者投入资本无关的经济利益的总流入。

A. 销售活动　　B. 日常活动　　C. 劳务活动　　D. 业务活动

29. 企业在对会计要素进行计量时，一般应采用（　　）进行计量。

A. 现值　　B. 历史成本　　C. 可变现净值　　D. 重置成本

30. 下列业务中，资产与所有者权益同时增加的是（　　）。

A. 用现金购买办公用品　　B. 将盈余公积转增资本

C. 接受投资者投入的专利权　　D. 向银行借款存入银行存款户

## 二、多项选择题

1. 下列项目中属于静态会计要素的有（　　）。

A. 资产　　B. 利润　　C. 成本　　D. 负债

2. 下列各项目中反映企业财务状况的会计要素有（　　）。

A. 资产　　B. 所有者权益　　C. 负债　　D. 收入

3. 下列各项中属于会计要素计量属性的有（　　）。

A. 现值　　B. 历史成本　　C. 可变现净值　　D. 重置成本

E. 公允价值

4. 下列项目中属于资产的有（　　）。

A. 应收账款　　B. 预收账款　　C. 应付账款　　D. 预付账款

5. 下列项目中属于所有者权益的有（　　）。

A. 实收资本　　B. 资本公积　　C. 未分配利润　　D. 应付股利

6. 下列各项目中属于期间费用的有（　　）。

A. 制造费用　　B. 销售费用　　C. 管理费用　　D. 财务费用

7. 财务费用一般包括（　　）。

A. 会计人员工资　　B. 广告费用　　C. 银行借款利息　　D. 发行债券手续费

8. 下列各项目中属于流动负债的有（　　）。

A. 应付债券　　B. 预付账款　　C. 应付账款　　D. 预收账款

9. 下列各项目中属于流动资产的有（　　）。

A. 应收账款　B. 预付账款　C. 预收账款　D. 存货

10. 利润总额是指企业在一定会计期间的经营成果，包括（　　）。

A. 投资收益　B. 营业利润　C. 利得　D. 损失

11. 资产具有的特征有（　　）。

A. 资产是过去的交易、事项形成的　B. 资产能以货币计量

C. 资产是企业拥有或控制的　D. 资产预期能给企业带来经济利益

12. 收入将导致企业（　　）。

A. 现金流出　B. 资产增加　C. 资产减少　D. 负债减少

13. 下列会计等式正确的有（　　）。

A. 资产=负债+所有者权益　B. 资产=负债+所有者权益+利润

C. 资产+费用=负债+所有者权益+收入　D. 资产+所有者权益=负债

14. 下列经济活动中引起资产和负债同时增加的有（　　）。

A. 用银行存款偿还长期负债　B. 购买材料，货款尚未支付

C. 预收销货款　D. 向银行借入短期借款，存入银行

15. 下列经济活动中引起资产之间彼此增减的有（　　）。

A. 用现金支付职工工资　B. 收到应收账款，存入银行

C. 从银行提取现金　D. 用银行存款购买材料

16. 在下列各项业务中，不影响资产总额的有（　　）。

A. 用银行存款购入原材料　B. 从银行提取现金

C. 用银行存款购入 A 公司股票　D. 用银行存款预付材料定金

17. 根据我国《企业会计准则——基本准则》的规定，将会计要素划分为（　　）。

A. 资产和费用　B. 负债和收入

C. 会计科目和账户　D. 利润和所有者权益

18. 企业的无形资产包括（　　）。

A. 专利权　B. 商标权　C. 土地使用权　D. 非专利技术

19. 下列经济业务的发生会影响资产总金额变动的有（　　）。

A. 购进货物价款 12 000 元未付　B. 收到应收款 36 000 元存入银行

C. 以银行存款支付应付款 10 000 元　D. 以银行存款对外投资 100 000 元

20. 企业的投入资本是（　　）。

A. 企业所有者权益构成的主体

B. 企业注册成立的基本条件之一

C. 企业投资者对企业净资产的所有权

D. 投资者实际投入企业经营活动的各种财产物资和货币资金

21. “资产=负债+所有者权益”会计恒等式是（　　）。

A. 设置账户的理论依据　　B. 复式记账的理论依据
C. 反映企业资产归属关系的等式　　D. 编制资产负债表的理论依据

22. 一个企业的资产总额与权益总额是相等的，这是因为（　　）。
A. 资产和权益是同一资金的两个侧面
B. 任何权益都能形成相应的资产
C. 某一具体资产项目的增加，总是同另一具体权益项目的增加同时发生
D. 权益方内部项目的此增彼减变化，不影响资产总额与权益总额的变动

23. 下列资产项目与权益项目之间的变动符合资金运动规律的有（　　）。
A. 资产某项目增加与权益某项目减少
B. 资产某项目减少与权益某项目增加
C. 资产方内部项目之间此增彼减
D. 权益方内部项目之间此增彼减

24. 下列业务中引起所有者权益增加的业务有（　　）。
A. 以银行存款还欠款　　B. 公司投资者给公司投入设备
C. 投资者代公司偿还欠款　　D. 以盈余公积转增资本

25. 能同时引起资产和负债发生增减变动的经济业务有（　　）。
A. 以银行存款缴纳税费　　B. 向银行借款存入银行账户
C. 将库存现金存入银行　　D. 将盈余公积转增资本

26. 只涉及会计等式一边增减变动的经济业务有（　　）。
A. 以银行存款购置设备　　B. 用盈余公积转增资本
C. 购进材料款未付　　D. 接受投资者投资无形资产

## 三、判断题

1. “资产=负债+所有者权益”这个平衡公式是企业资金运动的动态表现。（　　）
2. 负债是企业过去的交易或事项所引起的潜在义务。（　　）
3. 应收及预收款是资产，应付及预付款是负债。（　　）
4. 资产按流动性分为无形资产和有形资产。（　　）
5. 历史成本是会计要素的基本计量属性。（　　）
6. 无形资产是不具有实物形态的资产，因此，土地使用权属于无形资产。（　　）
7. 某一财产物资要成为企业的资产，其所有权必须属于企业。（　　）
8. 所有者权益是指投资人对企业全部资产的所有权。（　　）
9. 收入是指企业在销售商品、提供劳务及让渡资产使用权等日常活动中所形成的经济利益的净流入。（　　）
10. 若某项资产不能为企业带来经济利益，即使是由企业拥有或控制的，也不能作为企业的资产在资产负债表中列示。（　　）
11. 期间费用应计入产品成本。（　　）

12. 利润金额等于收入减去费用加上直接计入当期损益的利得减去直接计入当期损益的损失。(　　)

13. 资产按流动性分为流动资产和固定资产。(　　)

14. 所有者权益是指企业资产扣除负债后由所有者享有的剩余权益。(　　)

15. 收入只有在经济利益很可能流入从而导致企业资产增加或负债减少，而且经济利益的流入额能够可靠计量时才能加以确认。(　　)

16. 费用是指企业在日常活动中发生的，会导致企业所有者权益减少的，与向所有者分配利润无关的经济利益的总流出。(　　)

17. 企业预期在未来发生的交易或事项能够形成资产。(　　)

18. 负债在多数情况下要用现金进行偿还，有些情况下也可以用商品或其他资产或者通过提供劳务的方式进行偿还。(　　)

19. 与所有者权益相比，债权人无权参与企业的生产经营、管理和收益分配，而所有者权益则相反。(　　)

20. 权益就是企业所有者对企业资产的要求权。(　　)

21. 资产和权益是相互联系、相互依存的，从数量上看，有一定的资产，就必然有对应这些资产的权益。(　　)

22. 资产、负债和所有者权益的平衡关系是反映企业资金运动的静止状态，如果考虑收入、费用等动态要素，则资产与权益总额的平衡关系必然受到破坏。(　　)

## 四、业务题

### 习题一

某企业 20×1 年 3 月 31 日的资产、负债及所有者权益情况见下表。

**有关资产、权益的部分资料**

单位：元

| | |
|---|---|
| 1. 库存现金 | 1 000 |
| 2. 存在银行的款项 | 150 000 |
| 3. 应收大丰公司货款 | 5 000 |
| 4. 应收光明公司货款 | 10 000 |
| 5. 库存生产用原材料 | 50 000 |
| 6. 库存燃料 | 10 000 |
| 7. 已完工甲产品 | 35 000 |
| 8. 库存完工乙产品 | 80 000 |
| 9. 房屋 | 170 000 |
| 10. 机器设备 | 150 000 |
| 11. 运输车辆 | 80 000 |
| 12. 银行借入长期借款 | 100 000 |
| 13. 应付兴华工厂货款 | 5 000 |

续表

| | |
|---|---|
| 14. 未交的税金 | 6 000 |
| 15. 国家投入资本 | 480 000 |
| 16. 盈余形成的公积金 | 150 000 |

【要求】

(1) 确定以上各项所属的会计科目，并将相同项目金额加总。

(2) 编制同年 4 月 1 日的财务状况表。

**某企业 4 月 1 日财务状况表** 单位：元

| 资产 | 金额 | 负债及所有者权益 | 金额 |
|---|---|---|---|
| 库存现金<br>银行存款<br>应收账款<br>原材料<br>库存商品<br>固定资产 | | 长期借款<br>应付账款<br>应交税费<br>实收资本<br>盈余公积 | |
| 总计 | | 总计 | |

习题二

某工厂 20×1 年 1 月初有关会计要素的结存情况见下表。

**某工厂 20×1 年 1 月初资产、负债、所有者权益余额表** 单位：元

| 资料 | 项目名称 | | |
|---|---|---|---|
| | 资产 | 负债 | 所有者权益 |
| 1. 企业拥有的实收资本300 000 | | | |
| 2. 企业提留的盈余公积16 000 | | | |
| 3. 企业库存材料价值80 000 | | | |
| 4. 企业购入的专利权价值28 000 | | | |
| 5. 企业库存现金4 000 | | | |
| 6. 企业向银行借入的短期借款120 000 | | | |
| 7. 企业在银行的存款168 000 | | | |
| 8. 应向外单位收取的货款60 000 | | | |
| 9. 企业的汽车价值100 000 | | | |
| 10. 库存的 A 产品价值20 000 | | | |
| 11. 企业在外单位的长期投资80 000 | | | |
| 12. 企业的长期借款100 000 | | | |

续表

| 资料 | 项目名称 | | |
|---|---|---|---|
| | 资产 | 负债 | 所有者权益 |
| 13. 未上缴的税款24 000 | | | |
| 14. 应付给供应单位的购货款40 000 | | | |
| 15. 车间用设备60 000 | | | |
| 合计 | | | |

**【要求】** 分析每一具体项目属于哪一会计要素，并将余额填入相应栏内。

# 第三章 账户与复式记账

## 章前导读

企业的资金运动是复杂的，资金有各种来源，又要运用到各个方面。资金运动的复杂性，决定了会计对象具体内容（即会计要素）是十分复杂的。资金运动的规律性，又决定了会计对象各具体内容之间的相互关系。为了全面、系统地核算和监督纷繁复杂的会计对象所具体体现的会计要素的增减变动情况，分门别类地为经济管理提供会计核算资料，就必须采用一定的形式，对会计要素进行分类，设置会计科目、会计账户和复式记账等一系列会计核算的专门方法进行账务处理。本章第一节阐述了会计科目的概念、分类以及设置会计科目的原则；第二节阐明了会计账户的基本概念、分类和基本结构，会计账户与会计科目的联系与区别；第三节介绍了复式记账法的基本原理；第四节阐明了借贷复式记账法的记账规则，会计分录的概念及编制，试算平衡的方法。

## 本章学习目标

⊙掌握会计科目的概念以及分类；
⊙了解设置会计科目的原则；
⊙理解会计账户的概念、分类以及基本结构；
⊙明确会计账户与会计科目的联系与区别；
⊙了解复式记账法的基本原理；
⊙明确借贷复式记账法的记账规则；
⊙掌握会计分录和试算平衡表的编制方法。

## 本章重点

会计科目与账户的概念和分类；会计账户的基本结构；会计分录和试算平衡表的编制方法。

## 本章思维导图

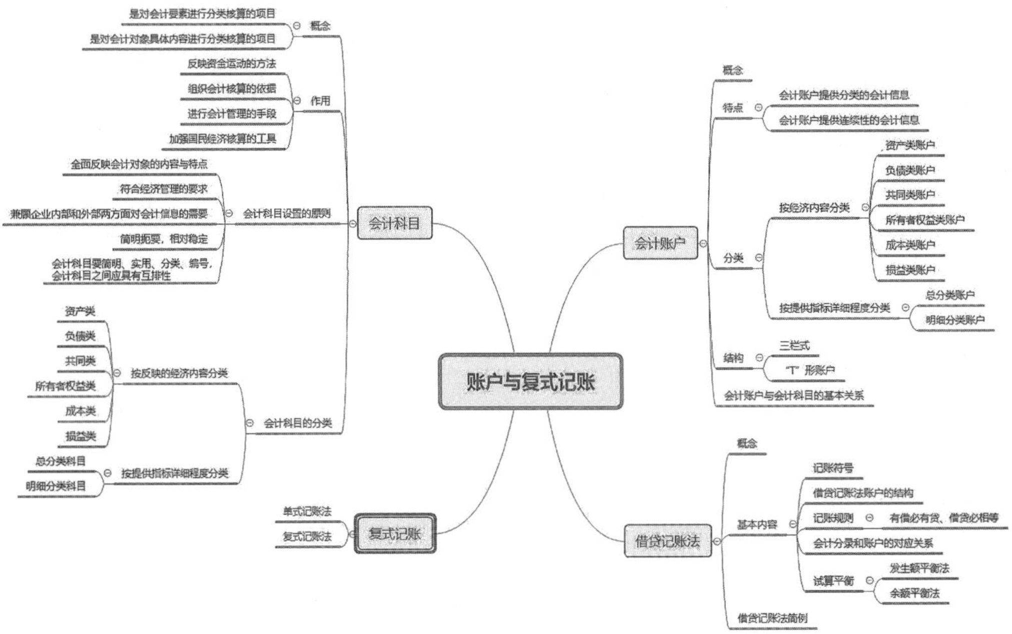


# 第一节　会计科目

## 一、会计科目的概念

企业的资金运动是复杂的，资金有各种来源，又要运用到各个方面。资金运动的复杂性，决定了会计对象具体内容（即会计要素）是十分复杂的。资金运动的规律性，又决定了会计对象各具体内容之间的相互关系。为了全面、系统地核算和监督纷繁复杂的会计对象所具体体现的会计要素的增减变动情况，分门别类地为经济管理提供会计核算资料，就必须采用一定的形式，对会计要素进行分类，设置会计科目。

会计科目就是对会计要素进行分类核算的项目，也就是对会计对象具体内容进行分类核算的项目。为了归集和记载各种经济业务，对资产、负债、所有者权益、收入、费用、利润等按其经济内容或经济用途进行分类，这种分类的名称就是会计科目的名称。例如，企业的银行存款和企业销货的应收款都属于企业的资产，但它们的经济内容不同，应分别设置“银行存款”“应收账款”科目对其进行分类核算。只有设置会计科目，才能全面、系统地反映和监督企业的各项经济业务，分门别类地为经济管理提供会计核算资料。

## 二、会计科目的作用

从我国的现实情况看，会计科目是会计制度中的一项重要制度，由主管会计工作部门的财政部门制定。会计科目既是一项会计制度，又是会计方法体系中一种重要的方法。它对会计的核算与管理有着重要的作用。

### （一）会计科目是反映资金运动的方法

会计科目是对资金运动按经济内容进行的分类，一个会计科目反映一类经济业务，各个会计科目从不同方面反映资金运动的总体。每一个会计科目，反映资金运动的一个环节，会计科目体系，就是反映资金运动的链条。通过某个会计科目所提供的资料，去认识资金运动的某个方面，如“库存现金”科目，提供在一定时期内现金增加、减少和结存多少现金的信息，就可以反映现金的情况；通过全部会计科目所提供的信息，就能够全面地反映整个资金运动的情况。

### （二）会计科目是组织会计核算的依据

会计科目作为基本的会计制度，规定了会计科目包括的核算范围、具体内容、核算方法、编制会计分录方法、明细核算和登记账簿的要求等。

### （三）会计科目是进行会计管理的手段

会计科目的有关规定，是对日常经济活动进行控制的标准，如控制货币资金的收入和支出、物资的增减变化等。这种控制，是制度性的事前控制。会计科目的规定具体、全面又正确，应能充分发挥这种事前控制的作用。同时，会计科目提供的信息，是进行监督、分析和考核的依据，据以及时地调度资金，组织资金的供应，保证资金的需要，也为编制财务计划提供依据。

### （四）会计科目是加强国民经济核算的工具

会计科目作为统一的会计制度，统一规定会计科目的名称、内容和核算方法，保证了与统计、计划指标口径的一致；它所提供的资料，便于各级汇总，对于加强国民经济核算有着重要的意义。

## 三、会计科目设置的原则

### （一）必须能够全面反映会计对象的内容与特点

会计科目作为对会计对象具体内容进行分类核算的项目，其设置应能保证全面、系统地反映会计对象的全部内容，不能有任何遗漏。同时，会计科目的设置必须反映会计对象的特点。除各行各业具有共性的会计科目外，还应根据各行各业会计对象的特点设置相应的会计科目。企业单位会计对象不仅表现为资产、负债、所有者权益，还表现为经营收入、经营成本和经营成果。因此，企业单位一般设置资产类、负债类、所有者权益类、成本类、损益类的会计科目。设置会计科目就是要将整个会计对象的内容反映出来，对象的特点不一样，设置会计科目的多少、层次也就不一样，甚至会计科目的名称也可能不完全一样，企业在设置会计科目时，必须了解清楚企业的会计对象资金运动的特点，比如规模大小、行业特点，再进行会计科目的设置。

### （二）必须符合经济管理的要求

设置会计科目既要结合会计对象的具体内容，又要符合经济管理的要求，以便加强经济管理，为考核经济活动的效果提供必要的核算指标。例如，企业单位实行经济核算制，就必须设置“本年利润”“利润分配”科目。

### （三）兼顾企业内部和外部两方面对会计信息的需要

会计科目的设置除了考虑本企业经济管理的需要，同时应考虑外部使用者的各种需求，如政府部门加强宏观调控、制定方针政策的需要；投资者、债权人对企业经营成果和财务状况做出准确判断的需要；税务部门、工商部门利用会计资料对企业进行纳税监督及工商监督的需要；等等。

### （四）简明扼要，相对稳定

每个会计科目应当明确反映一定的经济内容，对其特定的核算内容必须严格、明确地界定，各科目之间不能互相混淆。会计科目还应按国家规定的会计制度统一编号，以便编制会计凭证，登记账簿，查阅账目，实行会计电算化。此外，为了对不同时期会计核算资料进行对比分析，也不能经常变动会计科目，以便保证不同时期会计资料的可比性。

### （五）做到统一性与灵活性相结合

设置会计科目，既要符合《企业会计准则——基本准则》及企业会计制度的统一规定，又要结合企业个体具体情况和特点，必要时可做适当增减。会计科目分为总分类科目和明细分类科目。一般来说，总分类科目由《企业会计准则——基本准则》及企业会计制度统一规定，企业可以根据业务规模和性质从中进行选择，但不能改变；明细分类科目除了个别项目外，都由企业自行设计。

### （六）会计科目要简明、实用、分类、编号，会计科目之间应具有互排性

在设置会计科目时，应设置一套会计科目能够反映所有的经济业务，且所有的经济业务都由特定的会计科目来反映，即将每一个会计科目的核算内容加以严格、明确的界定，使每一个会计科目都有特定的核算内容。会计科目的名称应与其核算内容相一致，并且含义明确，通俗易懂，用词规范并且分类、编号。科目的数量和明细程度应根据企业规模的大小、业务的繁简和管理的需要而定。同时，会计科目之间应具有互排性，即不同的会计科目不能有相同的核算内容。否则，相同的经济业务就会出现几个会计科目的运用，造成核算上的不统一。

综上所述，会计科目设置应遵循统一性、全面性、适用性、规范性、稳定性、灵活

性、互排性的原则。

## 四、会计科目的分类

### （一）按反映的经济内容分类

会计科目按其反映的经济内容的不同，可分为资产类、负债类、共同类、所有者权益类、成本类和损益类。常用会计科目见表 3-1。

**表 3-1　常用会计科目表**

| 编号 | 名称 | 编号 | 名称 |
|---|---|---|---|
| | 一、资产类 | | 二、负债类 |
| 1001 | 库存现金 | 2001 | 短期借款 |
| 1002 | 银行存款 | 2101 | 交易性金融负债 |
| 1012 | 其他货币资金 | 2201 | 应付票据 |
| 1101 | 交易性金融资产 | 2202 | 应付账款 |
| 1121 | 应收票据 | 2203 | 预收账款 |
| 1122 | 应收账款 | 2211 | 应付职工薪酬 |
| 1123 | 预付账款 | 2221 | 应交税费 |
| 1131 | 应收股利 | 2231 | 应付利息 |
| 1132 | 应收利息 | 2232 | 应付股利 |
| 1221 | 其他应收款 | 2241 | 其他应付款 |
| 1231 | 坏账准备 | 2245 | 持有待售负债 |
| 1401 | 材料采购 | 2501 | 长期借款 |
| 1402 | 在途物资 | 2502 | 应付债券 |
| 1403 | 原材料 | 2701 | 长期应付款 |
| 1404 | 材料成本差异 | 2801 | 预计负债 |
| 1405 | 库存商品 | 2901 | 递延所得税负债 |
| 1406 | 发出商品 | | 三、共同类（略） |
| 1408 | 委托加工物资 | | 四、所有者权益类 |
| 1411 | 周转材料 | 4001 | 实收资本（或股本） |
| 1471 | 存货跌价准备 | 4002 | 资本公积 |
| 1481 | 持有待售资产 | 4101 | 盈余公积 |
| 1482 | 持有待售资产减值准备 | 4103 | 本年利润 |
| 1501 | 股权投资 | 4104 | 利润分配 |
| 1502 | 债权投资减值准备 | | 五、成本类 |
| 1503 | 其他股权投资 | 5001 | 生产成本 |
| 1504 | 其他股权工具投资 | 5101 | 制造费用 |
| 1511 | 长期股权投资 | 5201 | 劳务成本 |

表3-1 续

| 编号 | 名称 | 编号 | 名称 |
|---|---|---|---|
| 1512 | 长期股权投资减值准备 | | 六、损益类 |
| 1521 | 投资性房地产 | 6001 | 主营业务收入 |
| 1531 | 长期应收款 | 6051 | 其他业务收入 |
| 1601 | 固定资产 | 6101 | 公允价值变动损益 |
| 1602 | 累计折旧 | 6111 | 投资收益 |
| 1603 | 固定资产减值准备 | 6115 | 资产处置损益 |
| 1604 | 在建工程 | 6301 | 营业外收入 |
| 1605 | 工程物资 | 6401 | 主营业务成本 |
| 1606 | 固定资产清理 | 6402 | 其他业务支出 |
| 1701 | 无形资产 | 6403 | 税金及附加 |
| 1702 | 累计摊销 | 6601 | 销售费用 |
| 1703 | 无形资产减值准备 | 6602 | 管理费用 |
| 1711 | 商誉 | 6603 | 财务费用 |
| 1801 | 长期待摊费用 | 6701 | 资产减值损失 |
| 1811 | 递延所得税资产 | 6711 | 营业外支出 |
| 1901 | 待处理财产损溢 | 6801 | 所得税费用 |
| | | 6901 | 以前年度损益调整 |

在表3-1中，每个会计科目前面都有一个编号，这是统一规定会计科目的编号，以便于编制会计凭证，登记账簿，查阅账目，实现会计电算化。企业不应当随意打乱重编。某些会计科目之间留有空号，供增设会计科目之用。

### （二）按提供指标详细程度分类

会计科目按其反映信息的详细程度的不同，可分为总分类科目和明细分类科目。

**1. 总分类科目**

总分类科目又称一级会计科目或总账科目，是对会计要素具体内容进行总括分类、提供总括信息的会计科目，如“库存现金”“应收账款”“长期借款”“实收资本”“盈余公积”等。

**2. 明细分类科目**

明细分类科目又称明细科目，是对总分类科目做进一步分类、提供更详细更具体会计信息的科目。对于某一总账科目所辖的明细科目较多的情况，可在总分类科目下设置二级明细科目，又在二级明细科目下设置三级明细科目进行核算。如在“原材料”总分类科目下设“原料及主要材料”“辅助材料”“燃料”等二级明细科目，而在二级明细科目下再根据材料的品种、规格、型号分设三级明细科目，见表3-2。

**表 3-2　总分类与明细分类科目**

| 总分类科目（一级科目） | 明细分类科目 | |
|---|---|---|
| | 二级科目 | 三级科目 |
| 原材料 | 原料及主要材料 | A 材料 |
| | | B 材料 |
| | 辅助材料 | C 材料 |
| | | D 材料 |
| | 燃料 | E 燃料 |
| | | F 燃料 |

我国企业会计制度一般只规定了一级科目，企业可根据管理要求和核算的需要自行设置二级及以下的明细科目。

# 第二节　会计账户

有了会计科目以后实际的会计核算还无法进行，因为不论设置多少会计科目，实际上只反映一部分经济内容，只是说明相应的经济内容要在相应的科目下核算，但仅有会计科目并没有明确某项经济内容如何在相应的科目下核算，会计科目仅仅是分类核算的项目或标志，而核算指标的具体数据资料，则要通过账户记录取得。因此，在设置会计科目以后，还必须根据规定的会计科目开设一系列反映不同经济内容的账户。

## 一、会计账户的概念和特点

### （一）会计账户的概念

会计账户是根据会计科目设置的，具有一定的格式和结构，用于分类反映会计要素增减变动情况及其结果的载体。设置会计账户是会计核算的重要方法之一。

### （二）会计账户的特点

#### 1. 会计账户提供分类的会计信息

企业的利益相关者和企业的管理层等均需要关于企业经济活动完整而系统的会计信息。实际上，企业会计信息指标体系首先是由账户及其体系来决定的。针对企业经济活动及其资金运动的全部内容，会计上首先需要根据会计要素的具体内容科学合理地设置会计科目，并根据会计科目开设用来记录经济活动及其资金运动情况的账户。例如，为记录资产要素及其具体项目的变化，根据资产类会计科目设立“库存现金”“银行存款”“应收账款”“应收票据”“其他应收款”“原材料”“库存商品”“长期股权投资”“固定资产”

“无形资产”等账户。记录其他会计要素亦是如此。每一个账户记录一个特定方面的经济活动及资金变化情况，实际上是提供某一特定内容的经济信息。

**2. 会计账户提供连续性的会计信息**

会计账户在对某一类（如库存现金、短期借款等）会计信息进行记录时，必须具有连续性而不能间断。例如，在“库存现金”账户中记录企业持有现款的增加和减少情况时，必须完整地予以记录而不得遗漏。就某一个账户而言，该账户自企业该项资金或交易与事项产生之日始，即对其进行连续不断的记录。就会计期间而言，某一账户对某项资金或交易与事项在前后不同期间的变化情况都予以连续不断的记录，提供该项资金及其交易的“历史”和“现时”情况。

## 二、会计账户的分类

### （一）会计账户按经济内容分类

从理论上讲，企业经济活动及其资金运动的客观规律，决定了账户的分类与会计要素一致，即包括资产类账户、负债类账户、所有者权益类账户、收入类账户、费用类账户和利润类账户等六大类。

在我国会计实务中，为便于账户的使用，账户按经济内容分类，分为资产类账户、负债类账户、共同类账户、所有者权益类账户、成本类账户、损益类账户等六类。其中，资产类账户和负债类账户的内容基本不变；把利润类账户归于所有者权益类账户之中；将费用类账户“一分为二”，即将记录与产品生产交易相关的“成本性费用”账户单独归类为“成本类账户”，而将记录“损益性费用”的账户，与收入类账户合并为“损益账户”。（共同类账户的内容不在本教材涉及的范围之内，故不予论述。）

### （二）会计账户按提供指标详细程度分类

账户按提供指标详细程度分类，分为总分类账户和明细分类账户。

（1）总分类账户是根据总分类科目设置的、用于对会计要素具体内容进行总括分类核算的账户，简称总账账户或总账。

（2）明细分类账户是根据明细分类科目设置的、用来对会计要素具体内容进行明细分类核算的账户，简称明细账。总账账户称为一级账户，总账以下的账户称为明细账户。

总分类账户（如原材料总账账户）与其所属明细分类账户（如甲种材料、乙种材料等明细账户）之间，是一种控制与被控制、总括与详细的关系。总分类账户对其所属明细账户起控制作用，其提供总括的会计信息指标；而明细账户是总分类账户的细化和具体化，其对总分类账户起补充说明作用，提供更为详细的会计信息指标。

总分类账户是企业基本的会计账户，其取决于企业经济活动及其资金运动的内容与特征，以会计要素及其内容为直接设立依据。在不同企业中，总分类账户的设立具有更多的“共性”。但明细账户的设立却更多地取决于企业内部经营管理的特殊要求，因此，不同企业以及同一企业在不同会计期间，其明细账户的设立均存在一定差异。同时，应当注意的是，并不是所有的总分类账户都需进行细分并设立明细账户。

## 三、会计账户的结构

为了全面、清晰地记录各项经济业务，每一个会计账户既要有明确的经济内容，又要有一定的结构。账户的结构是指组成账户的各个部分及其结合方式。账户的结构是由它所反映的经济内容决定的。经济业务的发生，必然引起相关的会计要素发生增减变动，尽管表现形式复杂多样，但从数量上看，不外乎增加和减少两种情况。因此，用来分类记录经济业务的账户在结构上也应分为两个基本部分，即左、右两方，以一方登记增加，另一方登记减少。

### (一) 账户的基本内容及一般格式

账户的格式取决于它所反映指标的具体内容，没有硬性的规定，可以多种多样。但一般来说，账户格式的设计，都应包括以下基本内容：

(1) 账户的名称（即会计科目名称）；

(2) 日期（根据记账凭证的日期填写）；

(3) 凭证号数（账户记录的依据，目的是建立起凭证与账户、账簿之间的联系）；

(4) 摘要（概要说明经济业务的内容）；

(5) 增加金额、减少金额和余额。

账户的一般格式（又称为三栏式），见表 3-3。

**表 3-3　账户名称（会计科目）**

| 年 | | 凭证号数 | 摘要 | 增加金额 | 减少金额 | 借或贷 | 余额 |
|---|---|---|---|---|---|---|---|
| 月 | 日 | | | | | | |
| | | | | | | | |
| | | | | | | | |
| | | | | | | | |

### (二) “T” 形账户

为了更加直观地说明问题，也为了教学的需要，可以以一种简化的形式给出账户的基本格式如图 3-1 所示。

| 左方　　账户名称（会计科目） | 右方 |
|---|---|
| 本期增加<br>（或减少）发生额 | 本期增加<br>（或减少）发生额 |
| 余额 | （或余额） |

**图 3-1　“T” 形账户结构**

图 3-1 所示账户的结构称为“T”形账户。“T”形账户的左、右两方分别用来记录增加金额和减少金额。增加金额和减少金额相抵后的差额，称为账户余额。余额按其表现的时间，分为期初余额和期末余额。因此，通过账户记录，可以提供期初余额、本期增加发生额、本期减少发生额和期末余额四个核算指标。

（1）期初余额：上期的期末余额就是本期的期初余额，因此，其数字来源于相同账户上期期末余额的结转。

（2）本期增加发生额：指一定会计期间内账户所登记的增加金额的合计数。

（3）本期减少发生额：指一定会计期间内账户所登记的减少金额的合计数。

（4）期末余额：在没有期初余额的情况下，期末余额是本期增加发生额和本期减少发生额相抵后的差额；在有期初余额的情况下，期末余额可以通过下列计算公式计算：

期末余额=期初余额+本期增加发生额−本期减少发生额

每个账户的本期增加发生额和本期减少发生额都应分别记入该账户左、右两方的金额栏，以便分别计算增减发生额和余额。如果在左方记增加发生额，则在右方记减少发生额，余额反映在左方；如果在右方记增加发生额，则在左方记减少发生额，余额反映在右方。至于账户的左、右两方叫什么名称，哪一方记增加发生额，哪一方记减少发生额，取决于所采用的方法和账户的性质，这将在本章第四节详细论述。

**提 示**

在会计实际工作中运用的账户格式并不能采用“T”形，而一般应该采用三栏式的账户格式。在教学中采用“T”形账户只是为了将主要的内容说明得更清楚、更直观而进行的简化。

## 四、会计账户与会计科目的基本关系

从理论上讲，会计科目与账户两者既有联系，又有区别。会计科目与账户都是对会计对象具体内容的科学分类，两者口径一致，性质相同。会计科目是账户的名称，也是设置账户的依据；账户是会计科目的具体运用。没有会计科目，账户便失去了设置的依据；没有账户，就无法发挥会计科目的作用。两者的区别是：会计科目仅仅是账户的名称，不存在结构；而账户则具有一定的结构，并能够反映会计要素的增减变化。

在实务中，会计账户是按照会计科目来设立的，因而使得会计科目仅仅以“账户的名称”出现。有什么会计科目，就会有什么账户。因此，我国会计实务中并未严格区分“会计科目”与“账户”的概念，而是相互通用。

会计账户与会计科目的关系见表 3-4。

表 3-4 会计账户与会计科目的关系表

| 两者关系 | 会计账户 | 会计科目 |
|---|---|---|
| 相同 | 会计账户所登记的经济内容与会计科目所反映的经济内容是一致的 | |
| 联系 | 会计账户是根据会计科目开设的，是会计科目的具体运用 | 会计科目是设置会计账户的依据，是会计账户的名称 |
| 区别 | 会计账户具有一定结构，能具体反映会计要素增减变动情况 | 会计科目只是会计要素具体内容的分类，本身无结构 |

## 第三节 复式记账

在会计核算工作中，为了能反映和监督会计对象，除了要设置会计科目并按会计科目设置账户外，还必须采用一定的记账方法将经济业务在有关的账户中进行登记。

所谓记账方法，就是根据一定的原理和规则，采取一定的计量单位（以货币作为主要的计量），利用文字和数字来记载经济业务的一种专门方法。简单来说，就是在账簿中登记各项经济业务的方法。记账方法从其产生和发展的历史来看，经过单式记账法和复式记账法两个阶段。

### 一、单式记账法

单式记账法是对有关经济业务只在账上进行单方面登记而不反映其来龙去脉的一种记账方法。

单式记账法的主要特征是，一般只反映现金和银行存款的收付业务，以及债权、债务方面发生的经济业务事项，而不反映现金收付及债权、债务的对象。例如，用银行存款购买原材料的业务，只在账户中记录银行存款的付出业务，而对原材料的增加，却不在账户中记录。又如以库存现金支付办公用品费，只记录库存现金支出而不记录费用发生。因此，单式记账法一般只需设置“库存现金”“银行存款”“应收账款”“应付账款”等账户，而没有记录对应账户，未能形成一套完整的账户体系，账户之间也不能形成相互对应的关系，不能反映经济业务的来龙去脉，也不能对全部账户记录的正确与否进行全面检查，所以，单式记账法虽然手续比较简单，但是一种不够严密的记账方法。随着社会经济的发展，需要运用会计反映和监督的经济活动越来越复杂，单式记账法已明显不能适应社会经济发展的需要了。

### 二、复式记账法

复式记账法是指对发生的每项经济业务，都要以相等的金额，在相互联系的两个或两个以上账户中同时进行登记的一种记账方法。例如，将库存现金5 000元存入银行。这项经济业务的发生，一方面使企业的库存现金减少了5 000元，另一方面使企业的银行存款增加了5 000元。根据复式记账方法，对这项经济业务进行登记时，一方面要在“库存现金”账户上登记减少5 000元，另一方面在“银行存款”账户登记增加了5 000元。又如，企业赊购一台生产设备100 000元，一方面要在“应付账款”账户中记录欠款增加了100 000元，另一方面要在“固定资产”账户中记录增加了100 000元，“固定资产”账户与“应付账款”账户之间也形成了一种对应关系。

采用复式记账法，由于对发生的每一项经济业务都必须在两个或两个以上账户相互联系地同时进行登记，这不仅可以了解每一项经济业务的来龙去脉，而且在复式记账法下，所设置的账户构成了一个完整的账户体系，各个账户之间存在着密切的联系。所以，在把全部的经济业务登记入账之后，可以通过账户记录，系统并完整地反映经济活动的过程和结果。同时，由于对每项经济业务都以相等的金额进行分类登账，因而对记录的结果，可以通过试算平衡，检查账户记录是否正确。

复式记账法与单式记账法相比较，具有以下特点。

1. 会计记录的二重性

会计记录的二重性包括：账户的二重性，即借方和贷方表示资金的运动状态；账簿的二重性，设总账和明细分类账，总括或详细反映经济业务；经济业务记录或登记的二重性，对于每一项经济业务，都必须在两个或两个以上相互联系的账户中进行记录。需要强调说明的是，复式记账法所记录的对象是企业发生的任何一项经济业务，不能有所遗漏。每项业务所涉及的至少是两个账户，而这些账户之间存在着一种对应关系。也正因为如此，通过账户记录不仅可以全面、清晰地反映出经济业务的来龙去脉，还能够全面、系统地反映经济活动的过程和结果。

2. 全部账簿记录的平衡性

对于每一项经济业务，不仅在相互联系的账户中进行登记，还要以相等的金额进行记录。这样，可以很容易检查账户记录是否正确。检查账户记录是否正确的方法是通过试算平衡，编制试算平衡表来进行的。

从复式记账的发展历史看，曾经有“增减记账法”、“收付记账法”和“借贷记账法”三种。借贷记账法是国际上通用的一种记账方法；增减记账法是20世纪60年代我国商业系统在改革记账方法时设计的一种记账方法；收付记账法是在我国传统收付记账法的基础上发展起来的一种复式记账方法。借贷记账法经过多年的实践已被全世界的会计工作者普遍接受，是一种比较成熟、完善的记账方法。另外，从会计实务角度看，统一记账方法对企业间横向经济联系和加强国际交往等都会带来极大的方便，并且对会计核算工作的规范和更好地发挥会计的作用具有重要意义。因此，我国《企业会计准则——基本准则》第十一条规定，企业应当采用借贷记账法记账。

# 第四节 借贷记账法

## 一、借贷记账法的概念

借贷记账法是以“借”“贷”作为记账符号，对于任何一笔经济业务都要用相等的金额，在两个或两个以上的有关账户中做相互联系的登记，以反映各项会计要素增减变动情况，是复式记账方法中使用最广泛的一种记账方法。

会计核算的目的就是要全面地反映资金运动。对于具体的经济业务来说，就是要将该项业务的全貌反映出来，其全貌最简单的理解就是资金的来龙去脉，借贷记账法从概念上看正好可以做到这一点，因此借贷记账法是一种科学的方法；从技术性来说，它起到保障的作用，将资金的来龙去脉从借贷双方进行反映，由于其对应关系都能从技术上解决，所以借贷记账法应用起来非常方便，而且还可以保障记录本身的正确性。

借贷记账法可以全面地、相互联系地反映会计对象的增减变化情况，并能根据会计对象中客观存在的恒等关系，来检查账户记录的正确性。

## 二、借贷记账法的基本内容

### （一）借贷记账法的记账符号

借贷记账法，以“借”“贷”作为记账符号。“借”（debit）“贷”（credit）两个字的外文，源于拉丁语。据史料记载，借贷记账法产生于13世纪意大利地中海沿岸一带城市，当时这些地方的商业贸易已有较高程度的发展，借贷资本比较盛行。银行资本家为了记录吸收的存款和放出的贷款，把收进来的存款，记在贷主的名下，表示自身的债务即“欠人”的增加；把放出去的贷款，记在借主的名下，表示自身的债权即“人欠”的增加。“借”和“贷”也就是表示债权（应收款）和债务（应付款）的增减变动。

随着社会经济的发展，经济活动的内容日益复杂，记录的经济业务已不局限于货币资金的借贷业务，而逐渐扩展到财产物资、经营损益和经营资本等的增减变化。在早期的佛罗伦萨的银行和商业簿记中，记账者把反映物品的账户视同人名账户对待，把各种商品、财产及费用账户都人格化，并用人名账户中的记录债权债务关系解释商品购销活动和其他财产物资的增减变化，从而把人之借贷扩展到物之借贷。这时，为了求得账簿记录的统一，对于非货币资金的所有收付活动，也使用“借”“贷”两字的含义来记录其增减变动情况。由此，随着时代的演进和社会经济的发展，“借”“贷”两字逐渐失去了原有的字面含义，只是作为记账符号来使用，标明记账的方向。因此，现在讲的“借”“贷”是历史沿用下来的术语。

需要说明的是，虽然“借”“贷”已经没有原来的含义，但是在现代借贷记账法中，“借”“贷”作为会计符号包含三个意思和三种用途。一是指账户中借方和贷方两个对立的部位，即借方是账户左方的代名词，贷方是账户右方的代名词，其作用在于指明在账户中应计入的两个不同方向；二是指构成会计分录中的两个或两个以上的对应账户的相互关系，可以用来了解一笔经济业务所引起的资金增减变化的来龙去脉；三是指已登记在账户中的两个对立部位的数字所包含的不同经济内容，可以用来说明账户的经济性质。

### （二）借贷记账法账户的结构（以“T”形账户说明）

确立账户结构的理论依据是会计等式，账户结构的确立是以其在会计等式中的位置来决定的。根据会计等式“资产+费用=负债+所有者权益+收入”，账户可分为等式左边的账户和等式右边的账户，处于等式左边的资产和费用类账户，用账户的左方即“借方”记增加，用右方即“贷方”记减少，余额一般在借方；处于等式右边的负债、所有者权益、收入类账户，用账户的右方即“贷方”记增加，用左方即“借方”记减少，余额一般在贷方。通常情况下，收入与费用类账户一般没有期末余额。具体各类账户的结构如下。

#### 1. 资产类账户的结构（见图 3-2）

用来记录资产类账户，资产类账户的增加额记入账户的借方，减少额记入账户的贷方，账户期末若有余额，一般为借方余额，可用计算公式表示为：

期末借方余额=期初借方余额+本期借方发生额-本期贷方发生额

| 借方　　　资产类账户 | 贷方 |
|---|---|
| 期初借方余额<br>本期增加额 | 本期减少额 |
| 本期借方发生额<br>期末借方余额 | 本期贷方发生额 |

**图 3-2　资产类账户的“T”形账户结构图**

#### 2. 负债类账户的结构（见图 3-3）

用来记录负债类账户，负债类账户的增加额记入账户的贷方，减少额记入账户的借方，账户期末若有余额，一般为贷方余额，可用计算公式表示为：

期末贷方余额=期初贷方余额+本期贷方发生额-本期借方发生额

| 借方　　　负债类账户 | 贷方 |
|---|---|
| 本期减少额 | 期初贷方余额<br>本期增加额 |
| 本期借方发生额 | 本期贷方发生额<br>期末贷方余额 |

**图 3-3　负债类账户的“T”形账户结构图**

#### 3. 所有者权益类账户（见图 3-4）

所有者权益类账户结构与负债类账户结构相同，即所有者权益类账户的增加额记入账户的贷方，减少额记入账户的借方，账户期末若有余额，一般为贷方余额，可用计算公式表示为：

期末贷方余额=期初贷方余额+本期贷方发生额−本期借方发生额

| 借方 | 所有者权益类账户　　　贷方 |
| --- | --- |
| 本期减少额 | 期初贷方余额<br>本期增加额 |
| 本期借方发生额 | 本期贷方发生额<br>期末贷方余额 |

**图 3-4　所有者权益类账户的“T”形账户结构图**

### 4. 成本、费用类账户（见图 3-5）

成本、费用类账户结构与资产类结构相同，成本、费用增加额记入账户的借方，减少额或结转额记入账户的贷方，期末一般没有余额。

| 借方 | 成本、费用类账户　　　贷方 |
| --- | --- |
| 本期增加额 | 本期减少额 |
| 本期借方发生额 | 本期贷方发生额 |

**图 3-5　成本、费用类账户的“T”形账户结构图**

### 5. 收入类账户（见图 3-6）

收入类账户结构与负债类账户一样，收入的增加额记入账户的贷方，减少额或结转额记入账户的借方，期末一般没有余额。

| 借方 | 收入类账户　　　贷方 |
| --- | --- |
| 本期减少额（或转销额） | 本期增加额 |
| 本期借方发生额 | 本期贷方发生额 |

**图 3-6　收入类账户的“T”形账户结构图**

综上所述，各类性质账户的“借”“贷”表示增加或减少以及余额的情况，可以概括为表 3-5 所示。

**表 3-5　各类性质账户的借、贷方表示增、减情况表**

| 账户类型 | 账户借方 | 账户贷方 | 账户余额方向 |
| --- | --- | --- | --- |
| 资产类账户 | 增加 | 减少 | 借方 |
| 负债类账户 | 减少 | 增加 | 贷方 |

表3-5 续

| 账户类型 | 账户借方 | 账户贷方 | 账户余额方向 |
|---|---|---|---|
| 所有者权益类账户 | 减少 | 增加 | 贷方 |
| 收入类账户 | 减少 | 增加 | 一般无余额 |
| 成本、费用类账户 | 增加 | 减少 | 一般无余额 |

从表3-5中可以看出：

（1）从登记的方向来看，可以把账户分为两大类：一是资产、成本和费用类，增加记借方，减少记贷方；二是负债、所有者权益、收入类，增加记贷方，减少记借方。

（2）从余额的方向来看，一般情况下，只有资产、负债与所有者权益类账户期末有余额。这些账户又被称为永久性账户和实账户，其余额具有继续结转的特征，均体现在资产负债表上，又称作资产负债表账户。对于每一个账户来说，无论期初、期末余额，只能在账户的一方，一般情况下，账户的余额与增加额在同一个方向，即资产类账户的余额在借方，负债与所有者权益类账户的余额在贷方。

（3）在借贷记账法下，可以设置和运用双重性质的账户。双重性质账户是指既可以用来反映资产，又可以用来反映负债的账户，必须从其余额上做判断。如果当这类共同性账户的余额在借方时，就是资产类账户，如果余额在贷方时就是权益类账户。例如，其他往来账户，将其他应收款和其他应付款合并为一个账户，用账户左方表示债权增加，右方表示债务增加。期末该账户若为借方余额，表示应收债权属于资产账户；若为贷方余额，表示应付债务属于负债账户。

### （三）借贷记账法的记账规则

记账规则是记账时应遵循的规律，是根据会计对象运动的规律性加以确定的。当某一项经济交易与事项发生后，采用借贷记账法要求遵循“有借必有贷、借贷必相等”的记账规律在账户进行记录。

“有借必有贷、借贷必相等”的记账规律有三层含义：

（1）对于发生的每一笔经济业务，都要在两个或两个以上相互关联的账户中进行登记，且均应该按“有借必有贷、借贷必相等”的记账规律记账；

（2）“有借必有贷”是针对某一项经济交易与事项所涉及的不同账户，某一账户登记借方（或贷方），则其他账户必须登记贷方（或借方），而不是针对同一个账户；

（3）“借贷必相等”是指记入某一账户借方（或贷方）的金额等于记入其他账户贷方（或借方）的金额（或之和），而不是指同一账户的借方金额等于其贷方金额。

现举例说明如下。

**【例3-1】**企业用银行存款5 000 000元购买一项专利权。

这项业务的发生，使资产类账户“无形资产”和“银行存款”两个项目发生变动，无形资产增加5 000 000元，银行存款减少5 000 000元。按照借贷记账法下的账户结构，资产增加记借方，资产减少记贷方，同是资产类两个账户一增一减，而且两者金额相等。可用图3-7表示如下。

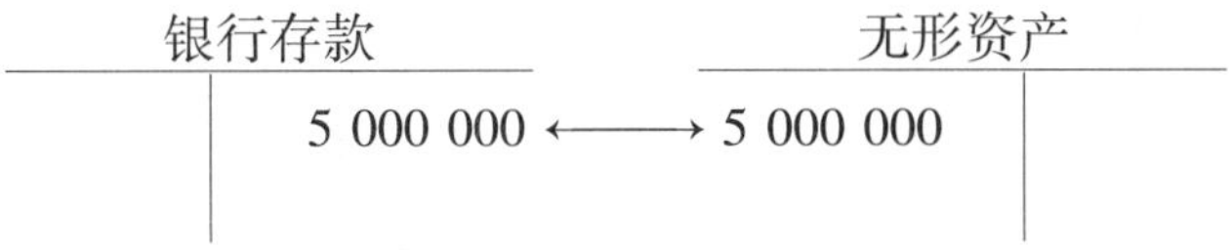


**图 3-7 购买无形资产账户关系**

【**例 3-2**】企业将到期未予兑付的应付票据 80 000 元，转为应付账款。

这项业务的发生，使同属于负债的应付票据和应付账款发生变动，应付账款增加80 000元，应付票据减少 80 000 元。按照借贷记账法下的账户结构，负债增加记贷方，负债减少记借方，同是负债类两个账户一增一减，而且两者金额相等。可用图 3-8 表示如下。

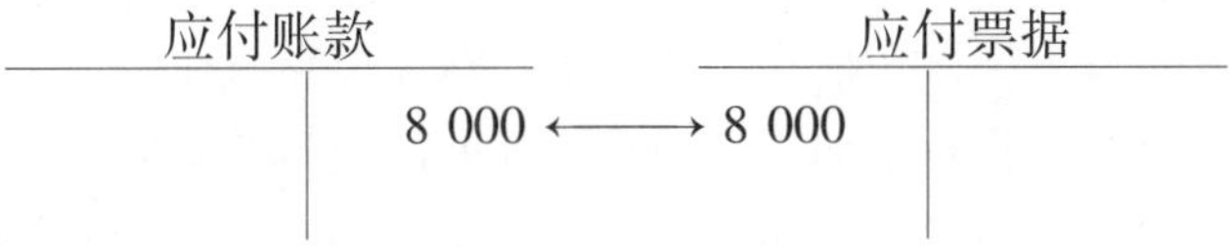


**图 3-8 应付票据转为应付账款账户关系**

【**例 3-3**】企业接受某单位投入的全新设备一台，无须安装即可投入使用，投资双方共同确认的价值为 900 000 元。

这项经济业务的发生，使企业所有者权益类账户“实收资本”增加 900 000 元。同时，使资产类账户“固定资产”增加 900 000 元。按照借贷记账法下的账户结构，资产增加记借方，所有者权益增加记贷方，两类账户同时增加，而且两者金额相等。可用图 3-9 表示如下。

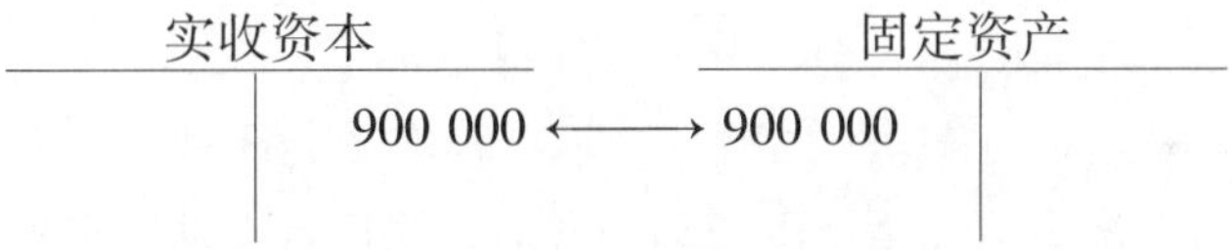


**图 3-9 接受投入固定资产账户关系**

【**例 3-4**】用银行存款 5 000 000 元归还长期借款。

这项经济业务的发生，使负债类账户“长期借款”减少 5 000 000 元。同时，使资产类账户“银行存款”减少 5 000 000 元。按照借贷记账法下的账户结构，负债减少记借方，资产减少记贷方，两类账户同时减少，而且两者金额相等。可用图 3-10 表示如下。

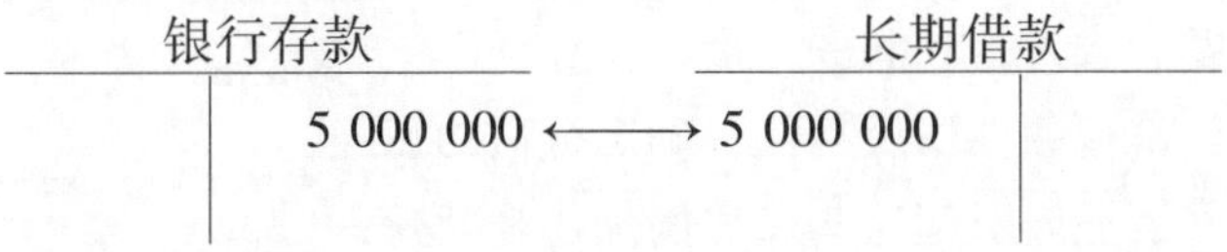


**图 3-10 归还长期借款账户关系**

【**例 3-5**】用银行存款 15 000 元，从某单位购买价值 10 000 元的原材料并已验收入库，剩余 5 000 元用于偿还前欠该单位的货款。

这项经济业务的发生，使资产类账户“原材料”增加 10 000 元和资产类账户“银行存款”减少 15 000 元，使负债类账户“应付账款”减少 5 000 元。两类账户有增有减，且借方金额合计等于贷方金额。可用图 3-11 表示如下。

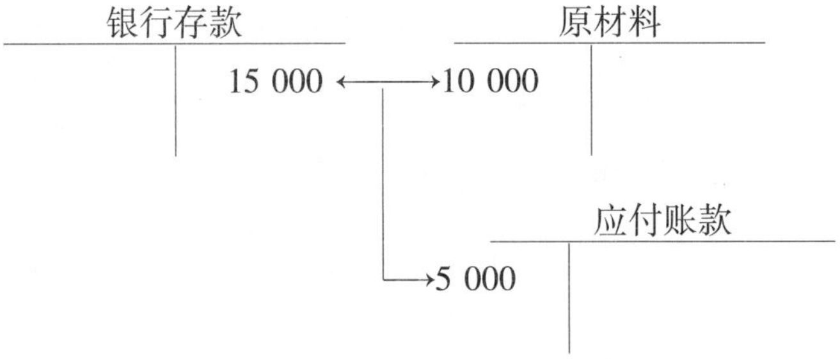


**图 3-11　用银行存款买原材料、付欠款账户关系**

从以上几个例子可以看出，在借贷记账法下，对任何经济业务，都会涉及两个或两个以上的账户，不论涉及的账户是增加还是减少，都要以相等的金额同时记入一个账户的借方和另一个（或几个账户）的贷方，或者几个账户的借方和另一个账户的贷方。记入借方的金额与记入贷方的金额必须相等。从而可以得出借贷记账法的记账规则："有借必有贷，借贷必相等。"

### （四）会计分录和账户的对应关系

#### 1. 会计分录

在借贷记账法下，为了连续、系统地记录会计要素的变化，清晰地反映各个账户之间的对应关系，应该首先分析每项经济业务性质的内容，确认应记入的账户、应记金额、应借应贷的方向，然后再记入有关分类账的各有关账户中。这种指明每项经济业务应借、应贷账户名称及其金额的记录，称为会计分录，简称分录。

会计分录包括记账方向（借方或贷方）、账户名称（会计科目）和金额三个要素。记账方向是指反映经济业务事项发生增减变动的方向，账户名称是用来反映经济业务事项的内容，金额是反映资金变动的数额。

在实际工作中，会计分录是根据各项经济业务的原始凭证编制的，并在具有规定格式的记账凭证中标明。

编制会计分录应逐步分析，并按以下步骤进行：

第一步，一项经济业务发生后，分析这项经济业务涉及的会计要素是资产、费用，还是负债、所有者权益、收入、利润；

第二步，根据经济业务性质及特征，确定合适的账户；

第三步，分析经济业务引起这些账户增加还是减少；

第四步，明确应记入账户的方向，即借方还是贷方；

第五步，确定各账户应登记的金额；

第六步，写出完整的会计分录，并检查会计分录中应借、应贷账户是否正确，借贷方金额是否相等，有无错误。

以用银行存款 5 000 000 元归还长期借款为例，按上述步骤，经分析这项业务涉及的是资产和负债要素；资产减少，负债减少；资产减少记贷方，负债减少记借方；反映该业务引起的资金增减变动的账户是“银行存款”和“长期借款”，据此，编制以下会计分录：

借：长期借款　　　　5 000 000

　贷：银行存款　　　　5 000 000

会计分录根据其所涉及账户的多少，可以分为简单会计分录和复合会计分录。

（1）简单会计分录是指一个账户的借方只同另一个账户的贷方发生对应关系，即“一借一贷”的会计分录。

（2）复合会计分录是指一个账户的借方同几个账户的贷方发生对应关系，或相反，一个账户的贷方同几个账户的借方发生对应关系，即“一借多贷”或“多借一贷”的会计分录，也包括“多借多贷”的分录。

一个复合会计分录往往是由几个简单会计分录组成。例如，某企业生产产品领用材料35 000元，其中生产产品耗用30 000元，车间一般消耗领用材料5 000元。其会计分录为：

借：生产成本　　　　30 000

　　制造费用　　　　 5 000

　贷：原材料　　　　　35 000

上面这个复合会计分录，可以分解为两个简单会计分录，即：

借：生产成本　　30 000

　贷：原材料　　　30 000

借：制造费用　　5 000

　贷：原材料　　　5 000

在编写会计分录时应当注意以下几点：第一，先借后贷，即一般是先写借方的内容后写贷方的内容；第二，上下错开写，即借方和贷方的内容应当采取错格表示，借方写在上，贷方写在下，而且借方要比贷方往前一格，以表示账户之间的对应关系；第三，每个账户只能书写一行，经济业务事项如果涉及几个账户则应该分别写几行，不能把所涉及的账户都写在同一行。

**2. 账户的对应关系**

账户的对应关系是指当一项经济交易与事项发生后，企业根据所设置的账户并按照借贷记账法编制会计分录，从而使得两个或多个特定的会计账户之间形成了一种“应借应贷关系”。这种账户之间的应借应贷关系，被称为“账户对应关系”；具有对应关系的账户，被称为“对应账户”。例如，用银行存款5 000 000元归还长期借款。例中的“银行存款”和“长期借款”账户之间就存在对应关系，这两个账户就是对应账户。根据账户之间的对应关系，可以分析和判断经济交易与事项的具体内容，从而深刻了解企业经济活动的来龙去脉。

在借贷记账法下，账户之间的对应关系取决于经济活动的性质，而通过对应账户又可以了解经济活动的内容，因此，在运用借贷记账法记录经济业务时，必须熟练掌握和分析各项经济业务发生后所涉及的账户以及账户的对应关系。

**提 示**

为了保持账户之间对应关系的清楚，在一般企业的正常经济活动中，不宜将几项经济交易“合并”，人为地制造“多借多贷”会计分录，因为，这种会计分录不能正确反映企业经济活动及其资金运动的“来龙去脉”，并使得账户之间的对应关系模糊不清，不便于据此分析经济交易的实际情况。

### （五）试算平衡

运用借贷记账法的记账规则在账户中记录经济业务的过程中，可能会发生这样或那样的人为错误。为此，还必须依据会计恒等式的平衡关系和借贷记账法的记账规则，确立科学的、简便的、用于检查和验证账户记录是否正确的方法，以便找出错误及其原因，及时予以改正。这种检查和验证账户记录正确性的方法，在会计上称为试算平衡。因此，所谓试算平衡，是指在借贷记账法下，利用借贷发生额和期末余额（期初余额）的平衡原理，检查账户记录是否正确的一种方法。

在借贷记账法下，按其“有借必有贷，借贷必相等”的记账规则记录经济业务，借贷双方客观上存在着平衡关系。因为每笔经济业务都以相等的金额按借贷相反的方向在对应账户中进行记录，这就使每一笔经济业务反映在账户中的借方发生额与贷方发生额必然相等。在某一会计期内全部经济业务在账户中的记录，其所有账户借方发生额合计也必然等于所有账户贷方发生额合计。由于账户期末余额是以其本期发生额为基础累计计算的，所以账户期末余额也存在所有账户期末借方余额合计等于所有账户期末贷方余额合计的平衡关系。这样，在借贷记账法下进行试算平衡就有两种方法。

**1. 发生额平衡法**

由于对每项经济业务都是按照“有借必有贷，借贷必相等”的记账规则记入各有关账户，所以，不仅每一笔会计分录借贷发生额相等，而且，当一定会计期间的全部经济业务都记入相关账户后，所有账户的借方发生额合计数必然等于贷方发生额合计数。这个平衡用公式表示为：

全部账户本期借方发生额合计=全部账户本期贷方发生额合计

这种利用记账规则来检验一定时期内账户发生额是否正确的方法称为发生额试算平衡法。

**2. 余额平衡法**

在某一会计期末，一般情况下，账户余额在借方的则属资产，账户余额在贷方的则属负债或所有者权益。根据“资产=负债+所有者权益”原理，所有账户借方余额合计数（即资产总额），必定等于所有账户贷方余额合计数（即负债和所有者权益总额）。这样，所有账户的期末（或期初）借方余额合计数必然等于所有账户的期末（或期初）贷方余额合计数。这个平衡用公式表示为：

全部账户期初借方余额合计=全部账户期初贷方余额合计

全部账户期末借方余额合计=全部账户期末贷方余额合计

这种利用会计等式的原理来检验一定会计期期末账户余额是否正确的方法称为余额试算平衡法。

账户的发生额和余额试算平衡，一般是在月末结出各账户本期发生额和期末余额后，通过编制试算表进行。所谓试算平衡表，是指在会计核算中，期末根据账户记录编制，用以检查和验证账户记录有无错误的一种计算表，其格式见表 3-6。

**表 3-6　发生额及余额试算平衡表**

| 会计科目 | 期初余额 | | 本期发生额 | | 期末余额 | |
|---|---|---|---|---|---|---|
| | 借方 | 贷方 | 借方 | 贷方 | 借方 | 贷方 |
| | | | | | | |
| 合　计 | | | | | | |

必须指出，试算平衡只是通过借贷金额是否平衡来检查账户记录是否正确的一种方法。如果借贷双方发生额或余额相等，可以表明账户记录基本正确，但不足以说明账户记录完全没有错误。因为有些错误并不影响借贷双方的平衡，如漏记或重记某项经济业务；或者应借应贷科目用错；或者借贷方向颠倒；或者借方和贷方都多记或少记相同的金额等。如果经试算的双方金额不等，则可以肯定账户记录或计算有误，需要进一步查实。

## 三、借贷记账法简例

前文介绍了借贷记账法的记账原理，为了更好地运用借贷记账法来进行会计的账务处理，下面举一简例来说明借贷记账法的程序和步骤。

**【例 3-6】**达商公司 202×年 1 月初各账户的余额见表 3-7。

**表 3-7　期初余额表**

202×年 1 月 1 日

| 会计科目 | 期初借方余额 | 会计科目 | 期初贷方余额 |
|---|---|---|---|
| 库存现金 | 12 000 | 短期借款 | 140 000 |
| 银行存款 | 160 000 | 应付票据 | 120 000 |
| 原材料 | 200 000 | 应付账款 | 160 000 |
| 固定资产 | 11 108 000 | 应交税费 | 60 000 |
| | | 实收资本 | 11 000 000 |
| 合计 | 11 480 000 | 合计 | 11 480 000 |

达商公司 202×年 1 月发生的部分经济业务如下：

（1）收到投资者按投资合同交来的资本金 428 000 元，已存入银行。

（2）向银行借入三个月期限的借款 600 000 元存入银行。

（3）从银行提取现金 6 000 元作为备用。

（4）购买材料 60 000 元已验收入库，款未付。

（5）签发三个月到期的商业汇票 60 000 元抵付原欠货款。

（6）用银行存款 100 000 元偿还前欠的短期借款。

（7）用银行存款 300 000 元购买不需安装的机器设备一台，设备已交付使用。

（8）购买材料 40 000 元，其中用银行存款支付 30 000 元，其余货款尚欠，材料已验收入库。

（9）以银行存款偿还短期借款 100 000 元，偿还应付账款 60 000 元。

1. 根据上述经济业务编制会计分录如下。

（1）借：银行存款　　428 000
　　贷：实收资本　　428 000

（2）借：银行存款　　600 000
　　贷：短期借款　　600 000

（3）借：库存现金　　6 000
　　贷：银行存款　　6 000

（4）借：原材料　　60 000
　　贷：应付账款　　60 000

（5）借：应付账款　　60 000
　　贷：应付票据　　60 000

（6）借：短期借款　　100 000
　　贷：银行存款　　100 000

（7）借：固定资产　　300 000
　　贷：银行存款　　300 000

（8）借：原材料　　40 000
　　贷：银行存款　　30 000
　　　　应付账款　　10 000

（9）借：短期借款　　100 000
　　　　应付账款　　60 000
　　贷：银行存款　　160 000

2. 记账。根据上述会计分录登记总分类账户。

3. 结账。期末在各个总分类账户中结算出本期发生额及期末余额，如 3-12 至图 3-20 所示。

| 借方 | 库存现金 | | 贷方 |
|---|---|---|---|
| 期初余额 | 12 000 | | |
| | （3） 6 000 | | |
| 本期发生额 | 6 000 | 本期发生额 | 0 |
| 期末余额 | 18 000 | | |

**图 3-12 库存现金的"T"形账户**

| 借方 | 银行存款 | | 贷方 |
|---|---|---|---|
| 期初余额 | 160 000 | | （3） 6 000 |
| | （1） 428 000 | | （6） 100 000 |
| | （2） 600 000 | | （7） 300 000 |
| | | | （8） 30 000 |
| | | | （9） 160 000 |
| 本期发生额 | 1 028 000 | 本期发生额 | 596 000 |
| 期末余额 | 592 000 | | |

**图 3-13 银行存款的"T"形账户**

| 借方 | 原材料 | | 贷方 |
|---|---|---|---|
| 期初余额 | 200 000 | | |
| | （4） 60 000 | | |
| | （8） 40 000 | | |
| 本期发生额 | 100 000 | 本期发生额 | 0 |
| 期末余额 | 300 000 | | |

**图 3-14 原材料的"T"形账户**

| 借方 | 固定资产 | | 贷方 |
|---|---|---|---|
| 期初余额 | 11 108 000 | | |
| | （7） 300 000 | | |
| 本期发生额 | 300 000 | 本期发生额 | 0 |
| 期末余额 | 11 408 000 | | |

**图 3-15 固定资产的"T"形账户**

| 借方 | 短期借款 | | 贷方 |
|---|---|---|---|
| | (6) 100 000<br>(9) 100 000 | 期初余额 | 140 000<br>(2) 600 000 |
| 本期发生额 | 200 000 | 本期发生额 | 600 000 |
| | | 期末余额 | 540 000 |

**图 3-16 短期借款的“T”形账户**

| 借方 | 应付票据 | | 贷方 |
|---|---|---|---|
| | | 期初余额 | 120 000<br>(5) 60 000 |
| 本期发生额 | 0 | 本期发生额 | 60 000 |
| | | 期末余额 | 180 000 |

**图 3-17 应付票据的“T”形账户**

| 借方 | 应付账款 | | 贷方 |
|---|---|---|---|
| | (5) 60 000<br>(9) 60 000 | 期初余额 | 160 000<br>(4) 60 000<br>(8) 10 000 |
| 本期发生额 | 120 000 | 本期发生额 | 70 000 |
| | | 期末余额 | 110 000 |

**图 3-18 应付账款的“T”形账户**

| 借方 | | 应交税费 | 贷方 |
|---|---|---|---|
| | | 期初余额 | 60 000 |
| 本期发生额 | 0 | 本期发生额 | 0 |
| | | 期末余额 | 60 000 |

**图 3-19 应交税费的“T”形账户**

| 借方 | 实收资本 | 贷方 |
|---|---|---|
| | | 期初余额 11 000 000<br>(1) 428 000 |
| 本期发生额 | 0 | 本期发生额 428 000 |
| | | 期末余额 11 428 000 |

**图 3-20 实收资本的“T”形账户**

4. 编制试算平衡表。根据如图 3-12 至图 3-20 各账户的期初余额、本期发生额和期末余额编制总分类账户试算平衡表进行试算平衡，见表 3-8。

**表 3-8 总分类账户试算平衡表**

202×年 1 月 31 日

| 会计科目 | 期初余额 | | 本期发生额 | | 期末余额 | |
|---|---|---|---|---|---|---|
| | 借方 | 贷方 | 借方 | 贷方 | 借方 | 贷方 |
| 库存现金 | 12 000 | | 6 000 | | 18 000 | |
| 银行存款 | 160 000 | | 1 028 000 | 596 000 | 592 000 | |
| 原材料 | 200 000 | | 100 000 | | 300 000 | |
| 固定资产 | 11 108 000 | | 300 000 | | 11 408 000 | |
| 短期借款 | | 140 000 | 200 000 | 600 000 | | 540 000 |
| 应付票据 | | 120 000 | | 60 000 | | 180 000 |
| 应付账款 | | 160 000 | 120 000 | 70 000 | | 110 000 |
| 应交税费 | | 60 000 | 0 | 0 | | 60 000 |
| 实收资本 | | 11 000 000 | | 428 000 | | 11 428 000 |
| 合计 | 11 480 000 | 11 480 000 | 1 754 000 | 1 754 000 | 12 318 000 | 12 318 000 |

经过试算平衡，上表中的期初余额、期末余额和本期发生额栏的借方合计和贷方合计分别相等，说明账户记录基本正确；如果借贷合计不相等，则说明记账有误，应查明原因，并予以更正。

## 本章小结

本章主要阐述了会计科目与账户的概念及其具体内容，明确了对会计要素进一步分类的项目是会计科目，会计科目是账户的名称。会计账户是对会计要素进行分类核算和监督的工具。账户分为左右两方，在借贷记账法下，账户左方为借，右方为贷。用借贷表示增减变化要看账户的类型。按账户反映业务的详细程度不同分为总分类账和明细分类账，分别对会计要素进行总括和详细说明。记账方法分为单式记账法和复式记账法。借贷记账法是一种世界通用的复式记账法，记账规则是有借必有贷，借贷必相等，试算平衡有发生额试算平衡和余额试算平衡两种方法。本章重点内容如下。

**1. 会计科目**

会计科目就是对会计要素进行分类核算的项目，也就是对会计对象具体内容进行分类核算的项目。为了归集和记载各种经济业务，对资产、负债、所有者权益、收入、费用、利润等按其经济内容或经济用途进行分类，这种分类的名称就是会计科目的名称。

**2. 会计账户**

会计账户是根据会计科目设置的，具有一定格式和结构，用于分类反映会计要素增减变动情况及其结果的载体。设置会计账户是会计核算的重要方法之一。

（1）账户按经济内容分类，分为资产类账户、负债类账户、共同类账户、所有者权益类账户、成本类账户、损益类账户六类。

（2）账户按提供指标详细程度分类，分为总分类账户和明细分类账户。

**3. 会计科目与账户的关系**

会计科目与账户都是对会计对象具体内容的科学分类，两者口径一致，性质相同。会计科目是账户的名称，也是设置账户的依据；账户是会计科目的具体运用。没有会计科目，账户便失去了设置的依据；没有账户，就无法发挥会计科目的作用。两者的区别是：会计科目仅仅是账户的名称，不存在结构；而账户则具有一定的结构，并能够反映会计要素的增减变化。

**4. 复式记账法**

复式记账法是指对发生的每项经济业务，都要以相等的金额，在相互联系的两个或两个以上账户中同时进行登记的一种记账方法。复式记账法包括“增减记账法”、“收付记账法”和“借贷记账法”三种，借贷记账法是国际上通用的一种记账方法。

**5. 借贷记账法**

借贷记账法是以“借”“贷”作为记账符号，对于任何一笔经济业务都要用相等的金额，在两个或两个以上的有关账户中做相互联系的登记，以反映各项会计要素增减变动情况的一种记账方法。借贷记账法的记账规则是“有借必有贷，借贷必相等”。

**6. 会计分录**

在借贷记账法下，为了连续、系统地记录会计要素的变化，清晰地反映各个账户之间的对应关系，应该首先分析每项经济业务性质的内容，确认应记入的账户、应记金额、应借应贷的方向，然后再记入有关分类账的各有关账户中。这种指明每项经济业务应借、应贷账户名称及其金额的记录，称为会计分录，简称分录。会计分录包括记账方向（借方或贷方）、账户名称（会计科目）和金额三个要素。

**7. 试算平衡**

试算平衡是指在借贷记账法下，利用借贷发生额和期末余额（期初余额）的平衡原理，检查账户记录是否正确的一种方法。

## 关键词汇

1. 会计科目　2. 会计账户　3. 总分类账户　4. 明细分类账户
5. 单式记账法　6. 复式记账法　7. 借贷记账法　8. 会计分录
9. 简单分录　10. 复合分录　11. 对应账户　12. 试算平衡

## 练习与思考

### 一、单项选择题

1. 会计账户是根据（　　）开设的，用来连续、系统地记载各项经济业务的一种手段。

A. 会计凭证　B. 会计对象　C. 会计科目　D. 财务指标

2. 根据借贷记账法的原理，记录在账户贷方的是（　　）。

A. 费用的增加　B. 收入的增加　C. 负债的减少　D. 所有者权益的减少

3. 会计科目是（　　）的名称。

A. 会计账户　B. 会计等式　C. 会计对象　D. 会计要素

4. 借贷记账法的记账规则是（　　）。

A. 同增、同减、有增、有减　B. 同收、同付、有收、有付
C. 有增必有减，增减必相等　D. 有借必有贷，借贷必相等

5. 根据账户的基本结构，账户哪一方记增加，哪一方记减少取决于（　　）。

A. 账户的金额　B. 账户的名称
C. 会计人员的判断　D. 账户所反映的经济内容性质

6. 下列属于明细分类科目的是（　　）。

A. 钢材　B. 原材料　C. 库存现金　D. 应付账款

7. 我国《企业会计准则——基本准则》将会计要素分为六类，《企业会计制度》将会计科目分为（　　）。

A. 六类　B. 五类　C. 七类　D. 三类

8. 按照借贷记账法的记录方法，下列四组账户中，增加额均记在贷方的是（　　）。

A. 资产类和负债类　B. 负债类和所有者权益类
C. 成本类和损益类　D. 损益类中的收入和支出类

9. 会计科目与账户之间的主要区别在于（　　）。

A. 反映的经济内容不同　B. 账户有结构而会计科目无结构

C. 分类的对象不同　　D. 反映的结果不同

10. 按照借贷记账法的记录方法，下列账户的贷方登记增加额的是（　　）。

A. 库存现金　　B. 应收账款　　C. 应付账款　　D. 原材料

11. 按照借贷记账法的记录方法，下列账户的借方登记增加额的是（　　）。

A. 实收资本　　B. 应付职工薪酬　　C. 累计折旧　　D. 所得税费用

12. 目前我国会计制度规定，企业会计采用的记账方法是（　　）。

A. 增减记账法　　B. 现金收付记账法　　C. 借贷记账法　　D. 财产收付记账法

13. 下列反映投入资本的会计科目是（　　）。

A. 实收资本　　B. 本年利润　　C. 盈余公积　　D. 利润分配

14. 下列不属于损益类会计科目的是（　　）。

A. 投资收益　　B. 管理费用　　C. 主营业务成本　　D. 生产成本

15. 下列属于资产类会计科目的是（　　）。

A. 应付职工薪酬　　B. 实收资本　　C. 累计折旧　　D. 制造费用

16. 差旅费的预借和报销是通过（　　）账户核算。

A. 其他应收款　　B. 管理费用　　C. 其他应付款　　D. 销售费用

17. 借贷记账法中资产类账户的余额一般在（　　）。

A. 无余额　　B. 借方　　C. 贷方　　D. 借方或贷方

18. 月末应无余额的账户是（　　）。

A. 固定资产　　B. 银行存款　　C. 管理费用　　D. 实收资本

19. 复式记账法是指对每一笔业务都要以相等的金额在相互联系的（　　）中进行登记的记账方法。

A. 一个账户　　B. 两个账户

C. 三个账户　　D. 两个或两个以上的账户

20. 借贷记账法产生于（　　）。

A. 英国　　B. 美国　　C. 意大利　　D. 法国

21. 一般来说，双重性质账户的期末余额（　　）。

A. 在借方　　B. 在贷方

C. 可能在借方或贷方　　D. 没有余额

22. 资产类账户期末余额的计算公式是（　　）。

A. 期末余额=期初借方余额+本期借方发生额-本期贷方发生额

B. 期末余额=期初贷方余额+本期贷方发生额-本期借方发生额

C. 期末余额=期初借方余额+本期借方发生额

D. 期末余额=期初贷方余额+本期贷方发生额

23. 负债类类账户期末余额的计算公式是（　　）。

A. 期末余额=期初借方余额+本期借方发生额-本期贷方发生额

B. 期末余额=期初贷方余额+本期贷方发生额-本期借方发生额

C. 期末余额=期初借方余额+本期借方发生额

D. 期末余额=期初贷方余额+本期贷方发生额

24. 下列会计分录属于简单会计分录对应关系的是（　　）。

A. 一借一贷　　B. 一借多贷　　C. 一贷多借　　D. 多借多贷

25. 为了全面清晰地反映经济业务的来龙去脉，不得将不同的经济业务合并编制成为（　　）的会计分录。

A. 一借一贷　　B. 一借多贷　　C. 一贷多借　　D. 多借多贷

26. “库存商品”账户期初余额为 100 000 元，本期借方发生额为 700 000 元，本期贷方发生额为 650 000 元，该账户的期末余额为（　　）。

A. 借方余额 150 000 元　　B. 借方余额 50 000 元

C. 借方余额 800 000 元　　D. 借方余额 750 000 元

27. “应收账款”账户的期初余额为 5 500 元，本期借方发生额为 1 500 元，本期贷方发生额为 6 000 元，该账户的期末余额为（　　）。

A. 借方余额 1 000 元　　B. 贷方余额 1 000 元

C. 贷方余额 10 000 元　　D. 借方余额 2 000 元

28. “累计折旧”账户是资产账户，期初余额为 10 万元，本期借方发生额为 2 万元，贷方发生额为 5 万元，期末余额是（　　）。

A. 7 万元　　B. 13 万元　　C. 10 万元　　D. 17 万元

29. 采购员回公司报销差旅费 2 000 元，退还现金 200 元（原预借差旅费 2 200 元），该笔业务应编制的会计分录是（　　）对应关系的分录。

A. 一借一贷　　B. 一借多贷　　C. 一贷多借　　D. 多借多贷

30. 制造费用科目属于（　　）类科目。

A. 资产　　B. 成本　　C. 负债　　D. 损益

31. “应付账款”账户期初贷方余额为 5 000 元，本期借方发生额为 3 000 元，本期贷方发生额为 2 000 元，该账户期末余额应是（　　）。

A. 借方余额 6 000 元　　B. 贷方余额 6 000 元

C. 借方余额 4 000 元　　D. 贷方余额 4 000 元

32. 下列错误中能够通过试算平衡查找的是（　　）。

A. 重记经济业务　　B. 漏记经济业务　　C. 借贷方向相反　　D. 借贷金额不等

33. 一般来说，一个账户的增加方发生额与该账户的期末余额都应该记在账户的(　　)。

A. 借方　　B. 贷方　　C. 相同方向　　D. 相反方向

34. 以下各项目属于会计科目的是（　　）。

A. 应收购货单位款项　　B. 应付销货单位款项

C. 在途物资　　D. 投入资本

## 二、多项选择题

1. 借方登记本期减少的账户有（　　）。

A. 资产类账户　B. 负债类账户　C. 收入类账户　D. 所有者权益类账户

2. 会计账户结构一般应包括的内容有（　　）。

A. 账户的名称　B. 账户的方向　C. 账户的余额　D. 账户的使用年限

3. 借贷记账法的试算平衡公式有（　　）。

A. 所有账户的本期借方发生额之和=所有账户本期贷方发生额之和

B. 所有资产账户的本期借方发生额之和 =所有资产账户的本期贷方发生额之和

C. 所有账户的期末借方余额之和=所有账户期末贷方余额之和

D. 收入账户的本期发生额=费用账户的本期发生额

4. 下列会计科目中，属于损益类科目的有（　　）。

A. 应收账款　B. 投资收益　C. 主营业务成本　D. 生产成本

5. 账户按提供指标的详细程度分为（　　）。

A. 成本费用类账户　B. 损益类账户　C. 总分类账户　D. 明细分类账户

6. 会计科目按经济内容分为（　　）。

A. 资产类　B. 负债类　C. 所有者权益类　D. 损益类

7. 对于损益类账户，下列说法正确的有（　　）。

A. 借方登记收入的增加　　B. 借方登记费用的增加

C. 期末没有余额　　D. 如果余额在借方，表示费用的增加

8. 企业的所有者权益类科目包括（　　）。

A. 实收资本　B. 资本公积　C. 盈余公积　D. 本年利润

9. 企业非流动负债类科目包括（　　）。

A. 长期借款　B. 应付债券　C. 长期应付款　D. 应付账款

10. 下列属于流动资产性质的科目有（　　）。

A. 库存现金　B. 预付账款　C. 原材料　D. 应收票据

11. 下列属于流动负债性质的科目有（　　）。

A. 短期借款　B. 预收账款　C. 应交税费　D. 应付债券

12. 下列属于成本类科目的有（　　）。

A. 主营业务成本　B. 生产成本　C. 制造费用　D. 管理费用

13. 下列表述正确的有（ ）。

A. 会计科目只是账户的名称
B. 会计科目与账户是同一个概念
C. 会计科目无结构，账户有结构
D. 会计科目与账户反映的内容相同

14. 下列属于资产类科目的有（ ）。

A. 固定资产 B. 流动资产 C. 原材料 D. 预付账款

15. 在借贷记账法下，账户的贷方登记的内容有（ ）。

A. 资产的增加
B. 负债及所有者权益的增加
C. 收入的增加
D. 资产的减少

16. 下列账户期末余额应在贷方的有（ ）。

A. 累计折旧 B. 预付账款 C. 预收账款 D. 盈余公积

17. 下列账户期末余额应在借方的有（ ）。

A. 银行存款 B. 预付账款 C. 预收账款 D. 无形资产

18. 下列经济业务需编制复合会计分录的有（ ）。

A. 购进材料 10 000 元，以银行存款支付 8 000 元，余款未付
B. 以银行存款归还前欠的货款 30 000 元
C. 职工报销差旅费 1 200 元，原预借 1 000 元，退还 200 元
D. 销售商品 25 000 元，收到银行存款 5 000 元，余款尚未收到

19. 收回职工交回的差旅费现金 300 元，涉及的会计科目有（ ）。

A. 其他应收款 B. 库存现金 C. 应付账款 D. 管理费用

20. 明细分类科目（ ）。

A. 又称一级会计科目
B. 是进行明细分类核算的依据
C. 是进行总分类核算的依据
D. 提供更加详细具体的指标

## 三、判断题

1. 会计科目是按照会计要素的具体内容进行进一步科学分类的标志。( )

2. 统一性与灵活性相结合是设置会计科目的原则之一。( )

3. 会计账户是用来分类记录企业的交易、事项，反映各会计要素增减变动情况的一种工具。( )

4. 借贷记账法的试算平衡方法有本期发生额试算平衡和差额试算平衡。( )

5. 在借贷记账法下，损益类科目期末一般都无余额。( )

6. 会计科目可以连续、系统地记录和反映某项经济内容的增减变化情况和最终结果。( )

7. 在借贷复式记账法下，每一项经济业务发生，都要记入一个或一个以上的账户中。( )

8. 在现代借贷记账法中的“借”和“贷”分别是债权和债务之意。( )

9. 只要实现了期初余额、本期发生额、期末余额的平衡，就说明账户的记录没有错

误了。(　　)

10. 一般而言，费用类账户的结构与权益类账户的结构相同，收入类账户结构与资产类账户结构相同。(　　)

11. 会计账户的基本结构分为两部分——左方和右方，其中左方登记增加额，右方登记减少额。(　　)

12. 在设置会计科目时，应该符合国家统一的会计制度的规定。(　　)

13. 总分类账户和明细分类科目共同对某类会计要素的有关项目进行详细程度不同的分类核算，它们之间的关系是后者统驭前者，前者从属于后者。(　　)

14. 任何一个明细分类科目都对应着一个所属总分类科目，任何一个总共分类科目也同样对应着相应的明细分类科目。(　　)

15. 一个账户本期借方发生额合计应当等于其贷方发生额合计。(　　)

16. 会计分录是标明某项经济业务应借、应贷账户的名称及金额的一种记录。(　　)

17. 目前，在世界各国普遍采用的记账方法是收付记账法。(　　)

18. 简单会计分录是一个借方和一个贷方的会计分录。(　　)

19. 复合会计分录是涉及两个以上账户的会计分录。(　　)

20. 费用类账户和资产类账户都是借方记增加，贷方记减少，这两类账户的结构完全一致。(　　)

21. 收入类账户和负债类账户都是借方记减少，贷方记增加，这两类账户的结构完全一致。(　　)

22. 通常，各类账户的期末余额和记录增加额的一方在同一方向。(　　)

23. 在试算平衡表上，虽然实现了期初余额、本期发生额和期末余额三栏的平衡关系，但仍然不能保证账户记录是完全正确的。(　　)

24. 负债及所有者权益账户的结构应与资产类账户的结构一致。(　　)

25. 会计科目与账户的经济内容和分类是完全一致的，所以会计科目也就是账户，账户也就是会计科目。(　　)

26. 借贷记账法要求，如果一个账户记借方，另一个或几个账户则一定记贷方。(　　)

27. 账户发生额试算平衡是根据借贷记账法的记账规则来确定的。(　　)

28. 如果试算平衡结果，发现借贷是平衡的，可以肯定记账没有错误。(　　)

29. 由于总分类账户既能提供总括核算指标，又能提供详细核算指标，因此是十分重要的账户。(　　)

30. 单式记账是对每一项经济业务只在一个账户进行记录的方法。(　　)

31. 会计科目可以由每一个企业单位自行确定。(　　)

32. 明细分类账户的名称、核算内容及使用方法通常是统一制定的。(　　)

## 四、业务题

### 习题一

达华公司 202×年 1 月份部分账户资料见下表。

单位：元

| 账户名称 | 期初余额 | 本期借方发生额 | 本期贷方发生额 | 期末余额 |
|---|---|---|---|---|
| 库存现金 | 500 | 2 000 | 1 500 | (　　) |
| 银行存款 | 120 000 | (　　) | 80 000 | 70 000 |
| 应收账款 | 35 000 | 20 000 | (　　) | 18 000 |
| 原材料 | (　　) | 60 000 | 80 000 | 190 000 |
| 固定资产 | 500 000 | 50 000 | (　　) | 550 000 |
| 短期借款 | 315 000 | (　　) | 5 000 | 20 000 |
| 应付账款 | 28 000 | 8 000 | (　　) | 32 000 |
| 其他应付款 | 3 000 | 2 000 | — | (　　) |
| 实收资本 | 480 000 | (　　) | 20 000 | 500 000 |

**【要求】** 根据有关账户结构的要求，将上表补充完整。

### 习题二

海康公司 202×年 7 月份发生如下的经济业务：

1. 将库存现金 10 000 元存入银行。
2. 购入材料 80 000 元，材料已入库，货款已付。
3. 收到投资人投入的价值 100 000 元的生产设备，已投入使用。
4. 以银行存款缴纳应交税费 50 000 元。
5. 向银行借入短期借款 100 000 元，其中 5 000 元用以支付前欠东风工厂的货款。
6. 以银行存款归还长期借款 8 000 000 元。
7. 职工李明预借差旅费 2 000 元，以现金支付。
8. 以银行存款 900 000 元购置一台机器设备。
9. 收到购货单位所欠货款 70 000 元，存入银行。
10. 开出支票偿还前欠货款 100 000 元。

**【要求】** 编制以上经济业务的会计分录。

### 习题三

长风公司 202×年 2 月份的试算平衡表资料见下表。

单位：元

| 账户名称 | 期初余额 | | 本期发生额 | | 期末余额 | |
|---|---|---|---|---|---|---|
| | 借方 | 贷方 | 借方 | 贷方 | 借方 | 贷方 |
| 库存现金 | 1125 | | 1 875 | （ ） | 2 400 | |
| 银行存款 | （ ） | | 75 000 | 82 500 | 7 500 | |
| 应收账款 | 12 750 | | （ ） | 42 250 | 30 500 | |
| 库存商品 | （ ） | | 37 500 | 56 250 | （ ） | |
| 固定资产 | 262 500 | | 37 500 | （ ） | 250 000 | |
| 应付账款 | | 49 500 | （ ） | 18 750 | | （ ） |
| 应交税费 | | 22 875 | （ ） | 3150 | | 24150 |
| 实收资本 | | （ ） | | | | 255 000 |
| 营业外收入 | | | （ ） | 90 000 | | |
| 本年利润 | | - | 78 750 | （ ） | | 11 250 |
| 管理费用 | | | 78 750 | （ ） | | |
| 合计 | （ ） | （ ） | （ ） | （ ） | （ ） | （ ） |

**【要求】**将计算的结果填入括号内。

# 第四章　制造业企业主要经济业务的核算

## 章前导读

设置账户和复式记账的目的是要全面、连续、系统地反映、监督企业、单位会计要素的增减变动。如何设置账户，包括应该设置哪些账户，每个账户所核算的内容，以及各个账户之间的相互关系等，都要根据各个会计要素增减变动的特点来确定。而各个会计要素的增减变动总是在企业的经营过程中发生的，本章即以制造企业为例，通过其主要经营过程的核算来说明账户和复式记账的具体应用。本章第一节介绍资金筹集业务的会计处理；第二节介绍生产准备业务的会计处理；第三节介绍产品生产业务的会计处理；第四节介绍商品销售业务的会计处理；第五节介绍财务成果业务的会计处理。

## 本章学习目标

⊙明确制造业企业资金循环过程及主要经济业务内容；

⊙理解并掌握制造业企业主要经济业务核算的基本原理和基本过程；

⊙掌握制造业企业资金循环过程中主要账户的设置、性质、用途、结构及相互间的对应关系；

⊙系统掌握工业企业主要经济业务的核算。

## 本章重点

各账户核算的基本内容及账户之间的逻辑关系，各阶段的主要核算内容，各阶段的费用分配与成本计算。

## 本章思维导图

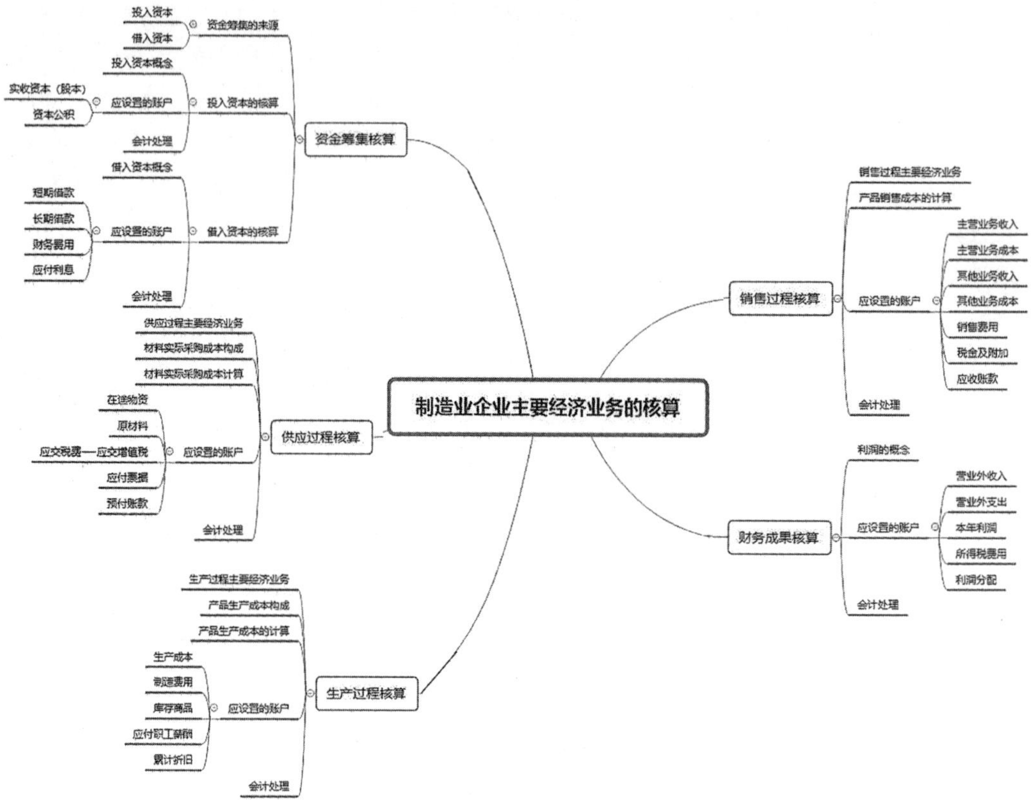


# 第一节　资金筹集核算

## 一、资金筹集的来源

资本是企业生存和发展的前提。它的来源渠道分为两大类：一是企业所有者投入，形成企业的永久性资本，并承担企业经营过程中可能存在的风险，当然也享受经营收益。这部分就是所有者权益。二是企业向债权人借入，这部分资本具有明确的还本付息期限，并受法律保护，通常称为负债。企业在日常的经营过程中，由于商业信用、结算付款方式等因素，也会形成一些债务如欠付其他企业的购货款，这部分也形成企业一项短暂的债务资本来源。

## 二、投入资本的核算

### （一）投入资本的概念

投入资本即资本金，是指投资者实际投入企业经营活动的各种财产物资。投入资本按其投资人的性质可以分为国家资本金、法人资本金、外商资本金、个人资本金等。有限责任公司称为实收资本，股份有限公司称为股本。投入资本可以采用货币形式，也可以采用非货币形式。

### （二）投入资本核算设置的主要账户

投入资本核算应设置“实收资本”或“股本”、“资本公积”等账户进行核算。

**1. “实收资本”或“股本”账户**

“实收资本”或“股本”账户属于所有者权益类账户。核算内容为企业按照合同、章程的规定收到投资者或股东投入的资本。贷方登记所有者投入的资本的实际数额，或按股票面值计算的股本金。由于所有者的投资是一种永久资本，借方一般没有发生额。如果企业按法律程序抽回投资，需要通过借方反映。期末余额在贷方，表示期末所有者投资的实有数。

**2. “资本公积”账户**

“资本公积”账户属于所有者权益类账户。核算内容为企业资本公积的增减变动及结余情况。贷方登记企业因资本溢价等原因而增加的资本公积数额，借方登记用于按法定程序转增注册资本等原因而减少的资本公积数额，期末贷方余额反映企业实有的资本公积数额。

**提　示**

实收资本与资本公积同属于所有者权益，但它们的来源和用途各不相同。实收资本是企业所有者按照企业章程或合同，协议的约定实际投入企业并依法进行注册的资本。它表明了所有者对企业的基本产权关系。资本公积是投资者的出资额超出其在注册资本中所占份额的部分，以及直接计入所有者权益的利得和损失。它不直接体现所有者对企业的基本产权关系。实收资本是企业的原始资本，其构成比例决定了所有者对企业应享有的权利和所承担的义务。资本公积是企业的储备资本，它的主要用途是转增资本，它不能反映各所有者的出资比例，也就无法作为所有者享有的企业权利和承担相应义务的依据。

### （三）投入资本核算举例

**【例 4-1】** 202×年 1 月，×海公司成立，收到投资者投入的货币资金 200 000 元，存入银行；设备两台，每台价值 50 000 元；专利权一项，价值 80 000 元。

设备属固定资产，专利权则属无形资产。所以这项经济业务，一方面使企业的银行存款、固定资产、无形资产等资产增加，另一方面投资者投入的资本也增加。应编制会计分录：

借：银行存款　　200 000
　　固定资产　　100 000
　　无形资产　　 80 000
　贷：实收资本　　380 000

**【例 4-2】** A 股份有限公司发行普通股 20 000 股，每股面值 1 元，每股发行价格 3 元。假定股票发行成功，股款 60 000 元已全部收到。应编制会计分录：

借：银行存款　　60 000
　贷：股本　　　　20 000
　　　资本公积——股本溢价　40 000

**? 思考**

甲、乙两名大学生毕业后自主创业，各出资 100 万元开了一家特色农庄，两年后农庄为扩大规模增值到 300 万元，同学丙愿意出资 120 万元加入农庄，享有 1/3 的股份。

问题：丙同学为什么愿意出资 120 万元享有与甲、乙同学同等的权利，丙同学的投资应全部计入“实收资本”账户吗？

## 三、借入资本的核算

### （一）借入资本的概念

借入资本是指企业通过发行债券、向银行或者其他金融机构借款等方式筹集的资金。企业从银行取得的借款按偿还期的长短分为短期借款和长期借款。短期借款是指企业在生产经营过程中，由于生产周转的需要，向银行或其他金融机构借入的、偿还期限在一年或超过一年的一个营业周期以内的各种借款，在资产负债表上，属流动负债；长期借款是企业向银行或其他金融机构借入的、偿还期限在一年或超过一年的一个营业周期以上的各种借款。一般用于固定资产的购建、改建和扩建等。在经营过程中，企业还可以通过赊购货物、推迟付款等方式，间接借入资本。

### （二）借入资本核算设置的主要账户

借入资本核算应设置“短期借款”“长期借款”“财务费用”“应付利息”等账户进行核算。

**1. “短期借款”账户**

“短期借款”账户属于负债类账户。核算内容为企业向银行或其他金融机构等借入的偿还期在一年以下（含一年）的各种借款的借入、偿还等情况，账户的贷方登记取得的借款本金的数额，借方登记偿还借款本金的数额，期末贷方余额反映企业尚未偿还的短期借款的本金。

**2. “长期借款”账户**

“长期借款”账户属于负债类账户。核算内容为企业向银行或其他金融机构等借入的偿还期在一年以上（不含一年）的各项借款的借入、归还等情况，账户的贷方登记长期借款本息的增加额，借方登记长期借款本息的减少额，期末贷方余额反映企业尚未偿还的长期借款。

**3. “财务费用”账户**

“财务费用”账户属于损益类账户。核算内容为企业为筹集资金而发生的费用，包括借款利息、借款手续费、债券发行成本等，账户的借方登记发生的财务费用，贷方登记期末转出的财务费用，期末一般无余额。

**4. “应付利息”账户**

“应付利息”账户属于负债类账户。核算企业按合同约定应支付的利息，包括吸收存款、分期付息到期还本的长期借款、企业债券等应支付的利息。借方登记实际支付的利息，贷方登记应付未付的利息，期末余额在贷方，反映企业应付未付的利息。

### （三）借入资本核算举例

**【例 4-3】**×海公司于 202×年 4 月 1 日向建设银行借入期限为半年、年利率为 6%的借款 200 000 元，存入银行。

向银行借款业务导致资产和负债同时增加，其中，所增加的资产是银行存款，所增加的负债记入“短期借款”账户。

①×海公司取得借款时，编制以下会计分录：

借：银行存款　　　　200 000

　贷：短期借款——建设银行　200 000

**提　示**

短期借款必须按期归还本金，并按期支付利息。由于短期借款利息的支付方式和支付时间不同，会计处理方法也有一定的区别。如果银行按月计收利息，或在借款到期收回本金时一并收回利息，但利息数额不大，企业可在收到银行计息通知或在实际支付利息时，直接将发生的利息费用计入当期财务费用，即借记“财务费用”科目，贷记“银行存款”科目。

如果银行对企业的短期借款利息采取按季或半年等较长期间计收利息，为了合理地计算各期的收益额，企业通常按权责发生制核算的要求，采取预提的方法，按月计提利息，即计提利息时，借记“财务费用”科目，贷记“应付利息”科目；支付利息时，借记“应付利息”科目，贷记“银行存款”科目。

②×海公司按规定每季支付一次利息，到期归还本金。

4 月末应计提已产生的利息费用：

利息 = 200 000×6%÷12 = 1 000（元）

编制的会计分录如下：

借：财务费用　　　　1 000

　贷：应付利息　　　　1 000

5月末应计提已产生的利息费用，编制的会计分录同上。

| 财务费用 | |
|---|---|
| 4月 1000 | |
| 5月 1000 | |
| 6月 1000 | |

| 银行存款 | |
|---|---|
| ××××× | |
| | 6月 3000 |

| 应付利息 | |
|---|---|
| | 4月 1000 |
| | 5月 1000 |
| 6月 2000 | |

6月末即季度末支付借款利息时：

借：财务费用　　　　1 000
　　应付利息　　　　2 000
　贷：银行存款　　　　3 000

202×年7—8月末，每月末仍要计提已产生的利息费用，编制计提利息费用的会计分录。

③202×年9月30日，借款到期后，×海公司归还银行的本金和后三个月的利息。

借：短期借款　　　　200 000
　　财务费用　　　　　1 000
　　应付利息　　　　　2 000
　贷：银行存款　　　　203 000

**【例4-4】**中海公司向银行借入期限为5年的长期借款200万元，用于购买新设备。款项已存入银行。

一般来说，举借长期借款，在申请手续、借款费用、使用渠道、还款要求等方面，都比短期借款严格得多。因此，长期借款所需要核算的内容要远多于短期借款。这里，我们仅说明其借款的账务处理。

这项贷款期限超过一年，应属长期借款增加，所以应编制以下分录：

借：银行存款　　　　2 000 000
　贷：长期借款　　　　2 000 000

**提　示**

企业无论使用投入资本还是借入资本，都需要支付一定的“使用费”，其中，投入资本的“使用费”是以利润分配形式支付，而借入资本的“使用费”则是以利息费用方式支付，是企业使用借入资本所应发生的代价或成本，是一项理财费用，通过“财务费用”账户来反映。

# 第二节　供应过程核算

## 一、供应过程的主要经济业务

供应过程的主要经济业务是采购材料，为生产建立储备，以供生产之需。在这个阶段中，企业以货币资金购买各种材料物资，形成材料储备。货币资产变换其存在形态，转化为材料存货。

这一阶段发生的主要经济业务是采购材料办理材料的验收入库手续，与供应单位之间办理货款的结算，支付采购费用，正确计算材料采购成本。

## 二、材料实际采购成本的构成

由于供应过程的主要经济业务是采购材料，所以为采购材料，企业需支付材料的买价和因采购材料而发生的采购费用，如材料运杂费、运输途中的合理损耗、入库前的整理挑选费用和支付的各种税金等。这些费用对象化到各种材料上就形成了材料的采购成本。因此，供应过程的费用归集过程实际上就是计算材料采购成本的过程。

## 三、材料实际采购成本的计算

计算采购成本时，单独采购某种材料发生的采购费用，直接计入该材料的采购成本；采购几种材料共同发生的采购费用，应采用适当的标准进行分配后再计入各种材料的采购成本。因此，材料采购成本的计算公式为：

某种材料的采购成本=该材料的买价+该材料应负担的采购费用

对于各种材料共同发生的采购费用，应采用简便合理的方法分配于各受益对象。所采用的分配标准应能够表明各种材料对该采购费用的合理分担关系，一般有重量、体积、件数、价值等标准。应由各种材料共同分配的采购费用，可以先计算分配率，然后据以计算每种材料应分配的采购费用。分配方法如下：

$$\text{采购费用分配率}=\frac{\text{应分配的采购费用总额}}{\text{应负担该费用的几种材料的分配标准之和(总重量、总体积、买价总额等)}}$$

某材料应分配的采购费用 = 该材料的分配标准 × 采购费用分配率

**【例 4-5】** 现以中海公司 202×年 12 月份的有关资料为例，说明材料采购成本计算的方法。

（1）购入下列材料，用银行存款支付价款 11 000 元和发票上增值税额 1 430 元。

| 品种 | 重量 | 买价 |
|---|---|---|
| 甲材料 | 1 000 千克 | 3 000 元 |
| 乙材料 | 4 000 千克 | 8 000 元 |

（2）以银行存款支付甲、乙材料的运杂费 2 700 元，按材料的重量比例分配该项采购费用。

根据上述资料，即可编制材料采购费用分配表，具体见表 4-1。

**表 4-1 材料采购费用分配表**

| 材料品种 | 分配标准（重量） | 分配率 | 运杂费分配额（元） |
|---|---|---|---|
| 甲材料 | 1 000 | 0. 54 | 540 |
| 乙材料 | 4 000 | 0. 54 | 2 160 |
| 合计 | 5 000 | 0. 54 | 2 700 |

通过材料采购费用分配表的编制，即可求得各种材料的采购成本。甲、乙两种材料的采购成本见表 4-2。

**表 4-2 材料采购成本计算表**

| 材料品种 | 买价 | 运杂费 | 总成本 | 单位成本（元/千克） |
|---|---|---|---|---|
| 甲材料 | 3 000 | 540 | 3 540 | 3. 54 |
| 乙材料 | 8 000 | 2 160 | 10 160 | 2. 54 |
| 合计 | 11 000 | 2 700 | 13 700 | |

## 四、材料采购核算设置的主要账户

采购业务应设置“在途物资”“原材料”“应交税费——应交增值税”“应付账款”“应付票据”“预付账款”等账户进行核算。

### （一）“在途物资”账户

“在途物资”账户属于资产类账户。核算内容为企业购入的尚未到达或尚未验收入库的各种材料物质的实际成本，账户的借方登记在途物资的增加，贷方登记在途物资验收入库，期末借方余额表示尚未验收入库的在途物资的实际成本。一般按材料的品种、规格进行明细核算。

### （二）“原材料”账户

“原材料”账户属于资产类账户。用于核算企业库存各种材料的收入、发出、结存情况。其借方反映已验收入库材料的成本（如果是外购，则为采购成本；如果是自制，则为自制成本）；贷方反映库存材料发出的成本；余额在借方，表示期末库存材料的成本。该账户应按每一种材料的品种、规格分别设置二级和明细账户，以便核算每一种材料的收、发、结存情况。

### （三）“应交税费——应交增值税”账户

“应交税费——应交增值税”账户属于负债类账户。反映应向国家缴纳的增值税的结算情况。借方登记进项税额和已交税金，贷方登记销项税额。若出现借方余额表示尚未抵扣的增值税，若出现贷方余额表示尚未上缴的增值税。

### （四）“应付账款”账户

“应付账款”账户属于负债类账户。用于核算企业因采购材料物资和接受劳务而应付给供应单位的款项。其贷方登记应付而未付款项的数额，借方登记实际归还的数额，余额一般在贷方，表示尚未归还供应单位的数额。若出现借方余额，则表示企业多付或预付的货款。

### （五）“应付票据”账户

“应付票据”账户属于负债类账户。核算企业对外发生债务时所开出承兑的商业汇票，包括银行承兑汇票和商业承兑汇票。贷方登记企业开出或以承兑汇票抵付货款的金额，借方登记已偿还的到期汇票。企业应设置“应付票据备查簿”，详细登记每一应付票据的种类、号数、到期日、金额等详细资料，以便加强对票据的管理，及时清付到期票据，保证企业在市场中的信用度。

### （六）“预付账款”账户

“预付账款”账户属于资产类账户。核算的内容为企业因购买材料、商品或接受劳务按购货合同规定预付给供应单位的款项，账户的借方登记预付或补付的款项，贷方登记所购的材料、商品或接受劳务的金额及退回多付的款项，期末借方余额表示实际预付的款项，期末贷方余额表示尚未补付的款项。一般按供应单位进行明细分类核算。对于预付账款业务不多的企业可以不设本账户，而用“应付账款”账户反映。

各账户之间的关系如图 4-1。

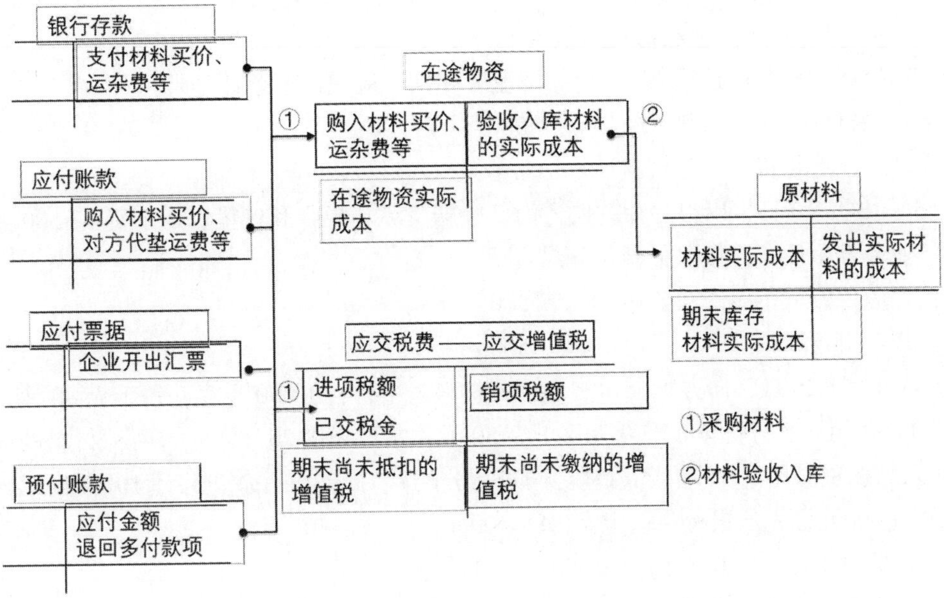


**图 4-1　材料采购过程账户关系**

## 五、供应过程的主要经济业务核算举例

**【例 4-6】** 假定中海公司 202×年 12 月份有以下经济业务（为简便核算，假设该企业适用的增值税税率为 13%，运费不考虑增值税问题）：

（1）12 月 2 日，购入甲材料 4 000 千克，每千克 80 元，共计买价320 000元，运杂费 8 000 元。支付增值税41 600元。货款、运杂费与税金当即以银行存款支付。

该项经济业务发生后，应做以下会计分录：

借：在途物资——甲材料　　328 000
　　应交税费——应交增值税（进项税额）　　41 600
　贷：银行存款　　369 600

（2）12 月 3 日，上项材料点验无误，质量合格，收入仓库。材料验收后，库存材料增加，应记入“原材料”账户的借方，同时，要将该项材料的采购成本予以结转，即记入“在途物资”账户的贷方。该项经济业务发生后，应做以下会计分录：

借：原材料——甲材料　　328 000
　贷：在途物资——甲材料　　328 000

（3）12 月 5 日，向南江公司购入乙材料1 000千克，每千克 50 元，共计买价50 000元，运杂费1 000元，应付增值税6 500元。货款、税金与运杂费尚未支付。

企业购入材料，虽然货款尚未支付，但采购成本已经发生，也必须记入“在途物资”账户的借方，尚未支付的货款，是企业对供应单位的债务，应记入“应付账款”账户的贷方。该项经济业务发生后，应做以下会计分录：

借：在途物资——乙材料　　51 000
　　应交税费——应交增值税（进项税额）　　6 500
　贷：应付账款——南江公司　　57 500

（4）12 月 6 日，上项乙材料验收入库。

该项经济业务与前述第（2）项经济业务相同，应做以下会计分录：

借：原材料——乙材料　　51 000
　贷：在途物资——乙材料　　51 000

（5）12 月 10 日，以银行存款偿还南江公司货款、税金和代垫、运杂费 57 500 元。该项经济业务发生后，应做以下会计分录：

借：应付账款——南江公司　　57 500
　贷：银行存款　　57 500

（6）12 月 26 日，向方正公司购入下列材料：甲材料 1 000 千克，每千克 80 元，共计买价 80 000 元；乙材料 400 千克，每千克 50 元，共计买价 20 000 元。两种材料的运杂费 1 400 元（按重量比例在甲、乙材料之间进行分配）。货款和运杂费共计 101 400 元，应付增值税13 000元，先从银行存款中支付88 400元。

运杂费分配率 = 1 400/（1 000+400）= 1

甲种材料应分配运杂费 = 1 000×1 = 1 000（元）

乙种材料应分配运杂费 = 400×1 = 400（元）

应做以下会计分录：

借：在途物资——甲材料　　81 000
　　　　　　——乙材料　　20 400
　　应交税费——应交增值税（进项税额）　　13 000
　贷：银行存款　　88 400
　　　应付账款——方正公司　　26 000

（7）12 月 27 日，上项材料点验无误，质量合格，收入仓库。该项经济业务发生后，应做以下会计分录：

借：原材料——甲材料　　81 000
　　　　　——乙材料　　20 400
　贷：在途物资——甲材料　　81 000
　　　　　　　——乙材料　　20 400

（8）12 月 27 日，采购员何云因公出差，暂借差旅费3 000元，当即付以现金。

职工暂借的差旅费，以后应当正式报销，如有多余应当归还。在报销以前，这种暂借款是企业对职工的一种应收款，但这种应收款并不是因销售产品而发生的应收账款。为了反映应收账款以外的其他各种应收或暂付款项，可以设置一个“其他应收款”账户。“其他应收款”属于资产类账户，增加数应记入借方，减少数应记入贷方，其余额表示尚未收回或报销的其他应收款。该项经济业务发生后，应做以下会计分录：

借：其他应收款　　3 000
　贷：库存现金　　3 000

（9）12 月 29 日，采购员何云前来结算 12 月 27 日暂借的备用金。报销差旅费2 800元，交回现金 200 元。该项经济业务发生后，应做以下会计分录：

借：管理费用　　2 800
　　库存现金　　200
　贷：其他应收款　　3 000

## 第三节　生产过程核算

### 一、生产过程的主要经济业务

生产过程是企业劳动者借助机器、设备，将原材料加工成设计要求的产品。生产过程既是产品的制造过程，又是物化劳动和活劳动的消耗过程。所谓生产费用是指生产过程中发生的各项耗费，主要包括各种材料费用、人工费用、动力费用、固定资产折旧费以及其他各项费用。这些生产费用，有的是直接生产产品发生的，有的是间接为生产产品发生的。它们按照一定的程序和方法进行归集、分配，就形成了产品的生产成本。所谓产品生产成本，是指为生产一定种类、数量的产品所发生的耗费，是对象化的费用。生产过程发生的主要经济业务是归集和分配生产费用，计算产品生产成本。

## 二、产品生产成本的构成

在生产过程中，企业要耗费原材料、燃料、动力，要发生厂房、机器设备的折旧，要支付职工的工资，还要发生其他各项生产费用，这些费用对象化后，即构成产品生产成本。产品的生产成本由直接材料、直接人工、制造费用构成，凡直接用于产品生产的原材料称为直接材料，直接从事产品生产的工人工资称为直接人工，其他各种为生产产品而发生的间接费用称为制造费用。

**提 示**

生产费用和产品生产成本不是同一个概念。生产费用是指生产过程中发生的总支出，包括直接材料、直接人工、其他直接费用和制造费用。产品生产成本是指归属到产品上的生产费用。生产费用是成本计算的基础，即先将生产费用分配到产品上，才形成产品生产成本，成本是对象化的费用。两者虽然性质相同，但生产费用按会计期间归集，产品生产成本按产品对象归集。一定期间的生产费用不一定等于该期间的产品生产成本。

## 三、产品生产成本的计算

产品生产成本的计算，简单地说，就是将生产过程中发生的各项生产费用，按照产品的品种或类别，分别归集、计算其生产总成本和单位成本。

生产过程中发生的生产费用，凡是能区分属于何种产品的，应当在费用发生时直接记入该种产品的成本；凡是因生产多种产品而共同发生的生产费用，应当按照一定标准在这些产品之间加以分配。对于各种组织和管理生产的费用，应当在发生时根据其发生地点或部门，先记入“制造费用”账户进行归集。月终时，再按照适当的分配标准（如按生产工人工时、生产工人工资比例等）进行分配，然后将分配数额计入各种产品成本。其计算公式为：

制造费用分配率=制造费用总额/分配标准总额

某产品应分配的制造费用=该种产品的分配标准数×制造费用分配率

**【例4-7】**以中海公司202×年12月份的有关资料为例，说明产品生产成本的一般计算方法。该公司202×年12月份生产A产品和B产品所发生的各项费用见表4-7。

**表4-7 产品费用资料表**

| 产品名称 | 完工产品数量 | 直接材料 | 直接人工 | 制造费用 | 合计 |
|---|---|---|---|---|---|
| A产品 | 1 000件 | 160 000 | 80 000 | | |
| B产品 | — | 50 000 | 20 000 | | |
| 合计 | | 210 000 | 100 000 | 20 000 | 330 000 |

从上述资料可以看出，材料费用和工资费用都是专为生产某一种产品而直接发生的，应当分别计入A产品和B产品的生产成本。制造费用是两种产品共同耗用的，不能直接区

分两种产品各发生多少。因此要按一定的标准进行分配后，再据以分别计入各该产品的生产成本。现假定按两种产品的生产工人工资比例作为分配标准，具体分配计算如下：

制造费用分配率＝20 000/（80 000+20 000）＝0.2

A 产品应负担的制造费用＝80 000×0.2＝16 000（元）

B 产品应负担的制造费用＝20 000×0.2＝4 000（元）

制造费用的分配，一般是通过编制费用分配表来进行的，其格式见表 4-8。

**表 4-8　制造费用分配表**

202×年 12 月份　　　　单位：元

| 产品名称 | 分配标准：生产工人工资 | 制造费用 | |
|---|---|---|---|
| | | 分配率 | 分配金额 |
| A 产品 | 80 000 | 0.2 | 16 000 |
| B 产品 | 20 000 | 0.2 | 4 000 |
| 合计 | 100 000 | | 20 000 |

根据以上制造费用分配表的计算，即可将 A、B 两种产品应分配的制造费用，记入生产成本有关产品的明细账中，假设 A 产品本月投产且已全部完工，即可根据 A 产品的明细账编制成本计算表，计算其总成本和单位成本，见表 4-9。

**表 4-9　产品生产成本计算表**

202×年 12 月份　　　　单位：元

| 项目 | A 产品 | |
|---|---|---|
| | 总成本（1 000件） | 单位成本 |
| 直接材料 | 160 000 | 160 |
| 直接人工 | 80 000 | 80 |
| 制造费用 | 16 000 | 16 |
| 合计 | 256 000 | 256 |

## 四、产品生产阶段核算设置的主要账户

产品生产阶段核算主要应设置“生产成本”“制造费用”“库存商品”账户，其他还涉及“应付职工薪酬”“累计折旧”等账户。

### （一）“生产成本”账户

“生产成本”账户属于成本类账户。用来归集产品生产过程中所发生的、应计入产品成本的直接材料、直接人工和制造费用，并据以确定产品的实际生产成本。其借方登记当

期发生的、应计入产品成本的生产费用；贷方登记期末结转的完工产品的实际生产成本；余额在借方，表示月末尚未完工产品的生产成本。由于企业产品成本核算最终要具体到每一种产品，所以该账户的明细核算按所生产的产品种类进行；如果产品生产需要经过多个生产环节或多个车间，“生产成本”账户明细账的设置需要先按生产环节或车间，再按具体产品种类进行。

### （二）“制造费用”账户

“制造费用”账户属于成本类账户。用于归集和分配企业在车间范围内为生产产品和提供劳务而发生的、应计入产品成本的各项间接费用，包括制造部门管理人员的工资及福利费、机器设备等生产用固定资产折旧费及修理费、水电费等不能直接计入产品生产成本的费用。其借方登记月份内发生的各种制造费用；贷方登记月末按一定标准分配结转给各种产品负担的制造费用。月末一般无余额。本账户应按不同车间和费用项目设置明细账，以考核和控制不同车间的共同性生产费用。

### （三）“库存商品”账户

“库存商品”账户属于资产类账户。用来反映已经生产完成，并已验收入库的可以出售的产成品的实际生产成本。“库存商品”账户的借方登记入库商品的实际生产成本，贷方登记已经销售或已经发出的商品的实际生产成本。它的余额在借方，反映库存商品的实际生产成本。

### （四）“应付职工薪酬”账户

“应付职工薪酬”账户属于负债类账户。用于核算企业应付给职工的工资总额，以及由此形成的企业与职工之间的工资结算情况。其贷方登记企业应发给职工的工资总额，借方登记企业实际支付的工资额，余额在贷方，表示月末应付而未付的工资，如果出现借方余额，表明企业实际多支付了工资给职工，在资产负债表中应转作资产类账户。

### （五）“累计折旧”账户

“累计折旧”账户属于资产类备抵账户。用于核算固定资产价值的耗损。该账户贷方登记固定资产因使用损耗而转移到产品中去的价值（折旧增加额）；借方登记报废或变卖固定资产累计已计提的折旧额，余额在贷方，表示期末累计已计提的折旧额。在资产负债表中，该账户作为固定资产的抵减账户。

**提 示**

固定资产是企业的主要劳动资料，在使用期内，始终保持其原有的实物形态不变（如果使用、维护得当，其生产效率也不会下降），而它的价值将逐渐损耗。根据固定资产的这一特点，不仅要设置“固定资产”账户，反映固定资产的原始价值，同时要设置“累计折旧”账户，来反映固定资产价值的耗损。

各账户间的关系如图 4-2 所示。

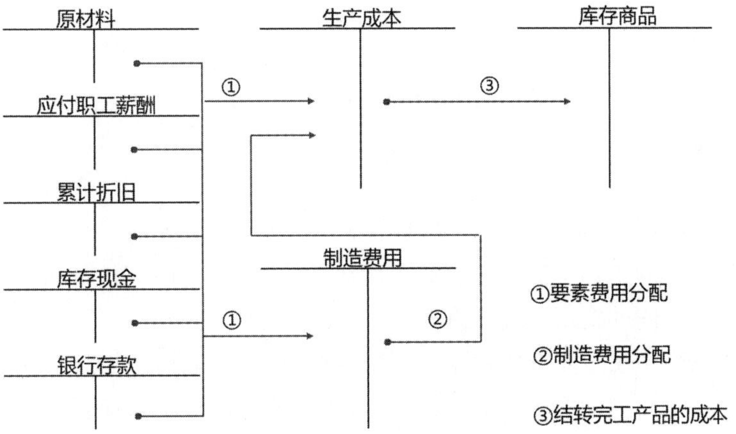


**图 4-2　生产费用汇总程序**

## 五、产品生产主要经济业务核算举例

**【例 4-8】**假定前述中海公司 202×年 12 月份有以下经济业务：

（10）12 月 6 日，为生产 A 产品领用甲材料 2 000 千克，每千克 80 元；为生产 B 产品领用乙材料 1 000 千克，每千克 50 元。

为生产产品而耗用的材料，属于直接材料，应当记入“生产成本”账户。该项经济业务发生后，应做以下会计分录：

借：生产成本——A 产品　　160 000
　　　　　　——B 产品　　 50 000
　贷：原材料——甲材料　　160 000
　　　　　　——乙材料　　 50 000

（11）12 月 10 日，以现金支付生产车间文具用品费 400 元，增值税 68 元。

车间支付的文具用品费，属于制造费用，先应在“制造费用”账户中归集。该项经济业务发生后，应做以下会计分录：

借：制造费用　　400
　　应交税费——应交增值税（进项税额）　68
　贷：库存现金　　468

（12）12 月 15 日，从银行中提取现金 124 070 元，以备发放职工工资。该项经济业务发生后，应做以下会计分录：

借：库存现金　　124 070
　贷：银行存款　　1 24 070

（13）12 月 15 日，以现金发放本月份应发职工工资 124 070 元。该项经济业务发生后，应做以下会计分录：

借：应付职工薪酬　　124 070
　贷：库存现金　　124 070

（14）12 月 31 日，结算本月份应付的职工工资，其用途和数额如下：

生产工人工资

制造 A 产品生产工人工资　80 000 元

制造 B 产品生产工人工资　20 000 元

车间管理人员工资　8 400 元

厂部管理人员工资　15 670 元

合计　124 070 元

企业支付给职工的工资，应当按照职工所从事的工作分别计入生产费用或其他有关费用、支出，并记入不同的费用、支出账户。

其中，直接从事产品生产的职工工资属于直接人工，应记入“生产成本”账户；车间管理人员的工资应记入“制造费用”账户；厂部管理人员的工资应记入“管理费用”账户。该项经济业务发生后，应做以下会计分录：

借：生产成本——A 产品　80 000

　　　　　　——B 产品　20 000

　　制造费用　8 400

　　管理费用　15 670

　贷：应付职工薪酬　124 070

（15）12 月 31 日，按照规定提取本月份固定资产折旧，属于生产车间部门为 11 200 元，企业管理部门为 1 200 元。

固定资产折旧应按照固定资产的使用部门记入不同的账户。管理部门使用的固定资产折旧记入“管理费用”账户；各生产车间使用的固定资产折旧记入“制造费用”账户。

上项经济业务发生后，应做以下会计分录：

借：制造费用　11 200

　　管理费用　1 200

　贷：累计折旧　12 400

（16）12 月 31 日，将本月份发生的制造费用20 000元计入产品成本。其中 A 产品负担16 000元，B 产品负担4 000元。

企业为了生产产品而发生的各种生产费用，最后都应计入产品成本，并转入“生产成本”账户。制造费用是产品成本的组成部分，因此在月终时应当加以结转。该项经济业务发生后，应做以下会计分录：

借：生产成本——A 产品　16 000

　　　　　　——B 产品　4 000

　贷：制造费用　20 000

（17）12 月 31 日，结转本月份完工入库产成品的实际成本。A 产品 1 000 件，本月全部完工，并验收入库，实际成本为256 000元；B 产品尚未完工。

企业制造完工入库的产成品，应当按照其实际生产成本。从“生产成本”账户的贷方转入“库存商品”账户的借方。对于正在生产的在产品，因为尚未成为产成品，故而不能转入“库存商品”账户，其已经发生的生产费用，仍然保留在“生产成本”账户中，成为“生产成本”账户的期末余额。该项经济业务发生后，应做以下会计分录：

借：库存商品——A 产品　　256 000
　贷：生产成本——A 产品　　256 000

上述经济业务除了在总分类账户中登记以外，还应在有关明细分类账户中平行登记。“生产成本”明细账的基本格式见表 4-11 和表 4-12。

**表 4-11　生产成本明细账**

产品名称：A 产品　　　　产量：1 000 件

| 202×年 | | 凭证号数 | 摘要 | 借方 | | | | 贷方 | 余额 |
|---|---|---|---|---|---|---|---|---|---|
| 月 | 日 | | | 直接材料 | 直接人工 | 制造费用 | 合计 | | |
| 12 | 6 | | 生产用料 | 160 000 | | | 160 000 | | 160 000 |
| 12 | 31 | | 生产工人工资 | | 80 000 | | 80 000 | | 240 000 |
| 12 | 31 | | 分配制造费用 | | | 16 000 | 16 000 | 256 000 | — |
| 12 | 31 | | 本月发生额及月末余额 | 160 000 | 80 000 | 16 000 | 256 000 | 256 000 | — |

**表 4-12　生产成本明细账**

产品名称：B 产品　　　　产量：1 000 件

| 202×年 | | 凭证号数 | 摘要 | 借方 | | | | 贷方 | 余额 |
|---|---|---|---|---|---|---|---|---|---|
| 月 | 日 | | | 直接材料 | 直接人工 | 制造费用 | 合计 | | |
| 12 | 6 | | 生产用料 | 50 000 | | | 50 000 | | 50 000 |
| 12 | 31 | | 生产工人工资 | | 20 000 | | 20 000 | | 70 000 |
| 12 | 31 | | 分配制造费用 | | | 4 000 | 4 000 | | 74 000 |
| 12 | 31 | | 本月发生额及月末余额 | 50 000 | 20 000 | 40 000 | 74 000 | | 74 000 |

# 第四节　销售过程核算

## 一、销售过程的主要经济业务

销售阶段的主要业务是围绕着产品销售而发生的，例如产品由仓库发出销售；支付产品包装、运输和广告等销售费用；销售货款的结算；销售税金的计算；等等。在这一阶段，产品进入流通环节，它也是企业的生产耗费通过市场取得补偿并实现利润的阶段。在销售阶段中，企业按照售价向购买单位出售产品，并通过货款结算取得销售收入，收回货币资金。同时，企业在销售阶段中，为了销售产品，也必然要发生包装、运输、广告等销售费用。按照税法的规定，向国家缴纳税金。当企业的销售收入超过销售成本、销售费用和销售税金的差额，就是销售产品的销售利润；反之，就是销售亏损。

## 二、产品销售成本的计算

产品销售成本是指企业销售产成品、自制半成品的成本，即所销售的产品在生产阶段发生的费用。产品销售成本的数额确定如下：

某期应结转的产品销售成本=该期销售数量×单位产品生产成本

但是，产品的生产成本并不是始终相同的，同一种产品，各月或各批的生产成本都不会相同。因此，本期销售产品的成本就要以一定的方法加以计算。产品销售成本有各种不同的计算方法，这里仅就使用比较普遍的一种方法加以说明，这种方法称为加权平均法，其计算程序可用公式表示为：

单位产品销售成本=（期初结存产成品总成本+本期生产产成品总成本）/（期初结存产成品数量+本期生产产成品数量）

本期销售产品成本=本期销售产品数量×单位产品销售成本

**【例 4-9】** 假定中海公司本月销售 A 产品 700 件，B 产品 350 件，A、B 两种产品的有关成本资料如下：

A 产品期初结存 600 件，总成本157 200元；本期生产 300 件，总成本76 800元。

B 产品期初结存 250 件，总成本51 750元；本期生产 350 件，总成本68 250元。

该两种产品本期销售成本即可计算如下：

A 产品单位销售成本=（157 200+76 800）/（600+300）=260（元）

A 产品本期销售成本=700×260=182 000（元）

B 产品单位销售成本=（51 750+68 250）/（250+350）=200（元）

B 产品本期销售成本=350×200=70 000（元）

产品在销售阶段发生的销售费用一般不作为销售成本，因此不在各种产品之间进行分配，而直接冲减产品销售利润。

## 三、销售阶段核算的主要账户

销售阶段应主要设置“主营业务收入”“主营业务成本”“其他业务收入”“其他业务成本”“销售费用”“税金及附加”“应收账款”等账户。

### （一）“主营业务收入”账户

“主营业务收入”账户属于损益类账户。用于核算企业产品（包括产成品、自制半成品和工业性劳务等）销售所取得的收入。其贷方登记已实现销售的主营业务收入，借方登记期末转入“本年利润”账户的数额，结转后无余额。一般按已销售产品类别设置明细分类账，反映每种产品的销售收入。

### （二）“主营业务成本”账户

“主营业务成本”账户属于损益类账户。用于核算企业已售产品（包括产成品、自制半成品和工业性劳务等）的生产成本。其借方登记已售产品的实际生产成本，贷方登记期末转入“本年利润”账户的数额，结转后无余额。该账户一般按产品类别设置明细分类账，以核算每种已售产品的销售成本。

### （三）“其他业务收入”账户

“其他业务收入”账户属于损益类账户。如果企业在正常经营活动中，出现产品销售以外的其他销售或其他业务收入，如销售材料及包装物、无形资产使用权转让、固定资产及包装物出租等业务取得的收入。根据“充分披露”原则，可单独设置“其他业务收入”账户进行核算。其他业务收入账户的结构与主营业务收入账户相似。

### （四）“其他业务成本”账户

“其他业务成本”账户属于损益类账户。用于核算企业因销售材料及包装物、无形资产使用权转让、固定资产及包装物出租等业务发生的相关成本、费用等。其他业务成本账户的结构与主营业务成本账户相似。

### （五）“销售费用”账户

“销售费用”账户属于损益类账户。用于核算企业在产品销售过程中所支付的包装费、运输费、广告费、展览费及专设销售机构费用。其借方登记当期发生的各种销售费用，贷方登记期末转入“本年利润”账户的数额，结转后无余额。

### （六）“税金及附加”账户

“税金及附加”账户属于损益类账户。用于核算应由已售产品负担的除增值税以外各项价内税，包括消费税、城市维护建设税、资源税、教育费附加等在销售环节缴纳的相关税费。其借方登记按规定的税率计算应负担的销售税金及附加，贷方登记期末转入“本年利润”账户的数额，结转后无余额。

### （七）“应收账款”账户

“应收账款”账户属于资产类账户。用于反映企业因出售产品而形成的应收而未收的款项。其借方登记应向购货单位收取的账款，贷方登记已收回的账款，余额一般在借方，表示期末尚未收回的账款。如果出现贷方余额，则表示预收的货款，在资产负债表中应作为流动负债列入“预收账款”项目。该账户应按购货单位设置明细账。

**? 思考**

增值税是否通过“税金及附加”账户核算，为什么？

## 四、销售过程主要经济业务核算举例

【例 4-10】假定前述企业 202×年 12 月份有以下经济业务：

（18）12 月 8 日，售给大华公司 B 产品 200 件，每件售价 300 元，货款60 000元和应收取增值税10 200元尚未收到。该项经济业务发生后，应做以下会计分录：

借：应收账款——大华公司　　70 200
　贷：主营业务收入——B 产品　　60 000
　　　应交税费——应交增值税（销项税额）　　10 200

（19）12 月 9 日，以银行存款支付广告费 4 550 元。

企业支出广告费主要是为了推销自己的产品，此项费用应记入“销售费用”账户。该项经济业务发生后，应做以下会计分录：

借：销售费用　　4 550
　贷：银行存款　　4 550

（20）12 月 15 日，收到大华公司还来前欠货款 70 200 元，当即存入银行。该项经济业务发生后，应做以下会计分录：

借：银行存款　　70 200
　贷：应收账款——大华公司　　70 200

（21）12 月 20 日，向华联公司出售 A 产品 500 件，每件售价 500 元，共计 250 000 元，应收取增值税 32 500 元，当即收到货款及税金并存入银行。该项经济业务发生后，应做以下会计分录：

借：银行存款　　282 500
　贷：主营业务收入——A 产品　　250 000
　　　应交税费——应交增值税（销项税额）　　32 500

（22）12 月 30 日，售给新谊公司 A 产品 200 件，每件售价 500 元；B 产品 150 件，每件售价 300 元。共计货款145 000元，增值税 18 850 元，当即收到货款及税金 118 850 元存入银行，其余45 000元尚未收到。该项经济业务发生后，应做以下会计分录：

借：银行存款　　118 850
　　应收账款——新谊公司　　45 000
　贷：主营业务收入——A 产品　　100 000
　　　　　　　　　——B 产品　　45 000
　　　应交税费——应交增值税（销项税额）　　18 850

（23）12 月 31 日，结转本月份售出产品的生产成本。A 产品售出 700 件，每件生产成本 260 元，计182 000元；B 产品售出 350 件，每件生产成本 200 元，计70 000元。本月份出售两种产品的生产成本共350 000元。

借：主营业务成本——A 产品　　182 000
　　　　　　　　——B 产品　　70 000
　贷：库存商品——A 产品　　182 000
　　　　　　　——B 产品　　70 000

（24）12月31日，缴纳增值税41 650元。该项经济业务发生后，应做以下会计分录：

借：应交税费——应交增值税（已交税金）　41 650

　贷：银行存款　41 650

（25）12月31日，将本月销售收入、销售成本、销售费用全部转入“本年利润”账户。

为了反映企业的利润及其构成，需要设置一个“本年利润”账户。这是一个所有者权益类账户。贷方登记利润的增加数，即各项增加利润的收入和收益；借方登记利润的减少数，即各项减少利润的支出和费用以及利润的结转数。其余额如果在贷方，表示企业的净利润；其余额如果在借方，则表示企业的净亏损。此项经济业务应做以下三项会计分录：

借：主营业务收入　455 000

　贷：本年利润　455 000

借：本年利润　252 000

　贷：主营业务成本　252 000

借：本年利润　4 550

　贷：销售费用　4 550

以上经济业务在进行总分类核算后，还必须相应地在“主营业务收入”“主营业务成本”账户所属明细账中进行平行登记。

# 第五节　财务成果核算

## 一、利润的概念

利润是企业在一定期间生产经营活动的最终成果，即企业在一定会计期间内实现的收入减去成本费用后的净额、直接计入当期利润的利得和损失等。它是企业生产经营活动的经济效益和资金使用效果的一种综合反映。利润有营业利润、利润总额和净利润之分，其构成和它们之间的关系如下：

营业利润=营业收入-营业成本-税金及附加-销售费用-管理费用-财务费用+投资收益（-投资损失）+公允价值变动收益（-公允价值变动损失）-资产减值损失

利润总额=营业利润+营业外收入-营业外支出

净利润=利润总额-所得税费用

以上计算结果如为负数，即为亏损总额。

## 二、财务成果核算的账户设置

财务成果的核算除销售阶段涉及的账户外，还应设置“营业外收入”“营业外支出”“本年利润”“所得税费用”“利润分配”等账户。

### （一）“营业外收入”账户

“营业外收入”账户属于损益类账户。用于核算企业取得的、与生产经营没有直接关系的各项利得，如接受捐赠利得等。其贷方登记取得的营业外收入，借方登记转入“本年利润”账户的数额，期末结转后无余额。

### （二）“营业外支出”账户

“营业外支出”账户属于损益类账户。用于核算企业付出的与生产经营没有直接关系的各项支出，如对外捐赠支出、固定资产报废损失、自然灾害损失等。其借方登记已发生的营业外支出，贷方登记转入“本年利润”账户的数额，期末结转后无余额。

如果企业规模较小，营业外收支项目发生较少，可将“营业外收入”和“营业外支出”账户合并，只设一个“营业外收支”账户，其借方登记营业外支出，贷方登记营业外收入，余额期末时结转到“本年利润”账户。

### （三）“本年利润”账户

“本年利润”账户属于所有者权益类账户。其是一个过渡性账户，用于计算会计年度内累计实现的利润（或亏损）总额。其贷方登记期末从收入类账户转入的利润增加项目的金额，如产品销售收入、投资收益等；借方登记期末从成本、费用类账户转入的利润减少项目的金额；期末如借方金额大于贷方金额，表明当年实现亏损，应从贷方转入“利润分配”账户；反之，如贷方金额大于借方金额，表明实现利润，通过借方结转至“利润分配”账户。结转后，本账户应无余额。

### （四）“所得税费用”账户

“所得税费用”账户属于损益类账户。用于核算企业按规定计算的应上缴国家的所得税额。其借方登记当期应缴纳的所得税额，贷方登记期末转入“本年利润”账户的金额，期末结转后应无余额。

### （五）“利润分配”账户

“利润分配”账户属于所有者权益类账户，年度终了，企业将本年实现的税后净利润转入本账户时，应贷记本账户；如为亏损总额，则借记本账户；企业按国家规定提留盈余公积、向股东分发股利、提留部分盈余用作扩大再生产等，都通过借方核算。该账户如最终余额在贷方，表明企业尚余部分利润未分配；如余额在借方，表明企业处于亏损状态。为详细反映每项利润分配情况，该账户一般按所分配项目开设明细账。

各账户间的关系如图 4-3 所示。

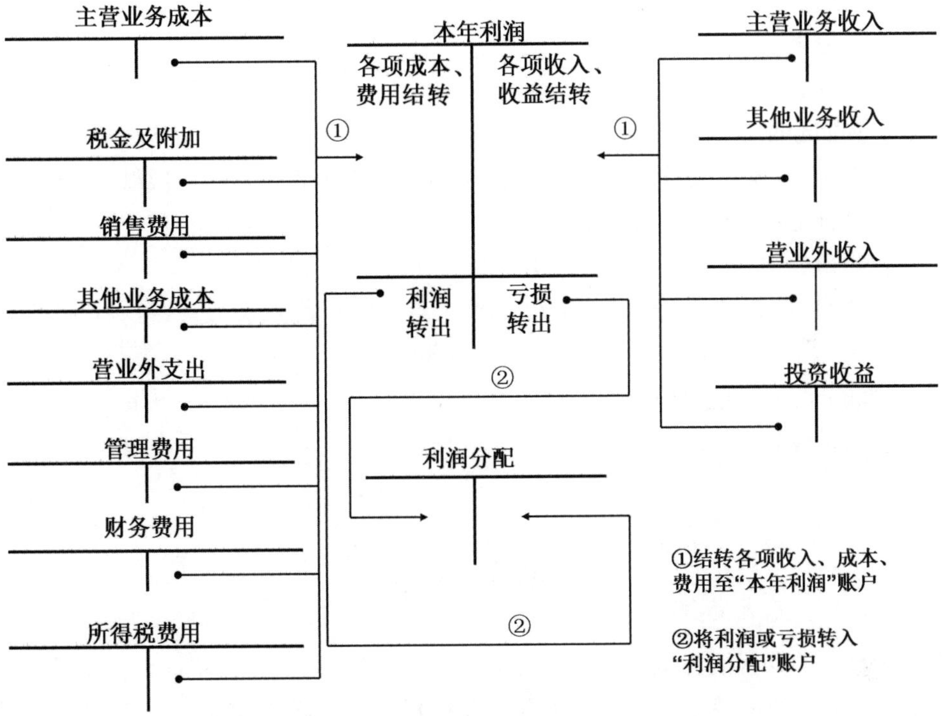


图 4-3　财务成果核算账户关系

## 三、财务成果核算举例

**【例 4-11】**现仍以中海公司 202×年 12 月份发生的经济业务为例。

（26）12 月 31 日，以银行存款支付捐赠支出1 000元。捐赠支出属营业外支出。该项经济业务发生后，应做以下会计分录：

借：营业外支出　　　　1 000

　贷：银行存款　　　　1 000

（27）将已发生的管理费用16 870元、财务费用15 000元、营业外支出1 000元转入“本年利润”账户，应做以下会计分录：

借：本年利润　　　　32 870

　贷：管理费用　　　　16 870

　　　财务费用　　　　15 000

　　　营业外支出　　　　1 000

（28）12 月 31 日，按规定结算应交所得税 150150 元。

该项经济业务发生后，应做以下会计分录：

借：所得税费用　　　　150150

　贷：应交税费——应交所得税　　　　150150

借：本年利润　　　　150150

　贷：所得税费用　　　　150150

（29）年度终了，将本年利润15 430元转入“利润分配”账户。该项经业务发生后，应做以下会计分录：

借：本年利润　　15 430

　贷：利润分配　　15 430

（30）提取公积金及公益金共1 543元。该项经济业务发生后，应做以下会计分录：

借：利润分配——提取盈余公积　1 543

　贷：盈余公积　　1 543

（31）结算应向投资人分配的利润2 000元。该项经济业务发生后，应做以下会计分录：

借：利润分配——应付股利　2 000

　贷：应付股利　　2 000

## 本章小结

制造业基本的经营活动是生产产品。为了组织生产经营活动，它首先必须通过一定渠道筹集相应的资本以满足生产经营的需要，并将其筹集的资本投放于一定的用途。例如，购买机器设备、建造厂房，为生产经营活动创造必要的条件。制造业的生产经营过程由供应过程、生产过程和销售过程组成。供应过程的主要经济业务是采购材料，为生产建立储备，以供生产之需。因而在供应过程中，货币资产变换其存在形态，转化为材料存货。生产过程中的主要经济业务是制造产品，这一过程既是产品的制造过程，又是物化劳动和活劳动的耗费过程。随着材料经加工变为在产品，进而继续加工为产成品，生产过程中耗费的人力发生了工资费用，耗费材料产生了材料费用，耗用厂房、机器设备等发生了折旧费用，等等。这些费用则形成了企业的生产费用，也构成了产品成本。在这一过程中，企业的材料存货等资产又相继转化为在产品存货和产成品存货。销售过程的主要经济业务是出售产品，收回货款。在这一过程中，企业的资产又从产成品形态转化为货币形态。从价值量的变化来考察，随着销售发出产品，企业耗费的产成品表现为产品销售成本，这一资金耗费最终带来了企业资金的收回即收入的取得。同时，企业根据有关规定缴纳税金，对实现的利润或发生的亏损进行分配或弥补。随着工业企业生产经营活动不间断地进行，企业的资产也在不断地转换其存在形态，依次通过供、产、销三过程，周而复始地循环周转。本章重点内容如下。

**1. 投入资本**

投入资本即资本金，是投资者实际投入企业经营活动的各种财产物资。投入资本按其投资人的性质可以分为国家资本金、法人资本金、外商资本金、个人资本金等。有限责任公司称为实收资本，股份有限公司称为股本。投入资本可以采用货币形式，也可以采用非货币形式。

**2. 借入资本**

借入资金是指企业通过发行债券、向银行或其他金融机构借款等方式筹集的资金。企业从银行取得的借款按偿还期的长短分为短期借款和长期借款。

**3. 材料的采购成本**

供应过程的主要经济业务是采购材料。为采购材料，企业需支付材料的买价和因采购材料而发生的采购费用，如材料运杂费、运输途中的合理损耗、入库前的整理挑选费用和支付的各种税金等。这些费用对象化到各种材料上就形成了材料的采购成本。因此，供应过程的费用归集过程实际上就是计算材料采购成本的过程。

**4. 产品生产成本**

在生产过程中，企业要耗费原材料、燃料、动力，要发生厂房、机器设备的折旧，要支付职工的工资，还要发生其他各项生产费用，这些费用对象化后，即构成产品生产成本。产品的生产成本由直接材料、直接人工、制造费用构成，凡直接用于产品生产的原材料称为直接材料，直接从事产品生产的工人工资称为直接人工，其他各种为生产产品而发生的间接费用，称为制造费用。

**5. 产品销售成本**

产品销售成本是指企业销售产成品、自制半成品的成本，即所销售的产品在生产阶段发生的费用。产品销售成本的数额确定如下：

本期销售产品成本=本期销售产品数量×单位产品销售成本

**6. 利润**

利润是企业在一定期间生产经营活动的最终成果，即企业在一定会计期间内实现的收入减去成本费用后的净额、直接计入当期利润的利得和损失等。它是企业生产经营活动的经济效益和资金使用效果的一种综合反映。利润有营业利润、利润总额和净利润之分，其构成和它们之间的关系如下：

营业利润=营业收入-营业成本-税金及附加-销售费用-管理费用-财务费用+投资收益（-投资损失）+公允价值变动收益（-公允价值变动损失）-资产减值损失

利润总额=营业利润+营业外收入-营业外支出

净利润=利润总额-所得税费用

## 关键词汇

| | | | |
|---|---|---|---|
| 1. 投入资本 | 2. 实收资本（或股本） | 3. 资本公积 | 4. 借入资本 |
| 5. 短期借款 | 6. 长期借款 | 7. 材料成本 | 8. 生产成本 |
| 9. 制造费用 | 10. 营业收入 | 11. 营业成本 | 12. 期间费用 |
| 13. 营业利润 | 14. 利润总额 | 15. 净利润 | |

# 练习与思考

## 一、单项选择题

1. 职工出差预借差旅费时，应借记（ ）账户。

A. 管理费用 B. 库存现金 C. 其他应收款 D. 银行存款

2. 与“制造费用”账户不可能发生对应关系的账户是（ ）。

A. 管理费用 B. 生产成本 C. 应付职工薪酬 D. 银行存款

3. 已经完成全部生产过程并已经验收入库，可供对外销售的产品即为（ ）。

A. 库存商品 B. 已销产品 C. 销售成本 D. 生产成本

4. 企业如果收回代客户垫付的运费时，应贷记（ ）账户。

A. 库存现金 B. 其他应收款 C. 应收账款 D. 银行存款

5. 下列各项中属于企业产品成本核算内容的是（ ）。

A. 用现金支付销售人员的工资 B. 用银行存款支付短期借款利息

C. 用现金支付行政管理部门的办公费 D. 生产车间厂房的自然磨损

6. “财务费用”账户期末应（ ）。

A. 有借方余额 B. 有贷方余额

C. 同时有借方和贷方余额 D. 没有余额

7. 下列费用中，不构成产品成本的是（ ）。

A. 直接人工费 B. 直接材料费 C. 制造费用 D. 期间费用

8. 年末结转后，“利润分配”账户的贷方余额表示（ ）。

A. 实现的利润总额 B. 未分配利润 C. 净利润额 D. 利润分配总额

9. 净利润是企业利润总额扣除（ ）后的余额。

A. 所得税费用 B. 盈余公积 C. 资本公积 D. 股利

10. “利润分配”账户是（ ）。

A. 资产类账户 B. 负债类账户

C. 费用类账户 D. 所有者权益类账户

11. 下列可以直接计入“生产成本”账户的费用是（ ）。

A. 厂长的工资 B. 车间工人的工资 C. 车间主任的工资 D. 销售人员的工资

12. 某企业购进甲材料 200 吨，每吨 85 元；乙材料 100 吨，每吨 50 元，购进两种材料共支付运费 420 元，运费按重量比例分配，甲材料的采购成本是（ ）。

A. 17 280 元 B. 17 000 元 C. 5 000 元 D. 5140 元

13. 某企业期初的资产总额为 1 000 万元，本期发生以下经济业务：用现金购置设备 8 万元，接受投资 10 万元，发放股利 50 万元，盈余公积转增资本 20 万元。某企业的期末资产总额为（　　）。

A. 960 万元　　B. 1 018 万元　　C. 1 068 万元　　D. 1 088 万元

14. 下列项目中不属于产品直接生产费用的是（　　）。

A. 为生产产品耗用的原材料　　B. 车间设备的维修费

C. 支付给生产工人的工资　　D. 为生产工人计提的福利费

15. 下列不应该计入产品成本的费用是（　　）。

A. 制造费用　　B. 直接材料费用　　C. 直接人工费用　　D. 管理费用

16. 下列账户期末结账后，可能有余额的是（　　）。

A. 生产成本　　B. 财务费用　　C. 制造费用　　D. 销售费用

17. 下列账户中同“主营业务收入”账户发生对应关系的账户是（　　）

A. 主营业务成本　　B. 本年利润　　C. 税金及附加　　D. 销售费用

18. 从外地采购的材料验收入库应记入（　　）账户的借方。

A. 原材料　　B. 制造费用　　C. 销售费用　　D. 管理费用

19. 销售产品一批，货款尚未收回，应记入（　　）账户的贷方。

A. 主营业务收入　　B. 应收账款　　C. 主营业务成本　　D. 库存商品

20. 短期借款利息核算不涉及的账户是（　　）。

A. 短期借款　　B. 应付利息　　C. 银行存款　　D. 财务费用

## 二、多项选择题

1. 企业投资者对企业进行投资，可以采用的资产可以有（　　）。

A. 货币资金　　B. 固定资产　　C. 无形资产　　D. 有价证券

E. 原材料

2. 运杂费的分配标准有（　　）。

A. 材料的数量　　B. 材料的重量　　C. 材料的体积　　D. 材料的买价金额

E. 材料的采购成本

3. 下列有关“在途物资”账户的说法正确的有（　　）。

A. 计算材料采购成本的账户　　B. 资产类账户

C. 借方是采购成本的归集　　D. 贷方是入库材料实际成本的结转

4. 外购材料的采购成本应包含（　　）。

A. 材料的买价　　B. 运杂费　　C. 途中的合理损耗　　D. 采购机构的费用

5. 制造企业原材料供应过程中涉及的账户有（　　）。

A. 应付账款　　B. 在途物资　　C. 原材料　　D. 银行存款

E. 应交税费——应交增值税（进项税额）

6. 下列应计入“制造费用”的有（　　）。

A. 生产车间一般耗用的原材料　　B. 车间机器的维修费用
C. 车间管理人员的工资　　D. 行政管理部门的水电费

7. 期末结转损益类科目，可能贷记（　　）账户。

A. 主营业务收入　　B. 主营业务成本　　C. 销售费用　　D. 本年利润

8. “税金及附加”账户借方登记的内容有（　　）。

A. 增值税　　B. 所得税　　C. 消费税　　D. 资源税
E. 城市维护建设税

9. 下列属于期间费用的有（　　）。

A. 管理费用　　B. 销售费用　　C. 财务费用　　D. 直接工资
E. 直接材料

10. 下列账户应将本期发生额转入“本年利润”账户的有（　　）。

A. 主营业务收入　　B. 主营业务成本　　C. 财务费用　　D. 销售费用
E. 管理费用

11. “生产成本”账户借方登记（　　）。

A. 直接材料　　B. 直接工资　　C. 制造费用　　D. 管理人员的工资
E. 采购材料的运杂费

12. 为了正确计算产品的生产成本，一般应设置（　　）账户。

A. 生产成本　　B. 制造费用　　C. 主营业务成本　　D. 管理费用
E. 财务费用

13. 下列引起资产和所有者权益同时增加的经济业务有（　　）。

A. 收到国家投资存入银行　　B. 提取盈余公积
C. 将资本公积转增资本金　　D. 收到外商投入设备一台

14. 企业外购存货的成本一般可包括运杂费、装卸费和（　　）。

A. 买价　　B. 保险费　　C. 进口关税　　D. 增值税

15. 企业本年实现净利润 87 000 元，年末提取盈余公积 8 700 元，决定向投资者分配利润 30 000 元。则在年末利润分配时应做的会计分录包括（　　）。

A. 借：本年利润 87 000　贷：利润分配 87 000
B. 借：利润分配 8 700　贷：盈余公积 8 700
C. 借：利润分配 87 000　贷：本年利润 87 000
D. 借：利润分配 30 000　贷：应付利润 30 000

16. 企业在销售产品或提供劳务时，可能贷记的账户包括（　　）。

A. 主营业务收入　　B. 应交税费——应交增值税（销项税额）
C. 主营业务成本　　D. 营业外收入

17. 下列项目中，属于营业外收入核算内容的有（　　）。
A. 罚没收入　　B. 接受现金捐赠
C. 固定资产报废清理的净收益　　D. 无法支付的应付账款

18. 企业生产过程中的业务包括（　　）。
A. 计提和支付生产工人的工资　　B. 生产领用材料
C. 计提生产用固定资产的折旧费　　D. 支付广告费用

19. 利润分配的途径有（　　）。
A. 提取法定盈余公积　　B. 提取任意盈余公积
C. 分配股利　　D. 提取资本公积

20. 生产费用按其计入产品成本的方式不同，分为（　　）。
A. 直接费用　　B. 间接费用　　C. 销售费用　　D. 财务费用

## 三、判断题

1. 发生本单位职工因公借款时，会计分录应为借记“其他应收款”，贷记“库存现金”。(　　)

2. 企业的筹集资金业务包括接受外单位或个人的捐赠资产。(　　)

3. “管理费用”账户的借方发生额，应于期末采用一定的方法计入产品成本。(　　)

4. 外购材料的单位采购成本就是供货单位发票上的单价。(　　)

5. 制造费用是指企业各生产车间等生产单位为组织和管理生产而发生的各项间接费用。(　　)

6. 企业职工的薪酬应直接计入产品的成本。(　　)

7. 最基本的成本项目有三项：直接材料、直接人工和制造费用。(　　)

8. 企业购入原材料的采购成本中包括增值税进项税额。(　　)

9. “管理费用”是用来核算生产和非生产管理部门发生的工资、福利费、折旧费等的账户。(　　)

10. 企业销售一批产品实现收入，应贷记“库存商品”账户。(　　)

11. “在途物资”账户用以核算企业库存的各种材料。(　　)

12. “短期借款”账户属于负债类账户，贷方登记企业借入本金及利息调整，借方登记归还的借款本金，期末贷方余额，反映企业尚未偿还的借款。(　　)

13. 生产车间领用原材料投入产品生产的会计分录为：借记“制造费用”，贷记“原材料”。(　　)

14. 企业为销售A产品支付广告费2 000元，应记入“管理费用”账户。(　　)

15. 外单位捐赠现金50 000元，应记入“实收资本”账户的贷方。(　　)

16. 企业收到银行存款利息，应记入“财务费用”账户的贷方。(　　)

17. 企业的制造费用应该按照一定的标准分配计入生产成本。(　　)

18. 财务成果的汇总是通过设置“本年利润”账户来核算的。(　　)

19. 结转所得税费用的分录为：借记“所得税费用”账户，贷记“本年利润”账户。（　）

20. 发生营业外支出，在相对应的会计期间，应当减少企业当期的营业利润。（　）

## 四、业务题

**习题一**

1. 先锋公司202×年10月从外地永安公司购入下列材料：

| 品种 | 数量（千克） | 单价（元/千克） | 买价（元） |
|---|---|---|---|
| 甲材料 | 4 000 | 29.5 | 118 000 |
| 乙材料 | 1 000 | 9.0 | 9 000 |

2. 为购买上述材料，共支付运杂费如下：

水、陆运输费　　2 500元

装卸、搬运费　　500元

要求：1. 以材料重量为标准，分配材料采购的采购费用。

2. 编制材料采购成本计算表。

**习题二**

竟程公司202×年12月份发生的经济业务如下：

1. 收到国家增拨的投资200 000元存入银行。

2. 向银行借入期限仅半年，利率为6%，金额为150 000元的短期借款，并计提本月应付利息。

3. 采购员陈宜出差回来报销前预借的差旅费（预借2 000元），实际报销差旅费2 200元，以现金补付差额。

4. 向供应单位采购甲材料，价款38 000元，增值税税率为13%，用银行存款支付相关款项。

5. 生产A产品领用甲材料3 600元，乙材料2 400元。

6. 用银行存款支付上个月增值税8 500元。

7. 企业销售A产品总价款226 000元（含税），增值税税率13%，款已收。

8. 车间设备发生修理费800元，用现金支付。

9. 从银行提取现金30 000元直接发放工资。

10. 车间领用甲材料5 000元用于B产品的生产。

11. 用银行存款1 000元支付销售产品广告费。

12. 以银行存款5 000元支付电费，其中生产A产品的动力电为2 000元，生产B产品的动力电为1 500元，车间照明用电1 000元，企业管理部门照明用电500元。

13. 企业销售B产品价款50 000元，增值税税率13%，款未收到。

14. 按3%税率计算B产品消费税。

15. 以现金购买车间办公用品780元。

16. 提取本月折旧，其中车间 1 800 元，厂部 3 200 元。

17. 用银行存款 34 000 元支付上年分配给投资人的利润。

18. 分配工资费用，其中 A 产品工人工资 12 000 元，B 产品工人工资 10 000 元，车间管理人员工资 2 000 元，厂部管理人员工资 8 000 元。

19. 经批准将资本公积60 000元转增资本。

20. 本月发生制造费用 6 380 元，按生产工时（A 产品 6 000 工时、B 产品 4 000 工时）分配计入 A、B 产品成本。

21. 本月生产的 A 产品已完工，总成本 38 500 元，验收入库，结转成本。

22. 用银行存款 5 400 元对外捐赠。

23. 结转已销 A 产品成本 85 650 元，B 产品成本 25 000 元。

24. 将本月实现的主营业务收入，主营业务成本、税金及附加、销售费用、管理费用、财务费用、营业外支出转入“本年利润”账户。

25. 将本月实现利润总额按 25%税率计算所得税并予以结转。

26. 将本年利润转入“利润分配”账户。

27. 按税后利润的 10%提取盈余公积。

28. 将税后利润的 40%分配给投资人。

要求：根据以上经济业务编制会计分录（在编制会计分录时，凡能确定二级或明细账户名称的，应同时列明二级或明细账户）。

# 第五章 账户的分类

## 章前导读

第三章已经学习了会计科目和账户的大量应用，会计科目和会计账户是会计学中两个既有联系又有区别的概念：会计科目是对会计对象的具体内容进行分类的项目名称，为了连续、系统、全面、准确地记录由于经济业务的发生而引起的会计要素的增减变动，但为了向会计信息使用者提供所需要的各种会计信息，还必须根据规定的会计科目在账簿中开设账户。账户是按会计科目开设的，具有一定的格式和结构，用来分类、连续、系统地记录经济业务，反映会计要素增减变化情况和结果的记账载体。在第三章中已经学习和运用大量账户的基础上，本章主要介绍账户分类的意义和两种账户分类方法：第一节介绍了账户分类的意义；第二节介绍了账户按照经济内容的分类；第三节介绍了账户按用途和结构的分类。

## 本章学习目标

⊙明确各个账户在整个账户体系中的地位和作用；
⊙掌握各个账户在提供会计核算指标上的规律性；
⊙提高运用账户的能力。

## 本章重点

按照经济内容分类的账户；按照用途和结构分类的账户。

## 本章思维导图

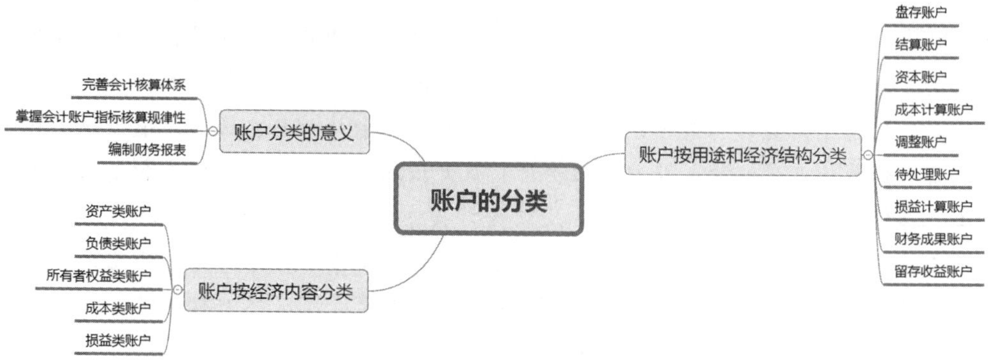


# 第一节　账户分类的意义

账户的分类就是研究账户体系中各账户之间的相互联系及其共性，以寻求其规律，以便加深对账户的认识，更好地运用这个手段，对企业经济活动进行全面记录和反映，并使企业能够尽快适应根据国家统一规定而制定的会计科目随各个时期经济管理的不同要求而产生的变动。

对账户进行分类的意义具体体现在以下几点。

## 一、有利于建立完善的会计核算体系，为决策者提供信息支持

会计是一种以货币为主要计量单位对社会再生产过程中价值运动的核算和监督的一种管理活动，其本质是一种旨在提高企业经济效益和优化资源配置的核算制度，这种制度设计能为企业利益相关者提供决策信息。账户分类通过对经济业务的分别记录，不仅能够全面反映单位经济活动，而且能够反映企业资金运动情况，更有利于从理论上加深对账户的全面认识，了解账户体系的设置和运用在会计核算体系中的地位和作用，建立起更加完善的会计核算体系。

## 二、便于掌握各账户在提供核算指标方面的规律性

从某种程度上看，会计账户是按照会计科目设置的具有一定格式的记账实体。按照会计要素对象的不同，会计科目可以分为资产类、负债类、共同类、所有者权益类、成本类、损益类等六大类。不同类别的会计科目属性不同，其对应账户的经济业务记录法则不同。因此，账户分类便于使我们进一步了解账户体系中各个账户内容之间的联系和区别，从使用账户的技术方法的角度来研究账户的不同用途和结构，揭示账户在使用中的规律性，不断提高运用账户的技能，从而做到正确、熟练地使用账户。

## 三、便于编制会计报表

账户分类能够使我们正确认识各会计要素的经济内容，通过对数据按报表信息的要求进行分类，形成报表所需要揭示的会计信息和其他经济信息，为经济管理提供系统的、分门别类的会计资料。同时，其还能够揭示全部账户在反映会计对象的具体内容上存在的既分工又协作的关系，当国家统一制定的会计账户随各个时期经济管理的不同要求变动时，能够尽快适应，并在统一会计制度许可的范围内，根据企业实际情况增设或合并会计账户。

账户是核算经济业务增减变化情况及其结果的一种手段和方式。企业经济活动的多样性和复杂性导致反映经济活动变化及其结果的账户也是多样的。账户可按不同的标准从不同的角度进行分类。但账户最基本的分类有两种，一是账户按经济内容分类，二是账户按用途和结构分类。

**? 思考**

账户按不同的标准有多种分类方法，但最基本的分类有两种，一是账户按经济内容分类，二是账户按用途和结构分类。那么，账户还有哪些分类标准？不同分类方法的意义又有何不同？

# 第二节　账户按经济内容分类

账户是按照既定的会计科目在账簿中对各项经济业务进行分类、系统、连续登记的一种手段，按经济内容对其进行分类是最基本、最主要的一种分类方法。它对于企业外部报表使用者和内部管理者了解企业的资产、负债、所有者权益的增减变动以及企业的偿债、获利能力等情况，具有重要作用。

账户按经济内容分类即是按企业的资金运动状态分类：资金运动在静态状态下表现为资产、负债及所有者权益；资金运动在动态状态下表现为收入、费用和利润。因此，账户按经济内容分类可视为账户按资产、负债、所有者权益、收入、费用及利润等会计六要素分类。

需要说明的是，账户按经济内容分类与按会计要素分类并不完全一致，其区别表现在：第一，账户按经济内容分类所指的“经济内容”是以工业企业的经济活动为典型代表，而在工业企业资金运动过程中，“生产成本”是一种特殊的资产形态，反映生产资金的运动状况。因此，在账户按经济内容分类时，把“生产成本”等账户作为独立的一类。第二，账户按经济内容分类时，对于利润这一会计要素，由于利润从所有权来说属于企业的所有者，所以不作为单独的一类账户，而是并入所有者权益；对于收入和费用这两个会计要素，由于均属于计算损益的要素，所以，可合并为损益类账户。因此，账户按经济内容分类可分为资产类、负债类、共同类（略）、所有者权益类、成本类和损益类六大类账户。

## 一、资产类账户

资产类账户是反映企业资产增减变动及其实有数额的账户。根据资产流动性的强弱，资产类账户又分为反映流动资产的账户和反映非流动资产的账户两类。根据资产的流动性和在生产经营过程中所起的作用，流动资产类账户又分为：反映货币资金的账户，如“库存现金”“银行存款”等账户；反映结算债权的账户，如“应收票据”“应收账款”“其他应收款”等账户；反映短期投资的账户，如“交易性金融资产”账户；反映存货的账户，如“原材料”“周转材料”“库存商品”等账户；等等。按资产的具体内容，非流动资产账户又分为：反映固定资产的账户，如“固定资产”“累计折旧”等账户；反映无形资产的账户，如“无形资产”账户；反映长期投资的账户，如“长期股权投资”账户；以及各种等待以后各期摊销的费用账户，如“长期待摊费用”等账户。

## 二、负债类账户

负债类账户是反映企业负债增减变动及其实有数额的账户。按照负债的流动性和经营的安全性，负债类账户可分为反映流动负债的账户和反映非流动负债的账户两类。凡偿还期在一年或一个营业周期以内的负债称为流动负债；偿还期超过一年或一个营业周期的负债称为非流动负债。相应地，流动负债类的账户包括“短期借款”“应付票据”“应付账款”“应付职工薪酬”“应交税费”“预收款项”“其他应付款”等账户；非流动负债类的账户包括“长期应付款”“应付债券”“长期借款”等账户。

## 三、所有者权益类账户

所有者权益类账户是反映企业所有者权益增减变动及其实有数额的账户。根据所有者权益的形成特征，所有者权益账户又分为：反映所有者原始投资的账户，如“实收资本”“资本公积”等账户；反映收益积累的账户，如“盈余公积”账户；反映利润形成、分配及未分配利润的账户，如“本年利润”“利润分配”等账户。

## 四、成本类账户

成本类账户是企业在生产经营过程中所发生的各种对象耗费情况及成本计算的账户。反映产品生产成本的账户如“生产成本”“制造费用”“劳务成本”等账户。

成本类账户与资产类账户关系密切，资产经过耗用就转化为成本费用，因此，成本类账户的期末借方余额属于资产类账户，如“生产成本”账户的期末借方余额表示企业未完工的在产品，在编制资产负债表时归入企业流动资产中的“存货”项目。

## 五、损益类账户

损益类账户是反映企业损益增减变动情况的账户。按照损益形成的内容以及与生产经营的关系，损益类账户又分为营业损益类账户和营业外损益类账户两大类。营业损益类账户包括反映营业收益的账户，如“主营业务收入”“其他业务收入”账户；反映营业支出的账户，如“主营业务成本”“其他业务成本”“税金及附加”“销售费用”“管理费用”“财务费用”“所得税费用”等账户。反映营业外损益的账户，按其经济性质的不同，又分为反映营业外收入的账户，如“营业外收入”账户；反映营业外支出的账户，如“营业外支出”账户等。账户按经济内容分类，如图 5-1 所示。

- 账户
  - 资产类账户
    - 流动资产账户
      - “库存现金”账户
      - “银行存款”账户
      - “应收账款”账户
      - “应收票据”账户
      - “其他应收款”账户
      - “交易性金融资产”账户
      - “原材料”账户
      - “周转材料”账户
      - “库存商品”账户
      - “预付账款”账户
    - 非流动资产账户
      - “长期股权投资”账户
      - “固定资产”账户
      - “累计折旧”账户
      - “长期待摊费用”账户
      - “无形资产”账户
  - 负债类账户
    - 流动负债账户
      - “短期借款”账户
      - “应付账款”账户
      - “应付票据”账户
      - “预收款项”账户
      - “应付职工薪酬”账户
      - “应交税费”账户
      - “其他应付款”账户
      - “持有待售负债”账户
    - 非流动负债账户
      - “长期借款”账户
      - “应付债券”账户
      - “长期应付款”账户
  - 所有者权益类账户
    - “实收资本”账户
    - “资本公积”账户
    - “盈余公积”账户
    - “本年利润”账户
    - “利润分配”账户
  - 成本类账户
    - “劳务成本”账户
    - “制造费用”账户
    - “生产成本”账户
  - 损益类账户
    - “主营业务收入”账户
    - “主营业务成本”账户
    - “税金及附加”账户
    - “销售费用”账户
    - “管理费用”账户
    - “财务费用”账户
    - “所得税费用”账户
    - “营业外收入”账户
    - “营业外支出”账户

**图 5-1　账户按经济内容分类**

账户按经济性质和内容分类，是以工业企业的典型经济业务为代表，因此，账户的分类结果及账户名称带有制造行业的特征。其他行业的企业在设置和运用账户时，可根据自身行业特点适当调整，如商品流通企业无须设置“生产成本”类账户。另外，不同的企业形式，在设置和运用账户时也可适当调整，如非股份制企业以“实收资本”反映原始投资的所有者权益，而股份制企业则以“股本”来反映。

另外，如果交易性金融资产、短期借款期限超过一年或一个营业周期，则应分别归属于长期资产和长期负债类账户；相反，如果长期投资和长期负债期限到了最后一年，则也应分别归属于交易性金融资产和流动负债类账户。

**？思考**

账户按照经济内容分类为什么与按照会计科目要素分类不完全一致？

## 第三节　账户按用途和结构分类

账户按经济内容分类，对于企业建立完整的账户体系和明确各类账户核算的具体经济内容和经济性质具有重要意义。但这种分类方法并没有解决通过账户记录提供哪些数据及信息，即账户的用途问题，也没有解决如何使用，即账户的结构问题。因此，为进一步认识和熟练使用各类账户，有必要在账户按经济内容分类的基础上，再对账户按用途和结构分类。

账户的用途也即设置账户的目的，是指账户的作用以及能提供哪些会计指标。账户的结构是指发生经济业务时，如何取得各项会计数据和信息以及在账户中如何登记，即借方登记什么，贷方登记什么，余额在借方还是在贷方，表示什么含义。账户按用途和结构分类，可分为盘存账户、结算账户、资本账户、成本计算账户、调整账户、待处理账户、损益计算账户、财务成果账户和留存收益账户等九类。现分别介绍如下。

### 一、盘存账户

盘存账户是用来核算实物资产和货币资产增减变动及结存情况的账户，如“固定资产”“原材料”“周转材料”“库存商品”“库存现金”“银行存款”等账户。盘存账户的共同用途是可以提供与实物资产、货币资产实际数额相互核对的期末余额数据，并通过财产清查验证账实是否相符。盘存账户的共同结构是，借方登记实物资产与货币资产的增加数，贷方登记减少数，余额在借方，反映实际结存数。其结构如图 5-2 所示。

| 借方 | 盘存账户 贷方 |
| --- | --- |
| 期初余额：期初结存的实物资产与货币资产<br>发生额：本期实物资产与货币资产增加数额 | 发生额：本期实物资产与货币资产减少数额 |
| 期末余额：实物资产与货币资产期末结存数额 | |

**图 5-2 盘存账户的结构**

## 二、结算账户

结算账户是用来核算企业与其他单位、个人及国家之间发生的应收、应付款项的账户。其共同用途是核算应收、应付款项的增减变动，促使企业及时催收应收款项和及时支付应付款项，明确企业期末债权债务数额。由于应收、应付款项的性质不同，即分属于债权和债务，结算账户又可分为债权结算账户、债务结算账户以及债权债务结算账户。

### （一）债权结算账户

债权结算账户是用来核算企业各种应收款项的增减变动及其期末实有数额的账户，专门反映企业在往来结算中的各种债权。基本结构是借方登记各种应收款项的增加数额，贷方登记各种应收款项的减少数额，余额在借方，表示应收款项的实有数额。其结构如图5-3所示。

| 借方 | 债权结算账户 贷方 |
| --- | --- |
| 期初余额：期初应收账款实有数<br>发生额：本期应收账款增加数 | 发生额：本期应收账款减少数 |
| 期末余额：期末应收账款实有数 | |

**图 5-3 债权结算账户的结构**

常用的债权结算账户有“应收账款”“其他应收款”“应收票据”等。

### （二）债务结算账户

债务结算账户是用来核算企业应付款项的增减变动及其实有数额的账户，专门反映企业在往来结算业务中的各种债务。基本结构是借方登记各种应付款项的减少数，贷方登记各种应付款项的增加数，余额在贷方，表示应付款项的实有数。其结构如图5-4 所示。

| 借方 债务结算账户 | 贷方 |
|---|---|
| 发生额：本期应付款项减少数额 | 期初余额：期初应付款项实有数额<br>发生额：本期应付款项增加数额 |
| | 期末余额：期末应付款项实有数额 |

**图 5-4 债务结算账户的结构**

常用的债务结算账户有“应付账款”“应付票据”“其他应付款”“短期借款”“应付职工薪酬”“应交税费”“应付利润”等账户。

### （三）债权债务结算账户

债权债务结算账户是用来核算企业与其他单位或个人之间所发生的往来结算款项的账户。在企业的经营活动中，与企业发生结算业务的往来单位，有时是企业的债权人，有时是企业的债务人。例如，企业与某单位有销售产品业务，当本企业向购货单位预收货款时，购货单位是企业的债权人，但当购货企业购货后款项未付时，购货单位则是企业的债务人。

对企业来说，购货单位的债权即是本企业的债务，购货单位的债务即是本企业的债权。为集中反映企业同某一单位或个人债权债务关系及其结算情况，可在一个账户中同时反映应收和应付款项增减变动及其结余情况，这就是债权债务结算账户，能同时反映企业在往来结算业务中的债权债务结算情况。其基本结构是：借方登记债权增加数和债务减少数，贷方登记债务增加数和债权减少数；余额在借方，表示企业债权大于债务的净额数；余额在贷方，则表示企业债务大于债权的净额数。其结构如图 5-5 所示。

| 借方 债权债务结算账户 | 贷方 |
|---|---|
| 期初余额：期初应收款项大于应付款项的差额<br>发生额：本期应收款项的增加数额<br>本期应付款项的减少数额 | 期初余额：期初应付款项大于应收款项的差额<br>发生额：本期应付款项的增加数额<br>本期应收款项的减少数额 |
| 期末余额：期末应收款项大于应付款项的差额 | 期末余额：期末应付款项大于应收款项的差额 |

**图 5-5 债权债务结算账户的结构**

债权债务结算账户的总账账户内，不能同时有两个余额，只能是借方余额或是贷方余额，而且借贷余额只表示债权与债务的差额，因此，要了解某个具体的往来对象的结算情况，必须根据明细账户进行分析。如果明细账余额在借方，表示企业的债权；如果余额在贷方，则表示企业的负债。

根据现行会计制度规定，在企业不单独设置“预收账款”账户时，用“应收账款”账户同时反映销售产品或提供劳务的应收款项和预收款项，这时，“应收账款”账户便是资产负债结算账户。预收款项时，记入该账户的贷方，按合同发出产品时，记入该账户的借方；先发货后收款，在发出产品时，记入该账户的借方，收到货款时，记入该账户的贷方；期末余额一般应根据该账户的各个明细账户，分别确定预收账款或应收账款的实有数。在不单独设置“预付账款”账户的企业，“应付账款”账户同时核算企业购进物料的应付款项和预付款项，这时，“应付款项”也是一个资产负债结算账户。

## 三、资本账户

资本账户是企业用来核算取得资本及资本公积的增减变动及其实有数额的账户。其基本结构是贷方登记企业取得投资者投入资本及资本公积的增加数额，借方登记投资者投入资本及资本公积的减少数额；余额在贷方，表示投资者投入资本及资本公积的实有数额。其结构如图 5-6 所示。

资本账户

| 借方 | 贷方 |
| --- | --- |
| 发生额：本期所有者投入资本及资本公积的减少数额 | 期初余额：期初所有者投入资本及资本公积的实有数额<br>发生额：本期所有者投入资本及资本公积的增加数额 |
| | 期末余额：期末所有者投入资本及资本公积的实有数额 |

**图 5-6　资本账户的结构**

资本账户通常包括“实收资本”“资本公积”等账户。

**？思考**

工业企业日常发生的经济业务中，应该记入跨期摊提账户的有哪些？

## 四、成本计算账户

成本计算账户是用来收集生产经营过程中某一阶段所发生的全部费用，并确定各个成本计算对象实际成本的账户，能够提供某阶段或某个时期已完成和未完成的某项经营活动的成本信息。成本计算账户包括“生产成本”、“劳务成本”和“在建工程”等账户。成本计算账户的借方登记经营过程中某阶段所发生的应计入成本的全部费用（包括直接计入成本计算对象的直接费用），贷方登记转出已结束某个阶段的成本计算对象的实际成本，期末如有借方余额，表示某个阶段的成本计算对象的实际成本。其结构如图5-7 所示。

| 借方 | 成本计算账户 贷方 |
|---|---|
| 期初余额：期初尚未完成某个经营阶段成本计算对象的实际成本额<br>发生额：归集经营过程中某个阶段所发生的全部对象费用额 | 发生额：结转已结束该阶段的成本计算对象的实际成本额 |
| 期末余额：尚未结束该阶段的成本计算对象的实际成本数额 | |

**图 5-7　成本计算账户的结构**

## 五、调整账户

调整账户是用来调整其他相关账户数字而设置的账户。这里被调整的其他相关账户称为被调整账户。在会计核算中，由于经营管理上或其他方面的需要，有时，对一些会计要素的具体项目，既需要保持原有数据，又要反映原有数据的变动，即需要有两种数字从不同的方面进行反映，为此，反映原始数据的账户为被调整账户，对原始数据进行调整的账户为调整账户。将调整账户和被调整账户的有关数据相加或相减，即可得到调整后的实际数额。

调整账户按调整的方式不同，又分为备抵账户、附加账户和备抵附加账户三类。

### （一）备抵账户

备抵账户是用来抵减被调整账户数字，以求得被调整账户实际数额的账户，又称为抵减账户。其调整方式为：

被调整账户实际余额=被调整账户余额−备抵账户余额

备抵账户的余额一定与被调整账户的余额方向相反。如果被调整账户余额在借方，则备抵账户余额一定在贷方；相反，如果被调整账户余额在贷方，则备抵账户余额一定在借方。按照被调整账户的性质，备抵账户又分为资产备抵账户和权益备抵账户。

**1. 资产备抵账户**

资产备抵账户是用来抵减某一资产账户（被调整账户）的余额，以求得该资产账户的实际余额的账户。资产备抵账户的余额在贷方，被调整账户的余额在借方。属于资产备抵账户的有“累计折旧”和“坏账准备”账户。“累计折旧”账户是“固定资产”账户的一个备抵账户。“固定资产”账户登记固定资产的原始价值，而“累计折旧”账户登记固定资产因计提折旧而减少的价值即累计折旧数额，将“固定资产”账户的借方余额减去“累计折旧”账户的贷方余额的差额，就是固定资产的账面净值，即实有数额。通过“固定资产”和“累计折旧”账户所提供的数字，可以分析和了解固定资产的新旧程度。“坏账准备”账户是“应收账款”账户的一个备抵账户，“应收账款”期末余额表示应收但未收回的款项的数额，“坏账准备”账户余额表示可能发生的坏账数额，将“应收账款”账户借方余额减去“坏账准备”账户的贷方余额后的差额，则为应收账款净额。

资产备抵账户的结构是贷方登记某项资产抵减数的增加数，借方登记抵减数的减少数；余额在贷方，表示某项资产的累计抵减数。

资产备抵账户与被调整账户的结构关系如图 5-8 所示。

被调整账户

| 借方 | 贷方 |
|---|---|
| 期末余额：期末某项资产的原始数额 | |

资产备抵账户

| 借方 | 贷方 |
|---|---|
| 发生额：本期抵减数的减少数 | 期初余额：期初累计抵减数<br>发生额：本期抵减数的增加额 |
| | 期末余额：期末累计抵减数 |

**图 5-8　资产备抵账户和资产被调整账户的结构关系**

**2. 权益备抵账户**

权益备抵账户是用来抵减某一权益账户（被调整账户）的余额，以求得该权益账户的实际余额的账户。权益备抵账户的余额在借方，被调整账户的余额则在贷方。“利润分配”账户就是“本年利润”账户的一个权益备抵账户。“本年利润”账户的期末贷方余额表示年终决算前累计已实现的利润数额；“利润分配”账户的期末借方余额，表示企业期末已分配的利润数额；将“本年利润”账户的贷方余额减去“利润分配”账户的借方余额后的差额，则表示企业期末尚未分配的利润数额。

权益备抵账户的结构是：借方登记对某项权益抵减数的增加额，贷方登记抵减数的减少额；余额在借方，表示对某项权益的累计抵减数。其结构与被调整账户的关系如图5-9 所示。

被调整账户

| 借方 | 贷方 |
|---|---|
| | 期末余额：期末某项权益的原始数额 |

权益备抵账户

| 借方 | 贷方 |
|---|---|
| 期初余额：期初累计抵减数<br>发生额：本期抵减数的增加数 | 发生额：本期抵减数的减少额 |
| 期末余额：期末累计的抵减数 | |

**图 5-9　权益备抵账户与被调整账户的结构关系**

### （二）附加账户

附加账户是用来增加被调整账户余额，以求得被调整账户实际余额的账户。其调整方式为：

被调整账户的余额+附加账户余额=被调整账户实际余额

附加账户的余额总是与被调整账户余额方向一致。即如果被调整账户余额在借方，则附加账户余额一定也在借方；反之，如果被调整账户余额在贷方，则附加账户余额也一定在贷方。例如，“应付债券——债券溢价”账户就是“应付债券——债券面值”账户的一个附加账户。“应付债券——债券面值”账户的期末余额，表示企业发行债券的面值总额；“应付债券——债券溢价”账户的期末余额表示企业发行债券的实际价格高于其面值的溢加数额；将“应付债券——债券面值”账户的期末贷方余额加上“应付债券——债券溢价”账户的期末贷方余额之和，即为企业期末应付债券的实际数额。

附加账户与被调整账户的结构关系如图 5-10 所示。

| 借方 | 应付债券——债券面值 贷方 |
| --- | --- |
| | 期末余额：发行债券的面值数额 |

| 借方 | 应付债券——债券溢价 贷方 |
| --- | --- |
| | 期末余额：发行债券的溢价数额 |

**图 5-10 附加账户与被调整账户的结构关系**

### （三）备抵附加账户

备抵附加账户是既可用来抵减，又可用来增加被调整账户的账面余额，以求得被调整账户的实际余额的账户。这种账户兼有抵减和增加两种作用。其调整方式为：当备抵附加账户的余额与被调整账户的余额在相同方向时，其调整方式与附加账户相同；当备抵附加账户的余额与被调整账户余额方向相反时，其调整方式与备抵账户相同。例如，“材料成本差异”账户就是“原材料”账户的一个备抵附加账户。在原材料按计划成本核算时，“原材料”账户的期末余额表示期末原材料的计划成本数额，“材料成本差异”账户的期末余额表示期末原材料计划成本与其实际采购成本的差额。当“材料成本差异”账户为借方余额时，表示实际采购成本大于计划成本的超支数，“原材料”账户借方余额加上“材料成本差异”账户的借方余额，为原材料的实际成本。此时“材料成本差异”账户为附加账户；当“材料成本差异”账户的余额在贷方时，表示实际成本小于计划成本的节约数，“原材料”账户借方余额减去“材料成本差异”账户的贷方余额，其差额为原材料的实际成本，此时“材料成本差异”账户为抵减账户。其结构关系如图 5-11 所示。

| 借方 | 原材料 贷方 |
|---|---|
| 期末余额：期末原材料计划成本数额 | |

| 借方 | 材料成本差异 贷方 |
|---|---|
| 期末余额：超支额 | 期末余额：节约额 |

**图 5-11 备抵附加账户的结构**

## 六、待处理账户

待处理账户是用来核算尚未查明原因或尚未有处理方案的盘盈、盘亏资产以及有争议的结算款项的账户。设置待处理账户的原因是盘盈、盘亏资产或有争议的结算款项，必须要在查明原因经批准后，才能根据处理意见来实现会计确认，并做正式的会计处理。因此，待处理账户具有暂记的特性。其基本结构为借方登记待处理的盘亏、损失数以及经批准处理的盘盈、收益数；贷方登记待处理的盘盈、收益数以及经批准处理的盘亏、损失数。余额如果在借方，表示尚待处理的盘亏和损失；余额如果在贷方，表示尚待处理的盘盈和收益。其结构如图 5-12 所示。

| 借方 | 待处理账户 贷方 |
|---|---|
| 期初余额：期初尚待处理的盘亏数和损失数额<br>发生额：本期待处理的盘亏数和损失数额，以及经批准处理的盘盈和收益数额 | 期初余额：期初尚待处理的盘盈和收益数<br>发生额：本期待处理的盘盈和收益数额，以及经批准处理的盘亏和损失数额 |
| 期末余额：期末尚待处理的盘亏和损失数额 | 期末余额：期末尚待处理的盘盈和收益数额 |

**图 5-12 待处理账户的结构**

常用的待处理账户是“待处理财产损溢”账户。

**? 思考**

“待处理财产损溢”账户是资产类账户还是损益类账户？

## 七、损益计算账户

损益计算账户是用来核算企业本期经营活动过程中发生的各种能直接影响本期利润的收入和费用的账户，按照权责发生制的要求将本期收入和费用进行配比，以便正确计算本期利润（或亏损）。损益计算账户按其反映的经济内容对利润的影响性质的不同，又分为收入账户和费用账户两类。

### （一）收入账户

收入账户是用来核算与监督能使本期利润增加的各项本期收入的账户，包括“主营业务收入”和“营业外收入”等账户。其基本结构是：贷方登记本期各项收入的增加数，借方登记本期各项增加的收入结转至“本年利润”账户的数额；期末无余额。其结构如图5-13所示。

| 借方 | 收入账户 贷方 |
| --- | --- |
| 发生额：本期收入转出数 | 发生额：本期收入增加数 |

**图5-13 收入账户的结构**

### （二）费用账户

费用账户是用来核算与监督能使本期利润为之抵减的各项费用、损失的账户。包括“主营业务成本”“税金及附加”“管理费用”“财务费用”“营业费用”“营业外支出”“资产减值损失”“所得税费用”等账户。其结构是借方登记本期的各项费用、损失的增加数，贷方登记本期各项增加的费用、损失结转至“本年利润”账户的数额；结转后，期末无余额。其结构如图5-14所示。

| 借方 | 费用账户 贷方 |
| --- | --- |
| 发生额：本期费用、损失增加数 | 发生额：本期费用、损失结转数 |

**图5-14 费用账户的结构**

## 八、财务成果账户

财务成果账户主要是指“本年利润”账户，可以反映企业在一定时期内全部生产经营活动的最终成果。其结构为：贷方记录期末从各收入类账户结转记入的本期发生的收入，借方记录期末从各费用类账户结转记入的本期发生的费用额；期末余额如果在贷方，则表示一定时期内收入大于费用的差额，即本期实现的净利润；期末余额如果在借方，则表示一定时期内收入小于费用的差额，即本期发生的亏损总额。年末，需将“本年利润”账户实现的净利润或发生的亏损，结转至“未分配利润”账户，“本年利润”账户结转后无余额。

但是，在年度内，财务成果账户呈现为累计性账户，无论是何月，账面记录的净利润或亏损均表示为截至本月累计发生额。年度内各月，财务成果账户或有贷方余额，或有借方余额。财务成果账户的结构如图5-15所示。

| 借方 | 财务成果账户　　　　贷方 |
|---|---|
| 发生额：转入的本期各项费用数额 | 发生额：转入的本期各项收入数额 |
| 期末余额：发生的亏损总额 | 期末余额：实现的利润总额 |

**图 5-15　财务成果账户的结构**

## 九、留存收益账户

留存收益账户是用来核算企业经营活动形成的所有者权益，即经营净收益的积累账户。其基本结构是贷方登记权益的增加数，借方登记权益的减少数（或转出数），余额一般在贷方，表示权益的结余数。其结构如图 5-16 所示。

| 借方 | 留存收益账户　　　　贷方 |
|---|---|
| 发生额：本期减少数 | 期初余额：期初结存的留存收益数<br>发生额：本期增加数 |
| | 期末余额：期末结存的留存收益数 |

**图 5-16　留存收益账户的结构**

常用的留存收益账户主要有“盈余公积”和“利润分配——未分配利润”等账户。

综上所述，账户按用途和结构分类，可概括为如图 5-17 所示。

- 账户
  - 盘存账户
    - “库存现金”账户
    - “银行存款”账户
    - “原材料”账户
    - “周转材料”账户
    - “库存商品”账户
    - “固定资产”账户
  - 结算账户
    - “应收账款”账户
    - “应收票据”账户
    - “其他应收款”账户
    - “预付账款”账户
    - “短期借款”账户
    - “应付账款”账户
    - “应付票据”账户
    - “其他应付款”账户
    - “预收账款”账户
    - “应付职工薪酬”账户
    - “应交税费”账户
    - “应付利润”账户
    - “长期借款”账户
    - “长期应付款”账户
  - 资本账户
    - “实收资本”账户
    - “资本公积”账户
  - 调整账户
    - “累计折旧”账户
    - “坏账准备”账户
    - “利润分配”账户
    - “材料成本差异”账户
    - “应付债券——债券溢价”账户
  - 待处理账户——“待处理财产损溢”账户
  - 成本计算账户
    - “生产成本”账户
    - “劳务成本”账户
  - 损益计算账户
    - “主营业务收入”账户
    - “营业外收入”账户
    - “投资收益”账户
    - “主营业务成本”账户
    - “税金及附加”账户
    - “管理费用”账户
    - “财务费用”账户
    - “销售费用”账户
    - “资产减值损失”账户
    - “所得税费用”账户
  - 留存收益账户
    - “盈余公积”账户
    - “利润分配——未分配利润”账户
  - 财务成果账户——“本年利润”账户

**图 5-17 账户按用途和结构分类**

# 本章小结

本章重点讲解了账户的分类方法，账户是按照既定的会计科目在账簿中对各项经济业务进行分类、系统、连续登记的一种手段，按经济内容对其进行分类是最基本、最主要的一种分类方法。它对于企业外部报表使用者和内部管理者了解企业的资产、负债、所有者权益的增减变动以及企业的偿债、获利能力等情况，具有重要作用。本章主要介绍了账户分类的意义，账户按经济内容分类，账户按用途和结构分类。本章重点内容如下。

**1. 对账户进行分类的意义**

对账户进行分类有利于建立完善的会计核算体系，为决策者提供信息支持；便于掌握各账户在提供核算指标方面的规律性；便于编制会计报表。

**2. 账户按经济内容分类**

账户按经济内容分类即是按企业的资金运动状态分类：资金运动在静态状态下表现为资产、负债及所有者权益；资金运动在动态状态下表现为收入、费用和利润。因此，账户按经济内容分类可视为账户按资产、负债、所有者权益、收入、费用及利润等会计六要素分类，主要包括资产类账户、负债类账户、所有者权益类账户、成本类账户和损益类账户等。

**3. 账户按用途和结构分类**

账户的用途也即设置账户的目的是指账户的作用以及能提供哪些会计指标。账户的结构是指发生经济业务时，如何取得各项会计数据和信息以及在账户中如何登记，即借方登记什么，贷方登记什么，余额是在借方还是在贷方，表示什么含义。账户按用途和结构分类，可分为盘存账户、结算账户、资本账户、成本计算账户、调整账户、待处理账户、损益计算账户、财务成果账户和留存收益账户等九类。

# 关键词汇

1. 资产类账户　2. 负债类账户　3. 所有者权益类账户　4. 成本类账户
5. 损益账户　6. 盘存账户　7. 结算账户　8. 资本账户
9. 留存收益账户　10. 成本计算账户　11. 调整账户　12. 待处理账户
13. 损益计算账户　14. 财务成果账户

# 练习与思考

## 一、单项选择题

1. 按照经济内容分类，“预收账款”账户属于（　　）。

A. 资产类账户　B. 负债类账户　C. 费用类账户　D. 利润类账户

2. 下列不属于调整账户的是（　　）。

A. 利润分配　B. 坏账准备　C. 制造费用　D. 累计折旧

3. 按照账户的用途和结构分类，“本年利润”账户属于（　　）。

A. 资产类账户　B. 成本类账户　C. 盘存账户　D. 财务成果账户

4. 在下列所有者权益账户中，反映所有者原始投资的账户是（　　）。

A. 实收资本　B. 盈余公积　C. 本年利润　D. 利润分配

5. 下列说法错误的是（　　）。

A. 抵减账户与其被抵减账户反映的经济内容相同

B. 抵减账户与其被抵减账户反映的经济内容不一定相同

C. 抵减账户不能离开被抵减账户而独立存在

D. 有抵减账户就有被抵减账户

6. 在企业不单设“预付账款”账户时，预付款业务可在（　　）账户中反映。

A. 应收账款　B. 预收账款　C. 应付账款　D. 其他往来

7. 按用途和结构分类，“应付票据”账户属于（　　）账户。

A. 债务结算　B. 债权结算　C. 债权债务结算　D. 附加调整

8. 账户按用途和结构分类，“库存现金”和“银行存款”属于（　　）

A. 货币资金账户　B. 费用账户　C. 资产账户　D. 盘存账户

9. 按反映的经济内容分类，制造费用属于（　　）账户。

A. 资产类　B. 负债类　C. 成本类　D. 损益类

10. “累计折旧”账户按其经济内容分类，属于（　　）

A. 资产类账户　B. 负债类账户　C. 费用类账户　D. 备抵调整账户

11. 调整账户与被调整账户的余额方向相反时，该调整账户是（　　）

A. 备抵账户　B. 备抵附加账户　C. 附加账户　D. 盘存账户

12. 按会计要素分类，“本年利润”账户属于（　　）账户。

A. 资产类　B. 负债类　C. 所有者权益类　D. 财务成果类

13. “固定资产”借方余额为 100 000 元，“累计折旧”贷方余额为 6 000 元，固定资产净值为（　　）。

A. 100 000 元　　B. 94 000 元　　C. 100 200 元　　D. 6 000 元

14. “坏账准备”账户按用途和结构分类属于（　　）账户。

A. 集合分配　　B. 结算　　C. 调整　　D. 盘存

15. “生产成本”账户按用途和结构分类属于（　　）账户。

A. 成本计算　　B. 集合分配　　C. 调整　　D. 结算

16. 下列属于债权结算账户的是（　　）

A. 预付账款　　B. 预收账款　　C. 应付股利　　D. 应付账款

17. 下列属于财务成果账户的是（　　）

A. 生产成本　　B. 利润分配　　C. 制造费用　　D. 本年利润

18. 下列属于资产类的账户是（　　）

A. 预付账款　　B. 预收账款　　C. 利润分配　　D. 制造费用

19. 以下不属于企业的负债类账户的是（　　）。

A. 预付账款　　B. 应付账款　　C. 其他应付款　　D. 应交税费

20. 按（　　）分类，会计账户一般分为六类：资产类、负债类、共同类、所有者权益类、成本类和损益类。

A. 核算对象　　B. 会计要素　　C. 经济内容　　D. 用途和结构

21. 以下属于负债类账户的是（　　）。

A. 累计折旧　　B. 预付账款　　C. 预收账款　　D. 所得税费用

22. 反映（　　）的账户主要有“盈余公积”和“未分配利润”账户。

A. 利润分配　　B. 留存收益　　C. 利润实现　　D. 投入资本

23. 盘存账户是反映和监督各项（　　）和货币资金（包括库存有价证券）的增减变动及其结存情况的账户。

A. 股东权益　　B. 债权　　C. 债务　　D. 财产物资

24. 被调整账户余额的方向与备抵调整账户的余额方向（　　）

A. 相同　　B. 相反　　C. 不确定　　D. 无关

25. “固定资产”账户是“累计折旧”账户的（　　）

A. 被调整账户　　B. 附加调整账户　　C. 备抵调整账户　　D. 备抵附加调整账户

## 二、多项选择题

1. 账户分类的意义有（　　）。

A. 有利于建立完善的会计核算体

B. 为决策者提供信息支持

C. 掌握各账户在提供核算指标方面的规律性

D. 便于编制会计报表
E. 有利于会计分期

2. 下列反映流动资产的账户有（　　）。
A. 应收账款　B. 库存现金　C. 周转材料　D. 原材料
E. 库存商品

3. 对于负债类账户，以下说法中正确的有（　　）
A. 借方登记增加额，贷方登记减少额
B. 借方登记减少额，贷方登记增加额
C. 期末贷方余额表示期末负债余额
D. 借方本期发生额一定大于本期贷方发生额
E. 贷方本期发生额一定大于借方本期发生额

4. 为了更好地（　　），就需要对账户进行科学的分类。
A. 了解各个账户的特征　B. 了解各组账户的共性
C. 明了账户之间的关系　D. 掌握各类账户的使用方法
E. 学习企业知识

5. 以下属于资产类的账户有（　　）
A. 预收账款　B. 银行存款　C. 累计折旧　D. 固定资产清理
E. 本年利润

6. 以下属于成本类的账户有（　　）。
A. 生产成本　B. 主营业务成本　C. 制造费用　D. 劳务成本
E. 主营业务收入

7. 所有者权益类账户主要包括（　　）
A. 本年利润　B. 利润分配　C. 资本公积　D. 盈余公积
E. 库存现金

8. 会计账户按用途和结构可分为（　　）等账户。
A. 所有者权益　B. 资产　C. 结算　D. 资本
E. 调整

9. 反映投资者投入资本的账户主要有（　　）。
A. 实收资本　B. 未分配利润　C. 资本公积　D. 盈余公积
E. 本年利润

10. 以下属于负债类的账户有（　　）。
A. 预付账款　B. 预收账款　C. 其他应付款　D. 应交税费
E. 其他应收款

11. 调整账户根据调整方式的不同，可以分为（　　）
A. 备抵调整账户　B. 附加调整账户

C. 备抵附加调整账户　　D. 结算账户
E. 债务结算账户

12. 以下属于资产备抵调整账户的有（　　）。
A. 存货跌价准备　B. 累计折旧　C. 利润分配　D. 材料成本差异
E. 长期待摊费用

13. 以下说法正确的有（　　）
A. 调整账户与被调整账户反映的经济内容相同
B. 调整账户可以离开被调整账户而存在
C. 调整账户与被调整账户的余额在不同方向时相减，在相同方向时相加
D. 调整账户与被调整账户用途结构相同
E. 调整账户不能离开被调整账户而存在

14. 账户按会计要素分类，属于成本类账户的有（　　）
A. 生产成本　B. 制造费用　C. 管理费用　D. 材料采购
E. 主营业务成本

15. 为了核算企业利润形成及分配的过程和去向，企业应设置的科目有（　　）。
A. 利润分配　B. 管理费用　C. 盈余公积　D. 生产成本
E. 本年利润

## 三、判断题

1. 按用途和结构分类，“累计折旧”应属于附加调整账户。(　　)

2. “实收资本”和“盈余公积”账户按经济内容划分都属于所有者权益账户。(　　)

3. “累计折旧”账户是“固定资产”账户的备抵账户，其性质相同，账户结构也相同。(　　)

4. 所有盘存类账户通过设置明细分类账，都可以提供实物和价值两种指标。(　　)

5. 为了满足管理上对某种特殊指标的需要，对某些会计要素的内容的增减变化和结余情况，需要用两个不同的账户来反映，即被调整账户和调整账户。(　　)

6. 调整账户包括“坏账准备”“累计折旧”“长期待摊费用”“利润分配”等账户。(　　)

7. 备抵账户是用来抵减被调整账户余额的，所以它和其被调整账户的账户结构相反，余额方向相反。(　　)

8. 备抵附加账户调整账户余额所在的方向与被调整账户余额的方向不一致时，是备抵调整账户。当余额所在的方向与被调整账户余额方向一致时，是附加调整账户。即备抵附加调整账户是同时可以起备抵和附加作用的账户。(　　)

9. 当备抵附加账户的余额与其被调整账户的余额方向相同时，即为附加账户。(　　)

10. 盘存类账户的期末余额都在贷方。(　　)

11. “利润分配”账户是“本年利润”账户的调整账户。(　　)

12. “管理费用”和“制造费用”都属于损益类费用。(　　)

13. 权益备抵账户是用来抵减某一权益账户（被调整账户）的余额，以求得该权益账户的实际余额的账户。(　　)

14. 盘存类账户是任何企业单位都必须设置的基本账户。(　　)

15. 属于所有者权益的所有账户，它们的用途和结构都是相同的。(　　)

16. 成本计算账户就是用来核算产品成本的账户。(　　)

17. 企业各月月末都有在产品的情况下，“生产成本”账户就其结构和用途划分，既是成本计算类账户，又是盘存类账户。(　　)

18. 结算账户又可分为债权结算账户、债务结算账户以及债权债务结算账户。(　　)

19. 资本账户就是指资产账户。(　　)

20. 调整账户又分为备抵账户、附加账户、备抵附加账户和集合账户。(　　)

## 四、业务题

### 习题一

资料：某企业设置和运用下列账户：银行存款、预收账款、应收账款、应付账款、坏账准备、所得税费用、库存现金、实收资本、本年利润、财务费用、其他应收款、主营业务成本、主营业务收入、在建工程、营业外支出、应交税费、管理费用、固定资产、应付职工薪酬、材料采购、盈余公积、投资收益、其他应付款、生产成本、长期借款、库存商品、应付票据。

要求：将上述账户名称填入下表相应栏目内。

| 账户类别 | 资产类账户 | 负债类账户 | 所有者权益类账户 | 成本类账户 | 损益类账户 |
|---|---|---|---|---|---|
| 盘存账户 | | | | | |
| 资本账户 | | | | | |
| 结算账户 | | | | | |
| 调整账户 | | | | | |
| 成本计算账户 | | | | | |
| 财务成果账户 | | | | | |
| 留存收益账户 | | | | | |
| 损益计算账户 | | | | | |

### 习题二

【资料】某工厂的财务状况如下所示：

（1）厂房 2 000 000 元。

（2）工厂车间当期发生的设备水电费 20 000 元。

（3）工厂储备的原材料 500 000 元。

（4）工厂仓库中的周转材料 200 000 元。

(5) 工厂购买的生产用的煤炭 130 000 元。

(6) 工厂和客户发生交易，金额为 80 000 元，对方尚未付款。

(7) 工厂和供货方发生的交易金额为 150 000 元，工厂尚未付款。

(8) 工厂收到投资者追加的货币资金投入 400 000 元。

(9) 工厂当月实现的净利润为 300 000 元。

(10) 工厂应当付给投资者的分红为 100 000 元。

(11) 工厂的库存现金为 50 000 元。

(12) 工厂存在开户银行的存款为 230 000 元。

(13) 工厂物资采购人员预借的差旅费为 8 000 元。

(14) 工厂提取的盈余公积为 30 000 元。

(15) 工厂提取的固定资产折旧额为 130 000 元。

**【要求】** 根据上述资料填写下表。

单位：万元

| 项目序号 | 科目名称 | 资产 | 负债 | 所有者权益 | 盘存账户 | 结算账户 | 成本账户 | 损益类账户 |
|---|---|---|---|---|---|---|---|---|
| 1 | | | | | | | | |
| 2 | | | | | | | | |
| 3 | | | | | | | | |
| 4 | | | | | | | | |
| 5 | | | | | | | | |
| 6 | | | | | | | | |
| 7 | | | | | | | | |
| 8 | | | | | | | | |
| 9 | | | | | | | | |
| 10 | | | | | | | | |
| 11 | | | | | | | | |
| 12 | | | | | | | | |
| 13 | | | | | | | | |
| 14 | | | | | | | | |
| 15 | | | | | | | | |

# 第六章　会计凭证

## 章前导读

在第三章和第五章中，我们阐述了复式记账原理，账户设置基本方法及如何根据经济业务编制会计分录，并据以登记有关账户的会计处理过程。但是在实际工作中，会计记录的过程并不是从账户记录开始的。经济业务发生时，一般会产生含有财务信息的数据，对于这些数据，首先应当用原始凭证把它记录下来，这样既可将其作为经济业务完成情况的书面证明，又可作为会计编制记账凭证分录进行进一步加工处理的依据。因此，会计人员在获得经济业务发生的原始凭证后，会计记录工作才真正开始。在第六章里，将以会计凭证为主题，着重阐述其种类、填制、审核、传递及保管等有关内容。

## 本章学习目标

⊙了解会计凭证的概念、作用、分类及基本内容；

⊙掌握原始凭证的填制与审核方法；

⊙掌握记账凭证的填制与审核方法；

⊙熟悉会计凭证的传递和保管。

## 本章重点

会计凭证的概念与分类；原始凭证、记账凭证的基本要素、填制方法、填制要求及审核方法。

# 本章思维导图

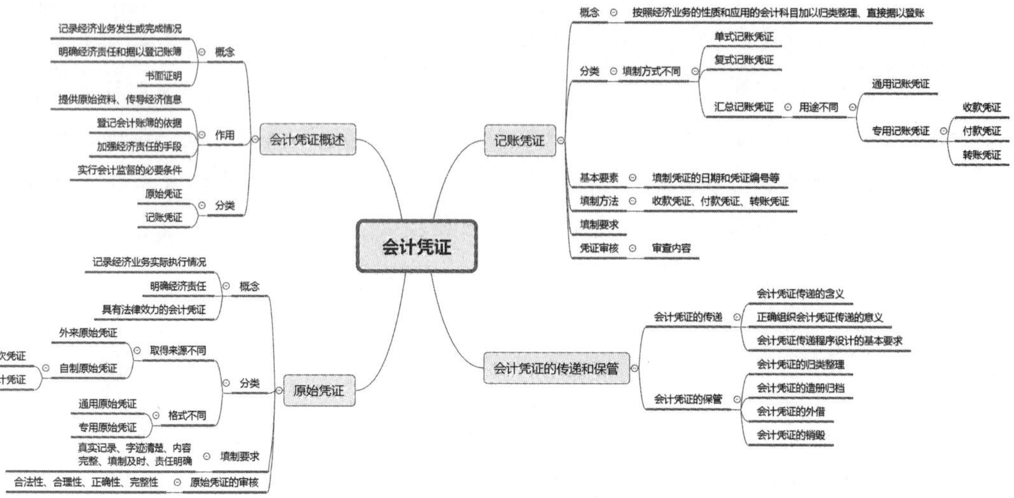


# 第一节　会计凭证概述

## 一、会计凭证的概念

会计凭证是记录经济业务发生或完成情况，明确经济责任和据以登记账簿的书面证明。例如，商品购销时开具的发票，收料时开具的收料单，由会计人员编制据以登记账簿的收款、付款、转账凭单等都是会计凭证。

任何单位每发生一项经济业务，如货币资金的收支，财产物资的进出，各种债权债务的结算等，经办业务的有关人员必须按照规定的程序和要求，认真填制会计凭证，记录经济业务发生或完成的日期及经济业务的内容，并在会计凭证上签名盖章，有的凭证还需要加盖公章，以对会计凭证的真实性和正确性负责。一切会计凭证都必须经过有关人员的严格审核。只有经过审核无误的会计凭证，才能作为登记账簿的依据。认真填制和复核会计凭证是做好账务处理工作的前提。这对于保证账簿记录的真实、可靠，为经营管理提供真实、合法的会计资料具有重要意义。

## 二、会计凭证的作用

填制和审核会计凭证是企业会计工作的起点和基本环节，会计凭证在经济管理中的作用主要体现在四个方面。

### （一）会计凭证是提供原始资料、传导经济信息的基础工具

会计信息是经济信息的重要组成部分。它一般是通过数据以凭证、账簿、报表等形式反映出来。任何一项经济业务的发生，都要编制或取得会计凭证。会计凭证是记录经济活动的最原始资料，一项经济业务从开始到完成，往往需要涉及企业内外的很多部门，而通过会计凭证的填制及科学的传递，不仅能使各部门的分工协作合理协调，而且为会计分析和会计检查提供基础资料。

### （二）会计凭证是登记会计账簿的依据，保证会计核算的准确性

单位发生的每一项经济业务，都要通过填制会计凭证如实记录经济业务的内容，即会计凭证记载着经济业务发生的内容及数据，会计机构只有取得了会计凭证，才能根据审核无误的原始凭证填制记账凭证，然后根据审核无误的记账凭证登记账簿。这个过程在一定程度上保证了账簿记录的真实合法性，减少了账簿记录的差错。

### （三）会计凭证是加强经济责任的手段

会计凭证在填制及传递过程中，有关经办人员都要在会计凭证上签名或盖章，以明确每一环节的责任及责任人，这就要求有关部门和相关人员对经济活动的真实性、正确性、合法性负责。因此，一旦发生问题，会计凭证记载的签章便于追查责任人员。同时，由于每份会计凭证须经过多人之手，因此起到了内部牵制作用，一定程度上防止了违法乱纪行为的发生。

### （四）会计凭证是实行会计监督的必要条件

会计机构取得了会计凭证，就能了解到经济业务发生的时间和内容，通过对其审核，就可以检查经济业务是否合理、合法、合规，以发挥会计的监督作用，抵制违法乱纪行为，严肃财经纪律，以保证公有财产的安全及合理使用。这些会计凭证为经济案件的事后审计提供了有力的法律依据，也为会计机构审核经济业务提供了条件。

## 三、会计凭证的分类

会计核算与监督涉及的范围非常广泛，所反映的经济活动内容具有复杂性、多样性，因此用于记录经济业务的会计凭证也必然种类繁多，为便于运用会计凭证，需要对会计凭证进行分类。会计凭证按其填制程序和用途不同可分为原始凭证及记账凭证两大类。

**? 思考**

填制和审核会计凭证是企业会计工作的重要内容。生活中你都接触过哪些会计凭证？这些会计凭证又属于哪一种类型？

# 第二节 原始凭证

## 一、原始凭证的概念及分类

### （一）原始凭证的概念

原始凭证是在经济业务发生时取得或填制的。它是用来记录经济业务实际执行情况，明确经济责任，并具有法律效力的会计凭证，也是记账的原始依据。

### （二）原始凭证的分类

**1. 按取得来源不同分类**

原始凭证按其取得来源不同，可分为外来原始凭证和自制原始凭证两种。

（1）外来原始凭证。外来原始凭证是指本单位在同其他单位发生经济业务时，从外单位取得或认可的原始凭证，如购进商品的发票、付款收据、银行盖章的结算凭证等。发票的一般格式如图 6-1 所示。

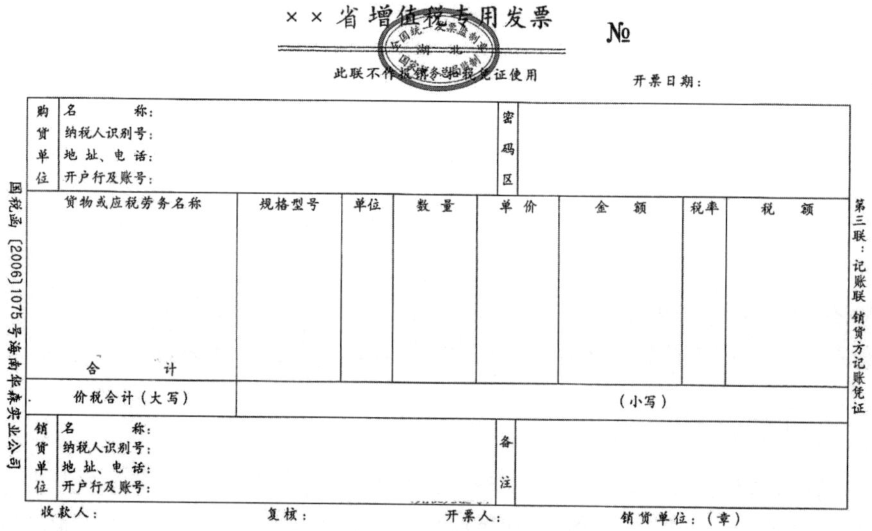

××省增值税专用发票 №

此联不作报销、扣税凭证使用　　开票日期：

| 购货单位 | 名　称：<br>纳税人识别号：<br>地址、电话：<br>开户行及账号： | | | | | 密码区 | | |
|---|---|---|---|---|---|---|---|---|
| 货物或应税劳务名称 | 规格型号 | 单位 | 数量 | 单价 | 金额 | 税率 | 税额 | |
| 合计 | | | | | | | | |
| 价税合计（大写） | | | | | （小写） | | | |
| 销货单位 | 名　称：<br>纳税人识别号：<br>地址、电话：<br>开户行及账号： | | | | | 备注 | | |

收款人：　复核：　开票人：　销货单位：（章）

国税函〔2006〕1075号海南华森实业公司

第三联：记账联 销货方记账凭证

图 6-1　增值税专用发票

（2）自制原始凭证。自制原始凭证是指本单位有关经办人员在通知或执行完成某项经济业务时所填制的原始凭证，如材料入库单、领料单等。材料入库单的格式见表 6-1。

**表 6-1　材料入库单（记账联）**

NO：433221

供货单位：

发票号码：　　　　　　　　年　　月　　日　　　　　　收货仓库：

| 材料类别 | 材料名称 | 材料规格 | 计量单位 | 数量 | | 单价 | 金额 |
|---|---|---|---|---|---|---|---|
| | | | | 应收 | 实收 | | |
| | | | | | | | |
| | | | | | | | |
| | | | | | | | |
| | | | | | | | |
| | | | | | | | |

采购：　　　　　　质量检验：　　　　　　收料：　　　　　　制单：

### 2. 按填制手续和内容不同分类

原始凭证按填制手续和内容不同，可分为一次凭证、累计凭证和汇总凭证。

（1）一次凭证。一次凭证是指经济业务发生后一次填写完毕的原始凭证。大部分的自制凭证都是一次凭证，如销货发、领料单等。领料单的一般格式见表 6-2。

**表 6-2　领料单**

领料部门：

| 日期 | | 材料名称 | 数量（千克） | 单价（元/千克） | 金额（元） | 材料用途 |
|---|---|---|---|---|---|---|
| 月 | 日 | | | | | |
| | | | | | | |
| | | | | | | |
| | | | | | | |
| | | | | | | |
| 合计 | | | | | | |

财务部门：　　　　　　记账：　　　　　　仓库：　　　　　　领料：

（2）累计凭证。累计凭证是指在一定时期内每次在一张凭证上记载同类经济业务，月末按累计额做记账依据的自制原始凭证，如制造业的限额领料单、零售业的计销单等。限额领料单的一般格式见表 6-3。

**表 6-3　限额领料单**

领料部门：　　　　　　　　　　　　　　　　　　　　　　　　　　　　领料编号：
领料用途：　　　　　　　　　　　　年　月　日　　　　　　　　　　　发料仓库：

| 材料编号 | 材料名称 | 规格 | 计量单位 | 领用限额 | 实际领用 | | | 备注 |
|---|---|---|---|---|---|---|---|---|
| | | | | | 数量 | 单价 | 金额 | |
| | | | | | | | | |
| 日期 | 请领 | | 实发 | | 退库 | | | 限额结余 |
| | 数量 | 领料人签章 | 数量 | 发料人签章 | 数量 | 收料人签章 | 退料人签章 | |
| | | | | | | | | |
| | | | | | | | | |
| | | | | | | | | |
| 合计 | | | | | | | | |

生产计划部门负责人：　　　　　　　　供应部门负责人：　　　　　　　　仓库负责人：

（3）汇总凭证。为简化核算，可将一定时期内若干份记录同类经济业务的原始凭证汇总编制一张汇总凭证，用以集中反映某项经济业务包括发生情况的会计凭证，如“发出材料汇总表”“收货汇总表”“现金收入汇总表”等都是汇总原始凭证。还可以根据账簿记录，把一项经济业务加以归类、整理而重新编制的一种记账编制凭证。例如，在计算产品成本时，“制造费用分配表”就是根据制造费用明细账记录的数字按费用的用途填制的。发出材料汇总表的一般格式见表 6-4。

**表 6-4　发出材料汇总表**

附领料单 20 份　　　　　　　　　2021 年 1 月 31 日　　　　　　　　　单位：万元

| 会计科目 | 领料部门 | 原材料 | 燃料 | 合计 |
|---|---|---|---|---|
| 基本生产成本 | 一车间 | 5 | 0.1 | 5.1 |
| | 二车间 | 1.4 | 0.8 | 2.2 |
| 辅助生产成本 | 供电车间 | 0.7 | 0.2 | 0.9 |
| | 运输车间 | | 0.4 | 0.4 |
| 制造费用 | 一车间 | 0.05 | | 0.05 |
| | 二车间 | 0.1 | | 0.1 |
| 管理费用 | | 0.2 | | 0.2 |
| 合计 | | 7.45 | 1.5 | 8.95 |

会计审核：　　　　　　　审核：　　　　　　　　　制单：

### 3. 按格式不同分类

原始凭证按其格式不同，可以分为通用原始凭证和专用原始凭证。

（1）通用原始凭证。通用原始凭证是指由有关部门统一印刷，在一定范围内使用的具有统一格式和使用方法的原始凭证，如全国统一使用的银行承兑汇票、商业承兑汇票、某地区统一印制的收款收据等。商业承兑汇票的格式见图 6-2。

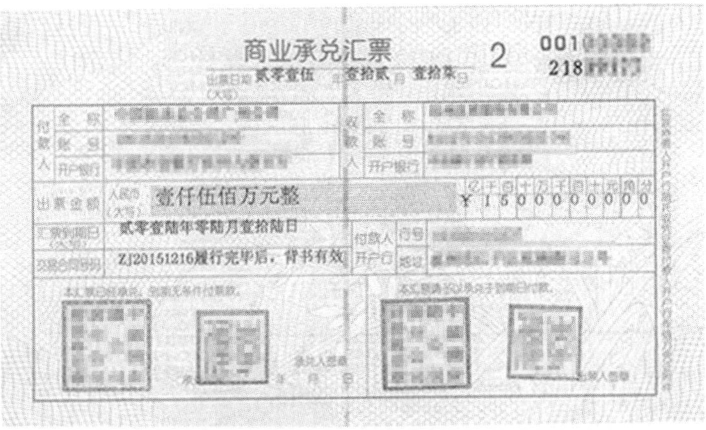
商业承兑汇票　2
出票日期（大写）贰零壹伍年壹拾贰月壹拾柒日
付款人 全称 / 账号 / 开户银行
收款人 全称 / 账号 / 开户银行
出票金额 人民币（大写）壹仟伍佰万元整　¥1500000000
汇票到期日（大写）贰零壹陆年零陆月壹拾陆日
交易合同号码 ZJ20151216履行完毕后，背书有效
付款人开户行 行号 / 地址

图 6-2　银行承兑汇票

（2）专用原始凭证。专用原始凭证是指专门用于某一类经济业务的原始凭证，如增值税专用发票、差旅费报销单等。差旅费报销单的一般格式见表 6-5。

**表 6-5　差旅费报销单**

年　　月　　日

<table>
<tr><td>单位名称</td><td colspan="4"></td><td>姓名</td><td></td><td>职别</td><td></td><td></td></tr>
<tr><td>出差事由</td><td colspan="6"></td><td rowspan="2">出差日期</td><td colspan="2" rowspan="2"></td></tr>
<tr><td>到达地点</td><td colspan="6"></td></tr>
<tr><td rowspan="3">项目<br>金额</td><td colspan="4">交通工具</td><td colspan="2">其他</td><td>旅馆费</td><td colspan="2">伙食补助</td></tr>
<tr><td>火车</td><td>汽车</td><td>飞机</td><td>轮船</td><td>出租车</td><td></td><td></td><td>在途　天</td><td>住勤　天</td></tr>
<tr><td></td><td></td><td></td><td></td><td></td><td></td><td></td><td></td><td></td></tr>
<tr><td colspan="8">总计金额人民币（大写）</td><td colspan="2"></td></tr>
<tr><td colspan="6" rowspan="2">主管　　　　领款人</td><td>月</td><td>日</td><td>顺序号</td><td>明细科目编号或名称</td></tr>
<tr><td></td><td></td><td></td><td></td></tr>
</table>

## ? 思考

在经济业务发生或完成时取得或填制的用以记录或证明经济业务的发生或完成情况的发票等属于原始凭证。那么，是否只有正式发票才可以用来做账？

## 二、原始凭证填制的基本要素

由于各单位的经济业务和经营管理要求千差万别，因而记录经济业务的原始凭证的名称、格式和内容必然也是多种多样的。但在会计实务中，无论哪一种原始凭证，都必须具备以下基本要素：

（1）原始凭证的名称；

（2）原始凭证填制日期和经济业务发生的日期；

（3）填制凭证的单位名称或填制人姓名；

（4）经办人或责任人的签名或盖章；

（5）接受凭证单位名称（俗称“抬头”）；

（6）经济业务内容（包括数量、单价、金额等）。

各会计主体根据会计核算和管理的要求，按照原始凭证应具备的基本内容和补充内容，即可设计和印刷适合本主体需要的各种原始凭证。但为了加强宏观管理，强化监督，堵塞偷税、漏税的漏洞，各有关主管部门应当为同类经济业务设计统一的原始凭证格式。

## 三、原始凭证的填制要求

为了确保会计核算资料的真实、正确并及时反映，原始凭证的填制应当遵循以下要求。

### （一）真实记录

原始凭证所填列的经济业务内容和数字必须真实可靠，即必须按经济业务发生的真实情况准确填制，不得弄虚作假，更不能伪造凭证，否则将会受到行政处分，情节严重的要依法追究刑事责任。

### （二）字迹清楚、内容完整

原始凭证的填写，字迹要清楚，内容要完整，要符合会计工作规则。填写时主要应注意以下六个方面。

（1）填制凭证必须用蓝黑墨水或碳素墨水书写，一式几联的会计凭证必须用双面复写纸套写，字迹必须清晰、工整，不得潦草。

（2）汉字大写金额数字，一律用正楷或行书字书写，不得任意自选简化字。金额前应有人民币字样紧靠大写金额，金额后（除“分”外）要有“整”字样。

（3）阿拉伯数字不得连笔书写。小写金额前应有人民币符号“￥”紧靠数字，以元为单位的金额一律填写到角分，无角分的应填写“00”或符号“—”。

（4）自制凭证必须由经办负责人或指定人员签名盖章，对外开出的原始凭证必须有本单位公章。

（5）各种凭证必须连续编号，以便查考。凭证如果已预先印定编号，在写坏作废时，应当加盖“作废”戳记，全部保存，不得撕毁。

（6）各种凭证不得随意涂改、刮擦、挖补。填写错误需要更正时，应用划线更正法，即将错误的文字和数字，用红色墨水划线注销，再将正确的数字和文字用蓝字写在划线部分的上方，并签字盖章。

**（三）填制及时**

各种凭证必须及时填制。经办人员必须及时取得或填制原始凭证，并且按照规定程序，及时送交财会部门，由财会部门审核，经确认无误后编制记账凭证。

**（四）责任明确**

原始凭证填制完毕后，经办单位、经办负责人以及填制人员均须在原始凭证的下方签名或盖章，从个人取得的原始凭证应写明填制人的姓名。对于外来的原始凭证，还应加盖填制单位的公章，包括业务公章、财务专用章、发票专用章等。对于自制原始凭证，由于是由本单位内部的部门和个人填制的，因此不需加盖本单位的公章，只需填明责任单位和责任人即可。

## 四、原始凭证的审核

原始凭证的审核应当按照国家统一会计准则的规定进行，会计人员必须对原始凭证进行审核，只有审核无误的原始凭证才能据以编制记账凭证，然后登记入账。原始凭证的审核是会计人员实行会计监督的重要手段。《中华人民共和国会计法》规定："会计机构的会计人员对不真实、不合法的原始凭证不予受理；对记载不正确、不完整的原始凭证应予以退回，要求更正补充。"原始凭证的审核一般包括以下方面。

**（一）审核原始凭证的合法性**

所谓合法，就是按会计法规、会计制度和计划预算办事。这里谈的会计制度，包括本单位制定的正在使用的一些内部会计制度。在审核时会计人员必须坚持原则，认真履行职责。对于违反制度、计划、预算和不符合增产节约原则的收支凭证，应拒绝办理，并报告领导人；对于不真实、不完整的原始凭证，发现后一定要退回重填或不予受理；虽真实完整，但不合法的原始凭证也不能受理；记账人员在登记账簿之前的审核中，如果发现了现行会计法规和会计制度不允许报销的原始凭证，应暂停登记，立即向会计主管报告。只有审核无误的原始凭证，才能作为填制记账凭证的依据。

**（二）审核原始凭证的合理性**

审核所发生的经济业务是否符合厉行节约、反对浪费、有利于提高经济效益的原则，是否有违反该原则的现象。如审核原始凭证后确定有突击使用预算结余购买不需要的物品，或对陈旧过时设备进行大修理等违反上述原则的情况，不能作为合理的原始凭据。

**（三）审核原始凭证的正确性**

原始凭证在计算方面是否存在失误。如审核原始凭证后确定有业务内容摘要与数量、金融不对应，业务所涉及的数量与单价的乘积与金额不符，金额合计数错误等情况，不能作为正确的原始凭证。

**（四）审核原始凭证的完整性**

所谓完整，指的是原始凭证应具备的要素完整和手续齐全，缺了哪一项都是不完整的。审核时要检查这些应具备的要素是否都填写上了。例如，发货票上应有销货单位的财务公章、税务专章、本联发货票的用途、发货票的编号等要素。有些项目缺了，还应怀疑原始凭证是否真实。要素不完整的原始凭证原则上应退回重填，特殊情况下须经旁证和领导批准后才能作为编制记账凭证的依据。

**? 思考**

为了如实反映经济业务的发生和完成情况，充分发挥会计的监督职能，保证会计信息的真实、完整，会计人员必须对原始凭证进行严格审核。在审核原始凭证中有哪些极易出现问题的风险点？

# 第三节 记账凭证

## 一、记账凭证的概念及分类

**（一）记账凭证的概念**

记账凭证是会计人员根据审核无误的原始凭证，按照经济业务的性质和应用的会计科目加以归类整理，确定会计分录而编制的直接据以登账的会计凭证。这主要基于：原始凭证来自不同的单位，种类繁多、数量庞大、格式不一，不能清楚地表明应记入的会计科目的名称和方向。这样不仅可以简化记账工作，减少差错，而且有利于原始凭证的保管，便于对账和查账，提高会计工作质量。

**（二）记账凭证的分类**

**1. 按其用途不同分类**

记账凭证按其用途不同可分为专用记账凭证和通用记账凭证。

（1）专用记账凭证。专用记账凭证是指专门用于某一种经济业务的记账凭证。它按记载的经济业务内容的不同，通常又可分为收款凭证、付款凭证和转账凭证三种，并用不同的颜色印刷，以资区别。

①收款凭证。收款凭证是用来记录库存现金和银行存款等货币资金收款业务的凭证，它是根据库存现金和银行存款收款业务的原始凭证填制，收款凭证是登记现金日记账、银行存款日记账以及有关明细账和总账等账簿的依据，也是出纳人员收讫款项的依据。一般包括现金收款凭证和银行存款收款凭证两种。其格式和内容见表 6-6 所示。

**表 6-6　收款凭证**

借方科目：　　　　　年　　月　　日　　　　　　　收字第　　号

| 摘要 | 贷方科目 | | 金额 | | | | | | | | | | | 记账 |
|---|---|---|---|---|---|---|---|---|---|---|---|---|---|---|
| | 总账科目 | 明细科目 | 亿 | 千 | 百 | 十 | 万 | 千 | 百 | 十 | 元 | 角 | 分 | √ |
| | | | | | | | | | | | | | | |
| | | | | | | | | | | | | | | |
| | | | | | | | | | | | | | | |
| | | | | | | | | | | | | | | |
| | | | | | | | | | | | | | | |
| | | | | | | | | | | | | | | |
| 合计 | | | | | | | | | | | | | | |

附件　　张

会计主管：　　　　记账：　　　　出纳：　　　　审核：　　　　制单：

②付款凭证。付款凭证是指用于记录库存现金和银行存款付款业务的会计凭证。付款凭证是根据有关库存现金和银行存款付款业务的原始凭证填制，是登记现金日记账、银行存款日记账以及有关明细账和总账等账簿的依据，也是出纳人员支付款项的依据。一般包括现金付款凭证和银行存款付款凭证两种。其格式如表 6-7 所示。

**表 6-7　付款凭证**

贷方科目：　　　　　年　　月　　日　　　　　　　付字第　　号

| 摘要 | 借方科目 | | 金额 | | | | | | | | | | | 记账 |
|---|---|---|---|---|---|---|---|---|---|---|---|---|---|---|
| | 总账科目 | 明细科目 | 亿 | 千 | 百 | 十 | 万 | 千 | 百 | 十 | 元 | 角 | 分 | √ |
| | | | | | | | | | | | | | | |
| | | | | | | | | | | | | | | |
| | | | | | | | | | | | | | | |
| | | | | | | | | | | | | | | |
| | | | | | | | | | | | | | | |
| | | | | | | | | | | | | | | |
| 合计 | | | | | | | | | | | | | | |

附件　　张

会计主管：　　　　记账：　　　　出纳：　　　　审核：　　　　制单：

③转账凭证。转账凭证是指用于不涉及记录库存现金和银行存款业务的记账凭证。如处理生产领料、产品入库等业务时，应采用转账凭证。转账凭证是根据有关转账业务的原始凭证填制，是登记有关明细账和总账的依据。其格式如表 6-8 所示。

表 6-8 转账凭证

年 月 日 转字第 号

| 摘要 | 会计科目 | | 借方金额 | | | | | | | | | | | 贷方金额 | | | | | | | | | | | 记账 |
|---|---|---|---|---|---|---|---|---|---|---|---|---|---|---|---|---|---|---|---|---|---|---|---|---|---|
| | 总账科目 | 明细科目 | 亿 | 千 | 百 | 十 | 万 | 千 | 百 | 十 | 元 | 角 | 分 | 亿 | 千 | 百 | 十 | 万 | 千 | 百 | 十 | 元 | 角 | 分 | √ |
| | | | | | | | | | | | | | | | | | | | | | | | | | |
| | | | | | | | | | | | | | | | | | | | | | | | | | |
| | | | | | | | | | | | | | | | | | | | | | | | | | |
| | | | | | | | | | | | | | | | | | | | | | | | | | |
| | | | | | | | | | | | | | | | | | | | | | | | | | |
| 合计 | | | | | | | | | | | | | | | | | | | | | | | | | |

附件 张

会计主管： 记账： 审核： 制单：

（2）通用记账凭证。在经济业务比较简单的经济单位，为了简化凭证，可不论收款、付款及转账业务都使用一种格式的记账凭证，这种记账凭证称为通用记账凭证。通用记账凭证的格式与转账凭证的格式基本相同，其格式见表 6-9。

表 6-9 记账凭证

年 月 日 字号第 号

| 摘要 | 总账科目 | 明细科目 | √ | 借方金额 | √ | 贷方金额 |
|---|---|---|---|---|---|---|
| | | | | | | |
| | | | | | | |
| | | | | | | |
| | | | | | | |
| | | | | | | |
| 合 计 | | | | | | |

附件 张

财务主管： 记账： 出纳： 复核： 制单：

### 2. 按填制方式不同分类

记账凭证按其填制方式不同可分为单式记账凭证、复式记账凭证和汇总记账凭证。

（1）单式记账凭证。单式记账凭证又称为单项记账凭证，是指一张记账凭证中只填列一个会计科目的记账凭证。在采用单式记账凭证处理经济业务时，若一笔会计分录同时涉及几个会计科目，就必须按会计科目填制同样张数的记账凭证，其中填列借方科目的记账凭证称为借方记账凭证，又称为借项记账凭证；填列贷方科目的记账凭证称为贷方记账凭证，又称为贷项记账凭证。其格式分别见表 6-10、表 6-11。

**表 6-10　借项记账凭证**

对应科目：　　　　年　月　日　　　　编号

| 摘要 | 总账科目 | 明细科目 | 金额 | 记账符号 |
|---|---|---|---|---|
| | | | | |
| | | | | |
| 合计 | | | | |

附件　张

会计主管：　记账：　出纳：　审核：　制单：

**表 6-11　贷项记账凭证**

对应科目：　　　　年　月　日　　　　编号

| 摘要 | 总账科目 | 明细科目 | 金额 | 记账符号 |
|---|---|---|---|---|
| | | | | |
| | | | | |
| 合　计 | | | | |

附件　张

会计主管：　记账：　出纳：　审核：　制单：

采用单式记账凭证时，为方便审核及审计，其原始凭证应集中附在其中一张主要的记账凭证后。采用单式记账凭证处理会计事项，具有方便科目汇总、便利分工记账的优点。但是，这种方式的制证工作量极大，纸张花费也大，而且单式记账凭证不能在一张凭证上集中反映一笔经济业务的全貌，不便于事后查账。

（2）复式记账凭证。复式记账凭证是把每笔经济业务所涉及的全部会计科目及其发生额均登记在同一张会计凭证上，用以完整反映某笔经济业务情况的记账凭证。复式记账凭证可以反映经济业务的全貌，了解会计科目的对应关系，检查分录的正确性。但是，采用复式记账凭证不便于分工记账和科目汇总。前述收款凭证、付款凭证和转账凭证等都是复式记账凭证。

（3）汇总记账凭证。汇总记账凭证是指将许多同类记账凭证逐日或定期加以汇总后填制的记账凭证。如根据收款凭证汇总填制的现金汇总收款凭证和银行存款汇总收款凭证；根据付款凭证汇总填制的现金汇总付款凭证和银行存款汇总付款凭证；以及根据转账凭证汇总填制的汇总转账凭证等。其格式分别见表 6-12~表 6-16。

表 6-12 汇总收款凭证

借方科目：库存现金 年 月 汇收第 号

| 贷方科目 | 金额 | | | | 记账 | |
|---|---|---|---|---|---|---|
| | 1—10 日收款凭证<br>第 号~第 号 | 11—20 日收款凭证<br>第 号~第 号 | 21—31 日收款凭证<br>第 号~第 号 | 合计 | 借方 | 贷方 |
| | | | | | | |
| | | | | | | |
| | | | | | | |
| | | | | | | |
| 合计 | | | | | | |

附件 张

会计主管： 记账： 出纳： 审核： 制单：

表 6-13 汇总收款凭证

借方科目：银行存款 年 月 汇收第 号

| 贷方科目 | 金额 | | | | 记账 | |
|---|---|---|---|---|---|---|
| | 1—10 日收款凭证<br>第 号~第 号 | 11—20 日收款凭证<br>第 号~第 号 | 21—31 日收款凭证<br>第 号~第 号 | 合计 | 借方 | 贷方 |
| | | | | | | |
| | | | | | | |
| | | | | | | |
| | | | | | | |
| 合计 | | | | | | |

附件 张

会计主管： 记账： 出纳： 审核： 制单：

表 6-14 汇总付款凭证

贷方科目：库存现金 年 月 汇付第 号

| 借方科目 | 金额 | | | | 记账 | |
|---|---|---|---|---|---|---|
| | 1—10 日付款凭证<br>第 号~第 号 | 11—20 日付款凭证<br>第 号~第 号 | 21—31 日付款凭证<br>第 号~第 号 | 合计 | 借方 | 贷方 |
| | | | | | | |
| | | | | | | |
| | | | | | | |
| | | | | | | |
| 合计 | | | | | | |

附件 张

会计主管： 记账： 出纳： 审核： 制单：

**表 6-15　汇总付款凭证**

贷方科目：银行存款　　　　年　　月　　　　汇付第　　号

| 借方科目 | 金额 | | | | 记账 | |
|---|---|---|---|---|---|---|
| | 1—10 日付款凭证<br>第　号~第　号 | 11—20 日付款凭证<br>第　号~第　号 | 21—31 日付款凭证<br>第　号~第　号 | 合计 | 借方 | 贷方 |
| | | | | | | |
| | | | | | | |
| | | | | | | |
| | | | | | | |
| 合计 | | | | | | |

附件　张

会计主管：　　记账：　　出纳：　　审核：　　制单：

**表 6-16　汇总转账凭证**

贷方科目：　　　　年　　月　　　　汇转第　　号

| 借方科目 | 金额 | | | | 记账 | |
|---|---|---|---|---|---|---|
| | 1—10 日转账凭证<br>第　号~第　号 | 11—20 日转账凭证<br>第　号~第　号 | 21—31 日转账凭证<br>第　号~第　号 | 合计 | 借方 | 贷方 |
| | | | | | | |
| | | | | | | |
| | | | | | | |
| | | | | | | |
| 合计 | | | | | | |

附件　张

会计主管：　　记账：　　出纳：　　审核：　　制单：

## 二、记账凭证的基本要素

记账凭证作为登记账簿的依据，其主要作用在于对种类繁多、格式各异的原始凭证进行归类、整理，运用账户和复式记账方法确定会计科目，编制会计分录。在实际工作中，因反映经济业务的内容不同，各单位规模大小及其对会计核算繁简程度的要求不同，记账凭证的格式设计也不尽相同，但为了满足记账凭证的基本要求，各种记账凭证都必须具备一些相同的内容，这些内容被称为记账凭证的基本要素。按照我国《会计基础工作规范》的规定，记账凭证必须具备以下基本要素：

（1）填制凭证的日期；

（2）凭证编号；

（3）经济业务摘要；

（4）会计科目；

（5）记账金额；

（6）所附原始凭证张数；

（7）填制凭证人员、稽核人员、记账人员、会计机构负责人、会计主管人员签名或者盖章。

收款凭证和付款凭证还应当由出纳人员签名或者盖章。以自制的原始凭证或者原始凭证汇总表代替记账凭证的，也必须具备记账凭证应有的项目。

## 三、记账凭证的填制方法

下面对各种专用凭证的填制方法进行阐述。

### （一）收款凭证的填制方法

收款凭证的填制方法是：凭证左上角“借方科目”处，按照业务内容选填“银行存款”或“库存现金”科目；凭证上方的“年　月　日”处，填写财务部门受理经济业务事项制证的日期；凭证右上角“字第　号”处，填写“银收”或“收”字和已填制凭证的顺序编号；“摘要”栏填写能反映经济业务性质和特征的简要说明；贷方“总账科目”和“明细科目”栏填写与银行存款或库存现金收入相对应的总账科目及其明细科目；“金额”栏填写与同一行科目相对应的发生额；“合计”栏填写各发生额的合计数；凭证右边“附件张”处填写所附原始凭证的张数；凭证下方分别由相关人员签字或盖章；记账栏则应在已经登记账簿后打“√”，表示已经入账，以免发生漏记或重记错误。

**【例 6-1】**202×年 12 月 1 日企业收到海×公司偿还的货款 80 000 元，根据有关原始凭证填制收款凭证，见表 6-17。

**表 6-17　收款凭证**

借方科目：银行存款　　202×年 12 月 1 日　　银收字第 1 号

| 摘要 | 贷方科目 | | 金额 | 记账 |
|---|---|---|---|---|
| | 总账科目 | 明细科目 | | √ |
| 收到海×公司货款 | 应收账款 | 海×公司 | 80 000.00 | |
| | | | | |
| | | | | |
| 合计 | | | ¥80 000.00 | |

附件 1 张

会计主管：　记账：　出纳：　审核：　制单：王萍

### （二）付款凭证的填制方法

付款凭证的格式及填制方法与收款凭证基本相同，只是将凭证的“借方科目”与“贷方科目”栏目交换位置；填制时先填写“贷方科目”的“库存现金”或“银行存款”科目，再填写与付出库存现金或银行存款相对应的总账科目和明细科目。

**【例 6-2】**202×年 12 月 18 日企业以银行存款支付前欠光×公司的货款 22 600 元。根据有关原始凭证填制付款凭证，见表 6-18。

**表 6-18　付款凭证**

贷方科目：银行存款　　202×年 12 月 18 日　　银付字第 32 号

| 摘要 | 借方科目 | | 金额 | 记账 √ |
|---|---|---|---|---|
| | 总账科目 | 明细科目 | | |
| 支付前欠货款 | 应收账款 | 光×公司 | 22 600.00 | |
| | | | | |
| | | | | |
| 合计 | | | ¥22 600.00 | |

附件 1 张

会计主管：　记账：　出纳：　审核：　制单：王萍

**提　示**

为了避免重复记账，对于企业发生的库存现金和银行存款之间的互转业务，或银行存款各账户之间的相互划转，一般只编制付款凭证，不编制收款凭证。例如，企业将现金存入银行，只需编制现金付款凭证，而不必同时编制银行存款收款凭证；同理，企业从银行提取现金，则只需编制银行存款付款凭证，而不必同时编制现金收款凭证。记账时，根据付款凭证同时记入“库存现金”和“银行存款”账户。

收款凭证和付款凭证既是记账人员登记日记账和有关总账及明细账的依据，同时又是出纳人员收款、付款的依据。因此，出纳人员必须根据由会计主管人员审核后的收款凭证和付款凭证办理收款、付款业务，借以通过会计人员填制、审核收款凭证和付款凭证，监督企业单位的库存现金、银行存款的收付业务，加强对货币资金的管理。

### （三）转账凭证的填制方法

转账凭证是根据不涉及库存现金和银行存款的转账业务的原始凭证填制的。转账凭证的格式与收款凭证、付款凭证的不同之处在于，凭证左上角不设主体科目，而将经济业务的对应科目按先借后贷的顺序全部填入“总账科目”和“明细科目”栏，并通过将各科目金额按记账方向填入相应的“借方金额”或“贷方金额”来确定科目间的对应关系。转账凭证其他栏目的填写方法与收款凭证、付款凭证相同。

**【例 6-3】** 202×年 12 月 25 日企业从仓库领用原材料（甲材料）20 000 元、（乙材料）30 000 元，用于生产 A 产品。这笔经济业务未涉及货币资金的收付，所以应填制转账凭证，见表 6-19。

表 6-19 转账凭证

202×年 12 月 25 日 转字第 50 号

| 摘要 | 总账科目 | 明细科目 | 记账√ | 借方金额 | 记账√ | 贷方金额 |
|---|---|---|---|---|---|---|
| 生产产品领用材料 | 生产成本 | A 产品 | | 50 000.00 | | |
| | 原材料 | 甲材料 | | | | 20 000.00 |
| | | 乙材料 | | | | 30 000.00 |
| | | | | | | |
| | | | | | | |
| 合计 | | | | ¥50 000.00 | | ¥50 000.00 |

附件 2 张

会计主管： 记账： 出纳： 审核： 制单：杨易

## 四、记账凭证的填制要求

会计人员要根据审核无误的原始凭证填制记账凭证，为了提高填制记账凭证的质量，发挥记账凭证的作用，在填制记账凭证时还应注意以下要求。

（1）确定采用何种记账凭证。应根据经济业务的性质，首先确定使用哪种记账凭证（收款凭证、付款凭证或转账凭证，收支业务不多的单位，可以使用一种通用的记账凭证）来记录这项经济业务。

（2）使用收款凭证、付款凭证和转账凭证的单位，对现金和银行存款之间及各种银行存款之间相互划转的业务，如从银行提取现金或将现金存入银行等，只填制付款凭证，不再编制现金或银行存款的收款凭证，以避免重复记账。

（3）填制记账凭证的日期。填写日期一般是会计人员填制记账凭证的当天日期，也可以根据管理需要，填写经济业务发生的日期或月末日期。

（4）填写记账凭证的编号。填写记账凭证编号的方法有多种，一种是将财会部门内全部记账凭证作为一类统一编号，另一种是分别按现金和银行存款收入、现金和银行存款付出及转账业务三类进行编号。记账凭证无论是统一编号还是分类编号，均应分月按自然数1、2、3、4……的顺序进行编号，一张记账凭证编一个号，不得跳号、重号。

复杂的会计事项，需要填制两张或两张以上记张凭证时，应另编分号，即在原编号后面用分类的形式表示，如第 10 号银行存款付出凭证的会计事项需要编制三张记账凭证，则第 1 张为银付 10$\frac{1}{3}$，第 2 张为银付 10$\frac{2}{3}$，第三张为银付 10$\frac{3}{3}$。

填写记账凭证的编号，是为了分清会计凭证处理的先后顺序，便于登记账簿和记账凭证与账簿记录的核对，保证会计凭证的完整、安全，防止丢失，并方便查账。

（5）填写经济业务的内容摘要。记账凭证的摘要栏是填写经济业务的简要内容，填写时要用简明扼要的文字反映经济业务的概况。

（6）会计科目（包括一级科目和二级科目）和会计分录的填制。应填写会计科目的全称和编号，不得简写或只写编号而不写名称，不得用“//”符号代替会计科目。要写明一级科目、二级科目甚至三级科目，以便于登记总分类账和明细分类账。会计科目的对应关系要填写清楚，不能把不同内容、不同类型的经济业务合并，编制一组会计分录，填制在一张凭证上。

（7）金额栏数字的填写。记账凭证的金额必须与原始凭证的金额相符。在填写金额数字时，阿拉伯数字书写要规范，应平行对准借贷栏次和科目栏次，防止错栏、串行，金额的数字要填写到分位。合计数前面填写货币符号“￥”，不是合计数，则不填写货币符号。

（8）记账凭证应按行次逐项填写，不得跳行或留有空行。对记账凭证中的空行，应该划斜线或一条“S”形线注销。

（9）所附原始凭证张数的计算和填写。记账凭证一般应附有原始凭证，并注明其张数。凡属收付款业务的记账凭证，必须有附件，附件张数应用阿拉伯数字填写。

（10）记账凭证的签章。记账凭证填制完成后，需要由有关会计人员签名或盖章，对于收付款记账凭证，还需有出纳人员签名或盖章，以表明出纳人员已对所签名或盖章的收付款记账凭证上的款项进行了收付。

**？思考**

记账凭证出现错误是否可以更正？如果可以更正，有哪些具体方法？

### 五、记账凭证的审核

记账凭证的审核是为了保证和监督各种款项的收付、物资的收发、往来的结算以及账簿记录的正确性，是对所办理的经济业务的原始凭证的审核和记账凭证的填制是否符合规定进行复查，审查的内容主要有以下方面：

（1）应附的原始凭证是否附齐；

（2）原始凭证与记账凭证的金额内容是否一致；

（3）摘要是否简洁明了；

（4）会计分录是否编制正确；

（5）规定项目是否填齐；

（6）有关人员是否都已签名盖章；

## 第四节　会计凭证的传递和保管

### 一、会计凭证的传递

#### （一）会计凭证传递的含义

由于经济管理过程中分工、内部牵制、监督控制机制等方面的需要，会计凭证从填制起到归档保管为止，往往需要经过会计主体内部多个部门或有关人员的处理，这个凭证处理过程就是会计凭证的传递。

会计凭证的传递程序是凭证组织的一个重要内容，也是会计的基础工作。

### （二）正确组织会计凭证传递的意义

会计凭证承担着经济业务载体的功能，又是办理经济业务手续及记账的依据。因此，在会计主体内部各种会计凭证应由谁填制，填制后在什么时间递交什么部门，什么岗位，由谁接办业务手续，直到归档保管为止都应有合理的传递程序。如果为一式数联的会计凭证，还应具体规定各联的流程。组织科学合理的凭证传递程序，对及时、准确地提供会计信息有着重要意义。其具体表现主要包括以下方面。

（1）组织科学合理的凭证传递程序，有利于各经办人员及时掌握经济业务发生情况，加速业务处理过程，从而提高工作效率。例如，商品的销售过程一般要经过开单、提货、发运、货款结算等环节，涉及业务、仓储、运输、会计等部门，如果凭证传递合理，就能使各部门协调工作，缩短销售过程，从而加速资金运转。

（2）组织科学合理的凭证传递程序，有利于发挥会计监督作用。例如，在商品购进过程中，一般会计部门不仅应收到业务部门转来的购进发票，而且还应收到仓库部门传来相应的收货单。通过对发票及收货单的审核，可发挥会计的监督作用，以保护企业财产的安全。

（3）组织科学合理的凭证传递程序，有利于加强内部牵制机制。例如，在现金报销过程中，一张会计凭证必须经过出纳、稽核、记账等多人之手，从而加强内部牵制作用，预防漏洞的产生。

### （三）会计凭证传递程序设计的基本要求

从上述会计凭证传递的概念及意义的阐述中可以看出，整个会计凭证传递过程，就是经济业务处理的一个执行过程。因次，会计凭证传递程序设计的优劣，直接影响到管理机制运行的效果，必须重视凭证传递的设计。会计凭证传递程序的制定，通常应注意以下方面。

（1）制定的程序要注意有利于会计监督及内部牵制。

（2）要根据经济业务的特点，企业内部机构设置，人员分工情况及管理上的需要等实际情况，制定凭证需要的联数及流程。既使经济业务手续能顺利进行，又能利用凭证资料满足各方面需要。

（3）在满足管理需要的前提下，凭证的联数及流转环节力求简练，以免影响传递速度。

（4）凭证在各环节停留时间的确定，不能过紧或过松。过紧会影响业务的完成，过松则助长办事拖沓风气。某些凭证的停留时间还应考虑外部特殊的要求，例如按银行结算制度规定，托收凭证的验单付款期只有 3 天，因此，业务合同员从收到核对合同到交出凭证确定是否付款的时间绝不能多于 3 天。

（5）原始凭证的传递一般都需要涉及各个部门和经办人员，因此，应会同有关部门共同确定传递程序和时间。记账凭证虽为会计机构内部凭证，但会计主管也应同填制、审核、出纳、记账等人员商定传递程序及时间。

## 二、会计凭证的保管

会计凭证的保管是指会计凭证登账后的整理、装订和归档存查。会计凭证是记账的依据，是重要的经济档案和历史资料。因此，对会计凭证必须妥善整理和保管，不得丢失或任意销毁。会计凭证的保管方式和要求如下所述。

### （一）会计凭证的归类整理

每月记账完毕，应定期将会计凭证加以归类整理，即把记账凭证及其所附的原始凭证，按记账凭证的编号顺序进行整理，在确保记账凭证及其所附的原始凭证完整无缺后，将其折叠整齐，加上封面、封底，装订成册，并在装订线上加贴封签，以防散失和任意拆装。在封面上要注明单位名称、凭证种类、所属年月、起讫日期、起讫编号、凭证张数等。会计主管或指定装订人员要在装订线封签处签名或盖章，然后存档保管。对于那些数量过多的原始凭证，如收（发）料单、工资单等，或各种随时需要查阅的原始凭证，如合同、存出保证金合同等，也可以单独装订保管，在封面上注明记账凭证的日期、编号、种类，同时在记账凭证上注明“附件另订”。

会计凭证封面的格式见表 6-20。

**表 6-20　凭证封面**

20 年　　月　　　　编号

| | | | |
|---|---|---|---|
| 凭证名称 | | | |
| 册　　数 | 第　　册 共　　册 | | |
| 起讫编号 | 自第　　号至第　　号止共计　　张 | | |
| 起讫日期 | 自 20　年　月　日至 20　年　月　日 | | |
| 抽出附件登记 | （一） | 抽取人签章 | |
| | （二） | 抽取人签章 | |

财会主管：　　　　保管：　　　　装订：

### （二）会计凭证的造册归档

每年的会计凭证都应由会计部门按照归档的要求，负责整理立卷或装订成册。当年的会计凭证，在会计年度终了后，可暂由会计部门保管一年。期满后，原则上应由会计部门编造清册移交本单位档案部门保管。档案部门接收的会计凭证，原则上要保持原卷册的封装，个别需要拆封重新整理的，应由会计部门和经办人员共同拆封整理，以明确责任。会计凭证必须做到妥善保管，存放有序，查找方便，并要严防毁损、丢失和泄密。

### （三）会计凭证的外借

会计凭证原则上不得借出，其他单位因特殊原因需要使用原始凭证时，经本单位负责人批准，可以复制。但向外单位提供的原始凭证复印件，应在专设的登记簿上登记，并由提供人员和收取人员共同签名或盖章。

### （四）会计凭证的销毁

会计凭证的保管期限：原始凭证 30 年、记账凭证 30 年。保管期未满，任何人不得随意销毁会计凭证。按规定销毁会计凭证时，必须开列清单，报经批准后，由档案部门和会计部门共同派人监销。在销毁会计凭证前，监督销毁的人员应认真清点核对，销毁后，在销毁清册上签名或盖章，并将监销情况报本单位负责人。

企业会计档案保管期限见表 6-21。

**表 6-21 企业和其他组织会计档案保管期限表**

（2016 年 1 月 1 日起执行）

| 序号 | 档案名称 | 保管期限 | 备注 |
| --- | --- | --- | --- |
| 一 | 会计凭证类 | | |
| 1 | 原始凭证 | 30 年 | |
| 2 | 记账凭证 | 30 年 | |
| 3 | 汇总凭证 | 30 年 | |
| 二 | 会计账簿类 | | |
| 4 | 总账 | 30 年 | 包括日记总账 |
| 5 | 明细账 | 30 年 | |
| 7 | 日记账 | 30 年 | 现金和银行存款，日记账保管 25 年 |
| 7 | 固定资产卡片 | | 固定资产报废清理后保管 5 年 |
| 8 | 辅助账簿 | 30 年 | |
| 三 | 财务报告类 | | 包括各级主管部门汇总财务报告 |
| 9 | 月度、季度、半年度财务报告 | 10 年 | 包括文字分析 |
| 10 | 年度财务报告（决算） | 永久 | 包括文字分析 |
| 四 | 其他类 | | |
| 11 | 会计档案移交清册 | 30 年 | |
| 12 | 会计档案保管清册 | 永久 | |
| 13 | 会计档案销毁清册 | 永久 | |
| 14 | 银行余额调节表 | 10 年 | |
| 15 | 银行对账单 | 10 年 | |
| 16 | 会计档案鉴定意见书 | 永久 | |

**? 思考**

企业会计凭证丢失怎么办？企业需要怎么做？

# 本章小结

本章是对会计凭证的概念、作用以及不同会计凭证的系统性介绍。主要介绍了会计凭证的概念、作用、分类；原始凭证的概念、分类、填制基本要素、填制要求以及审核内容；记账凭证的概念、分类、填制基本要素、填制要求以及审核内容；会计凭证传递的意义和基本程度要求；会计凭证的保管，具体是指登账后的整理、装订和归档存查等。本章重点内容如下。

**1. 会计凭证的概念**

会计凭证是记录经济业务发生或完成情况，明确经济责任和据以登记账簿的书面证明。任何单位每发生一项经济业务，如货币资金的收支、财产物资的进出、各种债权债务的结算等，经办业务的有关人员必须按照规定的程序和要求，认真填制会计凭证。

**2. 会计凭证的分类**

会计核算与监督涉及的范围非常广泛，所反映的经济活动内容具有复杂性、多样性，因此用于记录经济业务的会计凭证也必然种类繁多，为便于运用会计凭证，需要对会计凭证进行分类。会计凭证按其填制程序和用途不同可分为原始凭证和记账凭证两大类。

**3. 原始凭证的概念及填制要求**

原始凭证是在经济业务发生时取得或填制的。它是用来记录经济业务实际执行情况，明确经济责任，并具有法律效力的会计凭证，也是记账的原始依据。为了确保会计核算资料的真实、正确并及时反映，原始凭证的填制应当遵循以下要求：（1）真实记录；（2）字迹清楚、内容完整；（3）填制及时；（4）责任明确。

**4. 记账凭证的概念及分类**

记账凭证是会计人员根据审核无误的原始凭证，按照经济业务的性质和应用的会计科目加以归类整理，确定会计分录而编制的直接据以登账的会计凭证。记账凭证按其填制方式不同可分为单式记账凭证、复式记账凭证和汇总记账凭证。记账凭证按其用途不同可分为通用记账凭证和专用记账凭证。

**5. 会计凭证的传递**

由于经济管理过程中分工、内部牵制、监督控制机制等方面的需要，会计凭证从填制起到归档保管为止，往往需要经过会计主体内部多个部门或有关人员的处理，这个凭证处理过程就是会计凭证的传递。

**6. 会计凭证的归类整理**

每月记账完毕，应定期将会计凭证加以归类整理，即把记账凭证及其所附的原始凭证，按记账凭证的编号顺序进行整理，在确保记账凭证及其所附的原始凭证完整无缺后，将其折叠整齐，加上封面、封底，装订成册，并在装订线上加贴封签，以防散失和任意拆装。在封面上要注明单位名称、凭证种类、所属年月、起讫日期、起讫编号、凭证张数等。

## 关键词汇

| | | | |
|---|---|---|---|
| 1. 会计凭证 | 2. 原始凭证 | 3. 记账凭证 | 4. 外来原始凭证 |
| 5. 自制原始凭证 | 6. 一次凭证 | 7. 累计凭证 | 8. 汇总凭证 |
| 9. 通用原始凭证 | 10. 专用原始凭证 | 11. 单式记账凭证 | 12. 复式记账凭证 |
| 13. 汇总记账凭证 | 14. 通用记账凭证 | 15. 专用记账凭证 | 16. 收款凭证 |
| 17. 付款凭证 | 18. 转账凭证 | 19. 会计凭证的传递 | 20. 会计凭证的保管 |
| 21. 归类整理 | 22. 造册归档 | | |

## 练习与思考

### 一、单项选择题

1. 会计凭证按其（　　）不同，可以分为原始凭证和记账凭证。

A. 填制的方法　B. 填制的程序和用途　C. 取得的来源　D. 反映经济业务的次数

2. （　　）属于外来原始凭证。

A. 付款收据　B. 入库单　C. 出库单　D. 发出材料汇总表

3. “发出材料汇总表”是（　　）。

A. 汇总原始凭证　B. 汇总记账凭证　C. 记账凭证　D. 累计凭证

4. 会计凭证的传递是指（　　），在单位内部有关部门及人员之间的传递程序和传递时间。

A. 从会计凭证的填制到登记账簿为止　B. 从会计凭证的填制或取得到归档为止

C. 从会计凭证审核到归档为止　D. 从会计凭证填制或取得到登记账簿为止

5. 记账凭证是（　　）根据审核无误的原始凭证填制的。

A. 经办人员　B. 会计人员　C. 主管人员　D. 复核人员

6. 下列各项中，不属于原始凭证审核内容的是（　　）。

A. 凭证是否有填制单位的公章和填制人员的签章

B. 凭证项目的填列是否齐全

C. 凭证所列事项是否符合有关的计划和预算

D. 会计科目的使用是否正确

7. 记账凭证中，一般没有（　　）。

A. 记账凭证的编号　B. 记账凭证的日期

C. 记账凭证的名称　D. 接受单位的名称

8. 甲企业销售产品一批，产品已发出，发票已交给购货方，货款尚未收到，甲企业的会计人员应根据有关的原始凭证编制（　　）。

A. 收款凭证　　B. 付款凭证　　C. 转账凭证　　D. 汇总凭证

9. 企业外购商品一批，已验收入库，货款已付，根据这笔业务的有关原始凭证应该填制记账凭证是（　　）。

A. 收款凭证　　B. 付款凭证　　C. 转账凭证　　D. 汇总凭证

10. 车间领用材料，材料出库时填制的领料单属于（　　）。

A. 自制原始凭证　B. 收款凭证　　C. 外来原始凭证　D. 付款凭证

11. 从银行提取现金，应填制的记账凭证是（　　）。

A. 现金付款凭证　B. 银行付款凭证　　C. 现金收款凭证　D. 银行收款凭证

12. 将现金存入银行应填制的记账凭证是（　　）。

A. 现金付款凭证　B. 现金收款凭证　　C. 银行收款凭证　D. 银行付款凭证

13. 赊销商品 30 000 元，这笔经济业务应填制的记账凭证是（　　）。

A. 收款凭证　　B. 付款凭证　　C. 转账凭证　　D. 原始凭证

14. 记账凭证与所附的原始凭证的金额（　　）。

A. 必须相等　　B. 可能相等　　C. 可能不相等　　D. 一定不相等

15. 适用于任何经济业务的记账凭证是（　　）。

A. 通用记账凭证　B. 收款凭证　　C. 付款凭证　　D. 转账凭证

16. 下列业务中，应该编制收款凭证的是（　　）。

A. 购买原材料用银行存款支付　　B. 收到销售商品的款项

C. 购买固定资产，款项尚未支付　　D. 销售商品，收到商业汇票一张

17. 收款凭证的贷方账户可能是（　　）。

A. 原材料　　B. 库存商品　　C. 其他应收款　　D. 预付账款

18. 原始凭证和记账凭证的相同点是（　　）。

A. 具体作用相同　B. 编制时间相同　　C. 编制人员相同　D. 反映的经济业务相同

19. 自制原始凭证可分为一次凭证、累计凭证和汇总原始凭证，其分类标准是(　　)。

A. 按其填制的程序和用途　　B. 按其取得的不同来源

C. 按其适用的经济业务　　D. 按其填制手续不同

20. 通用记账凭证的填制方法与（　　）的填制方法相同。

A. 原始凭证　　B. 收款凭证　　C. 转账凭证　　D. 付款凭证

21. 会计分录在会计实务中是填写在（　　）上的。

A. 原始凭证　　B. 记账凭证　　C. 总分类账　　D. 明细分类账

22. 会计人员在审核原始凭证时，对于不清楚、不完整的原始凭证应采取（　　）的

做法。

A. 退回重填　B. 拒绝办理　C. 暂停登记　D. 向会计主管报告

23. 下列各项中，不属于原始凭证的是（　　）。

A. 出纳填制的收款凭证　B. 火车票

C. 销售发票　D. 领料单

24. 下列项目中，属于自制原始凭证的有（　　）。

A. 领料单　B. 购料发票　C. 增值税发票　D. 银行对账单

25. 在下列原始凭证中，属于外来原始凭证的是（　　）。

A. 增值税专用发票　B. 工资计算表

C. 出库单　D. 限额领料单

## 二、多项选择题

1. 关于会计凭证，下列各项表述中正确的包括（　　）。

A. 会计凭证可以分为原始凭证和记账凭证

B. 审核无误的原始凭证是编制记账凭证的依据

C. 审核无误的记账凭证是登记账簿的直接依据

D. 尚未取得原始凭证的经济业务可以先编制记账凭证据以记账

2. 原始凭证按填制方式分类，分为（　　）。

A. 单式记账凭证　B. 汇总记账凭证　C. 累计凭证　D. 复式记账凭证

E. 一次凭证

3. 下列单据中，可作为会计核算原始凭证的有（　　）。

A. 购销发票　B. 出差车票　C. 生产计划　D. 现金支票存根

E. 医药费报销单

4. 原始凭证是（　　）。

A. 记录经济业务的书面凭证

B. 填制记账凭证的依据

C. 明确经济责任的具有法律效力的文件

D. 会计核算的客观依据

E. 编制会计报表的依据

5. 各种原始凭证必须具备的基本要素包括（　　）。

A. 凭证的名称、编号和日期

B. 接受单位的名称

C. 填制单位的名称和有关人员的签章

D. 应借应贷会计科目名称

E. 经济业务的详细内容

6. 付款凭证左上角的“贷方科目”可能登记的科目有（　　）。

A. 银行存款　　B. 库存现金　　C. 应付账款　　D. 应收账款
E. 其他应收款

7. 复式记账凭证是（　　）。
A. 记账凭证的一种
B. 可以集中反映一项经济业务的科目对应关系
C. 一次可以反映若干项经济业务的凭证
D. 复式记账凭证不便于分工记账和科目汇总
E. 会计人员根据同类经济业务加以汇总编制的凭证

8. 对于记账凭证的审核主要包括（　　）。
A. 应借、应贷的会计科目及其金额是否正确
B. 记账凭证中的各个项目填列是否齐全
C. 审核和合同、计划或预算是否相符
D. 有关人员是否都已签名盖章
E. 记账凭证是否附有原始凭证，所附的原始凭证是否齐全，是否已审核无误，记录的内容是否与所附原始凭证的内容相符

9. 收款凭证的借方科目可能是（　　）科目。
A. 库存现金　　B. 银行存款　　C. 主营业务收入　D. 应收账款
E. 材料采购

10. 收款凭证左上角的“借方科目”不可能登记的会计科目有（　　）。
A. 银行存款　　B. 库存现金　　C. 应收账款　　D. 原材料
E. 其他应收款

11. 职工小李报销差旅费 2 200 元，原预借 3 000 元，这笔经济业务应填制的记账凭证包括（　　）。
A. 收款凭证　　B. 付款凭证　　C. 转账凭证　　D. 原始凭证
E. 累计凭证

12. 企业购进材料，货款未付，材料已验收入库。应编制的会计凭证有（　　）。
A. 收款凭证　　B. 付款凭证　　C. 收料单　　D. 转账凭证
E. 汇总凭证

13. 下列需编制现金付款凭证的经济业务有（　　）。
A. 以现金购买办公用品　　B. 向银行存入现金
C. 从银行提取现金　　D. 用银行存款预付本年度报刊费
E. 用银行存款支付材料款

14. 下列经济业务需编制转账凭证的有（　　）。
A. 赊销商品　　B. 购进材料款未付
C. 接受外单位的设备投资　　D. 提取固定资产折旧
E. 用银行存款支付材料款

15. 原始凭证的填制要求有（　　）。

A. 记录真实　　B. 内容齐全　　C. 手续完备　　D. 书写规范

E. 填制及时

## 三、判断题

1. 记账凭证是原始凭证的填制依据，原始凭证是编制财务报表的直接依据。(　　)

2. 复式记账凭证是将每一笔经济业务所涉及的全部科目及其发生额均在同一张记账凭证中反映的一种凭证。(　　)

3. 各种记账凭证都只能根据一张原始凭证逐一编制。(　　)

4. 付款凭证的贷方科目只能填写“库存现金”或“银行现金”。(　　)

5. 原始凭证是登记总分类账账簿的直接依据。(　　)

6. 记账凭证和原始凭证同属于会计凭证，都可以用来记录会计分录的凭证。(　　)

7. 记账凭证一律由会计人员填制。(　　)

8. 原始凭证填制要求大写金额数字后面不到分的要在大写金额后面再写上“整”字。(　　)

9. 原始凭证都是外来凭证。(　　)

10. 付款凭证只有在涉及现金支付时才编制。(　　)

11. 为了避免重复记账，涉及现金和银行存款之间的划转业务时，只填制收款凭证。(　　)

12. 限额领料单按其填制方法属于累计凭证。(　　)

13. 会计凭证的传递是指从会计凭证的取得或填制起至归档保管时过程中，在单位内部各有关部门和人员之间的传送程序。(　　)

14. 凡是现金和银行存款减少的经济业务都必须填制收款凭证。(　　)

15. 外来原始凭证一般都是一次凭证。(　　)

16. 付款凭证是只用于银行存款付出业务的记账凭证。(　　)

17. 转账凭证是用于不涉及库存现金和银行存款收付业务的其他转账业务所用的记账凭证。(　　)

18. 记账凭证都是累计凭证。(　　)

19. 有时为了简化会计核算工作，可以将不同内容、不同类型的经济业务汇总编制一份原始凭证。(　　)

20. 经济业务发生时从外单位取得的凭证称为自制原始凭证。(　　)

21. 无论是原始凭证还是记账凭证都是记录经济业务的发生内容。(　　)

22. 出纳人员可以兼管会计档案的保管工作。(　　)

23. 收付款的记账凭证可以不由出纳人员签名或盖章。(　　)

24. 任何会计凭证都必须经过有关人员的严格审核并确认无误后，才能作为记账的依据。(　　)

25. 企业从外单位取得的原始凭证，必须有填制单位的公章；从个人处取得的原始凭

证，必须有填制人员的签名或盖章。(　　)

## 四、业务题

### 习题一

1.

（1）限额领料单

（2）收款凭证

（3）付款凭证

（4）转账凭证

（5）通用记账凭证

（6）单科目记账凭证

（7）发货单

A. 单式记账凭证

B. 一次凭证

C. 复式记账凭证

D. 累计凭证

2.

（1）收款凭证

（2）复式记账凭证

（3）付款凭证

（4）转账凭证

（5）单式记账凭证

A. 按反映经济业务的内容分类

B. 按填制方式分类

**【要求】**用直线连接标出上述会计凭证的分类。

### 习题二

**【资料】**某企业有关总分类账户登记如下。

库存现金

| | |
|---|---|
| （1）2 000 | （2）1 000 |
| | （5）200 |
| | （6）500 |

生产成本

| | |
|---|---|
| （3）20 000 | |

银行存款

| | |
|---|---|
| （6）500 | （1）2 000 |
| | （4）5 000 |

其他应收款

| | |
|---|---|
| （2）1 000 | （5）1 000 |

原材料

| | |
|---|---|
| | （3）23 000 |

管理费用

| | |
|---|---|
| （3）3 000<br>（4）5 000<br>（5）1 200 | |

**【要求】**根据以上总分类账户的登记，找出账户的对应关系，写出相应的会计分录，并指明应填制哪种记账凭证。

# 第七章　会计账簿

## 章前导读

会计账簿是会计凭证与财务报表的纽带，是会计凭证的延伸，也是编制财务报表的基础。本章主要阐述会计核算的重要方法：会计账簿的设置和登记。本章第一节介绍了会计账簿的概念和作用、会计账簿设置的原则和基本内容，以及会计账户的分类；第二节详细描述会计账簿的登记方法；第三节阐述了对账与结账的定义、方法和注意事项；第四节就会计账簿的差错更正进行了说明。

## 本章学习目标

⊙理解会计账簿的概念和作用；
⊙了解会计账簿设置的原则和基本内容；
⊙了解会计账簿的分类；
⊙掌握日记账、总分类账及有关明细分类账的登记方法；
⊙了解对账与结账的定义；
⊙掌握对账与结账的方法；
⊙掌握错账查找与更正的方法；
⊙了解会计账簿的更换与保管。

## 本章重点

会计账簿的登记要求与方法，对账与结账的方法，以及错账的查找与更正。

# 本章思维导图

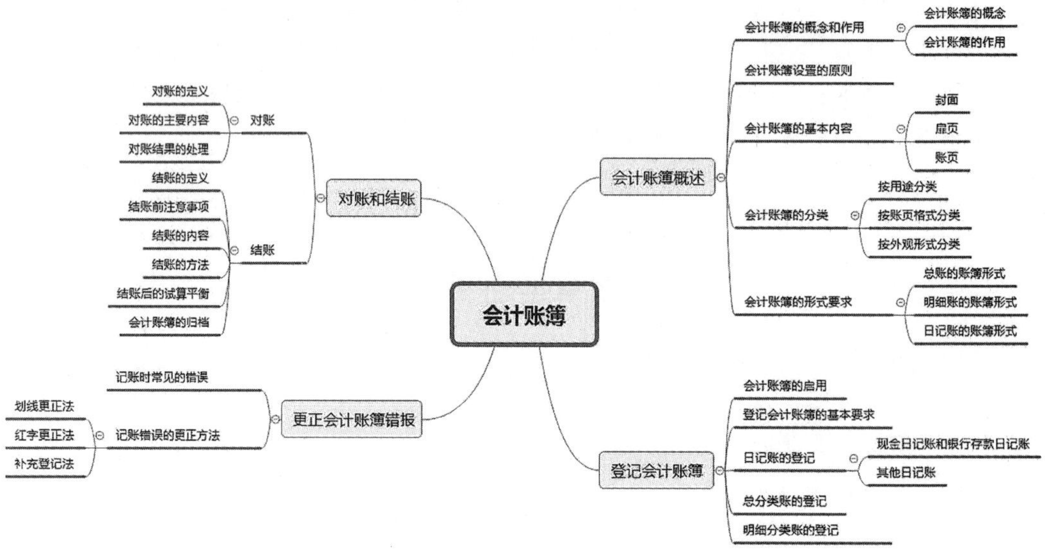


# 第一节 会计账簿概述

## 一、会计账簿的概念和作用

### （一）会计账簿的概念

会计账簿，简称账簿，是由一定格式、互有联系的账页组成，以会计凭证为依据，进行序时、分类、连续、全面的记录和反映经济业务的簿籍。账簿具有汇总会计数据，又便于保管的特性，是分类、归纳、整理会计资料的重要工具。

**提 示**

按照《中华人民共和国会计法》规定，各单位必须依法设置会计账簿，并保证其真实、完整。

### （二）会计账簿的作用

会计账簿是会计凭证与财务报表的纽带。设置和登记会计账簿，既是填制和审核会计凭证的延伸，也是编制财务报表的基础，是连接会计凭证和财务报表的中间环节。账簿本身是对大量的凭证汇总的结果，而财务报表又是对账簿的总结，这是一个从庞杂到精练的过程。

虽然账簿与凭证都是会计信息的载体，所记内容相同，但不能因此简单地认为可以“以凭证代账”。会计凭证的数量众多，又很分散。会计账簿是对会计凭证进一步的整理，是一种重新对信息核对并汇总的过程。账簿作为一种专门的会计信息载体，主要作用在于对会计信息的记载和存储、分类和汇总、检查和校正、编报和输出。通过设置和登记账簿，能够全面、系统、序时、分类地反映经济业务，为经营管理提供系统、完整的会计信息，有效发挥会计的监督职能、确保财产物资的安全与完整，以及各项资金的合理使用，并为编制财务报表提供依据。

账簿设置的成功与否对会计信息质量的高低和会计成本的核算有着非常重要的影响。各单位发生的各项经济业务事项应当在依法设置的会计账簿上统一登记、核算，不得违反会计法和国家统一的会计制度的规定私设会计账簿。

**? 思考**

你能绘制出会计凭证、会计账簿与财务报表的关系图吗?

## 二、会计账簿设置的原则

会计账簿的设置应以能够全面、系统地反映经济业务的交易情况为原则，繁简适当，全面系统。具体来说，包括以下方面。

（1）设置账簿应详简相宜。比如，分别设置总账和明细账。

（2）账簿体系应严密，尽量做到既可分工协作，又可互相监督和制约。

（3）各单位必须依法设置账簿，并保证其真实性和完整性。

我国《会计法》规定，有下列行为者将承担相应的法律责任，构成犯罪的还要追究刑事责任：

（1）不依法设置会计账簿的；

（2）私设会计账簿的；

（3）伪造、变造会计账簿的；

（4）隐匿或故意销毁会计账簿的。

## 三、会计账簿的基本内容

在实际工作中，由于各种会计账簿所记录的经济业务不同，账簿的格式也多种多样，但各种账簿都应具备以下基本内容。

### （一）封面

会计账簿均应设置封面，封面上标明账簿名称和记账单位。

### （二）扉页

扉页的主要内容包括科目索引表和账簿使用登记表。使用账簿前，应在扉页中填写以下主要内容。

（1）启用日期和截止日期。

（2）启用账簿的起止页数。对订本式账簿，由于页数已经印好，故无须再填写；对活页式账簿，起止页数应等到登记工作结束装订成册时填写。

（3）记账人员和会计主管人员签名，并加盖名章。

（4）如果账簿记录人员发生变动，应在办好移交手续后，在登记表上记录交接日期及接办人姓名、监交人姓名，并加盖名章和单位财务公章（见表 7-1）。

**表 7-1　账簿启用及经管人员一览表**

**账簿启用表**

| 单位名称 | （加盖公章） | | | 负责人 | 职务 | 姓名 |
|---|---|---|---|---|---|---|
| 账簿名称 | 账簿第一册 | | | 单位主管 | | |
| 账簿号码 | 第　　号 | 启用日期 | | 财会主管 | | |
| 账簿页数 | | 本账簿共计　　页 | | 主办会计 | | |

**经管本账簿人员一览表**

| 记账人员 | | | 接管 | | | 移交 | | | 监交人员 | | 备注 |
|---|---|---|---|---|---|---|---|---|---|---|---|
| 职务 | 姓名 | 盖章 | 年 | 月 | 日 | 年 | 月 | 日 | 职务 | 姓名 | |
| | | | | | | | | | | | |
| | | | | | | | | | | | |
| | | | | | | | | | | | |

### （三）账页

账页是构成账簿的主体，用来具体登记会计信息。账页中登记的内容基本包括日期、凭证号或编号、摘要、账户名称、金额和页次。

## 四、会计账簿的分类

账簿的种类有很多，会计主体设置账簿体系时应根据国家的会计制度以及具体单位的交易量和管理水平而定。一般来说，账簿可以按用途、账页格式和外观形式进行分类。

### （一）按用途分类

#### 1. 分类账

分类账又称分类账簿，是对全部经济业务进行分类登记的账簿，是编制会计报表的主要依据。根据其反映核算内容的详细程度，分类账又可以分成总分类账和明细分类账。

（1）总分类账。总分类账又称总分类账簿或总账，是指按总分类会计科目设置账户，根据总分类会计科目的发生额登记的账簿。总分类账的科目都是一级会计科目。账页格式一般采用“借方”“贷方”“余额”三栏式进行登记，即账页内只设借方、贷方和余额三个金额栏，不设数量栏。总分类账示例见表 7-2。

**表 7-2 总分类账**

会计科目：应收账款　　　　第　页

| 20×1 年 | | 凭证编号 | 摘要 | 借方 | 贷方 | 借或贷 | 余额 |
|---|---|---|---|---|---|---|---|
| 月 | 日 | | | | | | |
| 1 | 1<br>…… | | 年初余额<br>…… | …… | …… | 借<br>…… | 20 000<br>…… |
| | 31 | | 本月合计 | 125 000 | 102 000 | 借 | 43 000 |
| 2 | 1<br>…… | | ……<br>…… | ……<br>…… | ……<br>…… | ……<br>…… | ……<br>…… |
| | 28 | | 本月合计 | 153 000 | 116 000 | 借 | 80 000 |
| 3 | 1<br>…… | | ……<br>…… | ……<br>…… | ……<br>…… | ……<br>…… | ……<br>…… |
| | 31 | | 本月合计 | 115 000 | 130 000 | 借 | 65 000 |
| | | | 本季合计 | 393 000 | 348 000 | 借 | 65 000 |
| | …… | | …… | …… | …… | …… | …… |
| 12 | …… | | …… | …… | …… | …… | …… |
| | 31 | | 本月合计 | 34 000 | 28 000 | 借 | 24 000 |
| | | | 本季合计 | 281 000 | 275 000 | 借 | 24 000 |
| | | | 本年累计 | 1 230 000 | 1 226 000 | 借 | 24 000 |
| | | | 结转下年 | | | | 24 000 |

（2）明细分类账。明细分类账又称明细分类账簿或明细账，是按明细会计科目设置账户，登记发生额的账簿。它是在对总账分类的基础上，按一定标准进行的再分类，反映了会计要素的明细资料。比如，在赊销业务中，为反映应收款总额而设置的“应收账款”账户是总分类账，按照客户名称设置的“应收账款——甲公司”或“应收账款——乙公司”等账户就是明细分类账。如果有必要，明细分类账可进行再分类，直到满足管理需要为止。一般称它们为二级、三级明细账。明细分类账示例见表 7-3。

**表 7-3 应收账款明细账**

子目：A 公司　　　　第　页

| 年 | | 凭证号 | 摘要 | 借方金额 | 贷方金额 | 借或贷 | 余额 |
|---|---|---|---|---|---|---|---|
| 月 | 日 | | | | | | |
| | | | 期初余额 | | | 借 | 20 000 |
| 1 | 1 | 转 1 | 销售甲产品 | 20 000 | | 借 | 40 000 |

表7-3 续

| 年 | | 凭证号 | 摘要 | 借方金额 | 贷方金额 | 借或贷 | 余额 |
|---|---|---|---|---|---|---|---|
| 月 | 日 | | | | | | |
| | 5 | 银收 6 | 收到货款 | | 5 000 | 借 | 35 000 |
| | 9 | 银收 12 | 收到货款 | | 3 000 | 借 | 32 000 |
| | …… | …… | …… | …… | …… | …… | …… |
| | 25 | 转 38 | 销售乙产品 | 5 000 | | 借 | 12 000 |
| | | | 过次页 | 67 000 | 58 000 | 借 | 29 000 |

设置总分类账和明细分类账的目的是使管理机构在了解总体情况的同时，也能了解客户或业务的细节情况。两者所反映的经济业务、记账的原始依据均相同。总分类账，反映总括、综合内容，是所属明细账的统驭账户，对明细账起着控制作用。明细分类账，反映详细、具体内容，是总分类账的从属账户，是对总分类账的补充和说明，对相关总分类账起着辅助作用。二者的信息互为补充，以便全面地记录经济业务的全貌。

**2. 日记账**

日记账又称序时账，一般按一级会计科目设置，根据经济业务发生或完成时间的先后顺序，逐日逐笔顺序登记发生额，并每日结出余额。它充分反映了经济业务的时间特征，提供了某一经济业务的每日动态。日记账按其记录内容的不同，又分为普通日记账和特种日记账。常用的特种日记账主要是指现金日记账和银行存款日记账。现金日记账的格式见表 7-4。

**表 7-4 现金日记账**

| 年 | | 凭证 | 摘要 | 对方科目 | 借方 | 贷方 | 余额 |
|---|---|---|---|---|---|---|---|
| 月 | 日 | 编号 | | | | | |
| 1 | 1 | | 期初余额 | | | | 900 |
| | 3 | 现付 1 | 预付玉兰差旅费 | 其他应收款 | | 500 | 400 |
| | 3 | 银付 1 | 从银行提取现金 | 银行存款 | 1 000 | | 1 400 |
| | …… | …… | …… | …… | …… | …… | …… |
| | 31 | | 本月合计 | | 2 500 | 1 200 | 2 200 |
| 2 | 5 | 现付 1 | 购买办公用品 | 管理费用 | | 800 | 1 400 |
| | 6 | 现付 5 | 将现金存入银行 | | | | |
| | …… | | …… | 银行存款 | | 1 000 | 400 |
| | 28 | | 本月合计 | | 2 300 | 2 600 | 1 900 |
| …… | …… | …… | …… | …… | …… | …… | …… |
| 12 | 31 | | 本年合计 | | 19 700 | 16 200 | 4 400 |

3. 备查簿

备查簿，又称备查账簿、辅助登记簿或补充登记簿，是对某些在日记账和分类账中未能记载或记载不全的经济业务进行补充登记的账簿。设置备查簿是为了备忘备查，提供管理需要的资料。例如，反映企业租入固定资产的“租入固定资产登记簿”、反映为其他企业代管商品的“代管商品物资登记簿”等。备查账簿只是对其他账簿记录的一种补充，与其他账簿之间不存在严密的依存和勾稽关系。备查账簿根据企业的实际需要设置，没有固定的格式要求。

## （二）按账页格式分类

会计账簿按账页格式主要分为两栏式账簿、三栏式账簿、多栏式账簿和数量金额式账簿。

1. 两栏式账簿

两栏式账簿是指只有借方和贷方两个基本金额栏目的账簿。普通日记账和转账日记账一般采用两栏式。

表 7-5 普通日记账（两栏式）

| 年 | | 摘要 | 会计科目 | 借方科目 | 贷方科目 | 过账 |
|---|---|---|---|---|---|---|
| 月 | 日 | | | | | |
| 11 | 1 | 还欠款 | 应付账款<br>银行存款 | 2 000 | <br>2 000 | |
| | 3 | 现金预付职工差旅费 | 其他应收款<br>库存现金 | 300 | <br>300 | |
| | 10 | 提现 | 库存现金<br>银行存款 | 400 | <br>400 | |
| | 18 | 收回应收账款 | 银行存款<br>应收账款 | 1 000 | <br>1 000 | |
| | 26 | 解现 | 银行存款<br>库存现金 | 500 | <br>500 | |
| | 30 | 支付银行汇票手续费 | 财务费用<br>银行存款 | 100 | <br>100 | |
| | 30 | 计提本月厂部折旧费 | 管理费用<br>累计折旧 | 10 000 | <br>10 000 | |
| | | 合 计 | | 14 300 | 14 300 | |

2. 三栏式账簿

三栏式账簿是由设有借方、贷方和余额三个基本金额栏目的账页组成的账簿。各种日记账、总账以及资本、债权、债务总账所属的明细账都可以使用三栏式账簿，示例见表 7-2。

### 3. 多栏式账簿

多栏式账簿按需要在借方或贷方，或者借方和贷方同时，分设若干专栏的账页所组成的账簿。收入、成本、费用类总账所属的明细账户，往往采用这种格式的账簿，示例见表7-6。

**表 7-6 多栏式管理费用明细账**

**管理费用明细账**

第 页

| 年 | | 凭证 | 摘要 | 借方 | | | | | 贷方 | 余额 |
|---|---|---|---|---|---|---|---|---|---|---|
| 月 | 日 | 号数 | | 员工薪酬 | 交通费 | 办公用品 | …… | 合计 | | |
| 3 | 12 | | 承前页 | | | | | | | |
| | 15 | 银付21 | 报销交通费 | | 220 | | | 220 | | 220 |
| | 23 | 银付35 | 购买办公用品 | | | 5 100 | | 5 100 | | 5 320 |
| | 30 | 转58 | 计提工资 | 30 000 | | | | 30 000 | | 35 320 |
| | 30 | 转61 | 结转利润 | | | | | | 35 320 | 0 |
| | 30 | | 本月合计 | 30 000 | 220 | 5 100 | | 35 320 | 35 320 | 0 |

### 4. 数量金额式账簿

数量金额式账簿是指在账簿的借方、贷方和余额三个栏目内，每个栏目再分设数量、单价和金额三小栏，借以反映财产物资的实物数量和价值量的账簿。原材料、库存商品、产成品等存货明细账往往采用数量金额式账簿，示例见表7-7。

**表 7-7 数量金额式原材料明细账**

**原材料明细账**

类别： 存放地点：
编号： 储备金额：
品名及规格： 计量单位：

| 年 | | 凭证号 | 摘要 | 收入 | | | 支出 | | | 结余 | | |
|---|---|---|---|---|---|---|---|---|---|---|---|---|
| 月 | 日 | | | 数量 | 单价 | 金额 | 数量 | 单价 | 金额 | 数量 | 单价 | 金额 |
| 5 | 1 | | 期初余额 | | | | | | | 20 | 100 | 2 000 |
| | 5 | 银付2 | 购买原材料 | 30 | 100 | 3 000 | | | | 50 | 100 | 5 000 |
| | 19 | 转1 | 领用原材料 | | | | 40 | 100 | 4 000 | 10 | 100 | 1 000 |
| | 31 | | 本月合计 | 30 | 100 | 3 000 | 40 | 100 | 4 000 | 10 | 100 | 1 000 |

## （三）按外观形式分类

账簿按其外观形式，可以分为订本式账簿、活页式账簿和卡片式账簿三种。

**1. 订本式账簿**

订本式账簿是指账簿在启用前就已将连续编号的账页装订成册的账簿。其优点是便于保管，并可防止账页散失和被任意抽换。其缺点是由于账页固定而无法增减账页，在预留账页不足时，影响正常登记；如果预留过多，又会造成浪费。

**2. 活页式账簿**

活页式账簿是指可根据需要增减账页数量的账簿。活页式账簿的账页应随时编号。其优点是使用灵活，避免浪费。缺点是容易遗失或被任意抽换。为防止这种情况的出现，可在启用时就对空白账页进行连续编号，并在年度终了时装订成册。

**3. 卡片式账簿**

卡片式账簿是指将所记内容记在独立的一张张卡片上，按一定的顺序放在卡片箱内，根据需要可随时取用的账簿。一般用于记录固定资产。它的最大优点是可以跟随所记的资产内部转移。

## 五、会计账簿的形式要求

### (一) 总账的账簿形式

一般情况下总账应采用订本式账簿，使账页不易散失或被抽换。总账账页的格式一般采用“三栏式”，目的是反映增加、减少和余额。

### (二) 明细账的账簿形式

明细账通常选用活页式账簿或卡片式账簿。由于明细账反映的内容多种多样，所以其格式也应是多样化的。例如，材料明细账的账页应有数量、单价、规格、型号和成分等内容；而应收账款明细账则应包括金额、账龄等内容。会计人员应根据实际情况来选择或设计明细账的账页格式。

### (三) 日记账的账簿形式

目前，日记账通常是指现金日记账和银行存款日记账。为了加强对货币资金的管理，现金日记账和银行存款日记账必须采用订本式账簿。现金日记账和银行存款日记账的账页格式一般是三栏式，也可以采用多栏式等。

# 第二节 登记会计账簿

## 一、会计账簿的启用

会计账簿是存储数据资料的重要会计档案，启用账簿时，应在“账簿启用和经管人员一览表”中详细记载单位名称、账簿名称、账簿编号、账簿册数、账簿页数、启用日期，并加盖单位公章，经管人员（包括企业负责人、主管会计、复核和记账人员等）均应签名盖章。

记账人员调离岗位时，必须与接管人员办理交接手续，在交接记录栏内填写交接日期、交接人员和监交人员姓名，并由交接双方签字盖章。一般会计人员办理交接手续，由会计机构负责人监交，会计机构负责人办理交接手续，由单位负责人监交。

启用账簿时，对于封面上未印制账簿标识的应先填制账簿名称与会计期间。使用订本式账簿时，对未印制顺序号的账页应从第一页到最后一页按顺序编定页数。使用活页式账簿时，应按实际使用的账页顺序编定页数，并定期装订成册。

## 二、登记会计账簿的基本要求

将会计凭证所记录的信息在会计账簿中进行登记的过程叫作登记会计账簿，简称记账或登账。为保证账簿记录的正确性，会计人员应根据审核无误的会计凭证登记会计账簿。登记账簿的基本要求包括如下。

（1）清楚准确，信息完整。登记会计账簿时，应将会计凭证日期、编号、业务、内容、摘要、金额和其他有关资料逐项记入账内，做到数字准确、摘要清楚、登记及时、字迹工整。

（2）责任明确。登记完毕后，要在记账凭证上签名或者盖章，并注明已经登账的符号，防止重复入账。

（3）适度留白。文字和数字上方要留有适当空格，不要写满格，一般应占格距的1/2。这样不仅可以使数据记录清晰，而且也便于在发生错误时进行更正。

（4）颜色区分。除下文所列特殊情况外，登记账簿要用不可擦蓝黑墨水或者碳素墨水笔书写，不得使用圆珠笔（银行的复写账簿除外）或者铅笔书写。

下列情况，可以用红色墨水记账：

①按照红字冲账的记账凭证，冲销错误记录；

②在不设借贷等栏的多栏式账页中，登记减少数；

③在三栏式账户的余额栏前，如未印明余额方向，在余额栏内登记负数余额；

④根据国家统一会计制度的规定可以用红字登记的其他会计记录。

（5）连续登记。各种账簿按页次顺序连续登记，不得跳行、隔页。如果发生跳行、隔页，应当将空行、空页划线注销，或者注明“此行空白”“此页空白”等字样，并由记账人员签名或者盖章。

（6）结出余额。凡需结出余额的账户，结出余额后，应在“借或贷”等栏内写明“借”或者“贷”。没有余额的账户，应当在“借或贷”等栏内写“平”字，并在余额栏内用“Ø”表示。现金日记账和银行存款日记账必须逐日结出余额。

（7）承前启后。每一账页登记完毕结转下页时，应当结出本页合计数及余额，写在本页最后一行和下页第一行有关栏内，并在摘要栏内注明“过次页”和“承前页”字样；也可以将本页合计数及金额只写在下页第一行有关栏内，并在摘要栏内注明“承前页”字样。相关示例见表 7-2 和表 7-6。

（8）不得涂改、刮擦、挖补。如果由于记账凭证出现错误而导致账簿记录产生错误，不得涂改、刮擦、挖补或用褪色药水更改字迹，而应按照规定的方式进行更正。

**提　示**

按照《中华人民共和国会计法》规定，单位应当根据实际发生的经济业务事项进行会计核算，填制或者取得会计凭证，登记会计账簿，编制财务会计报告。

## 三、日记账的登记

日记账是按经济业务发生的时间顺序登记的账簿，目的是使经济业务的时间顺序清晰地反映在账簿记录中。由于库存现金和银行存款的流动性强，易被非法占用，所以大多数企业均设置了现金日记账和银行存款日记账。将库存现金、银行存款的日记账和总账核对，有助于加强对库存现金、银行存款监管的目的。如果需要，还可以根据情况设置采购日记账和销售日记账等。

### （一）现金日记账和银行存款日记账

现金日记账是用来核算和监督库存现金日常收付和结存情况的序时账簿。现金日记账必须使用订本账。

银行存款日记账是用来核算和监督银行存款每日的收入、支出和结余情况的账簿。银行存款日记账应按企业在银行开立的账户和币种分别设置，每个银行账户设置一本日记账。

**1. 格式**

现金日记账、银行存款日记账一般有三种格式：三栏式、多栏式和收付分页式，其中三栏式较为常见。

（1）三栏式日记账。三栏式日记账设借方、贷方和余额三个栏目，分别称为收入、支出和余额。三栏式现金日记账示例见表 7-4。

（2）多栏式日记账。多栏式现金日记账是在三栏式现金日记账基础上发展起来的。这种日记账的借方（收入）和贷方（支出）金额栏都按对方科目设专栏，也就是按收入的来源和支出的用途设专栏。多栏式日记账在月末结账时，可以结出各收入来源专栏和支出用途专栏的合计数，便于对现金收支的合理性、合法性进行审核分析，便于检查财务收支计划的执行情况，其全月发生额还可以作为登记总账的依据。

多栏式日记账与三栏式日记账在登记方法上两者基本相同，但在格式上由于信息需求的增加使设置的专栏增多，与三栏式相比，多栏式能够提供更多信息，但是如果分栏过多和账页过长，也可能产生容易看错或登错的问题（见表 7-8）。

**表 7-8　多栏式现金日记账**

**现金日记账**

| 年 | | 凭证编号 | 摘要 | 收入栏 | | | | 支出栏 | | | | 结余 |
|---|---|---|---|---|---|---|---|---|---|---|---|---|
| | | | | 应贷科目 | | | | 应借科目 | | | | |
| 月 | 日 | | | 银行存款 | 营业外收入 | …… | 合计 | 其他应收款 | 银行存款 | …… | 合计 | |
| 1 | 1 | | 期初余额 | | | | | | | | | 900 |
| | 3 | 现付 1 | 预付玉兰差旅费 | | | | | 500 | | | | 400 |
| | 3 | 银付 1 | 从银行提取现金 | 600 | | | | | | | | 1 000 |
| | 3 | | 本日合计 | 600 | | | 600 | 500 | | | 500 | 1 000 |
| | …… | …… | …… | …… | …… | …… | …… | …… | …… | | …… | …… |
| | 31 | | 本月合计 | | | | 2 500 | | | | 2 200 | 1 200 |

（3）收付分页式日记账。收付分页式日记账是避免账页过大而产生的，它与前两类日记账的登记方法基本相同，不同的是每日结束时应将日记账中的当日支出合计数转记入收入日记账中的“当日支出”栏内，用以结出当日的账面结余额（见表 7-9）。

**表 7-9　收付分页式现金日记账**

**现金收入日记账**

| ××年 | | 凭证号 | 摘要 | 贷方科目 | | 收入合计 | 支出合计 | 结余 |
|---|---|---|---|---|---|---|---|---|
| 月 | 日 | | | 银行存款 | …… | | | |
| 1 | 1 | | 期初余额 | | | | | 900 |
| | 3 | 银付 1 | 提取现金 | 600 | | 600 | 500 | 1 000 |
| …… | …… | …… | …… | …… | …… | …… | …… | …… |
| | 31 | | 本月合计 | | | 2 500 | 2 200 | 1 200 |

**现金支出日记账**

| ××年 | | 凭证号 | 摘要 | 借方科目 | | | 支出合计 |
|---|---|---|---|---|---|---|---|
| 月 | 日 | | | 其他应收款 | …… | …… | |
| 1 | 3 | 现付 1 | 预付玉兰差旅费 | 500 | | | 500 |
| …… | …… | …… | …… | …… | …… | …… | …… |
| | 31 | | 本月合计 | | | | 2 200 |

**2. 登记的方法**

（1）现金日记账的登记方法。现金日记账的登记应由出纳负责。出纳人员根据审核无误的凭证按照库存现金收付款业务发生时间的先后顺序，逐日、逐笔登记。期末应结出本月、本年的收入合计、支出合计及余额。

①日期，为记账凭证的日期，应当与库存相近实际收付日期一致。

②凭证号码，应当注明登记入账的收付款凭证的种类和编号，“库存现金收款凭证”简写为“现收”，“库存现金付款凭证”简写为“现付”。

③摘要，应当简明清晰地说明登记入账的经济业务内容。

④对方科目，是库存现金收入的来源科目或者支出的用途科目。

每日登记完毕后，按照“上日余额+本日收入-本日支出=本日余额”的公式，结出当日的库存现金余额，并与库存现金实际数核对。如果不相符，应及时查明原因，报告主管人员。

（2）银行存款日记账的登记方法。与现金日记账的登记方法基本一致，由出纳人员根据审核后的凭证，按照银行存款付款业务发生时间的先后顺序逐日逐笔登记。“银行存款收款凭证”简写为“银收”，“银行存款付款凭证”简写为“银付”。银行存款日记账无须每日与实际银行存款数核对，一般每月核对一次。期末应结出本月、本年的收入合计、支出合计及余额。

**提 示**

对于同时涉及库存现金、银行存款的业务，会计惯例是只编制一份付款凭证，因此，应根据一份付款凭证同时登记现金日记账和银行存款日记账。例如，对于从银行提取现金的业务，由于只填制一份银行付款凭证，记账时应根据该银行存款付款凭证同时登记现金日记账和银行存款日记账。

**（二）其他日记账**

**1. 普通日记账**

在使用记账凭证的情况下，将全部的经济业务序时记成两栏式（包括借方金额和贷方金额两栏）的日记账，称作普通日记账（见表7-5）。它可以全面地记录经济业务，但因工作量大，又不便于分工记账，所以较少使用。这种日记账还有一种改进形式，即“专栏日记账”，它针对普通日记账记账时不分类的缺点进行了改进，加以适当地分类和汇总，但账页过大仍是其缺点。

**2. 转账日记账**

在使用现金日记账、银行存款日记账后，如果认为有必要，还可以设置转账日记账，用于登记除现金、银行存款以外的业务。这种日记账可以设置也可以不设置，取决于企业的实际情况（见表7-10）。

表 7-10　转账日记账

转账日记账

| 年 | | 转账凭证号 | 摘要 | 借方 | | 贷方 | |
|---|---|---|---|---|---|---|---|
| 月 | 日 | | | 一级科目 | 金额 | 一级科目 | 金额 |
| 10 | 3 | 1 | 摊销本月房租 | 管理费用 | 100 | 预付账款 | 100 |
| | 30 | 2 | 应计利息 | 财务费用 | 30 | 应付利息 | 30 |
| | | | 应计本月折旧 | 管理费用 | 50 | 累计折旧 | 50 |
| | | | 合计 | | 180 | | 180 |

### 3. 采购和销售日记账

除了现金日记账、银行存款日记账以外，如果企业希望单独、系统地反映采购和销售业务，可以再设置采购日记账和销售日记账（见表 7-11、表 7-12）。因业务性质与库存现金、银行存款不同，所以日记账的项目在设置时是不同的，如需设置客户名称等。

表 7-11　采购日记账

采购日记账

| 年 | | 凭证号 | 摘要 | 供货单位名称 | 库存商品借方 | 经营费用借方 | 应付账款贷方 | 过账 |
|---|---|---|---|---|---|---|---|---|
| 月 | 日 | | | | | | | |
| | | | | | | | | |

表 7-12　销售日记账

销售日记账

| 年 | | 凭证号 | 摘要 | 购货单位名称 | 应收账款借方 | 商品销售收入贷方 | 过账 |
|---|---|---|---|---|---|---|---|
| 月 | 日 | | | | | | |
| | | | | | | | |

## 四、总分类账的登记

总分类账是按总分类账户分类登记全部经济业务的账簿，不仅能够全面、总括地反映经济业务情况，为财务报表的编制提供资料，而且能对其所属的各明细分类账起控制作用。因此，任何单位都必须设置总分类账。

总分类账最常用的格式为三栏式的订本式账簿，即分设“借方”“贷方”“余额”三个金额栏目，同时还应包括日期、凭证编号、摘要、借或贷等相应的描述信息。三栏式总分类账示例见表7-2。

总分类账一般由会计人员负责登记。经济业务少的单位可以根据审核无误的记账凭证逐日、逐笔登记。经济业务多的大中型单位也可以将一定时期的记账凭证进行汇总，编制成记账凭证汇总表（或科目汇总表）或汇总记账凭证，再据以登记总分类账，使用何种依据登记总分类账取决于具体采用的账务处理程序。不论采用哪种方法登记总账，每月都应将本月发生的经济业务全部登记入账，并于月份终了结算出每个账户的本期借方、贷方发生额及其余额，与所属明细账余额的合计数核对相符后，作为编制财务报表的主要依据。

**思考**

可以根据应收账款明细分类账登记应收账款总分类账吗？

## 五、明细分类账的登记

为了提供有关经济活动的详细资料，以满足经营管理的需要，各单位在设置总分类账的同时还必须设置必要的明细分类账。明细分类账依据审核无误的记账凭证和所附的原始凭证逐笔登记，对于加强财产的收发、保管，资金的管理和使用，收入的取得和利润分配，往来款项清算，以及费用的开支等方面的监督起着重要的作用。

由于明细分类账是根据有关明细分类账户开设的，所以不同特点的账户应根据情况设置与其经济业务相适应的明细分类账形式。从外观形式上，明细分类账一般采用活页式账簿，也有的采用卡片式账簿。从账页格式上，明细分类账根据所记录经济业务的特点，常用的账页格式包括三栏式、多栏式和数量金额式。

**1. 三栏式明细分类账**

三栏式明细分类账设有借方、贷方和余额三个栏目，用以分类核算各项经济业务，提供详细核算资料。三栏式明细分类账账页格式的细节与总分类账的“三栏式”相似，主要适用于对金额进行核算的账户，代表账户包括“实收资本”“应收账款”“应付账款”等权益类和债权债务类账户。三栏式明细分类账账页的示例见表7-3。

**2. 多栏式明细分类账**

多栏式明细分类账主要用于登记收入类、费用类和成本类账户，以便满足管理的需要。通常是在“收入”“费用”“成本”栏下设置若干项目栏。一般只在借方设专栏，用于提供管理上分析收入、费用、成本组成的资料。实务中的代表账户有“成本”“费用”类明细账。多栏式明细分类账的示例见表7-6。

**3. 数量金额式明细分类账**

数量金额式明细分类账在借方、贷方和余额三个主要栏目中分别再设有数量、单价和金额三个次级栏次。这种账页格式适用于既要进行金额核算又要进行数量核算的账户，比较有代表性的账户包括“原材料”“库存商品”等。这样的设置方式提供了企业有关财产物资数量和金额收、发、存的详细资料，有助于企业加强财产物资的实物管理和使用监督，保证这些财产物资的安全完整。数量金额式明细分类账账页的示例见表7-7。

**提 示**

会计信息在记入总分类账和明细分类账时，应当采用二者平行登记的方法。平行登记法是指对所发生的每项经济业务都要以会计凭证为依据，一方面记入有关总分类账户，另一方面记入对应的明细分类账户的方法。平行登记法的要点包括如下。

· 依据相同，即所依据的会计凭证，特别是原始凭证相同。

· 方向相同，即如果在总账中登记的是在借方，那么在相关明细账中也应在借方。

· 期间一致，即总账与明细账登记在同一会计期间。

· 金额相符，即记入总分类账户的金额与对应的明细分类账户的合计金额相等。

# 第三节 对账和结账

## 一、对账

### （一）对账的定义

对账，就是核对账目，是指为确保会计信息客观、完整、系统和连续，在将相关经济业务登记入账后，对会计记录进行核对的工作。通常会计人员在月末、季末和年末，所有经济业务完成记账，但尚未结账时进行对账。但如果有必要，对账可以在会计循环的任何环节进行。若在会计期间出现会计人员调动，应当及时对账。

严密有序的账户组织体系为交易或事项的记录提供了可靠的保障，但由于受主观和客观等多方面因素的影响，可能会产生账簿登记的差错。由于人为因素或自然环境因素的影响，也可能存在账簿登记与实物资产的不一致。对账可以及时发现问题，并采取有效措施加以更正，保证账户记录的准确性和完整性。定期对账为后续工作，特别是为报表编制奠定了良好的基础。

### （二）对账的主要内容

对账的主要内容包括账证核对、账账核对、账实核对三个方面。

**1. 账证核对**

账证核对是将各种账簿与相关凭证进行核对，主要是核对账簿记录与原始凭证、记账凭证的时间、凭证编号、业务内容、交易金额等项目是否一致，记账方向是否相符。这种核对平时就应当进行，便于及时发现问题。

**2. 账账核对**

账账核对是账簿与账簿之间的核对，主要包括以下内容。

（1）总分类账之间的核对。按照“资产=负债+所有者权益”这一会计恒等式，当期所有总分类账的借方发生额合计数应当与贷方发生额合计数相等，所有总分类账的借方余额合计数应当与贷方余额合计数相等。各总分类账户之间的核对可采用编制总分类账户发生额及余额试算表的方式进行。

（2）总分类账与明细账之间的核对。总分类账与明细分类账之间是平行登记的，因此总分类账各账户本期发生额和期末余额应与对应的各明细分类账的发生额和期末余额之和核对相符。

（3）总分类账与日记账之间的核对。主要是指现金总账和银行存款总账的期末余额，与现金日记账和银行存款日记账的期末余额之间的核对。

（4）会计部门的物资明细账的账面余额与物资保管部门和使用部门的明细账核对。

**3. 账实核对**

账实核对是指将企业在会计期末时将各账户的余额与各项财产物资、债权债务的实存数之间进行的核对，主要包括以下内容。

（1）现金日记账的账面余额与库存现金的实有数核对。这种核对每天都要进行，主要采用清查盘点的方法。

（2）银行存款日记账的账面余额与银行对账单核对，主要的核对方式是将企业的银行存款日记账的记录与银行对账单进行直接核对。

（3）债权、债务明细账与结算单位的账面余额核对，可以利用往来款项对账单进行。

（4）实物资产的明细账余额与实际实物量核对，主要采用实地盘点的方法。

### （三）对账结果的处理

如果对账后未发现错误或遗漏等异常情况，即可进入下一个会计步骤——结账。如果存在错误或遗漏，则应进行必要的更正和调整。更正的具体方法见第四节。

**提　示**

待编制出有关会计报表以后，对账的内容还应包括账表核对。账表核对就是将各种账簿的发生额或余额与各种会计报表上相关数据进行相互核对，保证会计报表与会计账簿相符。

## 二、结账

### （一）结账的定义

结账是在一定时期结束，将该时期内发生的全部经济业务登记入账以后，计算并结转各账户的本期发生额和期末余额的会计工作。企业的投资人、债权人、政府管理部门等需要了解企业的财务状况和经营成果。然而会计资料在经过大量的记录后显得过于庞杂，不能直接满足他们对资产、负债、利润总额等的需求，所以必须采用一定的方法将账簿记录做进一步汇总和总结，以便得到企业的总体情况来反馈给投资人，并为编制会计报表做好准备。这种将账簿记录结算清楚的特定方式就是结账

结账是会计工作中必不可少的一项工作。它将持续经营中的企业资产、权益情况和收入、费用情况划分为较短的期间，使信息使用人可以及时了解企业的财务状况和经营成

果。常见的结账时点包括月结、季结和年结。

### （二）结账前的注意事项

结账前的注意事项主要包括如下。

（1）确保记录的完整性，即会计记录中应包括所有的交易和事项。

（2）确保经济业务记入恰当的会计期间，即经济业务没有被提前或延后入账，没有被高估或低估。

### （三）结账的内容

结账的内容通常包括两个方面。

（1）结清各种损益类账户，据以计算确定本期利润。期末将损益类账户的发生额转记入有关的利润类账户，使原账户的余额为零，即将这些账户结束，同时在利润类账户中结出本期利润。此时的结账工作是通过编制会计分录和过账实现的，所以会计行为既涉及编制会计分录，也与登记账簿记录有关，但无须专门的原始凭证做原始依据。

（2）结出各资产、负债和所有者权益账户的本期发生额合计和期末余额。期末将资产、负债和所有者权益类账户的发生额和余额结出，以便转至下一个会计期间做期初余额。此时的会计工作行为仅限于对原来的总账、明细账和日记账记录的账面进行处理，而不涉及会计分录的编制，也就不需编制记账凭证。

### （四）结账的方法

结账的方法主要包括如下。

**1. 按次结账**

对不需按月结计本期发生额的账户，如各项应收、应付款明细账和各项财产物资明细账等，每次记账以后都要随时结出余额，每月最后一笔余额是月末余额，即月末余额就是本月最后一笔经济业务记录的同一行内余额。月末结账时，只需在最后一笔经济业务记录之下通栏划单红线，不需要再次结计余额。

**2. 按月结账**

月结在每月的月底进行，如库存现金、银行存款日记账和收入、费用等明细账需要按月结计发生额。结账时在月末的最后一笔业务下划通栏红线，在该红线下的摘要栏内注明“本月合计”或“本月发生额及余额”，并在相应栏次内记入本月合计数及余额，然后在其下再划一条通栏红线表示本月的结账工作结束。月结的账页示例见表 7-4。

**3. 按季结账**

季结是在季末进行的，通常在月结后进行季结。季结记录在月结记录的下方，在摘要栏内注明“本季合计”字样，并在季结的记录下，再划一条红线表示季结工作的完成。季结的账页示例见表 7-2。

**4. 按年结账**

年结在年底进行，通常是在月结和季结的基础上进行。对于需要结计本年累计发生额的账户，每月结账时，应在“本月合计”行下结出自年初起至本月末止的累计发生额，登记在月份发生额下面，在摘要栏内注明“本年累计”字样，并在下面通栏划单红线。12月末的“本年累计”就是全年累计发生额，全年累计发生额下面通栏划双红线。年结的账页示例见表 7-2。

年度终了结账时，有余额的账户，应将其余额结转下年，并在摘要栏注明“结转下年”字样。在下一会计年度新建有关账户的第一行余额栏内填写上年结转的余额，并在摘要栏注明“上年结转”字样，使年末有余额账户的余额如实地在账户中加以反映，以免混淆有余额的账户和无余额的账户。年度结转的示例见表 7-2。

**5. 总分类账结账**

总账账户平时只需结出月末余额。年终结账时，为了总括反映全年各项资金运动情况的全貌，核对账目，要将所有总账账户结出全年发生额和年末余额，在摘要栏内注明“本年合计”字样，并在合计数下通栏划双红线。总分类账结账示例见表 7-2。

### （五）结账后的试算平衡

结账后，可以再次试算平衡，检查所有存在借方余额的账户的余额合计数是否等于所有贷方余额的合计数。其目的是避免直接编制报表时存在过多的错误。这只是个建议，不是一个必需的步骤，会计人员也可直接编制报表。

### （六）会计账簿的归档

年度终了时，应当将主要会计账簿更换为新账簿。旧账簿应妥善保管，定期归档。保存期满的会计账簿，应按规定的手续销毁。

按照《会计档案管理办法》规定，会计档案的保管期限分为永久、定期两类。定期保管期限一般分为 10 年和 30 年。会计档案的保管期限，从会计年度终了后的第一天算起。

**提　示**

在新的会计年度建账并不是所有账簿都更换为新的。一般来说，现金日记账、银行存款日记账、总分类账、大多数明细分类账应每年更换一次。但是，有些财产物资明细账和债权债务明细账，由于材料品种、规格和往来单位较多，更换新账，重抄一遍，工作量较大，因此，可以跨年度使用，不必每年更换一次。第二年使用时，可直接在上年终了的双红线下面记账。固定资产明细账由于一年内变化不大可以连续使用，各种备查账簿也可以连续使用。

## 第四节　更正会计账簿错报

尽管会计人员在填写记账凭证和登记账簿之前已经对原始凭证、记账凭证进行了多次核对，但账簿记录中仍然会出现错误。在用手工的方法记录大量经济业务时，出现差错的概率将更大。会计人员应当及时找出差错并予以更正。

## 一、记账时常见的错误

与账簿登记有关的差错通常包括如下。

（1）串户：把业务记错账户，称为串户，如将应记入“应收账款”的业务，记入“应付账款”。

（2）反方：把应记借方的错记入贷方。

（3）错位：如把1 500元写成15 000元。

（4）写错：因看错等原因，将某数字写成与其完全不相干的数字。如把 6 780 元写成 26 元。

（5）倒码：如把 87 写成 78。

（6）重复记账：把同一笔凭证记录了两次

## 二、记账错误的更正方法

账簿记录发生错误时，不允许采用涂改、挖、擦、刮补的手段更正，也不应使用化学试剂消除字迹。

账页一般不允许撕掉重抄，确因账页严重受损或其他特殊原因导致的字迹模糊等，允许重抄。但重抄前应经会计主管批准，抄好后还应仔细复核。注意，原账页应保留在原处不得销毁。

当账簿中仅局部科目的金额记录不正确时，应使用不同的更正方法。因为填写凭证在前，登记账簿在后，所以，如果是因为凭证的错误导致账簿错误，应当先更正记账凭证，再更正账簿。如果仅是账簿填制错误，只需要更正账簿即可。具体的更正方法一般包括划线更正法、红字冲销法和补充登记法。

### （一）划线更正法

划线更正法又称红线更正法。在手工登记会计账簿的情况下，当记账凭证正确，账簿中的文字或数字有错且错误记录（包括文字和数字）是因记账笔误引起的，在这种情况下应使用此法更正。这种更正方法不需做会计分录，可以在账簿中直接更正。具体操作是在错误的文字或数字上划一条红线以示注销，然后用蓝（黑）笔将正确的文字或数字写在红线以上的空白处。

划线更正法需要注意以下几点。

（1）更正人应当在划线处盖章以示责任。

（2）错误的字迹应保留原貌，有利于辨认和查考。

（3）若是数字差错，则应将整个数字全部划红线更正，不能仅仅更正错误数字中的个别数字。对于错误的数字应全部划线更正，不得只更正其中的错误部分。以表 7-3 为例，如果转 38 号凭证上的金额为 6 000 元，是会计人员错误地登记为 5 000 元。采用划线更正法时，应当将 5 000 元全部划线更正，而不是仅划去数字“5”。

（4）如果文字有错，可以只划线更正错误的部分。以表 7-3 为例，转 38 号凭证记录的为甲产品，会计人员记账时笔误错写为乙产品。采用划线更正法可以将乙字划去，更正为“甲”。

### 提 示

不是所有记账上的笔误都可采用划线更正法进行更正。

例如在期末结账后，或者直到后续会计期间才发现这样的错账，就不宜再采用划线更正法来更正。因为结账以后或者后续会计期间更正错报，就不仅是要更正错账本身，连带还需修改相关的各项余额等，势必造成账簿登记上的混乱。因此，应改用其他更正方法。

## （二）红字更正法

红字更正法又称红字冲销法，一般适用于在记账或结账以后，发现记账凭证中所列会计科目或金额发生错误，继而引起账簿记录错误而使用的更正错账的方法。

**1. 全部冲销法**

记账以后，发现编制的记账凭证用错了会计科目而登错了账簿，可以用红字更正法——全部冲销法。更正时先用红字金额编制一张与原错误凭证相同科目的记账凭证，并注明“冲销×月×日错账”，用红字金额记入有关账簿中，冲销原来的错误记录；然后再用蓝字编制正确的记账凭证，并记入有关账簿，在摘要栏中同样注明“更正×月×日错账”。

**【例 7-1】** 3 月 5 日，×明工厂以银行存款向某批发公司支付前欠购料款1 170元。编制记账凭证时，把借方“应付账款”科目误记为“其他应付款”。

借：其他应付款　　　1 170

　贷：银行存款　　　　1 170

并据此登记入账。

3 月 29 日对账时发现该项错账，先编制一张红字数额的与原记账凭证科目相同的凭证，以予冲销。

借：其他应付款：　　　[1 170]

　贷：银行存款　　　　　[1 170]

（注：“[　　]”代表红字）

再用蓝字编制正确记账凭证，并过账。

借：应付账款　　　　1 170

　贷：银行存款　　　　1 170

账簿记录用“T”形账户表示为：

| | 其他应付款（借） | 其他应付款（贷） | 银行存款（借） | 银行存款（贷） | 应付账款（借） | 应付账款（贷） |
|---|---|---|---|---|---|---|
| 原记账 | 1 170 | | | 1 170 | | |
| 冲销 | [1 170] | | | [1 170] | | |
| 正确 | | | | 1 170 | 1 170 | |

**提 示**

最初的账户登记中，“银行存款”账户的登记并没有错，但在更正错账的过程中也会出现“冲销错账”和“更正错报”。这是因为红字更正法更正错账的基本做法是用红字编制会计分录，而会计分录的编制又必须符合“有借必有贷，借贷必相等”的记账规则。如果在编制更正错账的分录时，只“借：其他应付款，而不“贷：银行存款”，显然是一个不完整的会计分录。因此，按照借贷记账法要求编制完整的会计分录以后，“银行存款”账户也要按更正错账的会计分录再次登记账簿。

**2. 部分冲销法**

在记账或结账以后，如果发现在编制凭证时，会计科目运用正确，但其所列金额大于正确金额，并已记入账簿。这种情况下也可采用红字更正法——部分冲销法。即先计算出正确金额与错误金额的差额，然后以此差额编制一张与原凭证相同科目的红字金额记账凭证，据以登记入账将原多记的数字冲销掉。

**【例 7-2】** 3 月 5 日，×明工厂以银行存款向某批发公司支付前欠购料款1 170元。编制记账凭证时，其金额误写为1 710元。

借：应付账款　　　　1 710

　贷：银行存款　　　　1 710

3 月 29 日，对账时发现上述错误，可将多记的 540 元，用红字填制一张相同科目的记账凭证，并登记入账，予以冲销。

借：应付账款　　　　540

　贷：银行存款　　　　540

账簿记录用“T”形账户表示为：

| 应付账款 | | | 银行存款 | |
|---|---|---|---|---|
| 1 710 | | | | 1 170 |
| 540 | | - - - - - - - - -红字冲销- - - - - - - - - | | 540 |

## （三）补充登记法

在记账以后，如果发现记账凭证中科目运用正确，仅仅是金额少记的情况，可以使用补充登记法。这种更正法既要更正记账凭证，也要更正账簿记录。具体操作是用蓝字填写一份记账凭证，其中的会计科目与被更正的凭证相同，金额为少记的数字（数字为蓝色），然后登记入账簿并在摘要中注明更正或补充的凭证号数。

**【例 7-4】** 用现金预支职工差旅费 1 500 元，付款凭证错记为 150 元，已经登记入账。错误的记账凭证为：

借：其他应收款　　　　150

　贷：库存现金　　　　　　150

补充的记账凭证为：

借：其他应收款　　　　1 350

　贷：库存现金　　　　　　1 350

账簿记录用“T”形账户表示为：

| 其他应收款 | | 库存现金 | |
|---|---|---|---|
| 150 | | | 150 |
| 1 350 | ---------- *补充登记* | ---------- | 1 350 |

## 本章小结

本章主要阐述会计账簿的含义及种类，账簿的格式与登记、对账与结账，以及错账的更正方法等问题。本章重点内容如下。

**1. 会计账簿的定义**

会计账簿简称账簿，是由一定格式、互有联系的账页组成，以会计凭证为依据，进行序时、分类、连续、全面的记录和反映经济业务的簿籍。

**2. 会计账簿的作用**

会计账簿是连接会计凭证和财务报表的中间环节。账簿本身是对大量的凭证汇总的结果，而财务报表又是对账簿的总结。

**3. 会计账簿的基本内容**

会计账簿的基本内容包括封面、扉页和账页。

**4. 会计账簿的种类**

会计账簿按用途分类，可以分为分类账、日记账与备查簿。分类账是对全部经济业务进行分类登记的账，包括总分类账和明细分类账。日记账又称序时账，根据经济业务发生或完成时间的先后顺序，逐日逐笔顺序登记发生额，并每日结出余额，常用的日记账有现金日记账和银行存款日记账。备查簿又称辅助登记簿或补充登记簿，是用于登记那些无法记入分类账或日记账的会计事项的账簿。

会计账簿按账页格式分类，可以分为两栏式账簿、三栏式账簿、多栏式账簿和数量金额式账簿。

会计账簿按外观形式分类，可以分为订本式账簿、活页式账簿和卡片式账簿。

**5. 登记会计账簿的基本要求**

为了保证账户记录的质量，会计应遵循账簿启用规则和账簿登记规则。登记账簿的基本要求包括：（1）表述清楚准确，信息内容完整。（2）责任明确，适当签名或者盖章并注明已经登账的符号。（3）适度留白，以便于发生错误时进行更正。（4）正常情况下用蓝黑墨水或者碳素墨水书写，特别情况用红色墨水记账。（5）各种账簿按页次顺序连续登记，不得跳行、隔页，应当将空行、空页划线注销，或者注明“此行空白”“此页空白”等字样，并由记账人员签名或盖章。如果发生跳行、隔页，应当将空行、空页划线注销，或者注明“此行空白”“此页空白”字样，并由记账人员签名或者盖章。(6) 凡需结出余额的账户，结出余额后，应在“借或贷”等栏内写明“借”或者“贷”。没有余额的账户，应当在“借或贷”等栏内写“平”字，并在余额栏内用“Ø”表示。(7) 每一账页登记完毕结转下页时，应当结出本页合计数及余额，写在本页最后一行和下页第一行有关栏内，并在摘要栏内注明“过次页”和“承前页”字样；也可以将本页合计数及金额只写在下页第一行有关栏内，并在摘要栏内注明“承前页”字样。(8) 不得涂改、刮擦、挖补。如果由于记账凭证出现错误而导致账簿记录产生错误，不得涂改、刮擦、挖补或用褪色药水更改字迹，而应按照规定的方式进行更正。

**6. 总分类账与明细分类账的平行登记法**

总分类账与明细分类账的平行登记法是指对所发生的每项经济业务都要以会计凭证为依据，一方面记入有关总分类账户，另一方面记入对应的明细分类账户的方法。平行登记法的要点包括：(1) 依据相同；(2) 记账方向相同；(3) 会计期间一致；(4) 金额相符。

**7. 对账的定义**

对账，就是核对账目，是指为确保会计信息客观、完整、系统和连续，在将相关经济业务登记入账后，对会计记录进行核对的工作。通常会计人员在月末、季末和年末，所有经济业务完成记账，但尚未结账时进行对账。

**8. 对账的主要内容**

对账的主要内容包括账证核对、账账核对、账实核对三个方面，待编制出有关会计报表以后，对账的内容还应包括账表核对。

**9. 结账的定义**

结账是在一定时期结束，将该时期内发生的全部经济业务登记入账以后，计算并结转各账户的本期发生额和期末余额的会计工作。

**10. 结账的内容**

结账的内容通常包括两个方面：结清各种损益类账户，据以计算确定本期利润，以及结出各资产、负债和所有者权益账户的本期发生额合计和期末余额。

**11. 结账的方法**

结账方法可以分为按次结账、按月结账、按季结账、按年结账等。总分类账平时只需结出月末余额。年终结账时，为了总括反映全年各项资金运动情况的全貌，核对账目，要将所有总账账户结出全年发生额和年末余额。

**12. 记账时常见的错误**

与账簿登记有关的差错通常包括串户、反方、错位、倒码、写错、重复记账等。

**13. 更正会计账簿错报**

账簿记录发生错误时，不允许采用涂改、挖、擦、刮补的手段更正，也不应使用化学试剂消除字迹。账页一般不允许撕掉重抄。如果是因为凭证的错误导致账簿错误，应当先更正记账凭证，再更正账簿。如果仅是账簿填制错误，只需要更正账簿即可。会计错报的更正方法包括划线更正法、红字更正法和补充登记法。

# 关键词汇

| | | | |
|---|---|---|---|
| 1. 会计账簿 | 2. 分类账 | 3. 总分类账 | 4. 明细分类账 |
| 5. 日记账 | 6. 备查簿 | 7. 两栏式账簿 | 8. 三栏式账簿 |
| 9. 多栏式账簿 | 10. 数量金额式账簿 | 11. 订本式账簿 | 12. 活页式账簿 |
| 13. 卡片式账簿 | 14. 登记会计账簿 | 15. 收付分页式日记账 | 16. 平行登记法 |
| 17. 账证核对 | 18. 账账核对 | 19. 账实核对 | 20. 账表核对 |
| 21. 结账 | 22. 划线更正法 | 23. 红字更正法 | 24. 补充登记法 |

# 练习与思考

## 一、单项选择题

1. 会计账簿在会计核算中处于重要地位，是会计核算的（　　）。

A. 首要环节　B. 最终环节　C. 基础环节　D. 中间环节

2. 设置和登记账簿是（　　）的基础。

A. 复式记账　B. 填制记账凭证　C. 编制会计分录　D. 编制会计报表

3. 账簿按（　　）不同，可分为订本账、活页账和卡片账。

A. 作用　B. 账页格式　C. 用途　D. 外形特征

4. 下列属于辅助性账簿的是（　　）。

A. 现金日记账　B. 应付账款明细账

C. 租入固定资产登记簿　D. 原材料明细账

5. 下列做法中，不符合会计账簿记账规则的是（　　）。

A. 账簿中书写的文字和数字一般应占格距的 1/2

B. 登记后在记账凭证上注明已经登账的符号

C. 使用圆珠笔登账

D. 按账簿页次顺序连续登记，不得跳行隔页

6. 下列账簿中，必须逐日逐笔登记的是（　　）。

A. 明细账　B. 总账　C. 现金日记账　D. 备查账

7. 现金日记账和银行存款日记账应当（　　）。

A. 定期登记　B. 序时登记　C. 汇总登记　D. 合并登记

8. 银行存款日记账的收入方除了根据银行存款收款凭证登记外，有时还要根据（　　）进行登记。

A. 银行存款付款凭证　　B. 现金收款凭证
C. 现金付款凭证　　D. 转账凭证

9. 日记账的最大特点是（　　）。
A. 按现金和银行存款设置账户
B. 可以提供现金和银行存款的每日发生额
C. 随时逐笔顺序登记现金和银行存款的发生额并逐日结出余额
D. 主要提供现金和银行存款的每日余额

10. 下列账簿中，要求必须逐日结出余额的是（　　）。
A. 现金日记账和银行存款日记账　　B. 债权债务明细账
C. 财产物资明细账　　D. 总账

11. “营业外收入”明细账应该采用的格式是（　　）。
A. 三栏式　　B. 多栏式　　C. 数量金额式　　D. 任意格式

12. 下列明细账中，不宜采用三栏式账页格式的是（　　）。
A. 应收账款明细账　　B. 应付账款明细账
C. 管理费用明细账　　D. 短期借款明细账

13. 下列明细分类账，应采用多栏式账页格式的是（　　）。
A. 生产成本明细账　　B. 原材料明细账
B. 应付账款明细账　　D. 应收账款明细账

14. 下列账簿中不可以采用活页式账簿的是（　　）。
A. 现金日记账　　B. 应收账款明细账
C. 库存商品明细账　　D. 生产成本明细账

15. 下列账簿中，一般情况下不需根据记账凭证登记的账簿是（　　）。
A. 日记账　　B. 总分类账　　C. 备查账　　D. 明细分类账

16. 记账人员根据记账凭证登记完毕账簿后，要在记账凭证上注明已记账的符号，主要是为了（　　）。
A. 便于明确记账责任　　B. 避免错行或隔页
C. 避免重记或漏记　　D. 防止凭证丢失

17. 登记总账的主要依据是（　　）。
A. 原始凭证　　B. 经济合同　　C. 记账凭证　　D. 会计报表

18. 总账和明细账之间进行平行登记的原因是总账与明细账的（　　）。
A. 格式相同　　B. 登记时间相同
C. 反映经济业务的内容相同　　D. 提供指标详细程度相同

19. 下列项目中，属于账证核对内容的是（　　）。
A. 会计账簿与记账凭证核对
B. 总分类账簿与所属明细分类账簿核对

C. 原始凭证与记账凭证核对

D. 银行存款日记账与银行对账单核对

20. 下列项目中，不属于账实核对内容的是（ ）。

A. 现金日记账余额与库存现金数核对

B. 银行存款日记账余额与银行对账单余额核对

C. 账簿记录与原始凭证核对

D. 债权债务明细账余额与对方单位的账面记录核对

21. 期末根据账簿记录，计算并记录出各账户的本期发生额和期末余额，在会计上称为（ ）。

A. 对账 B. 结账 C. 调账 D. 查账

22. 下列账簿中，可以作为编制会计报表直接依据的是（ ）。

A. 序时账簿 B. 备查账簿 C. 分类账簿 D. 特种日记账

23. 企业材料总账余额与材料明细账的余额进行核对属于（ ）。

A. 账证核对 B. 账账核对 C. 账表核对 D. 账实核对

24. （ ）是为了账簿记录的真实、可靠、正确、完整。

A. 过账 B. 结账 C. 转账 D. 对账

25. 企业结账时（ ）。

A. 一定要原始凭证 B. 不需要原始凭证

C. 可以要，也可以不要原始凭证 D. 以上说法都不对

26. 记账凭证填制正确，记账时文字或数字发生笔误引起的错误应采用（ ）进行更正。

A. 划线更正法 B. 重新登记法 C. 红字更正法 D. 补充登记法

27. 记账之后，发现记账凭证中将16 000元，误写为1 500元，会计科目名称及应记方向无误，应采用的错账更正方法是（ ）。

A. 划线更正法 B. 红字更正法 C. 补充登记法 D. 更换账页法

28. 某会计人员填制现金支票时，误将1 000元写成10 000元，当时发现有误，应采用的更正方法是（ ）。

A. 划线更正法 B. 红字更正法 C. 补充登记法 D. 重新填制

29. 某企业用银行存款支付前欠货款3 500元，会计人员编制的付款凭证为借记“应付账款”5 300元，贷记“银行存款”5 300元，并已登记入账。当年发现记账错误，更正时应采用的更正方法是（ ）。

A. 划线更正法 B. 红字更正法

C. 补充登记法 D. 重编正确的原始凭证

30. 某企业通过银行收回应收账款 8 000 元，在填制记账凭证时，误将金额记为 6 000 元，并已登记入账。当年发现记账错误，更正时应采用的更正方法是（ ）。

A. 重编正确的原始凭证　　B. 划线更正法
C. 红字更正法　　D. 补充登记法

## 二、多项选择题

1. 会计账簿按用途不同分为（　　）。
A. 序时账簿　B. 三栏式账簿　C. 分类账簿　D. 备查账簿

2. 以下属于备查账簿的有（　　）。
A. 租入固定资产登记簿　　B. 应收票据备查簿
C. 固定资产明细账　　D. 累计折旧明细账

3. 数量金额式账簿中的账页先分为“收入、支出、结存”三个栏目，在每一个大栏内又设置（　　）等几个小栏目。
A. 数量　B. 单价　C. 金额　D. 单位

4. 账簿按其外表形式分为（　　）。
A. 订本式账簿　B. 活页式账簿　C. 卡片式账簿　D. 三栏式账簿

5. 活页账的主要优点有（　　）。
A. 可以根据实际需要随时插入空白账页　　B. 可以防止账页散失
C. 可以防止记账错误　　D. 便于分工记账

6. 可采用三栏式的账有（　　）。
A. 应收账款明细账　B. 财务费用明细账　C. 管理费用明细账　D. 应付账款明细账

7. 下列账簿中，应采用数量金额式账簿的有（　　）。
A. 应收账款明细账　B. 原材料明细账　C. 库存商品明细账　D. 盈余公积明细账

8. 登记账簿的要求有（　　）。
A. 账簿书写的文字和数字上面要留适当空距，一般应占格长 1/2
B. 登记账簿要用圆珠笔、蓝黑色或黑色墨水书写
C. 不得用铅笔
D. 各种账簿按页次顺序连续登记，不得跳行、隔页

9. 在下列情况中可以用红色墨水笔记账的有（　　）。
A. 按照红字冲账的记账凭证，冲销错误记录
B. 在不设借栏或贷栏的多栏式账页中，登记减少数
C. 登记累计折旧明细账
D. 登记固定资产明细账

10. 库存现金日记账可以根据（　　）登记。
A. 库存现金收款凭证　　B. 库存现金付款凭证
C. 银行存款付款凭证　　D. 银行存款收款凭证

11. 银行存款日记账可以根据（　　）登记。

A. 库存现金收款凭证　　B. 库存现金付款凭证
C. 银行存款付款凭证　　D. 银行存款收款凭证

12. 下列账簿中，必须逐日逐笔进行登记的有（　　）。
A. 现金日记账　B. 银行存款日记账　C. 各种总分类账　D. 各种明细分类账

13. 登记总分类账的依据有（　　）。
A. 记账凭证　B. 科目汇总表　C. 三栏式日记账　D. 汇总记账凭证

14. 下列会计凭证中，可以作为登记银行存款日记账依据的有（　　）。
A. 自制原始凭证　B. 外来原始凭证　C. 付款凭证　D. 收款凭证

15. 对账的内容包括（　　）。
A. 账证核对　B. 实物核对　C. 账实核对　D. 账账核对

16. 账实核对的主要内容包括（　　）。
A. 现金日记账账面余额与现金实际库存数核对
B. 固定资产明细账的固定资产数与固定资产实物核对
C. 财产物资明细账账面结存数与财产物资实存数核对
D. 原材料总账账面余额与原材料明细账账面余额核对

17. 总分类账户和明细分类账户的登记应该做到（　　）。
A. 登记的原始依据相同　　B. 登记的方向相同
C. 登记的金额相同　　D. 登记的期间相同

18. 更正错账的方法有（　　）。
A. 划线更正法　B. 红字更正法　C. 补充登记法　D. 备抵法

19. 采用划线更正法，其要点有（　　）。
A. 在错误的文字或数字（单个数字）上划一条红线注销
B. 在错误的文字或数字（整个数字）上划一条红线注销
C. 将正确的文字或数字用蓝字写在划线的上端
D. 更正人在划线处盖章

20. 记账后发现记账凭证中应借、应贷会计科目正确，只是金额发生错误，可以用的更正方法有（　　）。
A. 划线更正法　B. 备抵法　C. 红字更正法　D. 补充登记法

## 三、判断题

1. 会计账簿的记录是编制会计报表的前提和依据，也是检查、分析和控制单位经济活动的重要依据。(　　)

2. 各单位不得违反会计法和国家统一的会计制度的规定私设会计账簿。(　　)

3. 备查账簿是对某些未能在日记账和分类账中记录的经济业务事项进行补充登记的账簿。(　　)

4. 日记账是对各项经济业务按照发生时间的先后顺序进行登记的账簿。(　　)

5. 现金日记账应在每日终了时结出余额，并与库存现金核对相符。(　　)

6. 设置现金日记账的企业就不需要设置现金总分类账。(　　)

7. 活页式账簿便于账页的重新排列和记账人员的分工，但账页容易散失和被随意抽换。(　　)

8. 为了实行钱账分管原则，通常由出纳人员填制收款凭证和付款凭证，由会计人员登记现金日记账和银行存款日记账。(　　)

9. 在登记账簿时，总账和明细账有着直接的联系。为简化记账程序，总账可以根据明细账结果进行登记。(　　)

10. 租入的固定资产不能在“固定资产”分类账中登记，而应在备查账簿中登记，因此，在编制资产负债表时，“固定资产原值”项目应是“固定资产”分类账与备查账簿的金额之和。(　　)

11. 期末损益类账户一般没有余额，应结转到利润表中，不做专门的会计分录。(　　)

12. 为了明确划分各会计年度的界限，年度终了各种会计账簿都应更换新账。(　　)

13. 每月将银行存款日记账的账面余额与银行对账单进行核对，是账实核对的主要内容之一。(　　)

14. 对账，就是核对账目，即对各种会计账簿之间相对应记录进行核对。(　　)

15. 年终结账时，有余额的账户，应将其余额直接记入下年新账余额栏内，不需要编制记账凭证。(　　)

16. 会计账簿登记中，如果不慎发生隔页，应立即将空页撕掉，并更改页码。(　　)

17. 结账之前，如果发现账簿中所记文字或数字有过账笔误或计算错误，而记账凭证并没有错，可用划线更正法更正。(　　)

18. 如果发现记账凭证上应记科目和金额错误，并已登记入账，则可将填错的记账凭证销毁，并另填一张正确的记账凭证，据以入账。(　　)

19. 若记账凭证上的会计科目和应借、应贷方向未错，但所记金额小于应记金额并已经入账，应采用红字更正法予以更正。(　　)

20. 如果发现记账凭证上应记科目和金额错误，还未登记入账，则可将填错的记账凭证销毁，并另填一张正确的记账凭证，据以入账。(　　)

## 四、业务题

**习题一**

1. 某企业 20××年 1 月 1 日各总分类账的期初余额见下表。

**总分类账的期初余额**

单位：元

| 账户名称 | 借方金额 | 账户名称 | 贷方金额 |
|---|---|---|---|
| 库存现金 | 280 | 短期借款 | 8 400 |
| 银行存款 | 12 560 | 应付账款 | 1 300 |
| 应收账款 | 2 830 | 应付利息 | 120 |
| 在途物资 | 7 800 | 实收资本 | 30 000 |
| 其他应收款 | 360 | 盈余公积 | 2100 |
| 预付账款 | 480 | 累计折旧 | 3190 |
| 固定资产 | 25 800 | 本年利润 | 5 000 |
| 合计 | 50110 | 合计 | 50110 |

2. 该企业 1 月份发生下列经济业务：

1 月 2 日，收到南国公司前欠货款 2 830 元，存入银行。

1 月 3 日，购入甲材料一批计 8 000 元，增值税额 1 040 元，材料已运达企业但尚未验收入库，货款未付。

1 月 5 日，从银行提取现金 300 元备用。

1 月 6 日，采购员王林出差，以现金预支出差费 400 元。

1 月 8 日，以银行存款预付本年度厂部财产保险费 6 000 元。

1 月 9 日，以银行存款支付上年购货欠款 1 300 元。

1 月 11 日，以银行存款归还到期短期借款 5 000 元。

1 月 12 日，以银行存款支付厂部办公用品费 500 元。

1 月 15 日，从银行提取现金 500 元备用。

1 月 16 日，以现金 400 元支付管理部门日常修理费。

1 月 20 日，采购员王林报销出差费 450 元，与原借款的差额以现金补足。

1 月 22 日，向银行借入短期借款 2 000 元，存入银行。

1 月 26 日，销售 A 产品一批，计 6 000 元，增值税 780 元，货款尚未收到。

1 月 31 日，摊销应由本月负担的厂部财产保险费 500 元。

1 月 31 日，以银行存款支付应由本月负担的短期借款利息 200 元。

1 月 31 日，计提厂部固定资产折旧费用 500 元。

1 月 31 日，将损益类账户结转至“本年利润”账户。

**【要求】**

1. 根据上述经济业务编制记账凭证。

2. 开设有关总分类账，登记期初余额，并根据所编制的记账凭证登记有关总分类账户。

3. 编制“总分类账户本期发生额及余额表”，进行试算平衡。

习题二

×达公司20××年6月份在登账后结账前发现下列错账。

（1）从银行提取现金16 000元，备发工资。

记账凭证为：

借：库存现金　16 000

　贷：银行存款　16 000

账簿记录为：

| 库存现金 | |
|---|---|
| 1 600 | |

| 银行存款 | |
|---|---|
| | 1 600 |

（2）预付宏大公司购货款25 000元。

记账凭证为：

借：预收账款　　　25 000

　贷：银行存款　　　25 000

| 预收账款 | |
|---|---|
| 25 000 | |

| 银行存款 | |
|---|---|
| | 25 000 |

（3）公司行政部门用房租金2 300元，以银行存款支付。

记账凭证为：

借：管理费用　　　3 200

　贷：银行存款　　　3 200

账簿记录为：

| 管理费用 | |
|---|---|
| 3 200 | |

| 银行存款 | |
|---|---|
| | 3 200 |

（4）开出库存现金支票一张支付公司购货运杂费540元。

记账凭证为：

借：在途物资　　　450

　贷：银行存款　　　450

账簿记录为：

| 在途物资 | |
|---|---|
| 450 | |

| 银行存款 | |
|---|---|
| | 450 |

要求：对上面四笔错账按有关错账更正方法进行更正。

# 第八章　财产清查

## 章前导读

为保证会计资料真实性，做到账实相符，必须在账簿记录基础上，运用财产清查这一专门方法，对企业的各项财产进行定期或不定期的盘点和核对。所谓财产清查，就是通过对库存现金、实物资产的实地盘点和对银行存款、往来款项的核对，确定各项财产物资、货币资金和债权、债务的实存数，从而查明账存数与实存数是否相符的一种专门方法。财产清查，对于保证会计资料的真实可靠、改善经营管理、提高管理水平等具有十分重要的意义。本章第一节阐述了财产清查的概念、作用、种类以及财产清查前的准备工作；第二节阐明了永续盘存制和实地盘存制的概念、优缺点；第三节介绍了各种财产物资、货币资金和往来款项的清查方法；第四节通过具体实例说明各种财产物资清查结果的账务处理方法。

## 本章学习目标

⊙了解财产清查的概念、作用及种类；
⊙明确永续盘存制和实地盘存制的概念、优缺点；
⊙了解各种财产物资、货币资金和往来款项的清查方法；
⊙重点掌握银行存款余额调节表的编制方法；
⊙掌握各种财产物资清查结果的账务处理。

## 本章重点

各种财产物资、货币资金和往来款项的清查方法及清查结果的账务处理。

# 本章思维导图

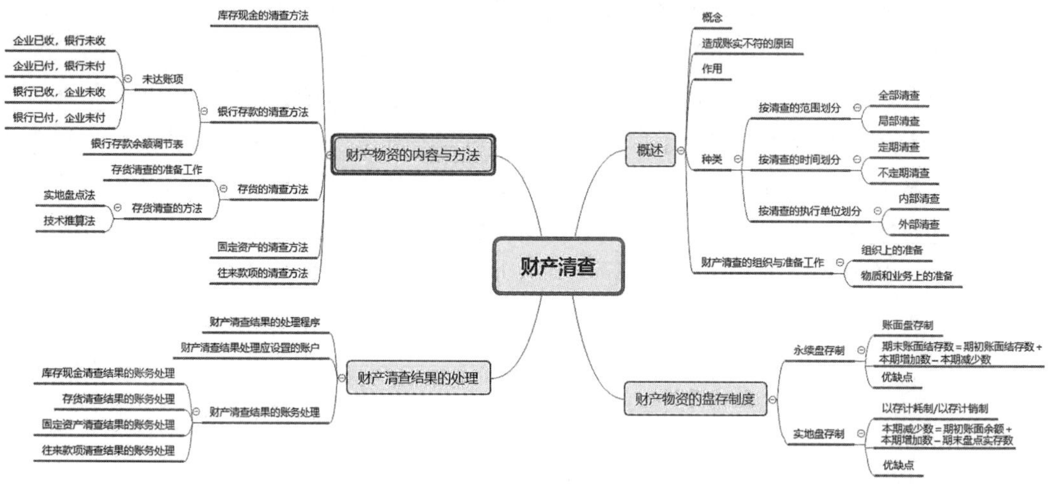


# 第一节　财产清查概述

## 一、财产清查的概念

企业依照以前各章所讲的各种会计核算方法，将在一定会计期间内对各项财产（包括财产物资、货币资金和各种往来款项）的变动和结存情况，通过编制必需的会计凭证，记入各种有关的账簿，经过检查核对，证明“账证相符，账账相符”后，可以说明会计账簿是否依据会计凭证进行了正确、系统的登记。但在实际工作中，即使账账相符，由于种种原因，往往还会出现各项财产的账面数额与实际结存数不符的情况。造成企业财产物资账实不符的原因，概括起来主要有以下方面。

（1）因未达账项引起的银行存款数额的不符。

（2）在财产物资发生增减变动时没有及时填制凭证并及时登记入账，或者在填制财产收发凭证和登记账目时，发生了计算上或登记上的错误。

（3）由于企业规章制度不严、管理不善或管理人员失职而发生财产物资的损失、变质或短缺等。

（4）收发差错。在财产收发过程中，由于计量、检验不准确，而发生品种、数量或质量上的差错。

（5）贪污盗窃。由于不法分子的贪污盗窃等直接侵占企业财产物资所发生的损失。

（6）财产物资在运输、保管过程中，在数量上发生自然损耗或溢余变化。

（7）自然灾害造成的非常损失，如火灾、水灾、地震等原因造成的财产物资非常损失。

为保证会计资料真实性，做到账实相符，必须在账簿记录基础上，运用财产清查这一专门方法，对企业的各项财产进行定期或不定期的盘点和核对。

所谓财产清查，就是通过对库存现金、实物资产的实地盘点和对银行存款、往来款项的核对，来查明各项财产物资、货币资金和往来款项的实有数及其与账面数是否相符的一种会计核算方法。它是会计核算中一个必不可少的重要环节。

企业存有的各项财产物资是进行经济活动的基础，包括库存现金、银行存款等各项货币资金和原材料、库存商品、周转材料、固定资产等各项实物资产以及各项应收应付结算款项。根据企业财务管理目标的要求，各经济单位应通过会计账簿记录来反映和监督上述各项财产物资的增减变化及结存情况。为了保证账簿记录的正确，应加强会计凭证的日常审核，定期地核对账簿记录，做到账证相符、账账相符和账实相符。

## 二、财产清查的作用

由于在管理财产物资过程和业务经营中收发商品数量和金额有时会出现错误、检验计量不准或保管、运输过程中的自然损耗以及企业管理不善等原因，可能引起财产物资实际数与账面数不一致。因此，必须对各项财产物资进行清查，保证会计资料的真实可靠，改善经营管理，提高管理水平。企业进行财产清查的作用具体表现在以下方面。

### （一）保证会计核算资料的真实，使账实相符

通过财产清查，可以查明各项财产的实存数，实存数同账存数的差异，以及发生差异的原因和责任，以便采取措施，寻找避免差异的有效办法，保证账实相符和会计资料的准确可靠。会计通过对企业采购入库的每一笔财产物资都必须及时进行记录，并经常与保管人员的记录进行核对，以保证会计账簿记录的真实性。但是，由于客观存在着引起企业财产物资账实不符的原因，会计账簿记录与实际结存的财产物资数量与金额经常会发生差异，通过财产清查可以及时发现这些差异以及差异产生的原因，并根据不同情况进行账务调整，从而保证会计记录能够真实地反映企业的实际情况。

### （二）加强资金利用，挖掘财产物资潜力

通过财产清查，可以查明各种财产物资的储备和利用情况，有无储备不足或者积压、呆滞以及不配套的财产物资，以便采取措施，对储备不足的，设法及时补足，保证生产上的需要；对积压、呆滞和不配套的，及时处理，充分挖掘财产物资的潜力，加速资金周转。

### （三）保护财产物资的安全与完整

通过财产清查，既可以保护企业财产物资的安全与完整，又可以查明各项财产的保管情况是否良好，有无因管理不善，致使财产遭受损失浪费、霉烂变质、损坏丢失，或者被非法挪用、贪污盗窃的情况，以便及时采取措施，改善管理，并采取有效的措施加以防范。

### （四）促使企业对外经济往来的正常进行

通过财产清查，可以促使企业对外经济往来的正常进行，查明各项往来款项的结算情况是否正常，有无账款长期拖欠、不合理的债权债务关系等情况，以便查明原因，采取措施，及时处理。

### （五）促进规章制度建立健全，保证财经法纪的贯彻执行

通过财产清查，可以促使财产物资保管人员加强责任感，建立健全财产管理与核算制度，改善经营管理。企业所拥有的财产物资是企业正常生产经营必备的物质基础。对财产物资的正确使用可以提供企业资产的使用效率与效益。在财产清查中，对发现的问题可以查明原因、认真处理。例如，对于由于企业管理制度方面存在的问题而引起的财产损失或短缺，应采取建立和健全管理制度的措施加以解决；对于由于管理人员失职而造成的损失，应追究当事人的经济责任、法律责任或刑事责任。

## 三、财产清查的种类

企业进行财产清查的对象与范围不同、目的不同、时间不同，因此，从不同角度出发，可将财产清查分为以下不同的种类。

### （一）企业的财产清查，按清查的范围不同可划分为全面清查和局部清查

#### 1. 全面清查

全面清查是指对企业的所有财产进行全面彻底的清查、盘点和核对。通过清查核对，可以明确经济责任，以保证每个企业的账实相符和年度决算报表的真实可靠。

全面清查的对象一般包括下列各项：

（1）库存现金、银行存款、各种有价证券、其他货币资金以及银行借款等货币资金；

（2）原材料、在产品、半成品、库存商品等流动资产；

（3）各种包装物及低值易耗品；

（4）各种在途材料、在途商品和在途物资；

（5）出租使用、委托其他单位加工、保管或代销的材料、商品和物资；

（6）租入使用、受其他单位委托加工、保管或代销的各项财产物资；

（7）各种在建工程、房屋建筑物、机器设备、运输设备等固定资产；

（8）应收、应付款，预收、预付款等各种往来结算款。

全面清查由于内容多、范围广、耗时长，需要投入的人力、物力多，花费的时间长等特点，不宜经常进行，一般对以下情况，应进行全面清查：

（1）年终决算之前，为确保年终决算会计资料真实、正确，需要进行一次全面清查；

（2）单位撤销、破产、合并或改变隶属关系，需要进行全面清查；

（3）中外合资、国内联营，需要进行全面清查；

（4）开展清产核资，需要进行全面清查；

（5）单位主要负责人调离工作，需要进行全面清查。

2. 局部清查

局部清查是指根据实际需要对一部分财产所进行的清查，具有范围小，内容少，涉及的人员也少，但专业性较强等特点。局部清查的主要对象是流动性较强的财产物资，但由于全面清查工作量大，不宜经常进行，所以，平时应根据管理上的需要，对各种财产物资按其不同性质或不同保管地点分别进行局部清查。针对不同的财产物资，局部清查一般有以下不同的做法：

（1）对于库存现金，每日终了时应由出纳人员自行盘点一次；

（2）对于银行存款、银行借款至少每月同银行核对一次；

（3）对于某些收发频繁、流动性较强或容易短缺、损耗的财产物资，除了年度全面清查之外，还必须进行局部的轮流清查或重点抽查，如原材料、在产品、库存商品等；

（4）对于个别特殊的、贵重的财产物资，至少要每月甚至更短时间由会计人员或稽核人员监督清查；

（5）对于各种债权、债务，每年至少要与对方单位核对一至两次，发现问题及时解决，避免坏账损失。

### （二）企业的财产清查，按清查的时间不同可划分为定期清查和不定期清查

1. 定期清查

定期清查是指根据管理制度的规定或预先计划安排的时间对财产物资所进行的清查。这种清查的对象不定，可以是全面清查，也可以是局部清查。清查的目的在于保证会计核算资料的真实正确。一般是在年末、季末或月末结账时进行。如出纳人员每天进行的库存现金盘点和每月与银行进行的银行存款的对账工作，就是属于定期清查。

2. 不定期清查

不定期清查是指随时根据实际情况的需要而临时进行的财产清查。其目的在于分清责任，查明情况。不定期清查的对象可以是企业的全部财产物资，也可以是局部清查。一般来说，不定期清查在以下情况下进行：

（1）更换出纳员时对库存现金、银行存款所进行的清查；

（2）更换保管员时对其所保管的财产物资所进行的清查；

（3）上级机关、审计部分和金融部门根据工作需要对企业进行的会计检查；

（4）进行临时性的清产核资时进行财产清查；

（5）财产物资由于非常灾害发生意外损失时的清查；

（6）兼并、重组、迁移以及改变隶属关系时等。

### （三）企业的财产清查，按照清查的执行单位划分，可分为内部清查和外部清查

1. 内部清查

内部清查是指由企业内部有关领导和人员组成清查小组，对企业的财产物资和往来款项所进行的清查。企业年终进行的全面清查和正常进行的多数不定期清查皆属于内部清

查。内部清查可以是全面清查，也可以是局部清查。这种清查又称为“自查”，企业的财产清查多数属于此类。

2. 外部清查

外部清查是指由企业以外的有关部门或人员，如上级主管部门、审计机关、财税部门等部门的人员组成清查小组，根据国家有关法律、制度的规定或企业的特殊需要，对企业所进行的清查。例如，企业进行股份制改造时，聘请评估机构所进行的资产评估属于外部清查。外部清查可以是全面清查，也可以是局部清查。

## 四、财产清查的组织与准备工作

财产清查是一项复杂的工作，涉及企业的管理部门、财务会计部门、财产物资保管部门以及与本单位有业务和资金往来的外部有关单位和个人。因此，为了保证财产清查工作能够有条不紊地进行，在财产清查之前，必须有计划、有组织、有步骤地认真做好组织上和物质上的准备工作。

### （一）组织上的准备

企业在进行财产清查（尤其是全面清查）时，应成立专门的清查领导小组，具体负责财产清查的组织和管理。在本企业的财务总监或总会计师及有关主管厂长的领导下，成立由财务部门牵头，有设备、技术、生产、行政及各有关部门参加的财产清查领导小组，具体负责财产清查的领导和组织工作。

财产清查领导小组的主要任务如下。

（1）根据财产清查的目的和管理制度或有关部门的要求，拟订财产清查工作的详细计划，确定财产清查对象和范围，安排清查工作的详细步骤，配备财产清查的具体人员，并明确清查人员的分工和职责。

（2）在财产清查过程中，及时了解掌握工作进度，检查和督促工作、研究财产清查工作中出现的问题。

（3）在财产清查工作结束后，及时进行总结，写出财产清查工作的书面报告，将清查结果上报有关部门，对发生的盘盈和盘亏提出处理意见。

### （二）物质和业务上的准备

物质和业务上的准备是进行财产清查的前提条件，各业务部门特别是会计部门和会计人员应主动配合，做好准备工作。应做的准备工作主要有以下内容。

（1）会计部门和会计人员应在财产清查前，将所有的经济业务登记入账，将有关账簿登记齐全，结出余额。总分类账中反映货币资金、财产物资和债权债务的有关数据应与所属明细分类账核对清楚，做到账账相符、账证相符，为财产清查提供可靠的依据。

（2）财产物资保管部门和有关人员，应将截止到财产清查时点之前的各项财产物资的进出办好凭证手续，全部登记入账，结出各账户余额，并与会计部门的有关总分类账核对相符，同时，财产物资保管人员应将其所保管的各种财产物资堆放整齐，挂上标签，标明品种、规格和结存数量，以进行实物盘点。

(3) 财产清查小组应组织有关部门准备好计量器具，并进行严格的检查校正，以保证计量的准确性。

(4) 对银行存款、银行借款及结算款项等，应事先取得对账单、函证等资料，以便查对。

(5) 印制好清查登记的表册，如盘存单、实存账存对比表等，以备清查时使用。

## 第二节 财产物资的盘存制度

财产物资盘存制度是指通过对实物的盘查、核对，确定财产物资的实际结存情况的一种制度。财产物资的盘存制度有两种，即永续盘存制和实地盘存制。在不同的财产物资盘存制度下，各项财产物资在账簿中的记录方法是不同的。

### 一、永续盘存制

永续盘存制又称账面盘存制，是指企业为加强财产物资的管理，及时反映财产物资的增减结存情况，对各项财产物资的增加、减少，都要根据有关原始凭证在财产物资明细账中逐笔、连续地登记，并随时计算出其结存数额的一种盘存核算方法。其期末账面结存数的计算公式为：

期末账面结存数=期初账面结存数+本期增加数−本期减少数

**【例 8-1】** 新×公司 202×年 11 月甲产品收入、发出情况及采用永续盘存制确定的各日结存数（件），见表 8-1。

**表 8-1 新×公司甲产品收、发及结存情况表（永续盘存制）**

202×年 11 月

单位：件

| 日期 | 摘要 | 收入 | 发出 | 结存 |
|---|---|---|---|---|
| 1 日 | 月初结存 | | | 3 000 |
| 2 日 | 销售 | | 500 | 2 500 |
| 7 日 | 完工 | 800 | | 3 300 |
| 11 日 | 销售 | | 2 000 | 1 300 |
| 12 日 | 完工及销售 | 1 000 | 800 | 1 500 |
| 18 日 | 完工 | 500 | | 2 000 |
| 25 日 | 销售 | | 1 000 | 1 000 |
| 28 日 | 完工 | 700 | | 1 700 |
| 29 日 | 销售 | | 1 500 | 200 |
| 30 日 | 月末结存 | | | 200 |

**提 示**

在永续盘存制下，根据账面记录确定的存货结存数不一定与其实有数相符，因此，需定期或不定期地对实物进行实地盘点，以便核对存货的账面数（账存数）和实有数是否相符。

1. 永续盘存制的优点主要包括如下：

（1）采用永续盘存制，财产物资的收、发、存情况能在账面上得到全面、完整、连续的反映，能加强对财产物资的控制与管理。在各个存货明细账户中，可以随时反映出每种财产物资的收入、发出和结存情况，并能从数量和金额两方面进行控制。

（2）财产物资明细账户中的结存数，可以通过盘点与实有数量进行核对，当发生存货溢余和短缺时，便于查明原因，及时纠正。

（3）财产物资明细账上的结存数，随时与预定的最高和最低限额进行比较，可及时取得库存积压或不足的资料，以便及时组织存货的购销或处理，加速资金周转。

2. 永续盘存制的缺点主要包括如下：

（1）账簿记录的财产物资的增减变动及结存情况都是根据有关会计凭证登记的，可能发生账实不符的情况。

（2）日常的账簿登记、财产物资明细分类核算工作量较大，如果月末一次结转销售（耗用）成本，计算工作过于集中。

采用永续盘存制，要求财产物资的进出都有严密的手续，可随时反映财产物资的收入、发出和结余情况，从数量和金额上进行双重控制，加强了对财产物资的管理，在实际工作中广泛应用该制度。

## 二、实地盘存制

实地盘存制是指在期末通过盘点实物，来确定财产的数量，并据以计算财产期末结存额和本期减少额的一种方法。

实地盘存制用于产品制造企业时称“以存计耗制”；用于商品流通企业时又称“以存计销制”。采用实地盘存制，平时只根据会计凭证在账簿中登记财产的增加数，不登记减少数，期末对各项财产进行盘点，倒挤出本期各项财产的减少数，计算公式为：

本期减少数=期初账面余额+本期增加数-期末盘点实存数

**【例 8-2】**×兴公司燃料煤的月初结存及购入情况见表 8-2。由于煤的耗用情况平时难以准确计量，故采用定期盘存制进行核算。月末通过实地盘点结余燃煤，确定的期末结存数为 100 吨。该企业本月燃煤的收入、发出及结存情况见表 8-2。

**表 8-2　×兴公司燃料煤收入、发出及结存情况表（实地盘存制）**

202×年 6 月　　　　单位：吨

| 日期 | 摘要 | 收入 | 发出 | 结存 |
|---|---|---|---|---|
| 1 日 | 月初结存 | | | 120 |
| 4 日 | 购入 | 100 | | |
| 8 日 | 购入 | 120 | | |
| 15 日 | 购入 | 150 | | |
| 18 日 | 购入 | 80 | | |
| 22 日 | 购入 | 100 | | |
| 27 日 | 购入 | 50 | | |
| 30 日 | 本月耗用 | | 620 | |
| 30 日 | 月末结存 | | | 100 |

表 8-2 中的“本月发出（耗用）数”于月末倒挤求出：

120+（100+120+150+80+100+50）-100=620（吨）

实地盘存制的优点是平时对财产发出和结存数量可以不做详细记录，从而简化了财产的明细分类核算工作。

实地盘存制的缺点主要包括如下：

（1）在实地盘存制下，账存数实际上也就是实存数，二者之间无法进行控制与核对。

（2）平时对各项财产的收入、发出和结存没有严密的手续，不能及时提供各种财产物资收、发、结存的动态信息，不利于进行日常管理和监督。

（3）由于期末倒挤计算财产减少数，使财产减少数中的成分复杂化，除正常耗用或销售的以外，可能还有非正常的损耗、差错、短缺等隐含在本期耗用或销售成本中，这既不利于财产的管理，又影响了成本计算的正确性。

（4）由于不能及时反映财产的耗用或销售成本，从而影响成本结转的及时性。

因此，这种方法除了一些价值低、品种杂、进出频繁的鲜活商品，一般不宜采用。

综上所述，不论财产物资账面结存数的确定采用哪一种方法，对财产物资都必须定期或不定期地进行清查盘点。

## 第三节　财产物资的内容与方法

财产清查的目的是查明财产物资的账实是否相符，为了保证财产清查的工作质量，提高工作效率，达到财产清查的目的，在进行财产清查时，应针对不同内容的财产物资，采取相应的方法有的放矢地进行。以下就库存现金、银行存款、存货、固定资产及往来款项等财产物资的内容及特点，说明各自在清查时所采用的方法。

## 一、库存现金的清查方法

库存现金的清查通过实地盘点法进行，一般采用突击盘点的办法，即事先不通知出纳人员。一般在一天业务开始之前或之后，库存现金日记账登记完毕时进行。盘点时，为明确责任，出纳人员必须在场，库存现金要逐一清点。清查人员要认真审核收付凭证和账簿记录，检查经济业务的合理性和合法性，重点清查库存现金是否存在短缺，特别是有无挪用、白条抵库等情况，以防止挪用公款等舞弊行为（一般挪用公款超过 3 个月就要做贪污处理）。盘点结束后，将库存现金的实存数与库存现金日记账的余额进行核对。清点结果，要编制“库存现金盘点报告表”，如果账实不符，则需查明盘盈、盘亏的原因，并提出处理意见，由负责盘点人和出纳员共同签字或盖章。库存现金盘点报告表是反映库存现金实有数和调整账簿记录的重要原始凭证，其格式见表 8-3。

**表 8-3　库存现金盘点报告表**

单位名称：　　　　　　　　　　　　　　　　　　　　　　　　　年　　月　　日

| 币种 | 实存金额 | 账存金额 | 实存与账存对比 | | 备注 |
|---|---|---|---|---|---|
| | | | 盘盈 | 盘亏 | |
| | | | | | |
| | | | | | |
| | | | | | |

盘点人签章：　　　　　　　　　　　　　　　出纳员签章：

库存现金盘点报告表具有双重性质：既是盘存单，又是实存账存对比表。另外，在清查库存现金时还应清查有关有价证券（如国库券等）和重要的印鉴、支票等重要的凭证保管是否得当，以防贪污盗窃行为的发生。

## 二、银行存款的清查方法

银行存款的清查与库存现金的清查方法不同，它是通过核对余额的方法进行的，即将银行对账单和本单位银行存款日记账的账面发生额及余额逐笔进行核对（有多个开户银行的企业应分别各开户银行进行核对清查）。在同银行核对账目以前，应把截止到清查日所有银行存款的收付业务登记入账，详细检查本单位银行存款账目的正确性和完整性。在银行对账单上，登记着有关本单位银行存款的存入、支用和结余的全部记录。核对时，应逐笔进行，如果发现错账、漏账，应查清原因并及时更正。但是，即使在双方记账均无差错的情况下，也往往会出现双方的余额不相一致的情况。这主要是由未达账项引起的。

未达账项是指企业与银行之间，由于凭证传递上的时间差，一方已收到结算凭证并登记入账，而另一方尚未收到结算凭证因而尚未登记入账的款项。具体有以下四种情况。

（1）企业已收，银行未收的款项。如企业销售产品收到支票，送存银行后即可根据银行盖章退回的“进账单”回单联登记银行存款的增加，而银行则要等款项收妥后才能记增加，如果此时对账，就形成了企业已收款入账，银行尚未收款入账的款项。

（2）企业已付，银行未付的款项。如企业开出一张支票支付购料款，企业可根据支票存根、发票及收料单等记银行存款的减少，而这时银行由于未接到支付款项的凭证而尚未记银行存款减少，如果此时对账，就形成了企业已付款入账，银行尚未付款入账的款项。

（3）银行已收，企业未收的款项。如企业委托银行代收的货款和银行应付的存款利息，银行已于收到日和计息以后登记入账，作为企业存款的增加，而企业尚未收到通知，所以尚未入账。如果此时对账，就形成了银行已收款入账，企业尚未收款入账的款项。

（4）银行已付，企业未付的款项。如银行代企业支付款项，银行已取得支付款项的凭证记银行存款的减少，企业由于未接到凭证尚未记银行存款减少，如果此时对账，就形成了银行已付款入账，企业尚未付款入账的款项。

以上四种情况，不论发生哪一种，都会使企业银行存款日记账的账面余额与银行对账单的账面余额不一致。为了查明企业银行存款日记账上的余额是否正确，进一步证明双方记账的准确无误，应根据银行送来的“对账单”与本企业银行存款日记账上的记录逐笔核对，对于发现的未达账项，则应在查明后编制“银行存款余额调节表”，其编制方法是以企业、银行双方（即银行存款日记账和银行对账单）调整前的账面余额为基础，各自补记对方已入账而本单位未入账的未达款项，计算出双方各自调整后的余额。

银行存款余额调节表中调节计算公式为：

$$\text{企业银行存款账面余额}+\text{银行已收企业未收}-\text{银行已付企业未付}=\text{银行对账单存款余额}+\text{企业已收银行未收}-\text{企业已付银行未付}$$

下面举例说明“银行存款余额调节表”的编制方法。

**【例 8-3】**华×公司 202×年 10 月 31 日银行存款日记账余额为 112 000 元，对账单余额为 148 000 元，经核对发现以下未达账项：

1. 10 月 26 日企业开出转账支票 36 000 元付材料款，持票人尚未到银行办理转账，银行尚未登账。

2. 10 月 28 日企业委托银行代收款项 20 000 元，银行已收款入账，但企业未接到银行的收款通知，因而未登记入账。

3. 10 月 29 日，企业送存购货单位签发的转账支票 4 000 元，企业已登账，银行尚未登记入账。

4. 10 月 30 日，银行收到发来的付款通知，代企业支付水电费 16 000 元，企业尚未接到银行的付款通知，故未登记入账。

根据双方的账面余额和查明的未达账项，编制银行存款余额调节表，见表 8-4。

**表 8-4 银行存款余额调节表**

华×公司　　202×年 10 月 31 日　　单位：元

| 项目 | 金额 | 项目 | 金额 |
|---|---|---|---|
| 企业银行存款日记账余额 | 112 000 | 银行对账单余额 | 148 000 |
| 加：银行已收企业未收款 | 20 000 | 加：企业已收银行未收款 | 4 000 |
| 减：银行已付企业未付款 | 16 000 | 减：企业已付银行未付款 | 36 000 |
| 调节后的存款余额 | 116 000 | 调节后的存款余额 | 116 000 |

从编制的“银行存款余额调节表”可以看出，在双方记账都不发生错误的前提下，调整后的银行存款余额应该相等。如果调整后的银行存款余额不等，则说明某一方或双方记账有错误。在这种情况下，则应由一方或双方共同查找错误，并按规定的错账更正方法予以更正。

**提 示**

未达账项不是错账、漏账，编制银行存款余额调节表的目的只是检查账簿记录的正确性，不能将银行存款余额调节表作为调整银行存款账面余额的原始凭证，应等到以后收到有关的原始凭证（即银行的收账通知或付款通知）后，再做账务处理。另外，银行存款余额调节表上调整后的存款余额，为企业存放在银行的可实际动用的存款数额。

## 三、存货的清查方法

存货是指具有实物形态的各种流动资产，主要包括原材料、半成品、在产品、库存商品、周转材料等。

### （一）存货清查的准备工作

存货清查就是对各项存货进行实地盘点，求得实际数额，再与账面数额进行核对。这是一项繁杂的工作，为了迅速而顺利地进行，要做好下列准备。

（1）截止到清查日，所有有关实物收发的凭证都要全部入账，并结出总账和明细账的余额，认真地进行核对，保证账证、账账之间相互一致。

（2）将准备清查的各项存货整理清楚，存放整齐，分别贴上标签，详细标明其编号、名称、规格和数量。

（3）在清查地点准备好各种必要的度量衡器具，并进行详细的检查，以保证计量的准确性。

### （二）存货清查的方法

由于各项存货的实物形态、体积重量、堆放方式等不尽相同，因而所采用的清查方法也不同。存货数量的清查方法常用的有以下两种。

### 1. 实地盘点法

实地盘点法是指在存货堆放的现场进行逐一清点或用计量仪器确定实存数的一种方法。这种方法适用的范围广，要求严格，数字准确可靠，清查质量高，但工作量大，需要在清查之前做好充分准备，以提高清查速度。这种方法一般适用于对原材料、在产品、库存商品等各项存货。但是，如果存货的堆积过大或价值低廉难以清点，也可以采用技术测定方法来确定其实存数量。

在采用实地盘点法时应注意：为了明确经济责任，一般应有实物保管人员在场；在盘点时，可以有选择地对一些包装好的原材料或库存商品进行随机抽查，而对于一般的存货可以采用逐一清点或用计量器具来确定其实存数量。

### 2. 技术推算法

技术推算法是指利用一定的技术方法对存货的实存数进行推算的一种方法。这种方法适用于数量大、难以逐一点数、价值低的大宗材料物资。如露天堆放的砂石、煤炭、生铁等。采用技术推算法时，需事先对库存物资进行科学堆放，以便采用器具或利用技术方法进行测量。利用几何公式计算出这些物资的体积，再根据这些物资在一个标准体积内的重量计算出总重量。

另外，对于存货质量的检查方法，可根据不同的存货采用物理方法或化学方法等进行检查。

不论采用哪种方法，为了明确经济责任，在进行盘点时，财产物资保管人必须在场，并参加盘点工作。对于存货盘点，除要注意清点存货的实有数量，还要注意检查存货的质量，盘点半成品时，还要检查其是否配套。在盘点中查明的实物的数量、质量和成套性等情况，都要如实地登记在盘存单上，并由盘点人和财产物资保管人签字或盖章。盘存单是记录实物盘点结果的书面文件，一般可以填制一式三份，一份由清点人员留存备查；一份交财产物资保管人保存；一份交财会部门与账面记录相核对，作为进行账务处理的原始凭证。财产盘存单的格式见表 8-5。

**表 8-5 盘存单**

单位名称： 编号：

盘点时间： 财产类别： 存放地点：

| 编号 | 名称 | 规格型号 | 计量单位 | 实存数量 | 单价 | 金额 | 备注 |
|---|---|---|---|---|---|---|---|
| | | | | | | | |

盘点人签章： 保管人签章：

为了进一步理清存货清查盘点结果与账面数额是否一致，还需要根据“盘存单”和有关账簿记录，填制“账存实存对比表”，确定盘盈或盘亏，作为调整账簿记录的原始凭证，并用以分析差异原因，做出适当处理。在实际工作中，为简化编表工作，账存实存对比表上通常只编列账实不符的物资，对账实完全相符的物资并不列入，这样的对比表主要是反映盘盈或盘亏情况的，因此，一般又称为“盘盈盘亏报告表”，其一般格式见表 8-6。

**表 8-6　账存实存对比表**

财产类别：　　　　　　　　　　　　　　　　　　　　年　月　日

<table>
<tr><td rowspan="3">编号</td><td rowspan="3">类别及名称</td><td rowspan="3">计量单位</td><td rowspan="3">单价</td><td colspan="2" rowspan="2">实存</td><td colspan="2" rowspan="2">账存</td><td colspan="4">对比结果</td><td rowspan="3">备注</td></tr>
<tr><td colspan="2">盘盈</td><td colspan="2">盘亏</td></tr>
<tr><td>数量</td><td>金额</td><td>数量</td><td>金额</td><td>数量</td><td>金额</td><td>数量</td><td>金额</td></tr>
<tr><td></td><td></td><td></td><td></td><td></td><td></td><td></td><td></td><td></td><td></td><td></td><td></td><td></td></tr>
<tr><td></td><td></td><td></td><td></td><td></td><td></td><td></td><td></td><td></td><td></td><td></td><td></td><td></td></tr>
<tr><td></td><td></td><td></td><td></td><td></td><td></td><td></td><td></td><td></td><td></td><td></td><td></td><td></td></tr>
</table>

主管：　　　　　　　　　　复核：　　　　　　　　　　制表：

在清查过程中，发现积压变质物资时，应另行堆放，并填制积压变质报告单，说明情况，提出处理意见，报经审批后做出账务处理。积压变质报告单是用来记录和反映清查过程中发现的积压呆滞、残损变质的各项财产物资的实存数与账存数及其差异的原始凭证。积压变质报告单一般格式见表 8-7。

**表 8-7　积压变质报告单**

单位名称：　　　　　　　年　月　日　　　　　　财产类别：

<table>
<tr><td>编号</td><td>名称及规格</td><td>计量单位</td><td>进货单价</td><td>实存数量</td><td>金额</td><td>情况说明</td><td>处理意见</td><td>备注</td></tr>
<tr><td></td><td></td><td></td><td></td><td></td><td></td><td></td><td></td><td></td></tr>
<tr><td></td><td></td><td></td><td></td><td></td><td></td><td></td><td></td><td></td></tr>
<tr><td colspan="9">审批意见：</td></tr>
</table>

盘点人：　　　　　　　　　　　　　　　　实物负责人：

对于委托外单位加工、保管、代销的财产物资以及在途的财产物资，也在清查之列。清查的方法是检查在途物资和委托加工物资账簿记录所依据的凭证是否合法。必要时可采用询证法与对方单位联系核实，以证实账面记载的真实性。需要注意的是，不要把不属于本企业的物资，如代管、代加工物资也混入本企业的盘存单，而应单独列开。

## 四、固定资产的清查方法

固定资产的清查是指对企业的房屋、建筑物、机器、机械、运输工具以及其他与生产经营活动有关的设备、器具、工具等所实施的清查。

固定资产清查的要求基本同于存货清查的要求。但是，由于固定资产的单位价值较高，在清查时，一般采用实地盘点法，将固定资产明细账上记录的情况与固定资产实物逐项核对，以确定账实是否相符。

固定资产盘点结束后，清查人员应当对盘点结果进行必要的登记。根据清查所发现的固定资产盘盈、盘亏等情况，在查明原因的基础上，编制“固定资产盘盈盘亏报告表”，其格式见表8-8。

**表8-8 固定资产盘盈盘亏报告表**

部门： 年 月 日

| 固定资产编号 | 固定资产名称 | 固定资产规格或型号 | 盘盈 | | | 盘亏 | | | 毁损 | | | 原因 |
|---|---|---|---|---|---|---|---|---|---|---|---|---|
| | | | 数量 | 重估价 | 累计折旧 | 数量 | 原价 | 已提折旧 | 数量 | 原价 | 已提折旧 | |
| | | | | | | | | | | | | |
| | | | | | | | | | | | | |
| 处理意见 | 审批部门 | | 清查小组 | | | | | | 使用保管部门 | | | |
| | | | | | | | | | | | | |

## 五、往来款项的清查方法

往来款项的清查是指对各项应收、应付、预收、预付款项等的清查。各项往来款项的清查，应采取“询证核对法”，即与银行存款的清查类似，也是采取同对方单位核对账目的方法。其具体做法如下：将本单位往来账目核对清楚，确认无误后，再向对方单位填发对账单，对账单由本单位寄交或派人送交对方单位或用电话、传真等与对方单位联系。对账单可以采取一式两联，一联由对方企业留存，另一联作为回单。对方企业如核对相符，应在回单上盖章后退回本企业；如发现账目数字不符，应将不符情况在回单上注明，或另抄对账单寄回企业，作为进一步核对的根据。“对账单”的格式见表8-9。

**表8-9 往来款项对账单**

单位名称： 年 月 日

| 本企业入账时间 | 发票或凭证号数 | 摘要 | 应收（付）金额 | 收（或付）方式 | 已收（付）金额 | 结欠金额 | 贵企业入账时间 | 备注 |
|---|---|---|---|---|---|---|---|---|
| | | | | | | | | |
| | | | | | | | | |
| | | | | | | | | |
| 贵企业（盖章） | | | | | | | 年 月 日 | |

企业在收齐各单位寄回来的回单后，应据以填制“往来款项清查表”，其格式见表8-10。

表 8-10 往来款项清查表

总分类账户名称： 年 月 日

| 明细分类账户 | | 清查结果 | | 核对不符原因分析 | | | | 备注 |
|---|---|---|---|---|---|---|---|---|
| 名称 | 账面余额 | 相符金额 | 不符金额 | 未达账项金额 | 争执款项金额 | 无法收回款项 | 其他 | |
| | | | | | | | | |
| | | | | | | | | |
| | | | | | | | | |

清查人员签章： 经管人员签章：

通过往来款项的清查，可以查明有无双方发生争议的款项以及无法收回的款项，以便及时采取措施，避免或减少坏账。

对于企业内部各部门的往来款项，可由各部门财产清查人员、会计人员直接根据账簿记录核对。对于职工个人的各种代垫和暂借款项以及备用金等，可采取抄列清单等方式进行核对。

# 第四节 财产清查结果的处理

企业进行财产清查后，一般会出现四种情况。第一种情况，财产物资的实存数等于账存数，即账实相符；第二种情况，财产物资的实存数大于账存数，即盘盈；第三种情况，财产物资的实存数小于账存数，即盘亏；第四种情况，财产物资的实存数虽然等于账存数，但是，查出来财产物资有质量问题，已无法达到原有的用途。针对后三种情况，都必须根据国家的有关政策法规和财务管理制度，按规定的程序进行处理。

## 一、财产清查结果的处理程序

对于财产清查的结果，首先，根据各项财产物资账实之间出现的数量、金额或质量上的差异，如财产物资的盘盈、盘亏和多余积压，以及逾期的债权、债务等，都要认真查明其性质和发生的原因，明确经济责任，提出处理意见，报请有关部门处理。为了使有关部门处理问题有可靠的依据，反映的情况和问题一定要正确真实，特别要认真核实盈亏数字，绝不允许多报或少报盈亏。对于原因和责任的分析，更要深入具体，实事求是。其次，积极处理积压物资和清理长期拖欠和有争执的往来款项。在清查过程中所发现的多余和不需用的物资，应当制订出计划，报请批准以后妥善处理，除在单位内部设法利用外，应当组织调拨和销售。对于长期拖欠的以及发生争执的往来款项，都应当指定专人，负责查明原因，限期清理。对于物资储备不足和半成品不成套的情况，也要提请领导和有关部门注意，认真加以解决，以提高财产物资的使用效益。再次，针对财产清查中所发现的问题，应当总结经验教训，建立健全有关财产物资管理制度。通过财产清查，应认真总结财产管理和会计核算等方面的经验，同时应结合财产清查中发现的各种问题，认真总结教训。在此基础上，提出改进工作的具体措施，加强财产物资管理的岗位责任制，保护财产物资的安全完整，做好会计工作，提高经营管理水平。最后，对于财产清查中所发现的各种差异以及对这些差异的处理，都应当及时进行账务处理，以保证账实相符。

会计上，对财产清查结果的账务处理应分两步进行。

第一步，在审批之前，要根据清查中取得的有关原始凭证，如“账存实存对比表”“库存现金盘点报告表”等编制记账凭证，并据以登记有关账簿，使各项财产物资的账存数与实存数一致，待批准后做进一步处理。

第二步，当有关部门对企业呈报的财产清查结果审批之后，应根据盘盈、盘亏或毁损的原因及批复的处理意见做最终的账务处理。

## 二、财产清查结果处理应设置的账户

为了反映和监督企业在财产清查中所发现的各项财产物资的盘盈、盘亏和毁损的情况，需要设置和运用“待处理财产损溢”账户。该账户的借方登记发生的待处理财产盘亏或毁损的数额和各项盘盈财产报经批准后的转销数；贷方登记发生的待处理财产盘盈的数额和各项盘亏或毁损的财产报经批准后的转销数。处理前的借方余额，表示企业尚待处理的净损失；处理前的贷方余额，表示企业尚待处理的净溢余。期末处理后该账户应没有余额。该账户属于双重性质的账户。为了便于对固定资产和流动资产损溢的处理，在该账户下还设置两个明细账户，即“待处理固定资产损溢”“待处理流动资产损溢”进行明细核算。“待处理财产损溢”账户的“T”形结构如图 8-1 所示。

借方　　　　待处理财产损溢　　　　贷方

| | |
|---|---|
| （1）发生的待处理财产盘亏或毁损数<br>（2）批准转销的待处理财产盘盈数 | （1）发生的待处理财产盘盈数<br>（2）批准转销的待处理财产盘亏或毁损数 |
| 处理前余额：尚待批准处理的净损失 | 处理前余额：尚待批准处理的净溢余 |
| 期末处理后无余额 | 期末处理后无余额 |

**图 8-1　待处理财产损溢账户的“T”形结构**

## 三、财产清查结果的账务处理

### （一）库存现金清查结果的账务处理

库存现金清查过程中发现库存现金短缺或溢余时，应根据具体情况进行账务处理。

#### 1. 库存现金溢余的核算

库存现金溢余时，批准前，首先借记“库存现金”科目，贷记“待处理财产损溢”账户；待批准后，分别不同情况对“待处理财产损溢”进行相应的结转处理。

（1）属于多收或少付其他单位或个人的部分，借记“待处理财产损溢”科目，贷记

"其他应付款"科目；

（2）属于无法查明原因的库存现金溢余，根据管理权限经批准后一般结转做利得处理，即借记"待处理财产损溢"科目，贷记"营业外收入"科目。

**【例 8-4】** 大×公司 202×年 10 月 31 日，在对库存现金清查中发现长款 450 元。

（1）在批准前，根据"库存现金盘点报告表"，做以下会计处理：

借：库存现金　　450

　贷：待处理财产损溢　　450

（2）经反复核查，原因不明，报经批准后转作营业外收入。

借：待处理财产损溢　　450

　贷：营业外收入　　450

**2. 库存现金短缺的核算**

库存现金短缺时，首先借记"待处理财产损溢"科目，贷记"库存现金"科目；待批准后，分别不同情况对"待处理财产损溢"进行相应的结转处理。

（1）属于出纳人员过失造成的损失部分，应由其个人承担，借记"其他应收款——某责任人"科目，贷记"待处理财产损溢"科目。

（2）属于保险公司理赔责任范围的损失部分，借记"其他应收款——某保险公司"科目，贷记"待处理财产损溢"科目。

（3）属于不明原因造成的损失部分，根据管理权限经批准后一般转作管理费用，即借记"管理费用"科目，贷记"待处理财产损溢"科目。

**【例 8-5】** 宏×公司 202×年 7 月 31 日，对库存现金清查中发现短款 800 元。

（1）在批准前，根据"库存现金盘点报告表"，做以下会计处理：

借：待处理财产损溢——待处理流动资产损溢　800

　贷：库存现金　　800

（2）经核查，该短款有 600 元属于出纳员王凌的责任，应由其赔偿，其余原因不明，报经批准后转作管理费用。

借：其他应收款——王凌　　600

　　管理费用　　200

　贷：待处理财产损溢——待处理流动资产损溢　800

### （二）存货清查结果的账务处理

造成存货账实不符的原因有多种，应根据不同情况做相应的账务处理。

**1. 存货盘盈的核算**

存货盘盈时，批准前，应先借记有关存货科目，贷记"待处理财产损溢"科目；由于存货出现盘盈情况，多属于收发计量错误等原因造成的，批准后，应冲减管理费用，即借记"待处理财产损溢"科目，贷记"管理费用"科目。

**【例 8-6】** 永×公司 202×年 5 月 31 日，在财产清查中，盘盈甲材料 8 000 元，列账待查。

（1）财产清查中发现材料盘盈应先调整账面记录，做到账实相符，在批准前，根据“账存实存对比表”所确定的材料盘盈数，做以下会计分录：

借：原材料——甲材料　　8 000

　贷：待处理财产损溢——待处理流动资产损溢　8 000

（2）经查明该材料的盘盈是由于计量误差累计造成的，经董事会批准，直接冲减“管理费用”账户，根据批准文件做会计分录如下：

借：待处理财产损溢——待处理流动资产损溢　8 000

　贷：管理费用　　8 000

**2. 存货盘亏及毁损的核算**

存货盘亏时，批准前，应先借记“待处理财产损溢”科目，贷记有关存货科目；待批准后，分别不同情况对“待处理财产损溢”进行相应的结转处理。

（1）属于自然损耗产生的定额内损失，经批准可列作管理费用，即借记“管理费用”科目，贷记“待处理财产损溢”科目；

（2）属于超定额的短缺和损失，能确定过失人的，应由过失人负责赔偿，即借记“其他应收款——某责任人”科目，贷记“待处理财产损溢”科目；属于保险理赔责任范围的，应由保险公司赔偿，即借记“其他应收款——某保险公司”科目，贷记“待处理财产损溢”科目；将扣除过失人和保险赔款后的损失计入管理费用，即借记“管理费用”科目，贷记“待处理财产损溢”科目；

（3）属于自然灾害造成的非常损失，应由保险公司赔偿的部分，借记“其他应收款——某保险公司”科目，贷记“待处理财产损溢”科目；毁损的存货尚存残料价值的，借记“原材料”科目，贷记“待处理财产损溢”科目；在扣除保险赔款以及残料价值后，余额应作为当期损失，计入“营业外支出”科目，即借记“营业外支出”科目，贷记“待处理财产损溢”科目。

**【例 8-7】**久×公司 202×年 11 月 30 日，在财产清查中，发生盘亏甲材料 2 000 元，相关增值税专用发票上注明的增值税税额为 260 元。

（1）财产清查中发现材料盘亏应先调整账面记录，做到账实相符，在批准前，根据“账存实存对比表”所确定的材料盘亏数，做以下会计分录：

借：待处理财产损溢——待处理流动资产损溢　　2 260

　贷：原材料——甲材料　　2 000

　　　应交税费——应交增值税（进项税额转出）　260

（2）经查明，该材料的盘亏属于定额内合理损耗。经董事会批准，作为管理费用处理。根据批准文件做会计分录如下：

借：管理费用　　2 260

　贷：待处理财产损溢——待处理流动资产损溢　2 260

**【例 8-8】**久×公司 202×年 11 月 30 日，在财产清查中，发生盘亏乙材料 4 500 元，相关增值税专用发票上注明的增值税税额为 585 元。

（1）财产清查中发现材料盘亏应先调整账面记录，做到账实相符，在批准前，根据

“账存实存对比表”所确定的材料盘亏数，做以下会计分录：

借：待处理财产损溢——待处理流动资产损溢　　5 085
　贷：原材料——乙材料　　4 500
　　应交税费——应交增值税（进项税额转出）　　585

（2）经查明，该材料的盘亏是由于材料仓库保管人员于凯的失职造成的材料毁损。经董事会批准，应由过失人赔偿 3 000 元，其余部分作为管理费用处理。根据批准文件做会计分录如下：

借：其他应收款——于凯　　3 000
　管理费用　　2 085
　贷：待处理财产损溢——待处理流动资产损溢　　5 085

**【例 8-9】** 久×公司 202×年 11 月 30 日，在财产清查中，发现盘亏丙材料一批，实际成本为 50 000 元，相关增值税专用发票上注明的增值税税额为 6 500 元。

（1）财产清查中发现材料盘亏应先调整账面记录，做到账实相符，在批准前，根据“账存实存对比表”所确定的材料盘亏数，做以下会计分录：

借：待处理财产损溢——待处理流动资产损溢　　56 500
　贷：原材料——丙材料　　50 000
　　应交税费——应交增值税（进项税额转出）　　6 500

（2）经查明，该材料的盘亏是属于非常事故造成的损失，保险公司经核定赔偿 40 000 元，毁损残料作价 1 000 元入库，其余损失作为营业外支出处理。报经批准后做以下会计分录：

借：其他应收款——保险公司　　40 000
　原材料——丙材料　　1 000
　营业外支出——非常损失　　15 500
　贷：待处理财产损溢——待处理流动资产损溢　　56 500

**提　示**

在“账存实存对比表”中，我们不能将盘盈、盘亏直接抵销后再据以调整账簿记录，而应分别对盘盈、盘亏或毁损进行调账处理，否则就不能清楚地反映盘盈、盘亏的实际情况，因为，无论是盘盈还是盘亏、毁损，均属于管理中存在的问题，不能抵销。

### （三）固定资产清查结果的账务处理

尽管企业发生固定资产的盘盈和盘亏情况比较少见，但是，企业仍然应当健全制度，加强管理，定期或者至少于每年年末对固定资产进行清查盘点，以保证固定资产核算的真实性和完整性。如果清查中发现固定资产的损溢应及时查明原因，在期末结账前处理完毕。固定资产盘盈或盘亏的会计处理，是各不相同的。

#### 1. 固定资产盘盈的核算

固定资产一般不会出现盘盈，之所以出现盘盈，通常是以前年度出现了重大失误，没有入账，所以，视为前期会计差错通过“以前年度损益调整”账户核算。

企业在盘盈固定资产时，首先应根据“固定资产盘盈盘亏报告表”，按同类或类似固定资产的市场价格，确定盘盈固定资产的原值，按该项资产的新旧程度估计累计折旧，根据确定的固定资产原值借记“固定资产”科目，贷记“累计折旧”科目，将两者的差额贷记“以前年度损益调整”科目；其次再计算应缴纳的所得税费用，借记“以前年度损益调整”科目，贷记“应交税费——应交所得税”科目；再次补提盈余公积，借记“以前年度损益调整”科目，贷记“盈余公积”科目；最后调整利润分配，借记“以前年度损益调整”科目，贷记“利润分配——未分配利润”科目。

**【例 8-10】** 东×公司 202×年 12 月 31 日，在财产清查中，发现 20×9 年 12 月购入的一台设备尚未入账，重置成本 96 000 元，所得税税率 25%，提取盈余公积 10%。

（1）固定资产盘盈时，经核实属于账外固定资产，经批准后，不通过“待处理财产损溢”账户，直接通过“以前年度损益调整”账户处理：

借：固定资产　　　　96 000
　贷：以前年度损益调整　　　　96 000

（2）补交所得税，编制以下会计分录：

补交所得税 = 96 000×25% = 24 000（元）

借：以前年度损益调整　　　　24 000
　贷：应交税费——应交所得税　　　　24 000

（3）补提盈余公积，编制以下会计分录：

补提盈余公积 = 72 000×10% = 7 200（元）

借：以前年度损益调整　　　　7 200
　贷：盈余公积　　　　7 200

（4）结转盈余净值，编制以下会计分录：

结转盈余净值到未分配利润 = 96 000−24 000−7 200 = 64 800（元）

借：以前年度损益调整　　　　64 800
　贷：利润分配——未分配利润　　　　64 800

**2. 固定资产盘亏的核算**

对于盘亏的固定资产，企业应及时填制“固定资产盘盈盘亏报告表”并查明原因，写出书面报告，按规定程序批准后，计入营业外支出，其会计处理如下。

在批准之前，应按盘亏的固定资产净值借记“待处理财产损溢——待处理固定资产损溢”科目，按账面已提折旧借记“累计折旧”科目，按已计提的固定资产减值准备，借记“固定资产减值准备”科目，按原值贷记“固定资产”科目。按管理权限报经批准后，再根据盘亏的各种原因，对“待处理财产损溢”分别进行结转处理。

（1）属于过失人造成的，应由过失人负责赔偿，做其他应收款处理，即借记“其他应收款——某责任人”科目，贷记“待处理财产损溢”科目。

（2）属于保险责任范围的，应向保险公司索赔，在会计上做其他应收款处理，即借记“其他应收款——某保险公司”科目，贷记“待处理财产损溢”科目。

（3）盘亏固定资产的净值计入营业外支出，即借记“营业外支出”账户，贷记“待处理财产损溢”账户。

**【例 8-11】** 丽×公司在财产清查中发现短缺设备一台，原价 80 000 元，已提折旧 20 000元。

（1）发现盘亏固定资产，报经批准前应先调整账面记录。应作会计分录如上：

借：待处理财产损溢——待处理固定资产损溢　　60000
　　累计折旧　　20000
　贷：固定资产　　80000

（2）经董事会批准盘亏设备列“营业外支出”处理。根据批准文件作会计分录如下：

借：营业外支出　　60000
　贷：待处理财产损溢——待处理固定资产损溢　　60000

盘亏的固定资产，应办理注销手续，并将“固定资产卡片”从原来的归类中抽出，另行保管，同时，还应在“固定资产登记簿”上做相应的记录。

### （四）往来款项清查结果的账务处理

对于在财产清查中发现的经查明确实无法收回的应收账款和无法支付的应付账款，按规定不通过“待处理财产损溢”账户进行核算，而是在原来账面记录的基础上，按规定程序报经批准后，分别不同情况及时核销。

**1. 无法收回的应收账款，确认为坏账损失**

对于无法收回的应收款项，即坏账损失，应及时进行处理，经过有关部门批准后予以转销，冲减应收账款。应借记“坏账准备”科目，贷记“应收账款”科目。

**2. 无法支付的应付账款，作为营业外收入**

对于企业无法偿付的应付账款，经有关部门批准后，直接计入营业外收入。应借记“应付账款”科目，贷记“营业外收入”科目。

**【例 8-12】** 长×公司 202×年 6 月 30 日，在财产清查中，查明应收盛×公司货款100 500元，因该单位撤销，确实无法收回，做坏账处理。

借：坏账准备　　100 500
　贷：应收账款——盛×公司　　100 500

**【例 8-13】** 长×公司 202×年 6 月 30 日，在财产清查中，查明应付泰×公司购货款 82 000元，因该单位撤销，确实无法支付。经批准转作营业外收入处理。

借：应付账款——泰×公司　　82 000
　贷：营业外收入　　82 000

**提 示**

如果企业清查的各种财产物资的损溢，在期末结账前尚未批准，应在对外提供财务会计报告时先按上述规定进行处理，并在会计报表附注中做出说明；如果其后批准处理的金额与已处理的金额不一致的，应调整会计报表相关项目的年初数。

# 本章小结

财产清查既是会计核算中一个必不可少的重要环节，又是企业管理中一项重要的管理制度。财产清查按清查的范围不同，可划分为全面清查和局部清查；按清查的时间不同，可划分为定期清查和不定期清查；按清查的执行单位划分，可划分为内部清查和外部清查。财产物资的盘存制度有永续盘存制和实地盘存制，两者的主要差异在于：永续盘存制平时对财产物资的收入和发出逐日或逐笔连续登记，并随时结出账面结存数，期末进行实地盘点；而实地盘存制平时在明细账上只登记收入数，不登记发出数，期末结账时，根据实地盘点的结存数倒推出本期的发出数，并据以登记入账。进行财产清查时，一般要根据财产物资的内容及特点，分别采用不同的清查方法。本章从库存现金、银行存款、存货、固定资产及债权债务等方面，分别介绍了其具体的清查方法。对于各种财产物资清查的结果，必须按国家有关财务制度的规定，分别做相应的账务处理。本章重点内容如下。

**1. 财产清查的意义**

财产清查，就是通过对库存现金、实物资产的实地盘点和对银行存款、往来款项的核对，来查明各项财产物资、货币资金和往来款项的实有数及其与账面数是否相符的一种会计核算方法。它是会计核算中一个必不可少的重要环节。通过财产清查，对于保证会计核算资料的真实可靠，保护财产物资的安全完整，挖掘财产物资潜力，促使企业对外经济往来的正常进行，促进规章制度建立健全，保证财经法纪的贯彻执行等方面都具有重要意义。

**2. 财产清查的种类**

（1）财产清查按清查的范围不同，可划分为全面清查和局部清查。

①全面清查。全面清查是指对企业的所有财产进行全面彻底的清查、盘点和核对。通过清查核对，可以明确经济责任，以保证每个企业的账实相符和年度决算报表的真实可靠。全面清查由于内容多、范围广、耗时长，需要投入的人力、物力多，花费的时间长等特点，不宜经常进行。

②局部清查。局部清查是指根据实际需要对一部分财产所进行的清查，具有范围小、内容少、涉及的人员也少，但专业性较强等特点。局部清查的主要对象是流动性较强的财产物资，但由于全面清查工作量大，不宜经常进行，所以，平时应根据管理上的需要，对各种财产物资按其不同性质或不同保管地点分别进行局部清查。

（2）财产清查按清查的时间不同，可划分为定期清查和不定期清查。

①定期清查。定期清查是指根据管理制度的规定或预先计划安排的时间对财产物资所进行的清查。这种清查的对象不定，可以是全面清查，也可以是局部清查。清查的目的在于保证会计核算资料的真实正确。一般是在年末、季末或月末结账时进行。

②不定期清查。不定期清查是指随时根据实际情况的需要而临时进行的财产清查。其目的在于分清责任，查明情况。不定期清查的对象可以是企业的全部财产物资，也可以是

局部清查。

（3）财产清查按清查的执行单位划分，可划分为内部清查和外部清查。

①内部清查。内部清查是指由企业内部有关领导和人员组成清查小组，对企业的财产物资和往来款项所进行的清查。企业年终进行的全面清查和正常进行的多数不定期清查皆属于内部清查。内部清查可以是全面清查，也可以是局部清查。内部清查又称为“自查”，企业的财产清查多属于此类。

②外部清查。外部清查是指由企业以外的有关部门或人员，如上级主管部门、审计机关、财税部门等部门的人员组成清查小组，根据国家有关法律、制度的规定或企业的特殊需要，对企业所进行的清查。例如，企业在进行股份制改造时，聘请评估机构所进行的资产评估属于外部清查。外部清查可以是全面清查，也可以是局部清查。

**3. 永续盘存制**

永续盘存制又称账面盘存制，是指企业为加强财产物资的管理，及时反映财产物资的增减结存情况，对各项财产物资的增加、减少，都要根据有关原始凭证在财产物资明细账中逐笔、连续地登记，并随时计算出其结存数额的一种盘存核算方法。其期末账面结存数的计算公式为：

期末账面结存数=期初账面结存数+本期增加数-本期减少数

**4. 实地盘存制**

实地盘存制是指在期末通过盘点实物，来确定财产的数量，并据以计算出财产期末结存额和本期减少额的一种方法。

这种方法用于产品制造企业时称“以存计耗制”，用于商品流通企业时又称“以存计销制”。采用实地盘存制，平时只根据会计凭证在账簿中登记财产的增加数，不登记减少数，期末对各项财产进行盘点，倒挤出本期各项财产的减少数，其计算公式为：

本期减少数=期初账面余额+本期增加数-期末盘点实存数

**5. 未达账项**

未达账项是指企业与银行之间，由于凭证传递上的时间差，一方已收到结算凭证并登记入账，而另一方尚未收到结算凭证因而尚未登记入账的款项。具体有以下四种情况。

（1）企业已收，银行未收的款项。如企业销售产品收到支票，送存银行后即可根据银行盖章退回的“进账单”回单联登记银行存款的增加，而银行则要等款项收妥后才能记增加，如果此时对账，就形成了企业已收款入账，银行尚未收款入账的款项。

（2）企业已付，银行未付的款项。如企业开出一张支票支付购料款，企业可根据支票存根、发票及收料单等记银行存款的减少，而这时银行由于未接到支付款项的凭证而尚未记银行存款减少，如果此时对账，就形成了企业已付款入账，银行尚未付款入账的款项。

（3）银行已收，企业未收的款项。如企业委托银行代收的货款和银行应付的存款利息，银行已于收到日和计息以后登记入账，作为企业存款的增加，而企业尚未收到通知，所以尚未入账。如果此时对账，就形成了银行已收款入账，企业尚未收款入账的款项。

（4）银行已付，企业未付的款项。如银行代企业支付款项，银行已取得支付款项的凭证记银行存款的减少，企业由于未接到凭证尚未记银行存款减少，如果此时对账，就形成了银行已付款入账，企业尚未付款入账的款项。

**6. 银行存款余额调节表**

银行存款余额调节表，其编制方法是以企业、银行双方（即银行存款日记账和银行对账单）调整前的账面余额为基础，各自补记对方已入账而本单位未入账的未达款项，计算出双方各自调整后的余额。若双方各自调整后的余额相等，一般表明双方记账正确；反之，则说明某一方或双方记账有错误。在这种情况下，则应由一方或双方共同查找错误，并按规定的错账更正方法予以更正。

银行存款余额调节表中调节计算公式为：

$$\text{企业银行存款账面余额} + \text{银行已收企业未收} - \text{银行已付企业未付} = \text{银行对账单存款余额} + \text{企业已收银行未收} - \text{企业已付银行未付}$$

需要特别注意的是，编制银行存款余额调节表的目的只是检查账簿记录的正确性，不能将银行存款余额调节表作为调整银行存款账面余额的原始凭证，应等到以后收到有关的原始凭证（即银行的收账通知或付款通知）后，再做账务处理。另外，银行存款余额调节表上调整后的存款余额，为企业存放在银行的可实际动用的存款数额。

**7. 待处理财产损溢**

为了反映和监督企业在财产清查中所发现的各项财产物资的盘盈、盘亏和毁损的情况，需要设置和运用“待处理财产损溢”账户。该账户的借方登记发生的待处理财产盘亏或毁损的数额和各项盘盈财产报经批准后的转销数；贷方登记发生的待处理财产盘盈的数额和各项盘亏或毁损的财产报经批准后的转销数。处理前的借方余额，表示企业尚待处理的净损失；处理前的贷方余额，表示企业尚待处理的净溢余。期末处理后该账户应没有余额。该账户属于双重性质的账户。为了便于对固定资产和流动资产损溢的处理，在该账户下还设置两个明细账户，即“待处理固定资产损溢”“待处理流动资产损溢”进行明细核算。

**8. 财产清查结果的账务处理**

对财产清查结果的账务处理应分两步进行。

第一步，在审批之前，要根据清查中取得的有关原始凭证，如“账存实存对比表”“库存现金盘点报告表”等编制记账凭证，并据以登记有关账簿，使各项财产物资的账存数与实存数一致，待批准后做进一步处理。

第二步，当有关部门对企业呈报的财产清查结果审批之后，应根据盘盈、盘亏或毁损的原因及批复的处理意见做最终的账务处理。

# 关键词汇

1. 财产清查　2. 全面清查　3. 局部清查　4. 定期清查
5. 不定期清查　6. 内部清查　7. 外部清查　8. 永续盘存制
9. 实地盘存制　10. 未达账项　11. 银行存款余额调节表
12. 实地盘点法　13. 技术推算法　14. 待处理财产损溢

# 练习与思考

## 一、单项选择题

1. 一般来说，单位破产、合并或改变隶属关系时，应进行（　　）。
A. 局部清查　B. 全面清查　C. 定期清查　D. 实物清查

2. 为及时掌握各项财产物资的变动与结存情况，企业一般应采用（　　）。
A. 权责发生制　B. 收付实现制　C. 永续盘存制　D. 实地盘存制

3. 对于银行已经入账而本单位尚未入账的未达账项，企业应该（　　）。
A. 根据银行对账单调整存款余额　B. 立即入账
C. 记入月末银行存款日记账　D. 等结算凭证到达后入账

4. 银行存款清查的方法是（　　）。
A. 定期盘存法　B. 技术推算法
C. 实地盘存法　D. 与银行核对账目的方法

5. 对于库存现金的清查，应将其结果及时填列（　　）。
A. 盘存单　B. 账存实存对比表
C. 库存现金盘点报告表　D. 对账单

6. 对库存现金的清查应采用的方法是（　　）。
A. 实地盘点法　B. 检查库存现金日记账
C. 抽查法　D. 技术推算法

7. 按清查的（　　）不同，财产清查可分为定期清查和不定期清查。
A. 程序　B. 机构　C. 范围　D. 时间

8. 企业仓库发生火灾后，对其受损的财产物资进行的清查，属于（　　）。
A. 局部清查和定期清查　B. 全面清查和定期清查
C. 局部清查和不定期清查　D. 全面清查和不定期清查

9. 按清查的（　　）不同，财产清查可分为全面清查和局部清查。

A. 时间　　B. 范围　　C. 目的　　D. 方法

10. 企业已计提坏账准备的应收账款确实无法收回，按管理权限报经批准作为坏账转销时，应编制的会计分录是（　　）。

A. 借：资产减值损失

　贷：坏账准备

B. 借：坏账准备

　贷：应收账款

C. 借：应收账款

　贷：坏账准备

D. 借：坏账准备

　贷：资产减值损失

11. 企业确实无法支付的应付款项，经批准后转入（　　）。

A. 资本公积　　B. 管理费用　　C. 待处理财产损溢　　D. 营业外收入

12. 下列各项中，应通过“待处理财产损溢”科目核算的是（　　）。

A. 盘亏的固定资产　　B. 盘盈的固定资产

C. 企业确实无法支付的应付款项　　D. 企业确实无法收回的应收款项

13. 盘盈的固定资产，应（　　）。

A. 计入管理费用　　B. 计入其他业务收入

C. 计入营业外收入　　D. 作为前期差错处理

14. 企业固定资产发生盘亏，报经批准后进行账务处理，借记的科目是（　　）。

A. 其他业务成本　　B. 管理费用　　C. 营业外支出　　D. 待处理财产损溢

15. 某企业因暴雨毁损库存原材料一批，其成本为 200 万元，收回残料价值 8 万元，收到保险公司赔偿款 112 万元。假定不考虑其他因素，经批准企业确认该材料毁损净损失的会计分录是（　　）。

A. 借：营业外支出　　114

　贷：待处理财产损溢　114

B. 借：管理费用　　114

　贷：待处理财产损溢　114

C. 借：营业外支出　　80

　贷：待处理财产损溢　80

D. 借：管理费用　　80

　贷：待处理财产损溢　80

16. 某企业原材料采用实际成本核算。2020 年 6 月 26 日该企业对存货进行全面清查。发现短缺原材料一批，账面价值 10 000 元，经确认，应由保险公司赔款 4 000 元，由过失人员赔款 3 000 元，假定不考虑其他因素，该项存货清查业务应确认的净损失为(　　)。

A. 3 000 元　　B. 6 000 元　　C. 7 000 元　　D. 8 000 元

17. 下列与原材料相关的损失项目中，应计入营业外支出的是（　　）。

A. 计量差错引起的原材料盘亏　　B. 人为责任造成的原材料损失

C. 自然灾害造成的原材料损失　　D. 原材料运输途中发生的合理损耗

18. 企业因计量仪器不准造成的产成品盘亏，在报经批准后，应借记（　　）科目。

A. 库存商品　B. 待处理财产损溢　C. 管理费用　D. 营业外支出

19. 库存商品因管理不善盘亏，经批准后核销，应借记的账户是（　）。

A. 管理费用　B. 营业外支出　C. 库存商品　D. 待处理财产损溢

20. 企业存货发生盘亏，由于自然灾害造成的损失，报经批准后记入（　　）科目。

A. 管理费用　B. 营业外支出　C. 销售费用　D. 主营业务成本

21. 企业在进行现金清查时，查出现金溢余，并将溢余数记入“待处理财产损溢”科目。后经进一步核查，无法查明原因，经批准后，对该现金溢余正确的会计处理方法是（　　）。

A. 将其从“待处理财产损溢”科目转入“管理费用”科目

B. 将其从“待处理财产损溢”科目转入“营业外收入”科目

C. 将其从“待处理财产损溢”科目转入“其他应付款”科目

D. 将其从“待处理财产损溢”科目转入“其他应收款”科目

22. 企业对于已记入“待处理财产损溢”科目的存货盘亏及毁损事项进行会计处理时，应计入管理费用的是（　　）。

A. 管理不善造成的存货净损失　　B. 自然灾害造成的存货损失

C. 应由保险公司赔偿的存货损失　　D. 应由过失人赔偿的存货损失

23. 现金清查中无法查明原因的短款，经批准后计入（　　）。

A. 管理费用　B. 财务费用　C. 其他应收款　D. 营业外支出

24. 企业存货发生盘亏，在批准前，应借记入（　　）科目。

A. 存货　B. 管理费用　C. 待处理财产损溢　D. 营业外支出

25. 对应收账款进行清查时，应采用的方法是（　　）。

A. 与记账凭证核对　B. 函证法　C. 抽查法　D. 技术推算法

26. 对量大成堆而价值又不高、难以逐一清点的财产物资进行清查，适宜采用的清查方法是（　　）。

A. 实地盘点法　B. 对账法　C. 抽查法　D. 技术推算法

27. 月末企业银行存款日记账余额为180 000元，银行对账单余额为170 000元，经过未达账项调节后的余额为160 000元，则对账日企业可以动用的银行存款实有数额为(　　)。

A. 180 000元　B. 160 000元　C. 170 000元　D. 不能确定

28. 在企业与银行双方记账无误的情况下，银行存款日记账与银行对账单余额不一致是由于（　　）的存在。

A. 坏账准备　　B. 其他货币资金　　C. 未达账项　　D. 应付账款

29. 富盛公司2020年12月31日的银行存款核对中发现，银行对账单余额为2 512.60元，银行存款日记账账面余额为2 500元，经逐笔核查，发现有如下未达账项：①12月29日，外地某购货单位汇来一笔预付款3 400元，银行已收妥入账，而企业尚未入账；②12月30日，银行支付承兑货款2 000元，企业尚未记账；③12月30日，企业开出现金支票一张计1 000元，但持票人尚未到银行提现；④银行代扣电话费2 387.4元，但企业尚未收到有关凭证。调整后银行存款的余额应是（　　）。（假定双方不存在记账错误）

A. 3 900元　　B. 1 512.6元　　C. 3 387.4元　　D. 3 100元

30. 筌木公司2020年10月31日的银行存款日记账余额为58 200元，银行对账单余额为56 000元，通过银行存款日记账与银行对账单核对，发现以下未达账项：银行已收、企业未收的款项为2 000元；企业已收、银行未收的款项为1 200元；银行已付、企业未付的款项为3 000元。则企业编制的银行存款余额调节表中调整后的余额为（　　）。（假定双方不存在记账错误）

A. 56 200元　　B. 57 200元　　C. 58 000元　　D. 55 000元

## 二、多项选择题

1. 财产清查的内容包括（　　）。

A. 固定资产　　B. 银行存款　　C. 库存现金　　D. 库存商品

2. 发生下列情况时，应对财产进行不定期清查的有（　　）。

A. 更换财产、物资和现金经管人员　　B. 财产发生非常灾害或意外损失

C. 财政机关对企业进行会计检查　　D. 与其他企业合并

3. 对库存现金的清查应该包括（　　）。

A. 出纳人员回避　　B. 清点实数与现金日记账的余额核对

C. 收据、白条可以抵充现金　　D. 收据、白条不能抵充现金

4. “待处理财产损溢”账户的借方可以登记（　　）。

A. 经批准转销的财产盘盈、盘亏　　B. 待批准转销的财产盘盈、盘亏

C. 待批准处理的财产盘亏、毁损　　D. 经批准转销的财产盘盈

5. 实地盘点一般适用于（　　）清查。

A. 银行存款　　B. 库存现金　　C. 库存商品　　D. 应收账款

6. 造成账实不符的原因主要有（　　）。

A. 财产物资的自然损耗、收发计量错误　　B. 会计账簿漏记、重记、错记

C. 财产物资的毁损、被盗　　D. 未达账项

7. 存货的盘存制度有（　　）。

A. 权责发生制　　B. 收付实现制　　C. 永续盘存制　　D. 实地盘存制

8. 存货的盘亏、毁损在查明原因后，经批准有可能借记（　　）科目，贷记“待处理财产损溢”科目。

A. 销售费用　B. 管理费用　C. 营业外支出　D. 其他业务成本

9. 库存现金溢余，经查明原因后的账务处理中，可能贷记的科目有（　　）。

A. 管理费用　B. 营业外收入　C. 销售费用　D. 其他应付款

10. 某企业由于自然灾害造成的原材料毁损，经批准后，会计人员应编制的会计分录中借方可能涉及的账户有（　　）。

A. 待处理财产损溢　B. 原材料　C. 其他应收款　D. 营业外支出

11. 一般来说，原材料、库存商品、库存现金发生盘盈时，报经批准后记入（　　）等科目。

A. 管理费用　B. 营业外收入　C. 营业外支出　D. 其他应收款

12. 企业存货发生盘亏，报经批准后进行账务处理，借记的科目可能有（　　）。

A. 其他应收款　B. 管理费用　C. 待处理财产损溢　D. 营业外支出

13. 各项应在“待处理财产损溢”科目贷方登记的有（　　）。

A. 财产物资盘亏、损毁的金额　B. 财产物资盘盈的金额

C. 财产物资盘盈的转销额　D. 财产物资盘亏的转销额

14. 下列关于存货清查核算的说法中，正确的有（　　）。

A. 盘盈的存货应冲减当期的管理费用

B. 属于自然损耗造成的定额内损耗，应计入管理费用

C. 自然灾害造成的未参加保险部分的损失，计入营业外支出

D. 一般经营损失，计入营业外支出

15. 企业财产清查中，可以作为调整账簿记录的原始凭证的有（　　）。

A. 库存现金盘点报告表　B. 银行存款余额调节表

C. 账存实存对比表　D. 固定资产盘盈盘亏报告表

16. 下列各项中，会使得企业银行存款日记账余额小于银行对账单余额的有(　　)。

A. 企业开出支票，对方未到银行兑现

B. 银行误将其他公司的存款记入本企业银行存款账户

C. 银行代扣水电费，企业尚未收到通知

D. 银行收到委托收款结算方式下的结算款项，企业尚未收到通知

17. 在银行存款对账中，未达账项包括（　　）。

A. 银行已收款入账企业未收款入账　B. 企业未付款入账银行已付款入账

C. 企业未付款入账银行也未付款入账　D. 银行已收款入账企业也收款入账

18. 下列对库存现金和应收账款进行清查时应采用的方法，说法正确的有（　　）。

A. 对库存现金的清查应采用倒挤法

B. 对库存现金的清查应采用实地盘存法

C. 对应收账款的清查应采用函证法

D. 对应收账款的清查应采用技术推算法

19. 企业于每月月末将银行存款日记账和对账单进行核对时，下列各项中，属于未达账项的有（ ）。

A. 企业将销售商品收取的支票送存银行并根据送款单记账，银行尚未入账

B. 企业购进材料签发支票并根据存根记账，销售方尚未将支票送存其开户银行

C. 银行根据委托协议，代企业支付电话费，电话费单尚未传递到企业

D. 企业将销售商品收取的支票送存银行并根据送款单记账，银行根据划款单入账

20. 银行存款日记账与开户银行转来的对账单不一致的原因可能有（ ）。

A. 存在未达账项　　B. 银行记账出现差错

C. 企业发生重记、漏记　　D. 企业科目记错

## 三、判断题

1. 一般情况下，全面清查可以是定期清查，也可以是不定期清查。（ ）

2. 实地盘存制下企业平时对财产物资只登记增加数，不登记减少数。（ ）

3. 对库存现金进行清查时，现金出纳员一定要在场。（ ）

4. 若存货发生盘盈，应暂不做账务处理，待查明原因后再调整账面记录。（ ）

5. 编制银行存款余额调节表调整后的存款余额是企业可以支用的银行存款实有数。（ ）

6. 盘盈的流动资产经批准后应从“待处理财产损溢”账户转入“管理费用”账户。（ ）

7. 盘盈固定资产的原值经批准后计入营业外收入。（ ）

8. 未达账项是由于会计人员记账不及时造成的。（ ）

9. 对各种往来款项的清查，必须派人亲自到对方单位核对。（ ）

10. 经批准转销固定资产盘亏净损失时，账务处理应借记“营业外支出”账户，贷记“固定资产清理”账户。（ ）

11. 在各种实物的清查过程中，实物保管人员必须在场，参加盘点，但不宜单独承揽财产清查工作。（ ）

12. 企业库存现金清查中，发现现金短缺 300 元，经查明属于出纳人员的责任，则应借记“其他应收款——出纳员”300 元，贷记“待处理财产损溢”300 元。（ ）

13. 财产清查中发现无法支付的账款，会计处理不需通过“待处理财产损溢”账户核算。（ ）

14. 对于不能收回的其他应收款应当查明原因，如确实无法收回，经批准可作为坏账损失。（ ）

15. 为便于反映财产清查盘盈盘亏情况，企业会计上应设置“待处理财产损溢”账户，借方登记财产的盘亏、毁损数额以及盘盈的转销数字，贷方登记财产的盘盈数额以及盘亏的转销数。（ ）

16. 企业的待处理财产损溢，通常应在年报编制前处理完毕。(　　)

17. 企业存货发生盘亏，定额内的损耗报经批准后记入营业外支出科目。(　　)

18. “库存现金盘点报告表”是反映现金实有数额和据以调整账簿记录的原始凭证。(　　)

19. 企业银行存款的账面余额与银行对账单余额因未达账项存在差额时，应按照银行存款余额调节表调整银行存款日记账。(　　)

20. 在记账无误的情况下，造成银行存款日记账和银行对账单不一致的原因是有应收账款和应付账款的存在。(　　)

21. 银行存款余额调节表是调整企业银行存款账面余额的原始凭证。(　　)

22. 未达账项是指企业与银行之间由于记账的时间不一致，而发生的一方已登记入账，另一方错记的项目。(　　)

23. 对于银行存款，要根据银行对账单每月至少核对一次。(　　)

24. 企业的现金清查小组应当在出纳人员不在场的情况下对企业库存现金进行定期或不定期清查。(　　)

25. 盛京公司在202×年10月份发生一起小范围内的火灾，损坏了生产车间的部分设备，为了查明损失情况，该企业进行的清查属于不定期清查。(　　)

26. 定期清查是指在年末、月末结账时进行的清查。(　　)

27. 在企业撤销或合并时，要对企业的部分财产进行重点清查。(　　)

28. 财产清查就是对各项实物资产进行定期盘点和核对。(　　)

29. 永续盘存制的优点是记账工作量较小。(　　)

30. 实地盘存制是指在期末通过盘点实物，来确定财产的数量，并据以计算出财产期末结存额和本期减少额的一种方法。这种方法用于产品制造企业时，又称“以存计耗制”。(　　)

## 四、业务题

**习题一**

新泾公司202×年11月30日银行存款日记账余额476 000元，银行对账单余额486 000元。经逐笔核对，发现有几笔未达账项：

(1) 企业偿还A公司货款50 000元已登记入账，但银行尚未登记入账；

(2) 企业收到销售商品款70 200元已登记入账，但银行尚未登记入账；

(3) 银行已划转电费9 800元登记入账，但企业尚未收到付款通知单，未登记入账；

(4) 银行已收到外地汇入货款40 000元登记入账，但企业尚未收到收款通知单，未登记入账。

【要求】请填写下面的“银行存款余额调节表”。

### 银行存款余调节表

编制单位：新泾公司　　　　202×年 11 月 30 日　　　　单位：元

| 项目 | 金额 | 项目 | 金额 |
|---|---|---|---|
| 银行存款日记账余额 | | 银行对账单余额 | |
| 加：银行已收、企业未收款 | | 加：企业已收、银行未收款 | |
| 减：银行已付、企业未付款 | | 减：企业已付、银行未付款 | |
| 调节后余额 | | 调节后余额 | |

**习题二**

安泰公司 202×年 12 月 31 日，在进行财产清查中，发现下列问题：

（1）甲材料盘盈 10 千克，单价 500 元，价值 5 000 元。经查明该材料的盘盈是由于计量误差累计造成的，在报经审批后，转销原材料盘盈数。

（2）发现一台账外设备，该设备重置成本 40 000 元，所得税率 25%，补提盈余公积 10%。

（3）发现乙材料账面余额 455 千克，价值 19110 元，盘点实际存量为 450 千克，经查明其中 2 千克为定额损耗，2 千克为日常计量差错，1 千克为保管员韩进私用。

（4）盘亏设备一台，原价 52 000 元，账面已提折旧 14 000 元。经审批，转作营业外支出。

（5）库存现金短少 100 元，属出纳王娟的过失造成。

【要求】编制以上业务的会计分录。

# 第九章　财务报告

## 章前导读

企业的各项经济活动通过填制会计凭证，登记会计账簿，加以连续、系统、全面的反映和监督，可以从中提供各种核算资料。但是，这些日常核算资料仍然数量较多，并且分散于各账簿之中，还不能把全部经济活动情况进行集中反映，无法满足和适应企业生产经营管理工作的需要，为此，就必须借助于编制财务报告，把日常核算资料加以整理、汇总，加工成为有着内在联系、相互配合、互为补充的一套有机整体的综合性材料，总括、综合地反映企业经济活动过程和结果，为有关方面进行管理和决策提供所需要的会计信息。财务报告是反映企业某一特定日期的财务状况和某一会计期间的经营成果、现金流量等会计信息的书面报告。本章第一节阐述了编制财务报告的意义，明确了财务报表的分类和编制要求；第二节阐明了资产负债表的概念、作用和结构，并通过具体实例说明了资产负债表的编制方法；第三节阐述了利润表的概念、作用和结构，用具体实例说明了利润表的编制方法；第四节阐述了现金流量表的概念、作用和结构，并介绍了现金流量表的编制方法；第五节阐述了财务会计报表分析的内容和方法。

## 本章学习目标

⊙了解财务报告的意义，明确财务报表的分类和编制要求；

⊙掌握资产负债表概念、作用和结构，重点掌握资产负债表中重要项目的编制方法；

⊙掌握利润表概念、作用和结构，重点掌握利润表的编制方法；

⊙了解现金流量表的概念、作用、结构和编制方法。

## 本章重点

三大主要会计报表的概念、作用、结构和编制方法。

# 本章思维导图

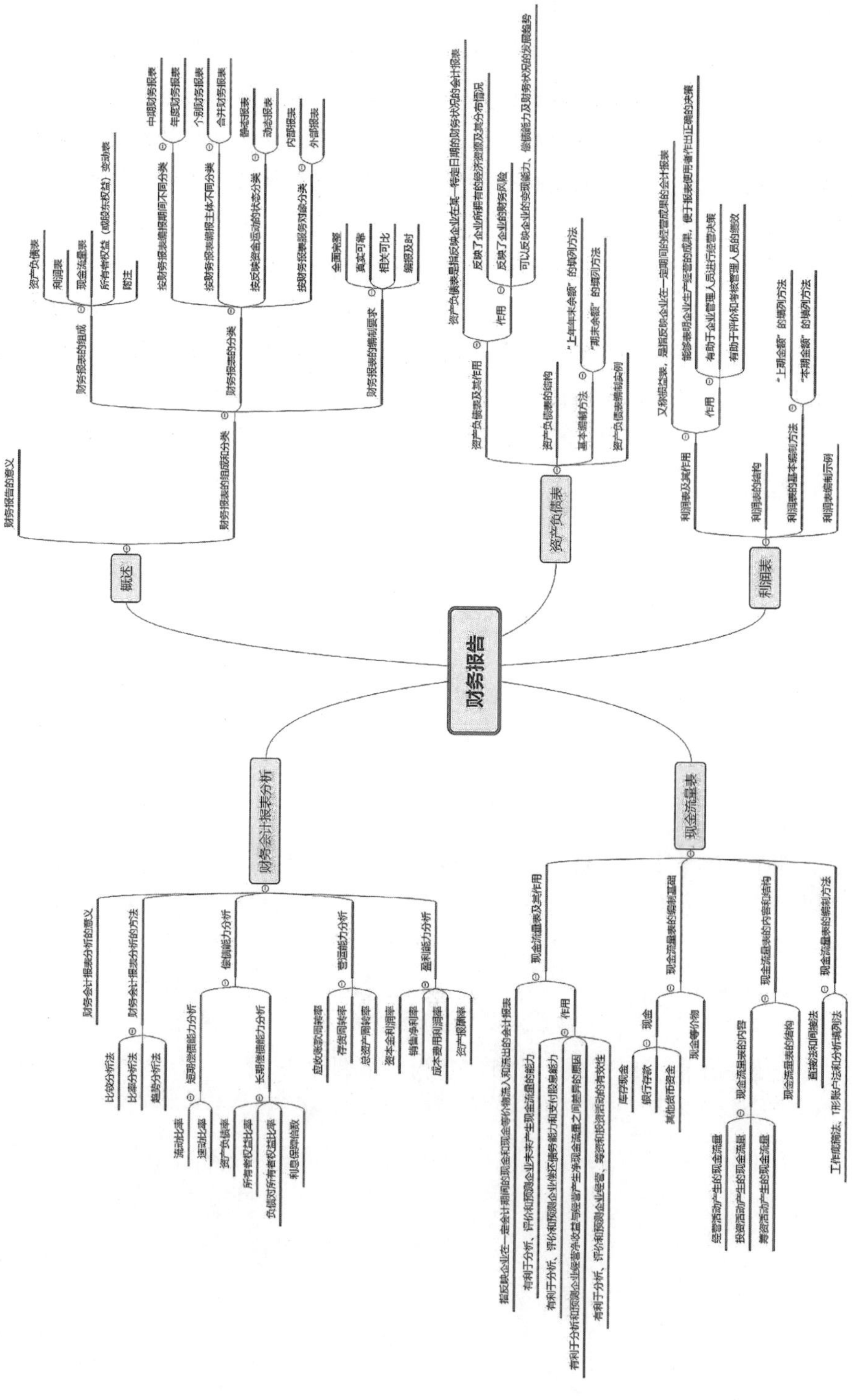
财务报告
概述
财务报告的意义
财务报表的组成和分类
财务报表的组成
资产负债表
利润表
现金流量表
所有者权益（或股东权益）变动表
附注
财务报表的分类
按财务报表编报期间不同分类
中期财务报表
年度财务报表
按财务报表编报主体不同分类
个别财务报表
合并财务报表
按反映资金运动的状态分类
静态报表
动态报表
按财务报表服务对象分类
内部报表
外部报表
财务报表的编制要求
全面完整
真实可靠
相关可比
编报及时
资产负债表
资产负债表及其作用
资产负债表是指反映企业在某一特定日期的财务状况的会计报表
作用
反映了企业所拥有的经济资源及其分布情况
反映了企业的财务风险
可以反映企业的变现能力、偿债能力及财务状况的发展趋势
资产负债表的结构
基本编制方法
“上年年末余额”的填列方法
“期末余额”的填列方法
资产负债表编制实例
利润表
利润表及其作用
又称损益表，是指反映企业在一定期间的经营成果的会计报表
作用
能够表明企业生产经营的成果，便于报表使用者作出正确的决策
有助于企业管理人员进行经营决策
有助于评价和考核管理人员的绩效
利润表的结构
利润表的基本编制方法
“上期金额”的填列方法
“本期金额”的填列方法
利润表编制示例
现金流量表
现金流量表及其作用
指反映企业在一定会计期间的现金和现金等价物流入和流出的会计报表
作用
有利于分析、评价和预测企业未来产生现金流量的能力
有利于分析、评价和预测企业偿还债务能力和支付股息能力
有利于分析和预测企业经营净收益与经营产生净现金流量之间差异的原因
有利于分析、评价和预测企业经营、筹资和投资活动的有效性
现金流量表的编制基础
现金
库存现金
银行存款
其他货币资金
现金等价物
现金流量表的内容和结构
现金流量表的内容
经营活动产生的现金流量
投资活动产生的现金流量
筹资活动产生的现金流量
现金流量表的结构
现金流量表的编制方法
直接法和间接法
工作底稿法、T形账户法和分析填列法
财务会计报表分析
财务会计报表分析的意义
财务会计报表分析的方法
比较分析法
比率分析法
趋势分析法
偿债能力分析
短期偿债能力分析
流动比率
速动比率
长期偿债能力分析
资产负债率
所有者权益比率
负债对所有者权益比率
利息保障倍数
营运能力分析
应收账款周转率
存货周转率
总资产周转率
盈利能力分析
资本金利润率
销售净利率
成本费用利润率
资产报酬率

# 第一节 财务报告概述

## 一、财务报告的意义

财务报告是指企业对外提供的反映企业某一特定日期的财务状况和某一会计期间的经营成果、现金流量等会计信息的书面报告。财务报告包括财务会计报表及其附注和其他应当在财务报告中披露的相关信息和资料。编制财务会计报表是会计核算的一种专门方法，也是一项非常重要的工作。

企业编制财务报告的目标，是向财务会计报表使用者提供与企业财务状况、经营成果和现金流量等有关的会计信息，反映企业管理层受托责任的履行情况，有助于财务会计报表使用者做出经济决策。财务报告的使用者通常包括投资者、债权人、政府及其有关部门和社会公众等。

### （一）财务报告为投资者、债权人的投资决策和信贷决策提供信息

企业的生产和发展需要投资者、债权人的资金、信贷支持。若投资者、债权人不了解企业的经营情况和财务状况，是不会轻易投资和借贷资金给企业的。只有了解企业各方面的信息，分析对比后，才会决定他们投资的方向。通过财务报告提供的信息，及时了解企业的情况，监督其生产经营活动，以维护自身的合法权益。财务报告可以全面、系统地向投资者提供其所需要的信息资料，满足其投资决策的需要；同时，财务报告所提供的信息资料，便于债权人做出信贷或赊销的决策。

### （二）财务报告为企业的经营管理者和职工提供必要的信息资料

企业的经营管理者需要经常不断地考核、分析企业的财务、成本状况，评价企业的经济工作，总结经验，查明问题存在的原因，不断改进经营管理工作、提高管理水平、预测企业未来、制定经济决策。财务会计报告可以提供他们所需的数据资料，以便经营管理者做出正确的抉择，以便职工更好地参与企业的经营管理，为企业的生存和发展做出更大的贡献。

### （三）财务报告提供的信息便于满足上级主管、专业公司的需要

上级主管、专业公司需对所属企业、单位上报的财务会计报告进行审阅，并汇总上报。利用财务会计报告提供的资料，可以使企业或单位的上级主管、专业公司，了解和掌握企业或单位一定期间财务状况和经营成果，以便加强领导，进行宏观调控。

### （四）财务报告提供的信息便于财政、税务部门、银行进行了解和监督

通过向财政、工商、税务、银行、审计、国有资产管理等部门报送企业财务会计报告，便于这些政府部门履行其管理和监督职能；通过财务会计报告的审查和结果分析，检

查企业贯彻执行国家方针、政策和法令，遵守财经纪律、信贷和结算纪律情况，以及其利润、税金的完成、上缴情况。

## 二、财务会计报表的组成和分类

### （一）财务会计报表的组成

财务会计报表是指企业以一定的会计方法和程序由会计账簿的数据整理得出，以表格的形式反映企业财务状况、经营成果和现金流量的书面文件。财务会计报表主要包括：（1）资产负债表；（2）利润表；（3）现金流量表；（4）所有者权益（或股东权益）变动表；（5）附注。

会计报表附注是为了便于财务报表使用者理解会计报表的内容而对在会计报表中列示项目所做的进一步说明，以及对未能在这些报表中列示项目的说明等。它有利于增进会计信息的可理解性，提高会计信息可比性和突出重要的会计信息。

### （二）财务会计报表的分类

（1）按财务会计报表编报期间不同，可以分为中期财务报表和年度财务报表。中期财务报表是以短于一个完整会计年度的报告期间为基础编制的财务报表，包括月报、季报和半年报等。编制中期报告可以及时向信息使用者提供企业较为完整的会计信息，帮助他们较为全面地评价企业的经营业绩 ，预测企业的发展前景，做出正确的经济决策。年度财务报表是指年度终了对外提供的财务报表，主要包括资产负债表、利润表、现金流量表、所有者权益（股东权益）变动表等。

（2）按财务会计报表编报主体的不同，可以分为个别财务报表和合并财务报表。个别财务报表是由企业在自身会计核算基础上对账簿记录进行加工而编制的财务报表，它主要用以反映企业自身的财务状况、经营成果和现金流量情况。合并财务报表是以母公司和子公司组成的企业集团为会计主体，根据母公司和所属子公司的财务报表，由母公司编制的综合反映企业集团财务状况、经营成果及现金流量的财务报表。

（3）按反映资金运动的状态分类，可以分为静态报表和动态报表。静态报表是指反映资金运动处于相对静止状态时的会计报表，它用来反映企业经营中资产与负债的分布与来源的状况。资产负债表是典型的静态报表。动态报表是指反映资金运动显著变动状态的会计报表，用来反映某一时期经营成果状况的报表，如利润表；用来反映资金的投入与退出，以及资金在企业内部周转运动的情况，如现金流量表。

（4）按财务会计报表服务对象，可以分为内部报表和外部报表。内部报表是企业根据自身需要设计的，为企业内部管理服务的报表，如“制造费用表”“商品产品成本表”等。外部报表是按国家统一制定的会计制度规定的格式和编制方法、编制要求编制的，需要对外报送或公布的报表，主要包括资产负债表、利润表、现金流量表和所有者权益（股东权益）变动表等，其格式和内容由财政部规定。

### (三) 财务会计报表的编制要求

财务会计报表是根据日常会计核算资料归集、加工、汇总而成的一个完整的报告体系，用于总括地反映企业经济活动的全貌。为了保证财务报表真正为投资者、债权人、国家宏观管理部门及其他财务报表使用者提供有用的决策信息，在编制财务会计报表时，必须符合下列要求。

**1. 全面完整**

财务会计报表必须按规定的种类、格式和内容进行编制。对规定编制的各种财务会计报表和其他报告，都必须编制齐全，对于应当填列的报表指标，无论是表内项目还是补充资料，都必须填列齐全。编制一般用途的财务会计报表，应该全面地反映企业的财务状况、经营成果、现金流量及其所有者权益变动情况，不得遗漏。某些重要资料，如果不便列入报表的主体部分，应以附注的形式加以反映。

**2. 真实可靠**

财务会计报表所载的数字必须是客观、有根据和确定的，应能够真实准确地反映企业的财务状况、经营成果、现金流量等情况，严禁弄虚作假或用估计数字代替实际数字。这就要求企业以准确无误的账簿记录为编制财务会计报表的依据。

**3. 相关可比**

企业之间的报表指标，应当尽可能口径一致，以便投资者比较不同的投资机会。同一个企业的各个会计期间，也应尽可能保持报表指标的连贯性和可比性。只有在客观情况发生变化，确有必要改变原有的原则、程序和方法时，才可以做出适当的变动，并且，应当在财务会计报表中说明改变的原因和改变后的影响。

**4. 编报及时**

为了及时满足报表使用者的需要，企业应及时编制与报送财务会计报表。过时的报表信息无助于报表使用者的决策。因此，企业必须遵照国家或上级主管部门规定的期限和程序，及时编制和报送，以保证报表的及时性。要保证会计报表编报及时，必须加强日常的核算工作，认真做好记账、算账、对账、财产清查和调整账面工作；同时加强会计人员的配合协作，使会计报表编报及时。但不能为赶编会计报表而提前结账，更不应为了提前报送而影响报表质量。

**提 示**

在财务会计报表中，部分报表项目与会计科目（账户）名称相同，也有部分报表项目与会计科目（账户）名称不一致。

# 第二节　资产负债表

## 一、资产负债表及其作用

资产负债表是指反映企业在某一特定日期的财务状况的会计报表，它是一张静态报表。财务状况主要是指企业资产、负债、所有者权益的总额、构成以及各项目之间的合理组合。资产负债表根据“资产=负债+所有者权益”这一基本公式，依照一定的分类标准和一定的次序，把企业在某一特定日期的资产、负债和所有者权益项目予以适当排列编制而成。

资产负债表的作用主要有以下几点。

### （一）资产负债表反映了企业所拥有的经济资源及其分布情况

资产负债表的资产一栏将企业的各种资产按一定的顺序归类列示出来，可以向报表使用者提供企业所拥有或控制的经济资源，以及这些经济资源的分布和结构情况。

### （二）资产负债表反映了企业的财务风险

资产负债表反映了企业的资金来源及其构成情况，从而反映了企业的财务风险。资产负债表将企业的资金来源分为负债和所有者权益两大类，而负债和所有者权益在总资产中所占的比重影响到企业的财务风险大小，因为负债都有固定的偿还期限，而所有者权益是对企业剩余资产的请求权，所以负债越高，企业的财务风险越大。

### （三）资产负债表可以反映企业的变现能力、偿债能力及财务状况的发展趋势

通过对资产负债表的分析对比，可以评价企业的偿债能力和变现能力，考察企业资本的保全和增值情况，分析企业财务结构的优劣和负债经营的合理程度，预测企业未来的财务状况和财务安全程度等。

## 二、资产负债表的结构

资产负债表由表头和表体两部分组成。表头部分列示报表的名称、编制单位、编制日期、报表编号和货币计量单位等内容。

资产负债表的表体部分是资产负债表的核心部分，列示资产负债表的具体内容。资产负债表列示具体内容的结构方式有两种：一种是报告式，另一种是账户式。报告式又称竖式或垂直式，它采用垂直予以排列的方式。即将资产负债表由上而下，分别列示其资产、负债、所有者权益项目，采取上下对照平衡原理而设计的一种形式。账户式又称横式，即将资产负债表分为左、右两方，左方列示资产各项目，反映全部资产的分布及存在形态，右方列示负债和所有者权益各项目，反映全部负债和所有者权益的内容及构成情况。在我国，资产负债表采用账户式结构。

资产负债表各项目的具体排列如下：资产部分按照资产的流动性也就是资产的变现能力分类，变现能力强的在前，变现能力弱的在后。负债按照偿还期限的远近排列，偿还期限近的排在前面，偿还期限远的排在后面。所有者权益按永久性大小排列，永久性大的在前，永久性小的在后。

我国财务制度规定，企业在使用账户式填制资产负债表时，正表中每一项目均要求填列上年年末余额和期末余额两个数字，分别反映本年初即上年末的财务状况和本期末（月末或年末）的财务状况，其目的在于便于报表使用者进行对比分析。所以，它实际上是一张比较资产负债表。

我国一般企业资产负债表格式见表 9-1。

**表 9-1　资产负债表**

会企 01 表

编制单位：　　年　月　日　　单位：元

| 资产 | 期末余额 | 上年年末余额 | 负债及所有者权益 | 期末余额 | 上年年末余额 |
|---|---|---|---|---|---|
| 流动资产： | | | 流动负债： | | |
| 货币资金 | | | 短期借款 | | |
| 交易性金融资产 | | | 交易性金融负债 | | |
| 应收票据 | | | 应付票据 | | |
| 应收账款 | | | 应付账款 | | |
| 预付款项 | | | 预收款项 | | |
| 其他应收款 | | | 应付职工薪酬 | | |
| 存货 | | | 应交税费 | | |
| 持有待售资产 | | | 其他应付款 | | |
| 一年内到期的非流动资产 | | | 持有待售负债 | | |
| 其他流动资产 | | | 一年内到期的非流动负债 | | |
| 流动资产合计 | | | 其他流动负债 | | |
| 非流动资产： | | | 流动负债合计 | | |
| 债权投资 | | | 非流动负债： | | |
| 其他债权投资 | | | 长期借款 | | |
| 长期应收款 | | | 应付债券 | | |
| 长期股权投资 | | | 长期应付款 | | |
| 投资性房地产 | | | 预计负债 | | |
| 固定资产 | | | 递延所得税负债 | | |
| 在建工程 | | | 其他非流动负债 | | |

表9-1 续

| 资产 | 期末余额 | 上年年末余额 | 负债及所有者权益 | 期末余额 | 上年年末余额 |
|---|---|---|---|---|---|
| 生产性生物资产 | | | 非流动负债合计 | | |
| 油气资产 | | | 负债合计 | | |
| 无形资产 | | | 所有者权益： | | |
| 开发支出 | | | 实收资本（或股本） | | |
| 商誉 | | | 资本公积 | | |
| 长期待摊费用 | | | 减：库存股 | | |
| 递延所得税资产 | | | 盈余公积 | | |
| 其他非流动资产 | | | 未分配利润 | | |
| 非流动资产合计 | | | 所有者权益合计 | | |
| 资产总计 | | | 负债和所有者权益总计 | | |

## 三、资产负债表的基本编制方法

### （一）“上年年末余额”的填列方法

“上年年末余额”栏内各项目数字，应根据上年末资产负债表“期末余额”栏内所列数额填列。如果本年度资产负债表规定的各个项目的名称和内容同上年度不相一致，应对上年度年末资产负债表各项目的名称和数字按本年度的规定进行调整，按调整后的数字填入本表“上年年末余额”栏内。

### （二）“期末余额”的填列方法

“期末余额”栏内各项目的数字，应根据会计账簿记录填列。其数据来源，可以通过以下方式取得。

**1. 根据总分类账户的期末余额填列**

资产负债表上某些项目可以直接根据总分类账户的期末余额填列，如“短期借款”项目，根据“短期借款”总分类账户期末余额直接填列；“实收资本（或股本）”项目，根据“实收资本（或股本）”总分类账户期末余额直接填列。资产负债表上有些项目可以根据几个总分类账户的期末余额合计数填列，如“货币资金”项目，根据“库存现金”“银行存款”“其他货币资金”总分类账户的期末余额的合计数填列。

**【例9-1】**20×9年10月31日，×华公司“库存现金”总分类账户余额为8 000元，“银行存款”总分类账户余额为320 000元，“其他货币资金”总分类账户余额为200 000元。

该公司20×9年10月31日资产负债表中的“货币资金”项目金额为：

8 000+320 000+200 000=528 000（元）

**2. 根据明细分类账户的期末余额填列**

如“应付账款”项目，根据“应付账款”和“预付账款”总分类账所属各明细分类账户的期末贷方余额合计数填列；又如“预收款项”项目，根据“应收账款”和“预收账款”总分类账所属各明细分类账户的期末贷方余额合计数填列。

**【例 9-2】** 20×9 年 10 月 31 日，×华公司“预付账款”明细账贷方余额为 50 000 元，“应付账款”明细账贷方余额为 850 000 元，“应收账款”明细账贷方余额为 100 000 元，“预收账款”明细账贷方余额为 700 000 元。

该公司 20×9 年 10 月 31 日资产负债表中的“应付账款”项目金额为：

50 000+850 000=900 000（元）；

该公司 20×9 年 10 月 31 日资产负债表中的“预收款项”项目金额为：

100 000+700 000=800 000（元）

**3. 根据总分类账户和明细分类账户的期末余额分析计算填列**

资产负债表上某些项目不能根据有关总账的期末余额直接或计算填列，也不能根据有关账户所属相关明细账的期末余额填列，需要根据总账和明细账余额分析计算填列，如“长期借款”项目，应根据“长期借款”总账期末余额扣除“长期借款”总账所属明细账中将在一年内到期的长期借款部分分析计算填列。

**【例 9-3】** 20×9 年 10 月 31 日，×华公司“长期借款”总分类账户余额为 6 700 000 元，其中从 G 银行借入的 700 000 元将于一年内到期。

该公司 20×9 年 10 月 31 日资产负债表中的“长期借款”项目金额为：

6 700 000−700 000=6 000 000（元）

**4. 根据有关资产账户与其备抵账户抵销后的净额填列**

如“应收账款”项目，根据“应收账款”账户的期末余额减去“坏账准备”账户的期末余额后的金额填列；又如“固定资产”项目，根据“固定资产”和“固定资产清理”账户的期末余额减去“累计折旧”和“固定资产减值准备”账户的期末余额后的金额填列。

**【例 9-4】** 20×9 年 10 月 31 日，×华公司“应收账款”账户借方余额为 805 000 元，“坏账准备”账户贷方余额为 10 000 元，“固定资产”账户借方余额为 32 000 000 元，“固定资产清理”账户的借方余额为 300 000 元，“累计折旧”账户贷方余额为 4 000 000 元，“固定资产减值准备”账户贷方余额为 2 000 000 元。

该公司 20×9 年 10 月 31 日资产负债表中的“应收账款”项目金额为：

805 000−10 000=795 000（元）

该公司 20×9 年 10 月 31 日资产负债表中的“固定资产”项目金额为：

32 000 000+300 000−4 000 000−2 000 000=26 300 000（元）

**5. 综合运用上述方法分析填列**

如“存货”项目，应当根据“原材料”“库存商品”“委托加工物资”“周转材料”“材料采购”“在途物资”“发出商品”“材料成本差异”等总账账户期末余额的分析汇总数，再减去“存货跌价准备”账户余额后的净额填列。

【例 9-5】20×9 年 10 月 31 日，×华公司“原材料”账户借方余额为 670 000 元，“库存商品”账户借方余额为 8 900 000 元，“周转材料”账户借方余额为 900 000 元，“生产成本”账户借方余额为 550 000 元，“存货跌价准备”账户贷方余额为 920 000 元。

该公司 20×9 年 10 月 31 日资产负债表中的“存货”项目金额为：

670 000+8 900 000+900 000+550 000−920 000＝10 100 000（元）

## 四、资产负债表编制示例

【例 9-6】甲公司 20×8 年 12 月 31 日的资产负债表（上年年末余额略）及 20×9 年 12 月 31 日的科目余额表分别见表 9-2 和表 9-3。

**表 9-2 资产负债表**

会企 01 表

编制单位：甲公司　　20×8 年 12 月 31 日　　单位：元

| 资产 | 期末余额 | 上年年末余额 | 负债和所有者权益（或股东权益） | 期末余额 | 上年年末余额 |
|---|---|---|---|---|---|
| 流动资产： | | | 流动负债： | | |
| 货币资金 | 1 406 300 | | 短期借款 | 200 000 | |
| 应收票据 | 246 000 | | 应付票据 | 200 000 | |
| 应收账款 | 299 100 | | 应付账款 | 953 800 | |
| 预付款项 | 100 000 | | 应付职工薪酬 | 10 000 | |
| 其他应收款 | 5 000 | | 应交税费 | 36 600 | |
| 存货 | 2 580 000 | | 其他应付款 | 51 000 | |
| 流动资产合计 | 4 636 400 | | 流动负债合计 | 1 451 400 | |
| 非流动资产： | | | 非流动负债： | | |
| 长期股权投资 | 150 000 | | 长期借款 | 400 000 | |
| 固定资产 | 1 315 000 | | 非流动负债合计 | 400 000 | |
| 在建工程 | 1 500 000 | | 负债合计 | 1 851 400 | |
| 无形资产 | 400 000 | | 所有者权益（或股东权益）： | | |
| 非流动资产合计 | 3 365 000 | | 实收资本（或股本） | 6 000 000 | |
| | | | 盈余公积 | 100 000 | |
| | | | 未分配利润 | 50 000 | |
| | | | 所有者权益（或股东权益）合计 | 6 150 000 | |
| 资产总计 | 8 001 400 | | 负债和所有者权益（或股东权益）总计 | 8 001 400 | |

**表 9-3 科目余额表**

20×9 年 12 月 31 日 单位：元

| 科目名称 | 借方余额 | 科目名称 | 贷方余额 |
|---|---|---|---|
| 库存现金 | 2 000 | 短期借款 | 30 000 |
| 银行存款 | 786 135 | 应付票据 | 50 000 |
| 其他货币资金 | 7 300 | 应付账款 | 753 800 |
| 应收票据 | 66 000 | 应付职工薪酬 | 80 000 |
| 应收账款 | 600 000 | 应交税费 | 226 731 |
| 坏账准备 | -1 800 | 其他应付款 | 82 215.85 |
| 预付账款 | 100 000 | 长期借款 | 140 000 |
| 其他应收款 | 5 000 | 实收资本（或股本） | 6 000 000 |
| 材料采购 | 275 000 | 盈余公积 | 124 770.40 |
| 原材料 | 45 000 | 利润分配（未分配利润） | 190 717.75 |
| 周转材料 | 38 050 | | |
| 库存商品 | 2 122 400 | | |
| 材料成本差异 | 4 250 | | |
| 长期股权投资 | 200 000 | | |
| 固定资产 | 2 560 900 | | |
| 累计折旧 | -170 000 | | |
| 固定资产减值准备 | -30 000 | | |
| 在建工程 | 528 000 | | |
| 无形资产 | 600 000 | | |
| 累计摊销 | -60 000 | | |
| 合计 | 7 678 235 | 合计 | 7 678 235 |

根据上述资料，编制该公司 20×9 年 12 月 31 日的资产负债表，见表 9-4。

**表 9-4 资产负债表**

会企 01 表编制单位：甲公司 20×9 年 12 月 31 日 单位：元

| 资产 | 期末余额 | 年初余额 | 负债和所有者权益（或股东权益） | 期末余额 | 年初余额 |
|---|---|---|---|---|---|
| 流动资产： | | | 流动负债： | | |
| 货币资金 | 795 435 | 1 406 300 | 短期借款 | 30 000 | 200 000 |
| 应收票据 | 66 000 | 246 000 | 应付票据 | 50 000 | 200 000 |

表9-4 续

| 资产 | 期末余额 | 年初余额 | 负债和所有者权益（或股东权益） | 期末余额 | 年初余额 |
|---|---|---|---|---|---|
| 应收账款 | 598 200 | 299 100 | 应付账款 | 753 800 | 953 800 |
| 预付款项 | 100 000 | 100 000 | 应付职工薪酬 | 80 000 | 10 000 |
| 其他应收款 | 5 000 | 5 000 | 应交税费 | 226 731 | 36 600 |
| 存货 | 2 484 700 | 2 580 000 | 其他应付款 | 82 215. 85 | 51 000 |
| 流动资产合计 | 4 049 335 | 4 636 400 | 流动负债合计 | 1 222 746. 85 | 1 451 400 |
| 非流动资产： | | | 非流动负债： | | |
| 长期股权投资 | 200 000 | 150 000 | 长期借款 | 140 000 | 400 000 |
| 固定资产 | 2 360 900 | 1 315 000 | 非流动负债合计 | 140 000 | 400 000 |
| 在建工程 | 528 000 | 1 500 000 | 负债合计 | 1 362 746. 85 | 1 851 400 |
| 无形资产 | 540 000 | 400 000 | 所有者权益（或股东权益）： | | |
| 非流动资产合计 | 3 628 900 | 3 365 000 | 实收资本（或股本） | 6 000 000 | 6 000 000 |
| | | | 盈余公积 | 124 770. 40 | 100 000 |
| | | | 未分配利润 | 190 717. 75 | 50 000 |
| | | | 所有者权益（或股东权益）合计 | 6 315 488. 15 | 6 150 000 |
| 资产总计 | 7 678 235 | 8 001 400 | 负债和所有者权益（或股东权益）总计 | 7 678 235 | 8 001 400 |

# 第三节 利润表

## 一、利润表及其作用

利润表又称损益表，是指反映企业在一定期间的经营成果的会计报表。利润表是以“收入-费用=利润”的会计方程式为理论依据，按照一定的分类标准和次序，把企业某一会计期间的所有收入、费用进行对比，从而计算出该期的净利润。利润表是一种动态报表。

利润表的作用主要有以下几点。

### （一）能够表明企业生产经营的成果，便于报表使用者做出正确的决策

利润表通过把企业在一特定期间内的收入、成本和费用情况加以配比，可以全面反映企业生产经营的收益情况，表明企业的投入产出比例关系，反映企业一定时期内利润（或

亏损）的实现情况，分析企业利润增减变化的原因，评价企业的经营业绩，有助于报表使用者判断企业未来的发展趋势，做出正确的决策。

### （二）有助于企业管理人员进行经营决策

企业管理人员通过比较、分析利润表中各项构成因素，可分析各项收入、费用及利润之间的变化趋势，发现各方面工作中存在的问题，揭露矛盾，找出差距以改善经营管理，找出今后工作的重点，做出合理的经营决策。

### （三）有助于评价和考核管理人员的绩效

企业实现利润的多少，是体现管理人员业绩和效率的一个重要方面，是管理效率高低的重要体现。通过比较前后期的利润表上各种收入、费用及利润的增减变动情况，并分析发生差异的原因，可据以评价各职能部门和人员的业绩及其业绩与整个经营成果的关系，以便评判各管理部门的功过得失，及时做出生产、销售、人事等方面的调整，提出奖惩任免的建议。

## 二、利润表的结构

一般来说，利润表由表头和表体两部分组成。表头部分列示报表的名称、编制单位、编制日期、报表编号和货币计量单位等内容。

利润表的表体部分是利润表的核心部分，列示利润表的具体内容。为了提供与报表使用者的经济决策相关的信息，收入和费用在利润表主体中有不同的列示方法。常见的有单步式和多步式两种。单步式又称一步式，它是将本期所有收入总额减去本期所有费用、支出总额，直接计算出该期净利润或称税后利润。因为计算利润只有一个步骤，故称为单步式利润表。多步式利润表是根据重要性和配比原则，通过对当期收入、费用、支出项目按性质加以归类，将不同性质的收入和费用类别进行对比，从而可以得出一些中间性的利润指标，如营业利润、利润总额、净利润等，从营业收入到净损益要分若干步才能计算出来，其提供的损益信息比单步式更为丰富，便于报表使用者理解企业经营成果的不同来源。在我国，利润表采用多步式结构。

多步式利润表计算利润分为以下步骤。

第一步，以营业收入为基础，减去营业成本、税金及附加、销售费用、管理费用、研发费用、财务费用，加上投资收益（或减去投资损失）、公允价值变动收益（或减去公允价值变动损失）、资产减值损失、资产处置收益（或减去资产处置损失），计算出营业利润。

第二步，以营业利润为基础，加上营业外收入，减去营业外支出，计算出利润总额。

第三步，以利润总额为基础，减去所得税费用，计算出净利润（或净亏损）。

第四步，以净利润（或净亏损）为基础，计算出每股收益。

第五步，以净利润（或净亏损）和其他综合收益为基础，计算出综合收益总额。

我国一般企业利润表的格式见表 9-5。

**表 9-5 利润表**

会企 02 表

编制单位： 年 月 单位：元

| 项目 | 本期金额 | 上期金额 |
|---|---|---|
| 一、营业收入 | | |
| 减：营业成本 | | |
| 税金及附加 | | |
| 销售费用 | | |
| 管理费用 | | |
| 研发费用 | | |
| 财务费用 | | |
| 加：投资收益（损失以“-”号填列） | | |
| 其中：对联营单位和合营企业投资收益 | | |
| 公允价值变动收益（损失以“-”号填列） | | |
| 资产减值损失（损失以“-”号填列） | | |
| 资产处置收益（损失以“-”号填列） | | |
| 二、营业利润（亏损以“-”号填列） | | |
| 加：营业外收入 | | |
| 减：营业外支出 | | |
| 三、利润总额（亏损总额以“-”号填列） | | |
| 减：所得税费用 | | |
| 四、净利润（净亏损以“-”号填列） | | |
| （一）持续经营净利润（净亏损以“-”号填列） | | |
| （二）终止经营净利润（净亏损以“-”号填列） | | |
| 五、其他综合收益的税后利润 | | |
| （一）不能重分类进损益的其他综合收益 | | |
| （二）将重分类进损益的其他综合收益 | | |
| 六、综合收益总额 | | |
| 七、每股收益 | | |
| （一）基本每股收益 | | |
| （二）稀释每股收益 | | |

## 三、利润表的基本编制方法

### （一）“上期金额”的填列方法

利润表中“上期金额”栏内的各项数字，应根据上年该期利润表“本期金额”栏内所列数字填列。如果上年度利润表与本年度利润表的项目名称和内容不相一致，应对上年度利润表项目的名称和数字按本年度的规定进行调整，填入报表的“上期金额”栏。

### （二）“本期金额”的填列方法

利润表中“本期金额”栏内的各项数字，一般应根据损益类账户的本期发生额分析填列。填列方法大致有以下几种。

**1. 根据损益类账户的本期净发生额分析填列**

如“税金及附加”“管理费用”“销售费用”“财务费用”“资产减值损失”等项目，均按其相应的账户发生净额进行填列。对于“投资收益”如为投资损失的，应以“-”号填列。

**2. 根据相关的损益类账户净发生额合并后填列**

主要是“营业收入”和“营业成本”项目。“营业收入”项目，反映企业经营主要业务和其他业务所确认的收入总额。该项目根据“主营业务收入”和“其他业务收入”科目的净发生额合并填列；“营业成本”项目，反映企业经营主要业务和其他业务所发生的成本总额。该项目根据“主营业务成本”和“其他业务成本”科目的净发生额合并填列。

**3. 利润类项目应根据表内项目计算后填列**

如“营业利润”项目，应以表内的“营业收入”项目减去“营业成本”“税金及附加”“销售费用”“管理费用”“财务费用”“资产减值损失”，加上“投资收益”（减去投资损失）和“公允价值变动收益”（减去公允价值变动损失）后的计算结果填列，如为亏损，则以“-”号填列；“利润总额”项目，根据“营业利润”加上“营业外收入”，减去“营业外支出”后的计算结果填列，如为亏损，则以“-”号填列。

## 四、利润表编制示例

**【例 9-7】** 截至 20×9 年 12 月 31 日乙公司有关账户发生额见表 9-6。

**表 9-6　总分类账户发生额表**

单位：元

| 科目名称 | 借方发生额 | 贷方发生额 |
|---|---|---|
| 主营业务收入 | | 4 500 000 |
| 主营业务成本 | 2 400 000 | |
| 其他业务收入 | | 150 000 |

表9-6 续

| 科目名称 | 借方发生额 | 贷方发生额 |
|---|---|---|
| 其他业务成本 | 105 000 | |
| 税金及附加 | 150 000 | |
| 销售费用 | 75 000 | |
| 管理费用 | 270 000 | |
| 财务费用 | 30 000 | |
| 资产减值损失 | 225 000 | |
| 公允价值变动损益 | | 45 000 |
| 投资收益 | | 60 000 |
| 营业外收入 | | 135 000 |
| 营业外支出 | 60 000 | |
| 所得税费用 | 393 750 | |

根据上述资料，编制乙公司 20×9 年 12 月利润表，见表 9-7。

### 表 9-7 利润表

会企 02 表

编制单位：乙公司　　20×9 年 12 月　　单位：元

| 项目 | 本期金额 | 上期金额 |
|---|---|---|
| 一、营业收入 | 4 650 000 | （略） |
| 减：营业成本 | 2 505 000 | |
| 税金及附加 | 150 000 | |
| 销售费用 | 75 000 | |
| 管理费用 | 270 000 | |
| 财务费用 | 30 000 | |
| 加：投资收益（损失以“-”号填列） | 60 000 | |
| 公允价值变动收益（损失以“-”号填列） | 45 000 | |
| 资产减值损失（损失以“-”号填列） | -225 000 | |
| 二、营业利润（亏损以“-”号填列） | 1 500 000 | |
| 加：营业外收入 | 135 000 | |
| 减：营业外支出 | 60 000 | |
| 三、利润总额（亏损总额以“-”号填列） | 1 575 000 | |
| 减：所得税费用 | 393 750 | |
| 四、净利润（净亏损以“-”号填列） | 1181 250 | |

表9-7 续

| 项目 | 本期金额 | 上期金额 |
| --- | --- | --- |
| 五、每股收益 | （略） | |
| （一）基本每股收益 | | |
| （二）稀释每股收益 | | |

# 第四节 现金流量表

## 一、现金流量表及其作用

现金流量表是指反映企业在一定会计期间的现金和现金等价物流入和流出的会计报表。它是一种动态报表。利润表和资产负债表都是以权责发生制为基础编制的，而现金流量表是以收付实现制为基础编制的。

现金流量表的作用主要如下。

### （一）有利于分析、评价和预测企业未来产生现金流量的能力

财务报告的主要目标之一是为信息使用者预测企业未来现金流量的数量、时间和不确定性提供信息，这是因为投资者、债权人从事投资和信贷的主要目的是增加未来的现金流入。过去的现金流量信息是未来现金流量金额、时间和不确定性的指示器。通过现金流量表可以揭示过去现金流入与流出及现金流量净额变动的原因，分析来自经营活动的净收益和现金流量之间、投资和筹资活动与现金流量之间的关系。这些以现金流量表为基础的信息既有利于估量企业生成现金及现金等价物的能力，评价和比较不同企业未来现金流量的现值（现金流量信息提高了不同企业经营业绩的可比性），又可以评价企业的财务结构（含其资产流动性和偿债能力）以及企业为适应外部经济环境变化而对其现金流量金额、时间和确定性进行调整的能力。

### （二）有利于分析、评价和预测企业偿还债务能力和支付股息能力

评估企业是否具有支付能力（债务本息、股利等），最直接有效的方法是分析其现金流量，这是因为，企业只有产生有利现金流量（净现金流入），才有能力还本付息、支付现金股利并做到原始投资保全；相反，如果公司没有足够的现金，工资就无法支付，机器设备就无法购买，债务就无法偿还，红利也无支付来源。只有现金流量表能反映企业的现金流动。经营活动的净现金流入则代表企业自我创造现金的能力。尽管企业取得还可以通过对外筹资的途径，但债务本金的偿还最后取决于经营活动的现金流入。因此，经营活动的净现金流入占总现金来源的比重越高，表明企业的财务基础越巩固，支付能力越强。对管理人员而言，可据此来确定股利政策、投资和筹资决策。

### （三）有利于分析和预测企业经营净收益与经营产生净现金流量之间差异的原因

就企业全部经营期间而言，营业净收益的总和应等于结束清算、变卖资产并偿还各种债务后的净现金收入。可是为了定期计算损益，会计上必须将企业连续不断的经营活动划分为相等的会计期间。因此，就短期而言，按权责发生制原则确认损益的时间与现金收付的时间不可能完全保持一致。通过现金流量表可较具体地揭示其不一致的原因，以便于投资者、债权人更合理地预测未来的现金流量、评价净收益的可靠性。

### （四）有利于分析、评价和预测企业经营、筹资和投资活动的有效性

现金流量表可披露企业经营、筹资和投资活动对企业现金流量的影响。通过对这些活动的反映，可以较全面地评价各项活动的成果；可以了解企业的资产、负债为什么会增加或减小，为什么企业亏损现金会增加，新增机器设备的资金从何而来，为什么利润增加了而红利却没有增加，等等。这些问题的解决，有利于找出差距，以便更合理地控制现金流动，实现现金的最佳配置和使用，在此基础上，制定科学的经营、投资和筹资决策。

## 二、现金流量表的编制基础

现金流量表以现金及现金等价物为基础编制，划分为经营活动、投资活动和筹资活动，按照收付实现制原则编制，将权责发生制下的盈利信息调整为收付实现制下的现金流量信息，便于会计信息使用者了解企业净利润的质量。

### （一）现金

现金是指企业库存现金以及可以随时用于支付的存款。不能随时用于支付的存款不属于现金。现金主要包括如下。

**1. 库存现金**

库存现金是指企业持有可随时用于支付的现金，与“库存现金”科目的核算内容一致。

**2. 银行存款**

银行存款是指企业存入金融机构，可以随时用于支取的存款，与“银行存款”科目核算内容基本一致，但不包括不能随时用于支付的存款。

**3. 其他货币资金**

其他货币资金是指存放在金融机构的外埠存款、银行汇票存款、银行本票存款、信用卡存款、信用证保证金和存出投资款等，与“其他货币资金”科目核算内容一致。

### （二）现金等价物

现金等价物是指企业持有的期限短、流动性强、易于转换为已知金额现金、价值变动风险很小的投资。其中，“期限短”一般是指从购买日起 3 个月内到期。现金等价物通常包括 3 个月到期的短期债券投资，权益性投资变现的金额通常不确定，因而不属于现金等

价物。

不同企业现金及现金等价物的范围可能不同。企业应当根据经营特点等具体情况，确定现金及现金等价物的范围。根据现金流量表准则及其指南的规定，企业应当根据具体情况确定现金及现金等价物的范围，一经确定不得随意变更。如果发生变更，应当按照会计政策变更处理。

**? 思考**

你理解的现金等价物应该包括哪些内容？试举例说明。

## 三、现金流量表的内容和结构

### （一）现金流量表的内容

现金流量表通常将企业一定时期内产生的现金流量分为经营活动产生的现金流量、投资活动产生的现金流量和筹资活动产生的现金流量三种。

**1. 经营活动产生的现金流量**

经营活动是指企业投资活动和筹资活动以外的所有交易和事项，包括销售商品或提供劳务、经营租赁、购买商品或接受劳务、制造产品、广告宣传、推销产品、缴纳税款等，通过现金流量表中反映的经营活动产生现金流入和现金流出，可以说明企业经营活动对现金流入和流出净额的影响和程度。

**2. 投资活动产生的现金流量**

投资活动是指企业长期资产的购建和不包括在现金等价物范围内的投资及其处置活动，包括取得或收回权益性证券投资，购买或收回债券投资，购建或处置固定资产、无形资产和其他长期资产等。通过现金流量表中反映的投资活动所产生的现金流量，可以分析企业通过投资获取现金流量的能力，以及投资产生的现金流量对企业现金流量净额的影响程度。

**3. 筹资活动产生的现金流量**

筹资活动是指导致企业所有者权益及借款规模和构成发生变化的活动，包括吸收权益投资、发行债券、借入资金、偿还债务、支付股利等。通过现金流量表中所反映的筹资活动产生的现金流量，可以分析企业的筹资能力，以及筹资产生的现金流量对企业现金流量净额的影响程度。

### （二）现金流量表的结构

现金流量表的结构分为正表和补充资料两大部分：正表部分反映企业的经营活动、投资活动以及筹资活动产生的现金流入和流出情况；补充资料部分则反映不涉及现金收支的投资和筹资活动，将净利润调节为经营活动的现金流量，以及现金等价物净增加情况。现金流量表正表和补充资料基本格式见表 9-8 和表 9-9。

### 表 9–8 现金流量表（正表）

会企 03 表

编制单位： 年 月 单位：元

| 项目 | 本期金额 | 上期金额 |
|---|---|---|
| 一、经营活动产生的现金流量： | | |
| 销售商品、提供劳务收到的现金 | | |
| 收到的税费返还 | | |
| 收到其他与经营活动有关的现金 | | |
| 经营活动现金流入小计 | | |
| 购买商品、接受劳务支付的现金 | | |
| 支付给职工以及为职工支付的现金 | | |
| 支付的各项税费 | | |
| 支付其他与经营活动有关的现金 | | |
| 经营活动现金流出小计 | | |
| 经营活动产生的现金流量净额 | | |
| 二、投资活动产生的现金流量： | | |
| 收回投资收到的现金 | | |
| 取得投资收益收到的现金 | | |
| 处置固定资产、无形资产和其他长期资产收回的现金净额 | | |
| 处置子公司及其他营业单位收到的现金净额 | | |
| 收到其他与投资活动有关的现金 | | |
| 投资活动现金流入小计 | | |
| 购建固定资产、无形资产和其他长期资产支付的现金 | | |
| 投资支付的现金 | | |
| 取得子公司及其他营业单位支付的现金净额 | | |
| 支付其他与投资活动有关的现金 | | |
| 投资活动现金流出小计 | | |
| 投资活动产生的现金流量净额 | | |
| 三、筹资活动产生的现金流量： | | |
| 吸收投资收到的现金 | | |
| 取得借款收到的现金 | | |
| 收到其他与筹资活动有关的现金 | | |
| 筹资活动现金流入小计 | | |
| 偿还债务支付的现金 | | |

表9-8　续

| 项目 | 本期金额 | 上期金额 |
|---|---|---|
| 分配股利、利润或偿付利息支付的现金 | | |
| 支付其他与筹资活动有关的现金 | | |
| 筹资活动现金流出小计 | | |
| 筹资活动产生的现金流量净额 | | |
| 四、汇率变动对现金及现金等价物的影响 | | |
| 五、现金及现金等价物净增加额 | | |
| 加：期初现金及现金等价物余额 | | |
| 六、期末现金及现金等价物余额 | | |

**表 9-9　现金流量表（补充资料）**

| 补充资料 | 本期金额 | 上期金额 |
|---|---|---|
| 1. 将净利润调节为经营活动现金流量： | | |
| 净利润 | | |
| 加：资产减值准备 | | |
| 固定资产折旧、油气资产折耗、生产性生物资产折旧 | | |
| 无形资产摊销 | | |
| 长期待摊费用摊销 | | |
| 处置固定资产、无形资产和其他长期资产的损失（收益以“-”号填列） | | |
| 固定资产报废损失（收益以“-”号填列） | | |
| 公允价值变动损失（收益以“-”号填列） | | |
| 财务费用（收益以“-”号填列） | | |
| 投资损失（收益以“-”号填列） | | |
| 递延所得税资产减少（增加以“-”号填列） | | |
| 递延所得税负债增加（减少以“-”号填列） | | |
| 存货的减少（增加以“-”号填列） | | |
| 经营性应收项目的减少（增加以“-”号填列） | | |
| 经营性应付项目的增加（减少以“-”号填列） | | |
| 其他 | | |
| 经营活动产生的现金流量净额 | | |
| 2. 不涉及现金收支的重大投资和筹资活动： | | |
| 债务转为资本 | | |

表9-9 续

| 补充资料 | 本期金额 | 上期金额 |
|---|---|---|
| 一年内到期的可转换公司债券 | | |
| 融资租入固定资产 | | |
| 3. 现金及现金等价物净变动情况： | | |
| 现金的期末余额 | | |
| 减：现金的期初余额 | | |
| 加：现金等价物的期末余额 | | |
| 减：现金等价物的期初余额 | | |
| 现金及现金等价物净增加额 | | |

## 四、现金流量表的编制方法

### （一）直接法和间接法

#### 1. 直接法

直接法是指通过现金收入和现金支出的主要类别反映企业来自经营活动的现金流量的方法。这种方法以本期利润表、资产负债表和有关账户的明细资料为依据，以利润表中的营业收入为起算点，分别调整与经营活动相关的流动资产和流动负债的增减变化，从而计算出经营活动产生的现金流量。

直接法的优点是在现金流量表中详细列示了来自经营活动的现金流入量和流出量，揭示了现金净流量与企业经营活动的内在联系，便于报表使用者全面了解企业经营活动的现金收支情况，有助于评价企业的偿债能力和支付能力，预测企业未来经营活动中的现金流量。因此，相对于间接法而言，直接法更能体现编制现金流量表的目的。但是直接法要求企业经营活动现金收支种类较少，否则，编制报表的难度较大，成本也较高。

#### 2. 间接法

间接法是以本期净利润为起算点，将净利润调节为经营活动产生的现金流量，实际上就是以权责发生制为基础的收入和费用，调整为现金净流入，并剔除了筹资活动和投资活动对现金流量的影响。

间接法的优点是能够便于将当期净利润与经营活动产生的现金流量净额进行比较，了解当期净利润与经营活动产生的现金流量净额之间的差异及其形成原因，从而将现金流量表与利润表有机结合起来，有助于报表使用者分析和评价企业净利润的质量。同时，这种方法易于理解，便于掌握，编表工作量也较小。但是，间接法不能反映经营活动中现金的流入量和流出量，因而不便于预测企业未来的现金流量。

直接法与间接法的区别在于计算经营活动现金流量的起算点不同，但是两种方法计算得出的结果是一致的。两者相比，直接法反映的结果更直观，也更全面，因此，我国《企业会计准则——基本准则》规定，企业应当采用直接法编制现金流量表，同时要求在附表中提供按间接法将净利润调整为经营活动现金流量净额的信息。

### （二）工作底稿法、T形账户法和分析填列法

#### 1. 工作底稿法

工作底稿法是以工作底稿为手段，以资产负债表和利润表数据为基础，对每一个项目进行分析调整，从而编制现金流量表的方法。具体编制流程如下。

（1）将资产负债表的期初数和期末数过入工作底稿的期初数栏和期末数栏。

（2）以利润表为基础，结合资产负债表项目的变化和有关资料，对当期业务进行分析，并编制调整分录。调整分录中，涉及现金和现金等价物的事项，分别借记或贷记经营活动产生的现金流量、投资活动产生的现金流量、筹资活动产生的现金流量中的有关项目，借记表示现金流入，贷记表示现金流出。

（3）将调整分录过入工作底稿中的调整分录栏。

（4）对调整分录和资产负债表、利润表项目进行试算平衡，以检验工作底稿的编制是否正确。根据借贷平衡原理，工作底稿应存在三大平衡关系：一是调整分录的借方合计应等于贷方合计；二是资产负债表项目期初数加减调整分录中的借贷金额后，应等于期末数；三是利润表项目调整分录的借贷差额应等于利润表本期数。

（5）经上述检验正确后，根据工作底稿中的现金流量表项目的本期数，编制正式的现金流量表。

#### 2. T形账户法

T形账户法就是以T形账户为载体，以资产负债表和利润表数据为基础，对每一项目进行分析调整，从而编制出现金流量表的方法。其基本流程如下。

（1）为资产负债表和利润表中所有的非现金项目分别开设T形账户，并将各项目的期初期末余额按原借贷方向过入各T形账户。

（2）开设一个大型的“现金及现金等价物”T形账户，该账户左右两边分别分为经营活动、投资活动、筹资活动三部分，左边登记现金流入，右边登记现金流出，并过入期初期末余额。借方余额表示现金流量净增加额，贷方余额表示现金流量净减少额。如有外币业务，还可开设“汇率变动对现金的影响”账户。

（3）以利润表项目为基础，结合资产负债表项目的变动和有关账户的详细资料，编制调整分录。

（4）将调整分录过入各T形账户，并进行核对。过账时，应在新设的大T形账户中填写业务摘要，以便编制现金流量表。全部调整分录过账完毕后，各账户的借贷余额应保持平衡，即各账户过入的借贷发生额相抵后的差额应与最初过入的期末期初余额之差相等。

（5）将大T形账户“现金及现金等价物”的余额转入货币资金账户。

（6）根据大T形账户“现金及现金等价物”的借贷发生额，编制正式的现金流量表。

#### 3. 分析填列法

分析填列法是直接根据资产负债表、利润表和有关会计科目明细账等有关资料，通过

分析计算出企业经营活动、投资活动和筹资活动的现金流量，并据以编制现金流量表的一种方法。

## 第五节　财务会计报表分析

### 一、财务会计报表分析的意义

财务会计报表分析是以企业的财务会计报表及其相关资料为基础，运用一定的方法和手段，对财务会计报表进行加工、比较和分析，得出系统科学的财务指标来分析企业的财务状况、经营成果、营运效率和发展潜力，从而揭示报表各项目之间的内在联系及其变动趋势，为会计信息使用者提供决策依据的一项财务活动。企业的财务会计报表虽然已完整系统地反映了企业一定时期的财务状况、经营成果和现金流量情况，但是，这些信息只能侧重于某个方面，往往不能直接满足会计信息使用者决策的需要。因此，通过对财务会计报表中的数据有重点地进行加工分析，帮助会计信息使用者做出更有效的经济决策。

### 二、财务会计报表分析的方法

进行财务会计报表分析，应根据不同的分析目标和范围，选择不同的分析方法。财务会计报表分析的方法主要有比较分析法、比率分析法、趋势分析法。

#### （一）比较分析法

比较分析法是指将财务会计报表中的某些项目或指标与选定的性质相同的指标评价标准进行对比，确定其数量差异，以分析和评价企业财务状况、经营成果和现金流量等情况的一种方法。

#### （二）比率分析法

比率分析法是以同一时期财务会计报表上若干重要项目的相关数据进行对比，求出它们之间的比率，以揭示这些指标之间的相互关系，并由此判断企业财务状况和经营成果的一种分析方法。

#### （三）趋势分析法

趋势分析法是将不同时期财务会计报表中的相同指标或比率进行比较，直接观察其增减变动情况及变动幅度，考察其发展趋势，预测其发展前景的一种分析方法。

### 三、偿债能力分析

偿债能力是指企业偿还全部到期债务的能力，这是企业债权人、投资者和管理者都十分关心的问题。因为，在瞬息万变的市场经济条件下，即使具有良好发展前景的企业，也可能会由于不能按期偿还债务而被迫清算。因此，分析和判断企业的偿债能力，是财务会计报表分析的一项重要内容。通过分析，可以了解企业的资本结构、财务实力和资产变现能力，判断企业近期和远期偿还债务的能力，以便债权人和投资者据此制定经济决策，企业管理者也可据此统筹安排、合理调度资金。

企业的偿债能力可以从短期和长期两个方面进行分析。

### （一）短期偿债能力分析

短期偿债能力是指企业偿还流动负债的能力。衡量企业短期偿债能力的指标主要有流动比率和速动比率。

#### 1. 流动比率

流动比率是衡量企业短期偿债能力常用的比率，它是企业流动资产总额与流动负债总额的比率。流动比率的计算公式为：

$$流动比率=流动资产/流动负债\times100\%$$

流动比率说明了企业的短期债务可由企业流动资产偿还的能力。通常认为，流动比率在2：1左右即属适当。但实际上，应根据企业的营业周期而异，一般情况下，营业周期短，流动比率相应就低；营业周期长，流动比率相应增加。然而，流动比率高，虽然从债权人角度来讲偿债有保障，但从企业角度来讲未必是好现象。因为，过高的流动比率可能意味着存货的滞销积压，也可能表示拥有过多货币资金没有充分利用。另外，在判断企业短期偿债能力时，还应将流动比率与其他指标结合考虑。

#### 2. 速动比率

速动比率是指企业速动资产与流动负债的比率。速动资产是指企业可以立即用来偿付流动负债的那部分流动资产，一般从流动资产中扣除存货、预付款项后求得。因为，在流动资产中存货的流动性，即变现能力较差；预付款项与当期变现能力关系不大。速动比率的计算公式为：

$$速动比率=速动资产/流动负债\times100\%$$

$$速动资产=流动资产-存货-预付款项$$

速动比率比流动比率更能说明企业的短期偿债能力。通常，速动比率以不能低于1：1为好，但在不同行业情况会有所不同。因此，应参照各行业一般历史水平，予以判断和评价。

### （二）长期偿债能力分析

长期偿债能力是指企业偿还长期债务的能力。反映企业长期偿债能力的指标主要有资产负债率、所有者权益比率、负债对所有者权益比率和利息保障倍数。

#### 1. 资产负债率

资产负债率又称负债比率，它是企业的负债总额与资产总额的比率。反映了企业的总资产中债权人所提供的资金的比重，同时也用来说明债权人债权的保障程度。资产负债率的计算公式为：

资产负债率=负债总额/资产总额×100%

资产负债率是衡量企业长期偿债能力的一个主要指标。对于债权人来说，一般希望资产负债率越低越好，以求债权的安全；但从投资者的角度出发，资产负债率低其承担的有限责任就大，另外，也说明企业在负债经营方面还不够大胆。

**2. 所有者权益比率**

所有者权益比率又称股东权益比率，它是所有者权益总额与资产总额的比率。所有者权益比率是投资者最关心的一项指标。所有者权益比率的计算公式为：

所有者权益比率=所有者权益总额/资产总额×100%

所有者权益比率与资产负债率之和应该等于100%。一般来说，在企业经营利润率高于借款利息率的情况下，投资者可获得超额利润。这时，所有者权益比率越小，对投资者越有利。但是，如何将所有者权益比率和资产负债率保持在适当的水平，还需在预期利润和增加风险这两者之间权衡利害得失。

**3. 负债对所有者权益比率**

负债对所有者权益比率是负债总额与所有者权益总额的比率。它是将企业债权人权益和所有者权益结合起来，通过两者权益结构的比较，衡量企业的长期偿债能力。负债对所有者权益比率的计算公式为：

负债对所有者权益比率=负债总额/所有者权益总额×100%

负债对所有者权益比率表明债权人权益受到所有者权益的保障程度。同时，也说明企业基本财务结构的强弱。从企业长期偿债能力角度出发，这个指标越低越好。

**4. 利息保障倍数**

利息保障倍数用以作为判断债权安全程度的一个补充手段，它是净利润加上利息费用及所得税费用后的合计数与利息费用的比率。利息保障倍数的计算公式为：

利息保障倍数=（净利润+利息费用+所得税费用）/利息费用

企业的利润越大，利息保障倍数就越大，债权人收回本金和按期取息也越有保障。

## 四、营运能力分析

营运能力是指企业有效运用各种资产的能力，反映企业的经营管理水平。营运能力强，表明企业可以用较少的投入取得较高的经济效益，提高企业的偿债能力和获利能力。因此，营运能力分析是财务分析的一项重要内容，反映营运能力的财务比率也是分析企业偿债能力和获利能力的补充指标。反映营运能力的指标主要有应收账款周转率、存货周转率和资产周转率等。

### （一）应收账款周转率

应收账款周转率是赊销收入净额与应收账款净额平均余额的比率，它是表明年度内应收账款转为现金的次数。应收账款周转率的计算公式为：

应收账款周转率=赊销收入净额/应收账款净额平均余额

其中：赊销收入净额=销售收入−现销收入−销售退回、折扣、折让

应收账款净额平均余额=（期初应收账款净额+期末应收账款净额）/2

应收款的周转速度也可以转换成应收账款周转天数来反映，其计算公式为：

应收账款周转天数=360 天/应收款周转率

一般来说，应收账款周转率越高越好，这说明客户信用良好，不易发生坏账损失，同时，也表明企业收账效率较高，偿债能力较强；反之，则是说明客房拖欠较久，信用欠佳，或企业催收工作不力，使过多资金积压在滞收的应收账款上，应采取措施加以改进。

### （二）存货周转率

存货周转率是销货成本与平均存货的比率，它反映一定时期存货资产的周转次数，用来衡量企业销货能力强弱及存货是否适量的指标。存货周转率的计算公式为：

存货周转率=销售成本/存货平均余额

其中：存货平均余额=（期初存货余额+期末存货余额）/2

存货周转速度，也可以转换为存货周转天数来反映，其计算公式为：

存货周转天数=360 天/存货周转率

存货周转率与企业的获利能力有直接关系。通常认为，此项比率越高越好，因为在成本利润相同的情况下，存货周转率越高，获利就越大；反之，可能由于销售不力，采购过量或质量低劣等引起存货周转率低，应予以重视。

### （三）总资产周转率

总资产周转率是销货收入净额与总资产平均总额的比率，它表明企业一定时期的全部资产平均每元获得销售收入的水平。总资产周转率的计算公式为：

总资产周转率=销售收入净额/总资产平均总额

总资产平均总额=（期初资产总额+期末资产总额）/2

一般来说，全部资产周转率越高说明企业资金的利用效果越好。但该指标应与企业历史水平和同行的平均水平加以比较，才能做出正确的评价。

## 五、盈利能力分析

盈利能力是指企业利用现有资产、资本，在一定的收入和耗费水平下赚取利润的能力。反映企业盈利能力的指标主要有资本金利润率、销售净利率、成本费用利润率和资产报酬率。

### （一）资本金利润率

资本金利润率是企业利润总额与资本总额的比率，它反映企业运用投资者投入资本获

取盈利的能力。资本金利润率的计算公式为：

资本金利润率=利润总额/资本总额×100%

资本金利润率越高，说明投资者投入资本的效益越好，反之则差。它是投资者进行投资决策时的一个重要依据。

**（二）销售净利率**

销售净利率是企业净利润与销售收入净额的比率，它反映企业销售收入的获利能力，即每元销售收入可以获得的利润。销售净利率的计算公式为：

销售净利率=净利润/销售收入净额×100%

销售净利率越高，说明企业通过销售获取利润的能力越强，它能比较直观地看出销售收入与利润之间的关系。

**（三）成本费用利润率**

成本费用利润率是利润总额与全部成本、费用的比率，它反映每元成本、费用可以获得的利润水平。成本费用利润率的计算公式为：

成本费用利润率=利润总额/成本费用总额×100%

其中：成本费用总额=营业成本+销售费用+管理费用+财务费用

成本费用利润率指标反映了企业所得与所耗之间的关系，比率越大，表明经济效益越好；反之，经济效益越差。

**（四）资产报酬率**

资产报酬率是利润总额加上利息支出的合计数与平均资产总额的比率，它可以用来衡量企业全部资产的获利能力。资产报酬率的计算公式为：

资产报酬率=（利润总额+利息支出）/资产平均总额×100%

资产报酬率越高，说明企业资产的利用效率越高，获利能力越强。

## 本章小结

财务报告是会计核算的最终产品，也是会计工作的重要内容。财务报告为投资者、债权人的投资决策和信贷决策提供信息，为企业的经营管理者和职工提供必要的信息资料；财务报告提供的信息便于满足上级主管、专业公司的需要，同时，财务报告提供的信息便于财政部门、税务部门、银行进行了解和监督。本章主要阐述了财务报告的意义，财务会计报表的分类及编制要求；重点阐述了资产负债表、利润表和现金流量表的概念、作用和结构，并结合具体实例说明了资产负债表和利润表的编制方法，介绍了财务会计报表分析的一般方法。本章重点内容如下。

**1. 财务报告**

财务报告是指企业对外提供的反映企业某一特定日期财务状况和某一会计期间的经营成果、现金流量等会计信息的书面报告。财务报告包括财务报表和其他应当在财务报告中披露的相关信息和资料。企业编制财务报告的目标，是向财务报表使用者提供与企业财务状况、经营成果和现金流量等有关的会计信息，反映企业管理层受托责任的履行情况，有助于财务报表使用者做出经济决策。财务报告的使用者通常包括投资者、债权人、政府及其有关部门和社会公众等。

**2. 财务会计报表**

财务会计报表是指企业以一定的会计方法和程序由会计账簿的数据整理得出，以表格的形式反映企业财务状况、经营成果和现金流量的书面文件。财务会计报表主要包括：(1) 资产负债表；(2) 利润表；(3) 现金流量表；(4) 所有者权益（或股东权益）变动表；(5) 附注。

**3. 资产负债表**

资产负债表是反映企业在某一特定日期财务状况的报表，它是一张静态报表。财务状况主要是指企业资产、负债、所有者权益的总额、构成以及各项目之间的合理组合。资产负债表根据“资产=负债+所有者权益”这一基本公式，依照一定的分类标准和一定的次序，把企业在某一特定日期的资产、负债和所有者权益项目予以适当排列编制而成。

**4. 利润表**

利润表又称损益表，是指反映企业在一定期间的经营成果的会计报表。利润表是以“收入-费用=利润”的会计方程式为理论依据，按照一定的分类标准和次序，把企业某一会计期间的所有收入、费用进行对比，从而计算出该期的净利润。利润表是一种动态报表。

**5. 现金流量表**

现金流量表是指反映企业在一定会计期间的现金和现金等价物流入和流出的会计报表。它是一种动态报表。利润表和资产负债表都是以权责发生制为基础编制的，而现金流量表是以收付实现制为基础编制的。

**6. 财务会计报表分析**

财务会计报表分析是以企业的财务会计报表及其相关资料为基础，运用一定的方法和手段，对财务会计报表进行加工、比较和分析，得出系统科学的财务指标来分析企业的财务状况、经营成果、营运效率和发展潜力，从而揭示报表各项目之间的内在联系及其变动趋势，为会计信息使用者提供决策依据的一项财务活动。

## 关键词汇

| | | | |
|---|---|---|---|
| 1. 财务报告 | 2. 财务会计报表 | 3. 中期财务报表 | 4. 年度财务报表 |
| 5. 个别财务报表 | 6. 合并财务报表 | 7. 静态报表 | 8. 动态报表 |
| 9. 内部报表 | 10. 外部报表 | 11. 资产负债表 | 12. 利润表 |

13. 现金流量表　14. 现金等价物　15. 流动比率　16. 速动比率
17. 资产负债率　18. 所有者权益比率　19. 负债对所有者权益比率
20. 利息保障倍数　21. 应收账款周转率　22. 存货周转率
23. 总资产周转率　24. 资本金利润率　25. 销售净利率
26. 成本费用利润率　27. 资产报酬率

# 练习与思考

## 一、单项选择题

1. 最关心企业的盈利情况的会计报表使用者是（　　）。
A. 企业股东　B. 货物供应商　C. 企业职工　D. 企业债权人

2. 最关心企业的偿债能力和支付利息能力的会计报表使用者是（　　）。
A. 税务机关　B. 企业的债权人　C. 企业股东　D. 企业职工

3. 下列会计报表中，反映企业在某一特定日期财务状况的是（　　）。
A. 现金流量表　B. 利润表
C. 资产负债表　D. 所有者权益变动表

4. 资产负债表是反映企业特定（　　）财务状况的会计报表。
A. 期间　B. 时期　C. 时间　D. 日期

5. 资产负债表中资产的排列顺序是（　　）。
A. 收益率高的资产排在前　B. 重要的资产排在前
C. 流动性强的资产排在前　D. 非货币性资产排在前

6. 根据我国会计制度的规定，企业资产负债表的格式是（　　）。
A. 报告式　B. 账户式　C. 多步式　D. 单步式

7. 在利润表中，从利润总额中减去（　　），为企业的净利润。
A. 资本公积　B. 股利分配数　C. 提取盈余公积数　D. 所得税费用

8. 下列会计报表中，属于静态报表的是（　　）。
A. 利润表　B. 所有者权益变动表
C. 现金流量表　D. 资产负债表

9. 下列会计报表中，属于不需要对外报送的报表的是（　　）。
A. 利润表　B. 企业成本报表　C. 现金流量表　D. 资产负债表

10. 下列资产负债表项目中，应根据相应总账账户期末余额直接填列的项目是(　　)。
A. 预收账款　B. 短期借款　C. 应付账款　D. 货币资金

11. 下列资产负债表项目中，应根据多个总账账户期末余额相加填列的是（　　）。

A. 货币资金　　B. 应收账款净额　　C. 应付账款　　D. 累计折旧

12. 某企业“应收账款”明细账借方余额合计为 140 000 元，贷方余额合计为 36 500 元，“预收账款”明细账贷方余额合计为 80 000 元，借方余额合计为 20 000 元，“坏账准备”贷方余额为 340 元，则资产负债表的“应收账款”项目应是（　　）。

A. 140 000　　B. 103 160　　C. 159 660　　D. 43 160

13. 现金流量表的现金是指（　　）。

A. 企业库存现金　　B. 企业银行存款

C. 企业库存现金和银行存款　　D. 广义的现金及现金等价物

14. 下列报表中，大部分项目根据总分类账户期末余额直接填列的是（　　）。

A. 利润表　　B. 所有者权益变动表　　C. 资产负债表　　D. 现金流量表

15. 如果应付账款账户所属的明细账中有借方余额，其借方余额数应填入资产负债表中的项目是（　　）。

A. 应收账款　　B. 应付账款　　C. 预收款项　　D. 预付款项

16. 反映企业盈利能力的指标是（　　）。

A. 存货周转率　　B. 流动比率

C. 速动比率　　D. 成本费用利润率

17. 下列说法错误的是（　　）。

A. 存货周转率可以反映企业存货管理水平

B. 存货周转率不影响企业的短期偿债能力

C. 提高存货周转率可以提高企业的变现能力

D. 存货周转率＝销售成本/存货平均余额

18. 下列不属于反映企业营运能力的指标是（　　）。

A. 应收账款周转率　　B. 存货周转率

C. 总资产周转率　　D. 资产报酬率

## 二、多项选择题

1. 财务报表分为（　　）。

A. 年度财务报表　　B. 季度财务报表

C. 半年度财务报表　　D. 月度财务报表

2. 企业会计报表按其服务的对象不同，分为（　　）。

A. 内部报表　　B. 静态会计报表　　C. 外部报表　　D. 动态会计报表

3. 下列各项中，属于中期财务会计报告的有（　　）。

A. 月度财务会计报告　　B. 季度财务会计报告

C. 半年度财务会计报告　　D. 年度财务会计报告

4. 下列各项中，影响企业营业利润的项目有（　　）。
A. 销售费用　B. 管理费用　C. 投资收益　D. 所得税费用

5. 下列各项中，属于财务报表编制要求的有（　　）。
A. 真实可靠　B. 相关可比　C. 全面完整　D. 编报及时

6. 资产负债表“存货”项目的内容有（　　）。
A. 周转材料　B. 原材料　C. 在途物资　D. 库存商品

7. 企业资产负债表所提供的信息主要包括（　　）。
A. 企业拥有或控制的资源及其分布情况
B. 企业所承担的债务
C. 企业利润的形成
D. 企业所有者权益及其结构

8. 我国企业的利润表采用多步式，分步计算的利润指标有（　　）等。
A. 主营业务利润　B. 营业利润　C. 利润总额　D. 净利润

9. 下列资产负债表中的部分项目，属于所有者权益的有（　　）。
A. 实收资本　B. 资本公积　C. 盈余公积　D. 应付股利

10. 资产负债表的结构应包括（　　）。
A. 账户式　B. 报告式　C. 单步式　D. 多步式

11. 利润表的结构应包括（　　）。
A. 账户式　B. 报告式　C. 单步式　D. 多步式

12. 下列资产负债表各项目不能以总账余额直接填列的有（　　）。
A. 实收资本　B. 应收账款　C. 货币资金　D. 存货

13. 资产负债表的“货币资金”应根据（　　）科目期末余额的合计数填列。
A. 应收票据　B. 库存现金　C. 其他货币资金　D. 银行存款

14. 下列资产负债表项目中，根据总账科目余额直接填列的有（　　）。
A. 短期借款　B. 实收资本　C. 预付账款　D. 应收账款

15. 资产负债表“应收账款”项目应根据（　　）分析计算填列。
A. 应收账款明细账借方余额　B. 应收账款明细账贷方余额
C. 预收账款明细账借方余额　D. 坏账准备账户贷方余额

16. 影响速动比率得主要因素有（　　）。
A. 存货　B. 应收账款　C. 应收票据　D. 短期借款

## 三、判断题

1. 资产负债表是反映企业在特定时期内财务状况的报表。（　　）
2. 会计报表应当根据经过审核的会计账簿记录和有关资料编制。（　　）

3. 会计报表附注是指对在会计报表中列示项目所做的进一步说明，以及对未能在这些报表中列示项目的说明等。(　　)

4. 编制会计报表的主要目的就是为会计报表使用者提供决策相关的财务信息。(　　)

5. 报告式资产负债表中资产项目是按重要性排列的。(　　)

6. 根据利润表，可以分析、评价企业的盈利状况，了解预测企业未来的损益变化趋势及获利能力。(　　)

7. 企业利润表中“本期金额”栏内的各项数字，都应当按照相关账户的期末余额分析填列。(　　)

8. 资产负债表中的“流动资产”各项目是按照资产的流动性由弱到强排列的。(　　)

9. 对外提供的会计报表信息，与股东的债权人有关，与企业管理者无关。(　　)

10. 利润表是指反映企业在一定会计期间的经营成果的会计报表。(　　)

11. “其他应收款”科目借方余额，应与“应收账款”项目合并填列。(　　)

12. 资产负债表是指反映企业在某一特定时期内的财务状况的会计报表。(　　)

13. 资产负债表是根据资产、负债、所有者权益账户的期末余额填列的，是一张动态的会计报表。(　　)

14. 利润表是根据损益账户本期发生额填列的，是一张静态的会计报表。(　　)

15. 现金流量表是指反映企业在一定会计期间的现金等价物流入和流出的会计报表。(　　)

16. 存货周转次数越少，企业经营状况越好。(　　)

17. 应收账款周转率是评价企业偿债能力的指标。(　　)

18. 资产负债率反映企业的偿债能力，因此，该比率对于债权人来说越低越好。(　　)

## 四、业务题

**习题一**

华宇公司20×9年4月30日有关账户总账及明细账余额如下：

单位：元

| 账户名称 | 余额（借方） | 账户名称 | 余额（贷方） |
|---|---|---|---|
| 库存现金 | 1 200 | 应付账款（D企业） | 300 000 |
| 银行存款 | 20 470 | 预收账款（E企业） | 53 700 |
| 其他货币资金 | 26 800 | 应收账款（B企业） | 185 000 |
| 应收账款（A企业） | 65 000 | 预付账款（C企业） | 33 970 |
| 原材料 | 30 000 | 坏账准备 | 500 |
| 生产成本 | 67 000 | 存货跌价准备 | 5 100 |
| 库存商品 | 75 000 | 累计折旧 | 1 400 000 |
| 周转材料 | 6 400 | 固定资产减值准备 | 230 000 |
| 固定资产 | 5 680 000 | | |
| 固定资产清理 | 18 000 | | |

【要求】根据上列账户的期末余额计算：(请列出计算过程)

(1) 资产负债表上“货币资金”项目的数额；

(2) 资产负债表上“应收账款”项目的净额；

(3) 资产负债表上“存货”项目的数额；

(4) 资产负债表上“应付账款”项目的数额；

(5) 资产负债表上“预收款项”项目的数额；

(6) 资产负债表上“固定资产”项目的净额。

**习题二**

明达公司 20×9 年 12 月份有关损益类科目发生净额如下表所示。

| 科目名称 | 借方发生额 | 贷方发生额 |
|---|---|---|
| 主营业务收入 | | 950 000 |
| 主营业务成本 | 600 000 | |
| 其他业务收入 | | 335 000 |
| 其他业务成本 | 120 000 | |
| 税金及附加 | 20 800 | |
| 销售费用 | 30 000 | |
| 管理费用 | 127 000 | |
| 财务费用 | 31 000 | |
| 资产减值损失 | 30 300 | |
| 投资收益 | | 30 800 |
| 公允价值变动损益 | | 88 000 |
| 营业外收入 | | 60 000 |
| 营业外支出 | 67 000 | |
| 所得税费用 | 109 425 | |

【要求】根据上述资料，编制明达公司 20×9 年 12 月份利润表。

# 第十章　账务处理程序

## 章前导读

在实际工作中，设置账户、填制和审核会计凭证、登记账簿和编制会计报表等会计方法都不是孤立、互不联系的，而是以一定的形式相互结合，构成一个完整的整体。为使会计工作有条不紊地进行，确保账簿记录能及时提供管理所需要的会计信息，就必须明确各种凭证、账簿和报表之间的关系，并把它们有机地组织起来。而凭证、账簿、报表的一定组织形式，就决定了账务处理程序。所谓账务处理程序，又称会计核算组织程序，是指对会计数据的记录、归类、汇总、呈报的步骤和方法，即从原始凭证的整理、汇总，记账凭证的填制、汇总，日记账、总分类账和明细分类账的登记，到会计报表的编制步骤和方法。科学、合理地设计账务处理程序，可以保证凭证填制、账簿登记、报表编制工作有秩序地进行，提高核算工作效率；使提供的数据及时、清晰，能满足企业内外会计信息使用者的需要；简化账务处理程序；便于组织会计核算的分工、协作。本章第一节阐述了账务处理程序的概念、种类以及基本要求；第二节阐明了记账凭证账务处理程序的特点、适用范围和方法；第三节介绍了科目汇总表账务处理程序的特点、适用范围和方法；第四节明确了汇总记账凭证账务处理程序的特点、适用范围和方法。

## 本章学习目标

⊙了解账务处理程序的概念、意义和分类；
⊙掌握会计凭证账务处理程序的特点、适用范围和方法；
⊙掌握科目汇总表账务处理程序的特点、适用范围和方法；
⊙掌握汇总记账凭证账务处理程序的特点、适用范围和方法；
⊙了解其他账务处理程序的内容。

## 本章重点

各种会计核算组织程序的基本内容、异同点、优缺点及适用范围。

## 本章思维导图

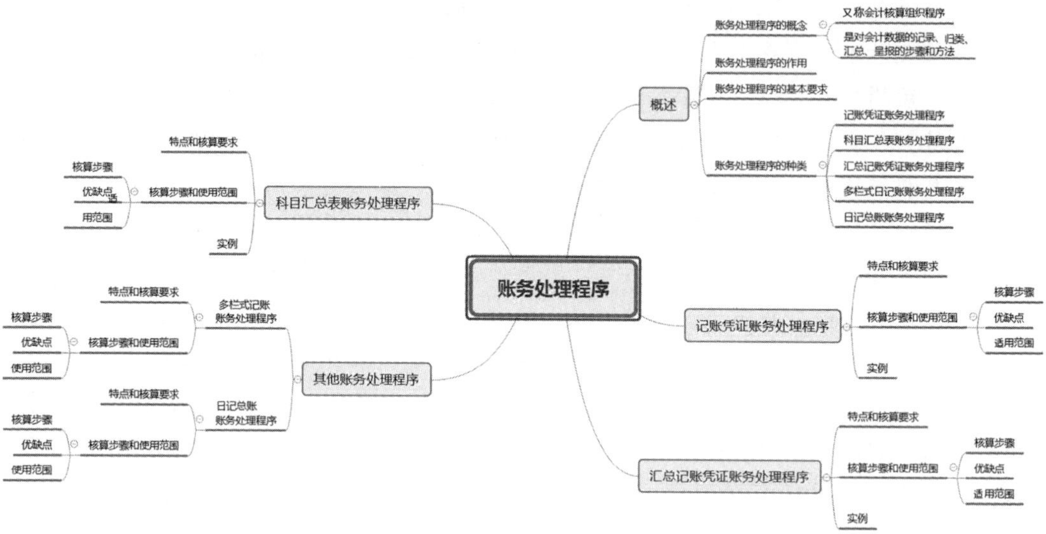


# 第一节　账务处理程序概述

## 一、账务处理程序的概念

企业在经济业务发生以后，通过设置会计科目、复式记账、填制会计凭证、登记账簿、成本计算等一系列会计核算的专门方法取得了日常核算资料，特别是经过填制会计凭证、登记账簿，对经济业务进行不断的归类、加工整理、汇总综合，最后在账簿中形成比较系统的核算资料，再将这些分散在账簿中的日常核算资料，按照预先规定的指标体系进一步归类、综合、汇总，并通过编制会计报表将其排列成系统的指标体系。在对日常经济业务的逐层加工、汇总、综合的过程中，填制会计凭证是核算资料的收集及初步分类，登记账簿是核算资料的分类整理，编制会计报表是核算资料的再加工。在资料的收集阶段，要求会计凭证的填制具有全面性、真实性，并对经济业务进行初步归类。

为实现这一目的，各企业、事业等单位应根据经济业务的具体需要，并根据登记账簿的需要，设计会计凭证的种类、格式。通常根据需要设计各种格式的原始凭证及收、付款凭证和转账凭证等记账凭证。在核算资料的分类整理阶段，要求账簿的登记需系统、连续地分类反映各项经济业务的内容，为此设置不同的账簿种类及格式，如序时账、总分类账和明细分类账等，每一类账簿又有不同格式，如明细分类账有三栏式、多栏式和数量金额式等。通过账簿记录提供的核算资料虽然能系统地反映企业某一方面的经济业务内容，但不能反映全部经济业务。因此，为了反映经济活动的全貌，需要对账簿提供的核算资料进行综合，使会计核算的过程进入再加工阶段。这个阶段要求编制的会计报表具有综合性、可比性、通用性，需要统一设计会计报表的种类、格式和内容，如资产负债表、利润表、现金流量表等。填制会计凭证、登记账簿、编制会计报表都是会计核算的重要方法，它们都有特定的目的、原则和手段。但它们不是孤立的，而是相互联系的，也就是说，编制会计报表的资料主要来源于账簿，会计报表的内容对账簿的种类、格式和记录内容又有制约作用；账簿的登记依据是会计凭证，账簿的种类、格式又决定着会计凭证的种类和格式。正是由于会计凭证、账簿、报表三者之间相互联系、相互制约的关系，表明三者之间以及各种凭证之间、账簿之间、报表之间的配合，决定着会计核算资料的全面性、综合性、及时性。因此，每一个单位都应根据实际情况，设计会计凭证、账簿、会计报表及其传递程序。

所谓账务处理程序，又称会计核算组织程序，是指对会计数据的记录、归类、汇总、呈报的步骤和方法，即从原始凭证的整理、汇总，记账凭证的填制、汇总，日记账、明细分类账、总分类账的登记，到会计报表的编制的步骤和方法。由于各个单位的业务性质、规模大小各有不同，应当设置的账簿的种类、格式和各种账簿之间的相互关系以及与之相适应的记账程序和记账方法也就有所不同。不同的会计凭证、账簿组织、财务会计报告、记账程序和记账方法相互结合在一起，就构成了不同的账务处理程序。

## 二、账务处理程序的作用

为了更好地核算和监督企业和行政、事业等单位的经济活动，为经济管理提供系统的核算资料，必须综合运用会计核算的专门方法，采用一定的账务处理程序，规定设置会计凭证、账簿及财务会计报告的种类和格式；规定各种会计凭证、账簿及财务会计报告之间的相互关系、填制方法和登记程序，这是会计制度设计的一个重要内容，对于提高会计工作的质量和效率，为正确及时地编制财务会计报告，提供全面、正确、及时、清晰的会计核算资料，满足企业内外部会计信息使用者的需要有着重要意义。

采用一定的账务处理程序，通过规定会计凭证、账簿和财务会计报告之间的登记、编制、传递程序，将各企业和行政、事业等单位的会计核算工作有机地组织成为既有分工又有协作的整体，将各个会计核算岗位的工作连在一起。科学的账务处理程序，对于减少会计人员的工作量，节省人力和物力也有着重要的意义。

## 三、账务处理程序的基本要求

一种合理、适用的会计核算程序，一般应符合以下四个基本要求。

（1）与本单位的生产经营性质，组织规模的大小，经济业务的繁简程度，经济管理水平的高低和记账分工的特点相适应，以保证会计核算的顺利进行。

（2）要使提供的会计核算资料既准确、及时，又系统、完整，能全面地提供本单位财务状况和经营成果等方面的会计信息，以满足内部经营管理和外部相关利益各方面了解决策所需会计主体实际经营情况的会计信息需求。

（3）要在保证会计工作质量的前提下，力求简化核算手续，节约人力、物力，提高会计工作的效率，节省核算费用，并积极创造条件实现核算工具的现代化。

（4）选择最适合本单位特点的会计核算程序，以利于建立岗位责任制，提高会计工作效率。

## 四、账务处理程序的种类

我国会计核算的实践中，账务处理程序主要有记账凭证账务处理程序、科目汇总表账务处理程序、汇总记账凭证账务处理程序、多栏式日记账账务处理程序和日记总账账务处理程序等五种，但常用的主要是前三种。（本章主要介绍前三种账务处理程序）这三种账务处理程序的共同点包括：

（1）在经济业务发生或完成后，取得或填制原始凭证；

（2）根据原始凭证编制记账凭证；

（3）根据记账凭证，按经济业务发生时间的先后顺序登记日记账；

（4）根据记账凭证，按经济业务所涉及的会计账户，登记分类账；

（5）根据分类账并参考日记账编制发生额和余额试算平衡表，进行账表的试算平衡；

（6）根据发生额和余额试算平衡表编制各种财务会计报告。

按照上述步骤依次完成从经济业务发生到编制出各种财务会计报告的全部会计工作叫作一个会计循环。各单位的经济活动年复一年地重复进行着，会计工作也就按照上述程序连续不断地重复进行着。

# 第二节　记账凭证账务处理程序

## 一、记账凭证账务处理程序的特点和核算要求

记账凭证账务处理程序是直接根据记账凭证登记总账的一种最基本的账务处理程序。其他类型的账务处理程序都是在此基础上发展起来的。它的主要特点就是直接根据记账凭证逐笔登记总分类账。

采用记账凭证账务处理程序，一般设置现金日记账、银行存款日记账、总分类账和明细分类账。现金日记账、银行存款日记账和总分类账一般都采用三栏式；明细分类账可根据需要采用三栏式、数量金额式或多栏式。记账凭证既可以采用通用的格式，也可以采用收款凭证、付款凭证和转账凭证三种并存的格式。

## 二、记账凭证账务处理程序的核算步骤和适用范围

### （一）记账凭证账务处理程序的核算步骤

记账凭证账务处理程序可归纳为以下步骤。

（1）根据原始凭证或原始凭证汇总表填制记账凭证。

（2）根据收款凭证、付款凭证逐笔登记现金日记账和银行存款日记账。

（3）根据原始凭证或原始凭证汇总表和记账凭证，登记各种明细分类账。

（4）根据记账凭证直接逐笔登记总分类账。

（5）将现金日记账、银行存款日记账的余额以及各种明细分类账的余额或余额合计数，分别与总分类账中有关账户的余额进行核对相符。

（6）月末，根据审核无误的总分类账和各种明细分类账的记录编制会计报表。

记账凭证账务处理程序如图 10-1 所示。

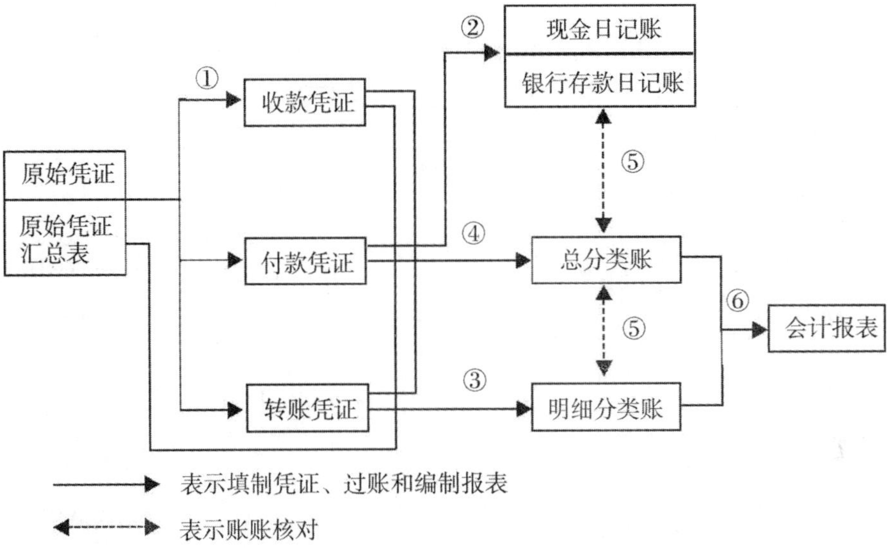


**图 10-1　记账凭证账务处理程序图**

### （二）记账凭证账务处理程序的优缺点及适用范围

**1. 优点**

手续简便，易于掌握，并且在账簿中能反映经济业务的来龙去脉，直观地反映会计处理的全过程。

**2. 缺点**

由于登记总账是根据记账凭证逐笔登记的，如果企业规模大，经济业务量多，则登记总账的工作量相对也就很大。

**3. 适用范围**

记账凭证账务处理程序一般适用于规模小、经济业务简单，且量较少的单位。

## 三、记账凭证账务处理程序实例

**【例 10-1】**宏×公司为一般纳税人，202×年 11 月 30 日该公司的总分类账户余额见表 10-1。

**表 10-1 宏×公司总分类账户余额表**

202×年 11 月 30 日　　单位：元

| 账户名称 | 借方余额 | 贷方余额 |
|---|---|---|
| 库存现金 | 1 000 | |
| 银行存款 | 900 000 | |
| 应收账款 | 3 000 | |
| 原材料 | 6 700 | |
| 库存商品 | 3 300 | |
| 固定资产 | 22 000 000 | |
| 累计折旧 | | 7 000 000 |
| 短期借款 | | 100 000 |
| 应付账款 | | 34 000 |
| 应交税费 | | 29 400 |
| 长期借款 | | 3 000 000 |
| 实收资本 | | 12 000 000 |
| 盈余公积 | | 750 600 |
| | 22 914 000 | 22 914 000 |

该公司 202×年 12 月份发生以下经济业务：

（1）1 日公司的所有者追加投入设备一台，价款 100 000 元；

（2）1 日采购员姚斌预借差旅费 1 000 元，以现金付讫；

（3）1 日收到外单位交来的现金罚款 600 元；

（4）2 日向发达工厂购入甲材料 1 000 千克，不含增值税价款 100 000 元，增值税 13 000元，另由发达工厂代垫材料运杂费 2 000 元，款项尚未支付；

（5）3 日以银行存款支付上述发达工厂的材料价款及增值税 113 000 元，运杂费 2 000元；

（6）5 日结转购入已验收入库的甲材料 1 000 千克，实际采购成本为 102 000 元；

（7）6 日以银行存款支付上月向蓝天公司购入甲材料款 34 000 元；

（8）7 日以银行存款支付上月应交所得税 16 000 元；

（9）8 日以银行存款支付上月应交增值税 13 400 元；

（10）9 日以银行存款支付广告费 20 000 元；

（11）10 日以银行存款预付下年度财产保险费 60 000 元；

（12）11 日向大众商厦出售 A 产品，不含税价款 200 000 元，增值税 26 000 元，价款及增值税 50%对方已用转账支票支付，另外 50%暂欠；

（13）12 日仓库发出甲材料 100 000 元，其中，A 产品耗用 20 000 元，B 产品耗用 40 000元，车间修理耗用 30 000 元，厂部修理耗用 10 000 元；

（14）13 日从银行提取现金 60 000 元，备发工资；

（15）14 日以现金发放并分配工资 60 000 元，其中 A 产品生产工人工资 18 000 元，B 产品生产工人工资 12 000 元，车间管理人员工资 13 000 元，厂部管理人员工资 17 000 元；

（16）15 日用现金购买办公用品 300 元，已领用；

（17）15 日开出转账支票一张，预付明年一年的报刊订阅费 600 元；

（18）18 日采购员姚斌报销差旅费 900 元，归还剩余现金 100 元，结清预借款；

（19）20 日用转账支票支付本月厂部水费 3 000 元，电费 3 000 元，电话费 6 000 元；

（20）31 日本月乙材料盘亏 30 千克，共计 600 元，原因待查；

（21）31 日经查明原因盘亏的原材料是由于发料计量错误造成的，经批准做管理费用处理；

（22）31 日摊销本月应由生产车间负担的保险费用 2 000 元；

（23）31 日计提本月应由生产车间负担的折旧费 20 000 元，由厂部负担的折旧费 10 000元；

（24）31 日摊销本月厂部办公室租金 2 000 元，厂部财产保险费 3 000 元；

（25）31 日分摊本月制造费用 65 000 元，按 A、B 两种产品生产工人工资比例分配，A 产品负担 39 000 元，B 产品负担 26 000 元；

（26）31 日 A 产品全部完工，共计 1 000 件，已验收入库，结转实际生产成本（77 元/件）；B 产品全部完工，共计 2 000 件，已验收入库，结转实际生产成本（39 元/件）；

（27）31 日结转主营业务成本，本月销售 A 产品 800 件，每件平均生产成本 77 元，共计 61 600 元；本月销售 B 产品 1 000 件，每件平均生产成本 39 元，共计 39 000 元；

（28）31 日应付本月短期借款利息 1 000 元；

（29）31 日将本月主营业务收入、营业外收入、主营业务成本、销售费用、管理费用、财务费用各账户余额结转至本年利润账户；

（30）31 日按本月实现利润的 25%计算应交所得税，并结转至本年利润账户；

（31）31 日结转本年税后净利润；

（32）31 日根据本月税后利润的 10%计提盈余公积；

（33）31 日拟向股东应付利润 10 000 元。

假定该企业采用记账凭证账务处理程序，其处理过程如下。

1. 根据该公司 12 月份发生的经济业务逐笔编制记账凭证。

（1）1 日公司的所有者投入设备一台，价款 100 000 元。

表 10-2 转账凭证

202×年 12 月 1 日 转字第 1 号

| 摘要 | 一级科目 | 明细科目 | 借方 | 贷方 |
|---|---|---|---|---|
| 所有者以设备投资 | 固定资产 | | 100 000 | |
| | 实收资本 | | | 100 000 |
| | | | | |
| 合计 | | | 100 000 | 100 000 |

财务主管： 记账： 审核： 制单：

（2）1 日采购员姚斌预借差旅费 1 000 元，以现金付讫。

表 10-3 付款凭证

贷方科目：库存现金 202×年 12 月 1 日 现付字第 1 号

| 摘要 | 借方科目 | 明细科目 | 金额 |
|---|---|---|---|
| 姚斌预借差旅费 | 其他应收款 | 姚斌 | 1 000 |
| | | | |
| | | | |
| 合计 | | | 1 000 |

财务主管： 记账： 出纳： 审核： 制单：

（3）1 日收到外单位交来的现金罚款 600 元。

表 10-4 收款凭证

借方科目：库存现金 202×年 12 月 1 日 现收字第 1 号

| 摘要 | 贷方科目 | 明细科目 | 金额 |
|---|---|---|---|
| 收到外单位交来的现金罚款 | 营业外收入 | | 600 |
| | | | |
| | | | |
| 合计 | | | 600 |

财务主管： 记账： 出纳： 审核： 制单：

（4）2 日向发达工厂购入甲材料 1 000 千克，不含增值税价款 100 000 元，增值税 13 000元，另由发达工厂代垫材料运杂费 2 000 元，款项尚未支付。

**表 10–5　转账凭证**

202×年 12 月 2 日　　　　　　　　　　　　　　　　　　转字第 2 号

| 摘要 | 一级科目 | 明细科目 | 借方 | 贷方 |
|---|---|---|---|---|
| 向发达工厂购入甲材料 | 在途物资 | 甲材料 | 102 000 | |
| | 应交税费 | 应交增值税 | 13 000 | |
| | 应付账款 | 发达工厂 | | 115 000 |
| 合计 | | | 115 000 | 115 000 |

财务主管：　　　　记账：　　　　审核：　　　　制单：

（5）3 日以银行存款支付上述发达工厂的材料价款及增值税 113 000 元，运杂费 2 000元。

**表 10–6　付款凭证**

贷方科目：银行存款　　　202×年 12 月 3 日　　　　　　　　银付字第 1 号

| 摘要 | 借方科目 | 明细科目 | 金额 |
|---|---|---|---|
| 支付材料价款及运杂费 | 应付账款 | 发达工厂 | 115 000 |
| | | | |
| | | | |
| 合计 | | | 115 000 |

财务主管：　　记账：　　出纳：　　审核：　　制单：

（6）5 日结转购入已验收入库的甲材料 1 000 千克，实际采购成本为 102 000 元。

**表 10–7　转账凭证**

202×年 12 月 5 日　　　　　　　　　　　　　　　　　　转字第 3 号

| 摘要 | 一级科目 | 明细科目 | 借方 | 贷方 |
|---|---|---|---|---|
| 结转采购成本 | 原材料 | 甲材料 | 102 000 | |
| | 在途物资 | 甲材料 | | 102 000 |
| | | | | |
| 合计 | | | 102 000 | 102 000 |

财务主管：　　　　记账：　　　　审核：　　　　制单：

（7）6 日以银行存款支付上月向蓝天公司购入甲材料款 34 000 元。

**表 10-8　付款凭证**

贷方科目：银行存款　　202×年 12 月 6 日　　银付字第 2 号

| 摘要 | 借方科目 | 明细科目 | 金额 |
|---|---|---|---|
| 支付采购材料欠款 | 应付账款 | 蓝天公司 | 34 000 |
| | | | |
| | | | |
| 合计 | | | 34 000 |

财务主管：　记账：　出纳：　审核：　制单：

（8）7 日以银行存款支付上月应交所得税 16 000 元。

**表 10-9　付款凭证**

贷方科目：银行存款　　202×年 12 月 7 日　　银付字第 3 号

| 摘要 | 借方科目 | 明细科目 | 金额 |
|---|---|---|---|
| 支付上月应交所得税 | 应交税费 | 应交所得税 | 16 000 |
| | | | |
| | | | |
| 合计 | | | 16 000 |

财务主管：　记账：　出纳：　审核：　制单：

（9）8 日以银行存款支付上月应交增值税 13 400 元。

**表 10-10　付款凭证**

贷方科目：银行存款　　202×年 12 月 8 日　　银付字第 4 号

| 摘要 | 借方科目 | 明细科目 | 金额 |
|---|---|---|---|
| 支付上月应交增值税 | 应交税费 | 应交增值税 | 13 400 |
| | | | |
| | | | |
| 合计 | | | 13 400 |

财务主管：　记账：　出纳：　审核：　制单：

（10）9 日以银行存款支付广告费 20 000 元。

**表 10-11 付款凭证**

贷方科目：银行存款　　202×年 12 月 9 日　　银付字第 5 号

| 摘要 | 借方科目 | 明细科目 | 金额 |
|---|---|---|---|
| 支付广告费 | 销售费用 | 广告费 | 20 000 |
| | | | |
| | | | |
| 合计 | | | 20 000 |

财务主管：　记账：　出纳：　审核：　制单：

（11）10 日以银行存款预付下年度财产保险费 60 000 元。

**表 10-12 付款凭证**

贷方科目：银行存款　　202×年 12 月 10 日　　银付字第 6 号

| 摘要 | 借方科目 | 明细科目 | 金额 |
|---|---|---|---|
| 预付下年度财产保险费 | 预付账款 | | 60 000 |
| | | | |
| | | | |
| 合计 | | | 60 000 |

财务主管：　记账：　出纳：　审核：　制单：

（12）11 日向大众商厦出售 A 产品，不含税价款 200 000 元，增值税 26 000 元，价款及增值税 50%对方已用转账支票支付，另外 50%暂欠。

**表 10-13 收款凭证**

借方科目：银行存款　　202×年 12 月 11 日　　银收字第 1 号

| 摘要 | 贷方科目 | 明细科目 | 金额 |
|---|---|---|---|
| 出售产品收入 | 主营业务收入 | | 100 000 |
| | 应交税费 | 应交增值税 | 13 000 |
| | | | |
| 合计 | | | 113 000 |

财务主管：　记账：　出纳：　审核：　制单：

**表 10-14 转账凭证**

202×年 12 月 11 日　　　　转字第 4 号

| 摘要 | 一级科目 | 明细科目 | 借方 | 贷方 |
|---|---|---|---|---|
| 出售产品收入 | 应收账款 | 大众商厦 | 113 000 | |
| | 主营业务收入 | | | 100 000 |
| | 应交税费 | 应交增值税 | | 13 000 |
| | | | | |
| 合计 | | | 113 000 | 113 000 |

财务主管：　　记账：　　审核：　　制单：

（13）12 日仓库发出甲材料 100 000 元，其中，A 产品耗用 20 000 元，B 产品耗用 40 000元，车间修理耗用 30 000 元，厂部修理耗用 10 000 元。

**表 10-15 转账凭证**

202×年 12 月 12 日　　　　转字第 5 号

| 摘要 | 一级科目 | 明细科目 | 借方 | 贷方 |
|---|---|---|---|---|
| 领用材料 | 生产成本 | A 产品 | 20 000 | |
| | | B 产品 | 40 000 | |
| | 制造费用 | | 30 000 | |
| | 管理费用 | | 10 000 | |
| | 原材料 | | | 100 000 |
| 合计 | | | 100 000 | 100 000 |

财务主管：　　记账：　　审核：　　制单：

（14）13 日从银行提取现金 60 000 元，备发工资。

**表 10-16 付款凭证**

贷方科目：银行存款　　202×年 12 月 13 日　　银付字第 7 号

| 摘要 | 借方科目 | 明细科目 | 金额 |
|---|---|---|---|
| 提取现金 | 库存现金 | | 60 000 |
| | | | |
| | | | |
| 合计 | | | 60 000 |

财务主管：　　记账：　　出纳：　　审核：　　制单：

(15) 14 日以现金发放并分配工资 60 000 元，其中 A 产品生产工人工资 18 000 元，B 产品生产工人工资 12 000 元，车间管理人员工资 13 000 元，厂部管理人员工资 17 000 元。

**表 10-17　付款凭证**

贷方科目：库存现金　　　202×年 12 月 14 日　　　现付字第 2 号

| 摘要 | 借方科目 | 明细科目 | 金额 |
|---|---|---|---|
| 发放工资 | 应付职工薪酬 | | 60 000 |
| | | | |
| | | | |
| 合计 | | | 60 000 |

财务主管：　记账：　出纳：　审核：　制单：

**表 10-18　转账凭证**

202×年 12 月 14 日　　　转字第 6 号

| 摘要 | 一级科目 | 明细科目 | 借方 | 贷方 |
|---|---|---|---|---|
| 分配工资 | 生产成本 | A 产品 | 18 000 | |
| | | B 产品 | 12 000 | |
| | 制造费用 | | 13 000 | |
| | 管理费用 | | 17 000 | |
| | 应付职工薪酬 | | | 60 000 |
| 合计 | | | 60 000 | 60 000 |

财务主管：　记账：　审核：　制单：

(16) 15 日用现金购买办公用品 300 元，已领用。

**表 10-19　付款凭证**

贷方科目：库存现金　　　202×年 12 月 15 日　　　现付字第 3 号

| 摘要 | 借方科目 | 明细科目 | 金额 |
|---|---|---|---|
| 购买办公用品 | 管理费用 | 办公费 | 300 |
| | | | |
| | | | |
| 合计 | | | 300 |

财务主管：　记账：　出纳：　审核：　制单：

（17）15 日开出转账支票一张，预付明年一年的报刊订阅费 600 元。

**表 10-20 付款凭证**

贷方科目：银行存款　　　　202×年 12 月 15 日　　　　银付字第 8 号

| 摘要 | 借方科目 | 明细科目 | 金额 |
|---|---|---|---|
| 预付明年报刊订阅费 | 预付账款 | | 600 |
| | | | |
| | | | |
| 合计 | | | 600 |

财务主管：　　记账：　　出纳：　　审核：　　制单：

（18）18 日采购员姚斌报销差旅费 900 元，归还剩余现金 100 元，结清预借款。

**表 10-21 收款凭证**

借方科目：库存现金　　　　202×年 12 月 18 日　　　　现收字第 2 号

| 摘要 | 贷方科目 | 明细科目 | 金额 |
|---|---|---|---|
| 采购员姚斌归还剩余现金 | 其他应收款 | 姚斌 | 100 |
| | | | |
| | | | |
| 合计 | | | 100 |

财务主管：　　记账：　　出纳：　　审核：　　制单：

**表 10-22 转账凭证**

202×年 12 月 18 日　　　　转字第 7 号

| 摘要 | 一级科目 | 明细科目 | 借方 | 贷方 |
|---|---|---|---|---|
| 采购员姚斌报销差旅费 | 管理费用 | 差旅费 | 900 | |
| | 其他应收款 | 姚斌 | | 900 |
| | | | | |
| 合计 | | | 900 | 900 |

财务主管：　　记账：　　审核：　　制单：

（19）20 日用转账支票支付本月厂部水费 3 000 元，电费 3 000 元，电话费 6 000 元。

**表 10-23　付款凭证**

贷方科目：银行存款　　202×年 12 月 20 日　　银付字第 9 号

| 摘要 | 借方科目 | 明细科目 | 金额 |
|---|---|---|---|
| 支付本月厂部水、电及电话费 | 管理费用 | 水费 | 3 000 |
| | | 电费 | 3 000 |
| | | 电话费 | 6 000 |
| 合计 | | | 12 000 |

财务主管：　记账：　出纳：　审核：　制单：

（20）31 日本月乙材料盘亏 30 千克，共计 600 元，原因待查。

**表 10-24　转账凭证**

202×年 12 月 31 日　　转字第 8 号

| 摘要 | 一级科目 | 明细科目 | 借方 | 贷方 |
|---|---|---|---|---|
| 乙材料盘亏 | 待处理财产损溢 | 待处理流动资产损溢 | 600 | |
| | 原材料 | 乙材料 | | 600 |
| | | | | |
| 合计 | | | 600 | 600 |

财务主管：　记账：　审核：　制单：

（21）31 日经查明原因盘亏的原材料是由于发料计量错误造成的，经批准做管理费用处理。

**表 10-25　转账凭证**

202×年 12 月 31 日　　转字第 9 号

| 摘要 | 一级科目 | 明细科目 | 借方 | 贷方 |
|---|---|---|---|---|
| 处理盘亏材料 | 管理费用 | | 600 | |
| | 待处理财产损溢 | 待处理流动资产损溢 | | 600 |
| | | | | |
| 合计 | | | 600 | 600 |

财务主管：　记账：　审核：　制单：

（22）31 日摊销本月应由生产车间负担的保险费用 2 000 元。

**表 10-26 转账凭证**

202×年 12 月 31 日　　转字第 10 号

| 摘要 | 一级科目 | 明细科目 | 借方 | 贷方 |
|---|---|---|---|---|
| 摊销生产车间负担的保险费用 | 制造费用 | 保险费 | 2 000 | |
| | 预付账款 | 保险费 | | 2 000 |
| | | | | |
| 合计 | | | 2 000 | 2 000 |

财务主管：　记账：　审核：　制单：

（23）31 日计提本月应由生产车间负担的折旧费 20 000 元，由厂部负担的折旧费 10 000元。

**表 10-27 转账凭证**

202×年 12 月 31 日　　转字第 11 号

| 摘要 | 一级科目 | 明细科目 | 借方 | 贷方 |
|---|---|---|---|---|
| 计提折旧费 | 制造费用 | 折旧费 | 20 000 | |
| | 管理费用 | 折旧费 | 10 000 | |
| | 累计折旧 | | | 30 000 |
| 合计 | | | 30 000 | 30 000 |

财务主管：　记账：　审核：　制单：

（24）31 日摊销本月厂部办公室租金 2 000 元，厂部财产保险费 3 000 元。

**表 10-28 转账凭证**

202×年 12 月 31 日　　转字第 12 号

| 摘要 | 一级科目 | 明细科目 | 借方 | 贷方 |
|---|---|---|---|---|
| 摊销厂部办公室租金 | 管理费用 | 租赁费 | 2 000 | |
| | | 保险费 | 3 000 | |
| | 预付账款 | | | 5 000 |
| 合计 | | | 5 000 | 5 000 |

财务主管：　记账：　审核：　制单：

（25）31 日分摊本月制造费用 65 000 元，按 A、B 两种产品生产工人工资比例分配，A 产品负担 39 000 元，B 产品负担 26 000 元。

**表 10-29　转账凭证**

202×年 12 月 31 日　　　　转字第 13 号

| 摘要 | 一级科目 | 明细科目 | 借方 | 贷方 |
|---|---|---|---|---|
| 分摊本月制造费用 | 生产成本 | A 产品 | 39 000 | |
| | | B 产品 | 26 000 | |
| | 制造费用 | | | 65 000 |
| 合计 | | | 65 000 | 65 000 |

财务主管：　　记账：　　审核：　　制单：

（26）31 日 A 产品全部完工，共计 1 000 件，已验收入库，结转实际生产成本（77 元/件）；B 产品全部完工，共计 2 000 件，已验收入库，结转实际生产成本（39 元/件）。

**表 10-30　转账凭证**

202×年 12 月 31 日　　　　转字第 14 号

| 摘要 | 一级科目 | 明细科目 | 借方 | 贷方 |
|---|---|---|---|---|
| 结转生产成本 | 库存商品 | A 产品 | 77 000 | |
| | | B 产品 | 78 000 | |
| | 生产成本 | | | 155 000 |
| 合计 | | | 155 000 | 155 000 |

财务主管：　　记账：　　审核：　　制单：

（27）31 日结转主营业务成本，本月销售 A 产品 800 件，每件平均生产成本 77 元，共计 61 600 元；本月销售 B 产品 1 000 件，每件平均生产成本 39 元，共计 39 000 元。

**表 10-31　转账凭证**

202×年 12 月 31 日　　　　转字第 15 号

| 摘要 | 一级科目 | 明细科目 | 借方 | 贷方 |
|---|---|---|---|---|
| 结转主营业务成本 | 主营业务成本 | | 100 600 | |
| | 库存商品 | A 产品 | | 61 600 |
| | | B 产品 | | 39 000 |
| 合计 | | | 100 600 | 100 600 |

财务主管：　　记账：　　审核：　　制单：

（28）31 日应付本月短期借款利息 1 000 元。

**表 10-32 转账凭证**

202×年 12 月 31 日　　　　　　　　　　　　　　　　　　　　　　　转字第 16 号

| 摘要 | 一级科目 | 明细科目 | 借方 | 贷方 |
|---|---|---|---|---|
| 应付本月短期借款利息 | 财务费用 | | 1 000 | |
| | 应付利息 | | | 1 000 |
| | | | | |
| 合计 | | | 1 000 | 1 000 |

财务主管：　　　　记账：　　　　审核：　　　　制单：

（29）31 日将本月主营业务收入、其他业务收入、主营业务成本、销售费用、管理费用、财务费用各账户余额结转至本年利润账户。

**表 10-33 转账凭证**

202×年 12 月 31 日　　　　　　　　　　　　　　　　　　　　　　　转字第 17 号

| 摘要 | 一级科目 | 明细科目 | 借方 | 贷方 |
|---|---|---|---|---|
| 结转主营业务收入 | 主营业务收入 | | 200 000 | |
| | 营业外收入 | | 600 | |
| | 本年利润 | | | 200 600 |
| 合计 | | | 200 600 | 200 600 |

财务主管：　　　　记账：　　　　审核：　　　　制单：

**表 10-34 转账凭证**

202×年 12 月 31 日　　　　　　　　　　　　　　　　　　　　　　　转字第 18 号

| 摘要 | 一级科目 | 明细科目 | 借方 | 贷方 |
|---|---|---|---|---|
| 结转主营业务成本及费用 | 本年利润 | | 177 400 | |
| | 主营业务成本 | | | 100 600 |
| | 销售费用 | | | 20 000 |
| | 管理费用 | | | 55 800 |
| | 财务费用 | | | 1 000 |
| 合计 | | | 177 400 | 177 400 |

财务主管：　　　　记账：　　　　审核：　　　　制单：

（30）31 日按本月实现利润的 30%计算应交所得税，并结转至本年利润账户。

本月税前利润=主营业务收入+营业外收入-主营业务成本-销售费用-管理费用-财务费用

即本月税前利润＝200 000+600－100 600－20 000－55 800－1 000 ＝23 200（元）

本月应交所得税＝23 200×25%＝5 800（元）

**表 10-35　转账凭证**

202×年 12 月 31 日　　　　　　　　　　转字第 19 号

| 摘要 | 一级科目 | 明细科目 | 借方 | 贷方 |
|---|---|---|---|---|
| 计算应交所得税 | 所得税费用 | | 5 800 | |
| | 应交税费 | 应交所得税 | | 5 800 |
| | | | | |
| 合计 | | | 5 800 | 5 800 |

财务主管：　　记账：　　审核：　　制单：

**表 10-36　转账凭证**

202×年 12 月 31 日　　　　　　　　　　转字第 20 号

| 摘要 | 一级科目 | 明细科目 | 借方 | 贷方 |
|---|---|---|---|---|
| 结转所得税 | 本年利润 | | 5 800 | |
| | 所得税费用 | | | 5 800 |
| | | | | |
| 合计 | | | 5 800 | 5 800 |

财务主管：　　记账：　　审核：　　制单：

（31）31 日结转本年税后净利润。

税后净利润＝税前利润－所得税＝23 200－5 800＝17 400（元）

**表 10-37　转账凭证**

202×年 12 月 31 日　　　　　　　　　　转字第 21 号

| 摘要 | 一级科目 | 明细科目 | 借方 | 贷方 |
|---|---|---|---|---|
| 结转本年税后净利润 | 本年利润 | | 17 400 | |
| | 利润分配 | 未分配利润 | | 17 400 |
| | | | | |
| 合计 | | | 17 400 | 17 400 |

财务主管：　　记账：　　审核：　　制单：

（32）31 日根据本月税后利润的 10%计提盈余公积。

盈余公积＝17 400×10%＝1 740（元）

**表 10-38　转账凭证**

202×年 12 月 31 日　　　　转字第 22 号

| 摘要 | 一级科目 | 明细科目 | 借方 | 贷方 |
|---|---|---|---|---|
| 计提盈余公积 | 利润分配 | 提取盈余公积 | 1 740 | |
| | 盈余公积 | | | 1 740 |
| | | | | |
| 合计 | | | 1 740 | 1 740 |

财务主管：　　记账：　　审核：　　制单：

（33）拟向股东应付利润 10 000 元。

**表 10-39　转账凭证**

202×年 12 月 31 日　　　　转字第 23 号

| 摘要 | 一级科目 | 明细科目 | 借方 | 贷方 |
|---|---|---|---|---|
| 拟向股东应付利润 | 利润分配 | 应付利润 | 10 000 | |
| | 应付利润 | | | 10 000 |
| | | | | |
| 合计 | | | 10 000 | 10 000 |

财务主管：　　记账：　　审核：　　制单：

2. 根据上述收款凭证和付款凭证由出纳人员逐笔登记库存现金日记账和银行存款日记账（见表 10-40、表 10-41）。

**表 10-40　库存现金日记账**

| 202×年 | | 凭证号数 | 摘要 | 对应科目 | 借方 | 贷方 | 借/贷 | 余额 |
|---|---|---|---|---|---|---|---|---|
| 月 | 日 | | | | | | | |
| 12 | 1 | | 期初余额 | | | | 借 | 1 000 |
| | 1 | 现付 1 | 姚斌借款 | 其他应收款 | | 1 000 | 平 | 0 |
| | 1 | 现收 1 | 罚款收入 | 营业外收入 | 600 | | 借 | 600 |
| | 13 | 银付 7 | 提取现金 | 银行存款 | 60 000 | | 借 | 60 600 |
| | 14 | 现付 2 | 发放工资 | 应付职工薪酬 | | 60 000 | 借 | 600 |
| | 15 | 现付 3 | 购买用品 | 管理费用 | | 300 | 借 | 300 |
| | 18 | 现收 2 | 姚斌还款 | 其他应收款 | 100 | | 借 | 400 |
| 12 | 31 | | 本期合计 | | 60 700 | 61 300 | 借 | 400 |

## 表 10-41　银行存款日记账

| 202×年 | | 凭证号数 | 摘要 | 对应科目 | 借方 | 贷方 | 借/贷 | 余额 |
|---|---|---|---|---|---|---|---|---|
| 月 | 日 | | | | | | | |
| 12 | 1 | | 期初余额 | | | | 借 | 900 000 |
| | 3 | 银付 1 | 付购料款及运杂费 | 应付账款 | | 115 000 | 借 | 785 000 |
| | 6 | 银付 2 | 支付欠款 | 应付账款 | | 34 000 | 借 | 751 000 |
| | 7 | 银付 3 | 缴所得税 | 应交税费 | | 16 000 | 借 | 735 000 |
| | 8 | 银付 4 | 缴增值税 | 应交税费 | | 13 400 | 借 | 721 600 |
| | 9 | 银付 5 | 付广告费 | 销售费用 | | 20 000 | 借 | 701 600 |
| | 10 | 银付 6 | 付保险费 | 预付账款 | | 60 000 | 借 | 641 600 |
| | 11 | 银收 1 | 销售产品 | 主营业务收入 | 100 000 | | 借 | 741 600 |
| | 11 | 银收 1 | 销售产品 | 应交税费 | 13 000 | | 借 | 754 600 |
| | 13 | 银付 7 | 提取现金 | 库存现金 | | 60 000 | 借 | 694 600 |
| | 15 | 银付 8 | 报刊订阅 | 预付账款 | | 600 | 借 | 694 000 |
| | 20 | 银付 9 | 付水、电及电话费 | 管理费用 | | 12 000 | 借 | 682 000 |
| 12 | 31 | | 本期合计 | | 113 000 | 331 000 | 借 | 682 000 |

3. 根据各种记账凭证由会计人员逐笔登记总分类账和明细分类账（现以“库存现金”“银行存款”“制造费用”“生产成本”“本年利润”等总分类账户为例，其他总分类账户及明细分类账户从略），见表 10-42 至表 10-46。

## 表 10-42　总分类账

会计科目：库存现金

| 202×年 | | 凭证号数 | 摘要 | 对应科目 | 借方 | 贷方 | 借/贷 | 余额 |
|---|---|---|---|---|---|---|---|---|
| 月 | 日 | | | | | | | |
| 12 | 1 | | 期初余额 | | | | 借 | 1 000 |
| | 1 | 现付 1 | 姚斌借款 | 其他应收款 | | 1 000 | 平 | 0 |
| | 1 | 现收 1 | 罚款收入 | 营业外收入 | 600 | | 借 | 600 |
| | 13 | 银付 7 | 提取现金 | 银行存款 | 60 000 | | 借 | 60 600 |
| | 14 | 现付 2 | 发放工资 | 应付职工薪酬 | | 60 000 | 借 | 600 |
| | 15 | 现付 3 | 购买用品 | 管理费用 | | 300 | 借 | 300 |
| | 18 | 现收 2 | 姚斌还款 | 其他应收款 | 100 | | 借 | 400 |
| 12 | 31 | | 本期发生额及期末余额 | | 60 700 | 61 300 | 借 | 400 |

**表 10-43　总分类账**

会计科目：银行存款

| 202×年 | | 凭证号数 | 摘要 | 对应科目 | 借方 | 贷方 | 借/贷 | 余额 |
|---|---|---|---|---|---|---|---|---|
| 月 | 日 | | | | | | | |
| 12 | 1 | | 期初余额 | | | | 借 | 900 000 |
| | 3 | 银付 1 | 付购料款及运杂费 | 应付账款 | | 115 000 | 借 | 785 000 |
| | 6 | 银付 2 | 支付欠款 | 应付账款 | | 34 000 | 借 | 751 000 |
| | 7 | 银付 3 | 缴所得税 | 应交税费 | | 16 000 | 借 | 735 000 |
| | 8 | 银付 4 | 缴增值税 | 应交税费 | | 13 400 | 借 | 721 600 |
| | 9 | 银付 5 | 付广告费 | 销售费用 | | 20 000 | 借 | 701 600 |
| | 10 | 银付 6 | 付保险费 | 预付账款 | | 60 000 | 借 | 641 600 |
| | 11 | 银收 1 | 销售产品 | 主营业务收入 | 100 000 | | 借 | 741 000 |
| | 11 | 银收 1 | 销售产品 | 应交税费 | 13 000 | | 借 | 754 600 |
| | 13 | 银付 7 | 提取现金 | 库存现金 | | 60 000 | 借 | 694 600 |
| | 15 | 银付 8 | 报刊订阅 | 预付账款 | | 600 | 借 | 694 000 |
| | 20 | 银付 9 | 付水、电及电话费 | 管理费用 | | 12 000 | 借 | 682 000 |
| 12 | 31 | | 本期发生额及期末余额 | | 113 000 | 331 000 | 借 | 682 000 |

**表 10-44　总分类账**

会计科目：制造费用

| 202×年 | | 凭证号数 | 摘要 | 对应科目 | 借方 | 贷方 | 借/贷 | 余额 |
|---|---|---|---|---|---|---|---|---|
| 月 | 日 | | | | | | | |
| 12 | 12 | 转 5 | 领用材料 | 原材料 | 30 000 | | 借 | 30 000 |
| | 14 | 转 6 | 分配工资 | 应付职工薪酬 | 13 000 | | 借 | 43 000 |
| | 31 | 转 10 | 摊销保险费 | 预付账款 | 2 000 | | 借 | 45 000 |
| | 31 | 转 11 | 计提折旧费 | 累计折旧 | 20 000 | | 借 | 65 000 |
| | 31 | 转 13 | 结转制造费用 | 生产成本 | | 65 000 | 平 | 0 |
| 12 | 31 | | 本期发生额 | | 65 000 | 65 000 | | |

**表 10-45　总分类账**

会计科目：生产成本

| 202×年 | | 凭证号数 | 摘要 | 对应科目 | 借方 | 贷方 | 借/贷 | 余额 |
|---|---|---|---|---|---|---|---|---|
| 月 | 日 | | | | | | | |
| 12 | 12 | 转 5 | 领用材料 | 原材料 | 60 000 | | 借 | 60 000 |
| | 14 | 转 6 | 分配工资 | 应付职工薪酬 | 30 000 | | 借 | 90 000 |
| | 31 | 转 13 | 分摊制造费用 | 制造费用 | 65 000 | | 借 | 155 000 |
| | 31 | 转 14 | 结转生产成本 | 库存商品 | | 155 000 | 平 | 0 |
| 12 | 31 | | 本期发生额及期末余额 | | 155 000 | 155 000 | | |

**表 10-46　总分类账**

会计科目：本年利润

| 202×年 | | 凭证号数 | 摘要 | 对应科目 | 借方 | 贷方 | 借/贷 | 余额 |
|---|---|---|---|---|---|---|---|---|
| 月 | 日 | | | | | | | |
| 12 | 31 | 转 17 | 结转主营业务收入 | 主营业务收入 | | 200 000 | 贷 | 200 000 |
| | 31 | 转 17 | 结转营业外收入 | 营业外收入 | | 600 | 贷 | 200 600 |
| | 31 | 转 18 | 结转主营业务成本 | 主营业务成本 | 100 600 | | 贷 | 100 000 |
| | 31 | 转 18 | 结转销售费用 | 销售费用 | 20 000 | | 贷 | 80 000 |
| | 31 | 转 18 | 结转管理费用 | 管理费用 | 55 800 | | 贷 | 24 200 |
| | 31 | 转 18 | 结转财务费用 | 财务费用 | 1 000 | | 贷 | 23 200 |
| | 31 | 转 20 | 结转所得税 | 所得税费用 | 5 800 | | 贷 | 17 400 |
| | 31 | 转 21 | 结转本年税后净利润 | 利润分配 | 17 400 | | 平 | 0 |
| 12 | 31 | | 本期发生额及期末余额 | | 200 600 | 200 600 | | |

# 第三节 汇总记账凭证账务处理程序

## 一、汇总记账凭证账务处理程序的特点和核算要求

汇总记账凭证账务处理程序是记账凭证账务处理程序的发展，它的特点是先根据记账凭证编制汇总记账凭证，然后再根据汇总记账凭证登记总分类账。

采用这种账务处理程序，主要设置现金日记账、银行存款日记账、总分类账和各种明细分类账。现金日记账、银行存款日记账采用三栏式，总分类账可以是三栏式，也可以是多栏式，明细分类账可采用三栏式、数量金额式或多栏式。汇总记账凭证分为汇总收款凭证、汇总付款凭证和汇总转账凭证三种，分别根据现金、银行存款的收款凭证和付款凭证以及转账凭证汇总填制。汇总记账凭证要定期填制，间隔天数视业务量多少而定，一般为5天或10天，每月汇总编制一张，月终结出合计数，据以登记总分类账。

汇总收款凭证和汇总付款凭证应按现金、银行存款账户分别填制，具体来说，汇总收款凭证应根据现金和银行存款的收款凭证，分别以库存现金、银行存款账户的借方设置，并按其对应的贷方账户归类汇总；汇总付款凭证则刚好相反，即根据库存现金和银行存款的付款凭证，分别按库存现金、银行存款账户的贷方设置，并按其对应的借方账户归类汇总。至于库存现金与银行存款之间相互划转业务，则视同汇总转账凭证处理。

汇总转账凭证一般按有关账户的贷方分别设置，并以对应科目的借方账户归类汇总。为了便于填制汇总转账凭证，平时填制转账凭证时，应使账户保持一个贷方账户同一个或几个借方账户相对应的关系，即汇总转账凭证只能是一贷一借或一贷多借，而不能一借多贷。为了简化会计核算，如在一会计期间内，某一贷方科目的转账凭证不多时，可直接根据转账凭证登记总分类账。

## 二、汇总记账凭证账务处理程序的核算步骤和适用范围

### （一）汇总记账凭证账务处理程序的核算步骤

（1）根据原始凭证或原始凭证汇总表填制收款凭证、付款凭证和转账凭证；

（2）根据收款凭证和付款凭证逐笔登记现金日记账和银行存款日记账；

（3）根据收款凭证、付款凭证、转账凭证或原始凭证或原始凭证汇总表，逐笔登记各明细分类账；

（4）根据收款凭证、付款凭证和转账凭证，定期编制汇总收款凭证、汇总付款凭证和汇总转账凭证；

（5）月终，根据汇总收款凭证、汇总付款凭证和汇总转账凭证登记总分类账；

（6）月终，现金日记账的余额和银行存款日记账的余额及各明细分类账的余额合计数，与总分类账有关账户的余额核对相符；

（7）月终，根据总分类账、明细分类账资料编制会计报表。

汇总记账凭证账务处理程序如图 10-2。

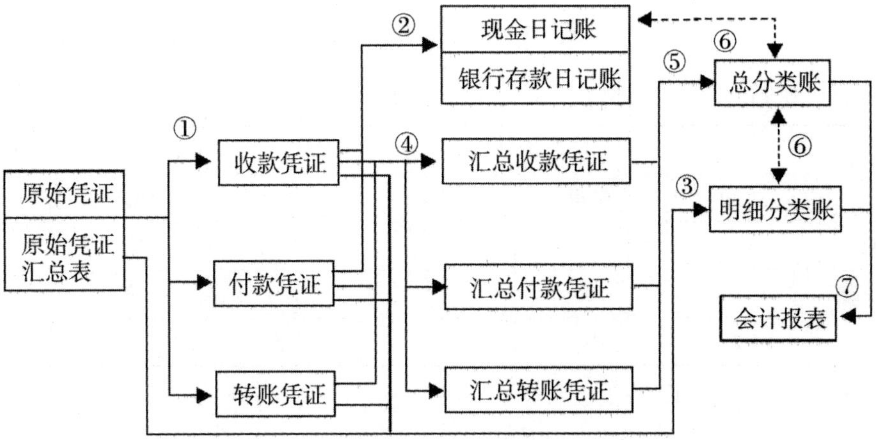


**图 10-2　汇总记账凭证账务处理程序**

### （二）汇总记账凭证账务处理程序的优缺点及适用范围

**1. 优点**

（1）由于汇总记账凭证是根据一定时期内全部记账凭证，按照科目对应关系进行归类、汇总编制的，便于通过有关科目之间的对应关系，了解经济业务的来龙去脉，这一点就克服了科目汇总表账务处理程序无法分清经济业务来龙去脉的缺点。

（2）在汇总记账凭证账务处理程序下，总分类账根据汇总记账凭证，于月终时一次登记入账，减少了登记总分类账的工作量，这一点就克服了记账凭证账务处理程序登记总分类账工作量大的缺点。

**2. 缺点**

（1）如果经济业务比较零星，同一贷方科目的转账凭证为数不多，那么，由于增加了汇总记账凭证的汇总和填制工作量，简化总账的登记工作量作用就不明显。

（2）转账凭证根据每一贷方科目进行分类、汇总，而不是按照经济业务的性质进行分类、汇总，因而不利于对日常核算工作进行合理的分工。

**3. 适用范围**

汇总记账凭证账务处理程序适用于规模大、经济业务较多的单位。

## 三、汇总记账凭证账务处理程序实例

**【例 2】**仍以本章第二节【例 10-1】资料，来说明汇总记账凭证账务处理程序的实际操作方法，与记账凭证账务处理程序内容相同的部分已省略，这里仅列示不同的部分：根据记账凭证编制汇总记账凭证和根据汇总记账凭证登记总账。

1. 根据记账凭证编制汇总记账凭证。

**表 10-47 汇总收款凭证**

借方科目：库存现金　　202×年 12 月　　汇收第 1 号

| 贷方科目 | 金额 | | | | 总账 页数 | |
|---|---|---|---|---|---|---|
| | 上旬 | 中旬 | 下旬 | 合计 | 借方 | 贷方 |
| 营业外收入 | 600 | | | 600 | 略 | 略 |
| 其他应收款 | | 100 | | 100 | 略 | 略 |
| 合计 | 600 | 100 | | 700 | | |

财务主管：　　记账：　　审核：　　制单：

**表 10-48 汇总收款凭证**

借方科目：银行存款　　202×年 12 月　　汇收第 2 号

| 贷方科目 | 金额 | | | | 总账 页数 | |
|---|---|---|---|---|---|---|
| | 上旬 | 中旬 | 下旬 | 合计 | 借方 | 贷方 |
| 主营业务收入 | | 100 000 | | 100 000 | 略 | 略 |
| 应交税费 | | 13 000 | | 13 000 | 略 | 略 |
| 合计 | | 113 000 | | 113 000 | | |

财务主管：　　记账：　　审核：　　制单：

**表 10-49 汇总付款凭证**

贷方科目：库存现金　　202×年 12 月　　汇付第 1 号

| 借方科目 | 金额 | | | | 总账 页数 | |
|---|---|---|---|---|---|---|
| | 上旬 | 中旬 | 下旬 | 合计 | 借方 | 贷方 |
| 其他应收款 | 1 000 | | | 1 000 | 略 | 略 |
| 应付职工薪酬 | | 60 000 | | 60 000 | 略 | 略 |
| 管理费用 | | 300 | | 300 | 略 | 略 |
| 合计 | 1 000 | 60 300 | | 61 300 | | |

财务主管：　　记账：　　审核：　　制单：

**表 10-50 汇总付款凭证**

贷方科目：银行存款　　202×年 12 月　　汇付第 2 号

| 借方科目 | 金额 | | | | 总账页数 | |
|---|---|---|---|---|---|---|
| | 上旬 | 中旬 | 下旬 | 合计 | 借方 | 贷方 |
| 库存现金 | | 60 000 | | 60 000 | 略 | 略 |
| 应付账款 | 149 000 | | | 149 000 | 略 | 略 |
| 应交税费 | 29 400 | | | 29 400 | 略 | 略 |
| 销售费用 | 20 000 | | | 20 000 | 略 | 略 |
| 预付账款 | 60 000 | 600 | | 60 600 | 略 | 略 |
| 管理费用 | | 12 000 | | 12 000 | 略 | 略 |
| 合计 | 258 400 | 72 600 | | 331 000 | | |

财务主管：　记账：　审核：　制单：

**表 10-51 汇总转账凭证**

贷方科目：实收资本　　202×年 12 月　　汇转第 1 号

| 借方科目 | 金额 | | | | 总账页数 | |
|---|---|---|---|---|---|---|
| | 上旬 | 中旬 | 下旬 | 合计 | 借方 | 贷方 |
| 固定资产 | 100 000 | | | 100 000 | 略 | 略 |
| 合计 | 100 000 | | | 100 000 | | |

财务主管：　记账：　审核：　制单：

**表 10-52 汇总转账凭证**

贷方科目：应付账款　　202×年 12 月　　汇转第 2 号

| 借方科目 | 金额 | | | | 总账页数 | |
|---|---|---|---|---|---|---|
| | 上旬 | 中旬 | 下旬 | 合计 | 借方 | 贷方 |
| 在途物资 | 102 000 | | | 102 000 | 略 | 略 |
| 应交税费 | 13 000 | | | 13 000 | 略 | 略 |
| 合计 | 115 000 | | | 115 000 | | |

财务主管：　记账：　审核：　制单：

表 10-53　汇总转账凭证

贷方科目：在途物资　　　　202×年 12 月　　　　汇转第 3 号

| 借方科目 | 金额 | | | | 总账　页数 | |
|---|---|---|---|---|---|---|
| | 上旬 | 中旬 | 下旬 | 合计 | 借方 | 贷方 |
| 原材料 | 102 000 | | | 102 000 | 略 | 略 |
| 合计 | 102 000 | | | 102 000 | | |

财务主管：　　　记账：　　　审核：　　　制单：

表 10-54　汇总转账凭证

贷方科目：主营业务收入　　　　202×年 12 月　　　　汇转第 4 号

| 借方科目 | 金额 | | | | 总账　页数 | |
|---|---|---|---|---|---|---|
| | 上旬 | 中旬 | 下旬 | 合计 | 借方 | 贷方 |
| 应收账款 | | 100 000 | | 100 000 | 略 | 略 |
| 合计 | | 100 000 | | 100 000 | | |

财务主管：　　　记账：　　　审核：　　　制单：

表 10-55　汇总转账凭证

贷方科目：应交税费　　　　202×年 12 月　　　　汇转第 5 号

| 借方科目 | 金额 | | | | 总账　页数 | |
|---|---|---|---|---|---|---|
| | 上旬 | 中旬 | 下旬 | 合计 | 借方 | 贷方 |
| 应收账款 | | 13 000 | | 13 000 | 略 | 略 |
| 所得税 | | | 5 800 | 5 800 | 略 | 略 |
| 合计 | | 13 000 | 5 800 | 18 800 | | |

财务主管：　　　记账：　　　审核：　　　制单：

表 10-56　汇总转账凭证

贷方科目：原材料　　　　202×年 12 月　　　　汇转第 6 号

| 借方科目 | 金额 | | | | 总账　页数 | |
|---|---|---|---|---|---|---|
| | 上旬 | 中旬 | 下旬 | 合计 | 借方 | 贷方 |
| 生产成本 | | 60 000 | | 60 000 | 略 | 略 |
| 制造费用 | | 30 000 | | 30 000 | 略 | 略 |
| 管理费用 | | 10 000 | | 10 000 | 略 | 略 |

表10-56　续

| 借方科目 | 金额 | | | | 总账　页数 | |
|---|---|---|---|---|---|---|
| | 上旬 | 中旬 | 下旬 | 合计 | 借方 | 贷方 |
| 待处理财产损溢 | | | 600 | 600 | 略 | 略 |
| 合计 | | 100 000 | 600 | 100 600 | | |

财务主管：　记账：　审核：　制单：

**表 10-57　汇总转账凭证**

贷方科目：应付职工薪酬　202×年 12 月　汇转第 7 号

| 借方科目 | 金额 | | | | 总账　页数 | |
|---|---|---|---|---|---|---|
| | 上旬 | 中旬 | 下旬 | 合计 | 借方 | 贷方 |
| 生产成本 | | 30 000 | | 30 000 | 略 | 略 |
| 制造费用 | | 13 000 | | 13 000 | 略 | 略 |
| 管理费用 | | 17 000 | | 17 000 | 略 | 略 |
| 合计 | | 60 000 | | 60 000 | | |

财务主管：　记账：　审核：　制单：

**表 10-58　汇总转账凭证**

贷方科目：其他应收款　202×年 12 月　汇转第 8 号

| 借方科目 | 金额 | | | | 总账　页数 | |
|---|---|---|---|---|---|---|
| | 上旬 | 中旬 | 下旬 | 合计 | 借方 | 贷方 |
| 管理费用 | | 900 | | 900 | 略 | 略 |
| 合计 | | 900 | | 900 | | |

财务主管：　记账：　审核：　制单：

**表 10-59　汇总转账凭证**

贷方科目：待处理财产损溢　202×年 12 月　汇转第 9 号

| 借方科目 | 金额 | | | | 总账　页数 | |
|---|---|---|---|---|---|---|
| | 上旬 | 中旬 | 下旬 | 合计 | 借方 | 贷方 |
| 管理费用 | | | 600 | 600 | 略 | 略 |
| 合计 | | | 600 | 600 | | |

财务主管：　记账：　审核：　制单：

表 10-60 汇总转账凭证

贷方科目：预付账款　　202×年 12 月　　汇转第 10 号

| 借方科目 | 金额 | | | | 总账　页数 | |
|---|---|---|---|---|---|---|
| | 上旬 | 中旬 | 下旬 | 合计 | 借方 | 贷方 |
| 制造费用 | | | 2 000 | 2 000 | 略 | 略 |
| 管理费用 | | | 5 000 | 5 000 | 略 | 略 |
| 合计 | | | 7 000 | 7 000 | | |

财务主管：　记账：　审核：　制单：

表 10-61 汇总转账凭证

贷方科目：累计折旧　　202×年 12 月　　汇转第 11 号

| 借方科目 | 金额 | | | | 总账　页数 | |
|---|---|---|---|---|---|---|
| | 上旬 | 中旬 | 下旬 | 合计 | 借方 | 贷方 |
| 制造费用 | | | 20 000 | 20 000 | 略 | 略 |
| 管理费用 | | | 10 000 | 10 000 | 略 | 略 |
| 合计 | | | 30 000 | 30 000 | | |

财务主管：　记账：　审核：　制单：

表 10-62 汇总转账凭证

贷方科目：应付利息　　202×年 12 月　　汇转第 12 号

| 借方科目 | 金额 | | | | 总账　页数 | |
|---|---|---|---|---|---|---|
| | 上旬 | 中旬 | 下旬 | 合计 | 借方 | 贷方 |
| 财务费用 | | | 1 000 | 1 000 | 略 | 略 |
| 合计 | | | 1 000 | 1 000 | | |

财务主管：　记账：　审核：　制单：

表 10-63 汇总转账凭证

贷方科目：制造费用　　202×年 12 月　　汇转第 13 号

| 借方科目 | 金额 | | | | 总账　页数 | |
|---|---|---|---|---|---|---|
| | 上旬 | 中旬 | 下旬 | 合计 | 借方 | 贷方 |
| 生产成本 | | | 65 000 | 65 000 | 略 | 略 |
| 合计 | | | 65 000 | 65 000 | | |

财务主管：　记账：　审核：　制单：

表 10-64　汇总转账凭证

贷方科目：生产成本　　202×年 12 月　　汇转第 14 号

| 借方科目 | 金额 | | | | 总账　页数 | |
|---|---|---|---|---|---|---|
| | 上旬 | 中旬 | 下旬 | 合计 | 借方 | 贷方 |
| 库存商品 | | | 155 000 | 155 000 | 略 | 略 |
| 合计 | | | 155 000 | 155 000 | | |

财务主管：　记账：　审核：　制单：

表 10-65　汇总转账凭证

贷方科目：库存商品　　202×年 12 月　　汇转第 15 号

| 借方科目 | 金额 | | | | 总账　页数 | |
|---|---|---|---|---|---|---|
| | 上旬 | 中旬 | 下旬 | 合计 | 借方 | 贷方 |
| 主营业务成本 | | | 100 600 | 100 600 | 略 | 略 |
| 合计 | | | 100 600 | 100 600 | | |

财务主管：　记账：　审核：　制单：

表 10-66　汇总转账凭证

贷方科目：本年利润　　202×年 12 月　　汇转第 16 号

| 借方科目 | 金额 | | | | 总账　页数 | |
|---|---|---|---|---|---|---|
| | 上旬 | 中旬 | 下旬 | 合计 | 借方 | 贷方 |
| 主营业务收入 | | | 200 000 | 200 000 | 略 | 略 |
| 营业外收入 | | | 600 | 600 | 略 | 略 |
| 合计 | | | 200 600 | 200 600 | | |

财务主管：　记账：　审核：　制单：

表 10-67　汇总转账凭证

贷方科目：主营业务成本　　202×年 12 月　　汇转第 17 号

| 借方科目 | 金额 | | | | 总账　页数 | |
|---|---|---|---|---|---|---|
| | 上旬 | 中旬 | 下旬 | 合计 | 借方 | 贷方 |
| 本年利润 | | | 100 600 | 100 600 | 略 | 略 |
| 合计 | | | 100 600 | 100 600 | | |

财务主管：　记账：　审核：　制单：

表 10-68 汇总转账凭证

贷方科目：销售费用　　202×年 12 月　　汇转第 18 号

| 借方科目 | 金额 | | | | 总账　页数 | |
|---|---|---|---|---|---|---|
| | 上旬 | 中旬 | 下旬 | 合计 | 借方 | 贷方 |
| 本年利润 | | | 20 000 | 20 000 | 略 | 略 |
| 合计 | | | 20 000 | 20 000 | | |

财务主管：　记账：　审核：　制单：

表 10-69 汇总转账凭证

贷方科目：管理费用　　202×年 12 月　　汇转第 19 号

| 借方科目 | 金额 | | | | 总账　页数 | |
|---|---|---|---|---|---|---|
| | 上旬 | 中旬 | 下旬 | 合计 | 借方 | 贷方 |
| 本年利润 | | | 55 800 | 55 800 | 略 | 略 |
| 合计 | | | 55 800 | 55 800 | | |

财务主管：　记账：　审核：　制单：

表 10-70 汇总转账凭证

贷方科目：财务费用　　202×年 12 月　　汇转第 20 号

| 借方科目 | 金额 | | | | 总账　页数 | |
|---|---|---|---|---|---|---|
| | 上旬 | 中旬 | 下旬 | 合计 | 借方 | 贷方 |
| 本年利润 | | | 1 000 | 1 000 | 略 | 略 |
| 合计 | | | 1 000 | 1 000 | | |

财务主管：　记账：　审核：　制单：

表 10-71 汇总转账凭证

贷方科目：所得税费用　　202×年 12 月　　汇转第 21 号

| 借方科目 | 金额 | | | | 总账　页数 | |
|---|---|---|---|---|---|---|
| | 上旬 | 中旬 | 下旬 | 合计 | 借方 | 贷方 |
| 本年利润 | | | 5 800 | 5 800 | 略 | 略 |
| 合计 | | | 5 800 | 5 800 | | |

财务主管：　记账：　审核：　制单：

**表 10-72 汇总转账凭证**

贷方科目：利润分配　　202×年 12 月　　汇转第 22 号

| 借方科目 | 金额 | | | | 总账　页数 | |
|---|---|---|---|---|---|---|
| | 上旬 | 中旬 | 下旬 | 合计 | 借方 | 贷方 |
| 本年利润 | | | 17 400 | 17 400 | 略 | 略 |
| 合计 | | | 17 400 | 17 400 | | |

财务主管：　　记账：　　审核：　　制单：

**表 10-73 汇总转账凭证**

贷方科目：盈余公积　　202×年 12 月　　汇转第 23 号

| 借方科目 | 金额 | | | | 总账　页数 | |
|---|---|---|---|---|---|---|
| | 上旬 | 中旬 | 下旬 | 合计 | 借方 | 贷方 |
| 利润分配 | | | 1 740 | 1 740 | 略 | 略 |
| 合计 | | | 1 740 | 1 740 | | |

财务主管：　　记账：　　审核：　　制单：

**表 10-74 汇总转账凭证**

贷方科目：应付利润　　202×年 12 月　　汇转第 24 号

| 借方科目 | 金额 | | | | 总账　页数 | |
|---|---|---|---|---|---|---|
| | 上旬 | 中旬 | 下旬 | 合计 | 借方 | 贷方 |
| 利润分配 | | | 10 000 | 10 000 | 略 | 略 |
| 合计 | | | 10 000 | 10 000 | | |

财务主管：　　记账：　　审核：　　制单：

2. 月终，分别根据汇总收款凭证、汇总付款凭证和汇总转账凭证的合计数登记总分类账，其方法如下。

(1) 根据汇总收款凭证，登记“库存现金”和“银行存款”账户的借方，同时按其对方科目分别填列金额，并逐笔填列汇总凭证字号；根据汇总付款凭证，登记“库存现金”和“银行存款”账户的贷方，同时按其对方科目分别填列金额，并逐笔填列汇总凭证字号；

(2) 对于“库存现金”与“银行存款”之间的相互划转业务，在根据汇总付款凭证登记“库存现金”与“银行存款”账户的贷方时，还应同时记入“银行存款”与“库存现金”账户的借方。

3. 根据各科目的汇总转账凭证，分别登记设置账户的贷方，同时按其对方科目分别填列金额，并逐笔填列汇总凭证字号。

现以“库存现金”、“银行存款”、“制造费用”、“生产成本”和“本年利润”账户为例说明登记总分类账的方法，见表10-75至表10-79。

**表10-75 总分类账**

会计科目：库存现金

| 202×年 | | 凭证号数 | 摘要 | 对应科目 | 借方 | 贷方 | 借/贷 | 余额 |
|---|---|---|---|---|---|---|---|---|
| 月 | 日 | | | | | | | |
| 12 | 1 | | 期初余额 | | | | 借 | 1 000 |
| | 31 | 汇收第1号 | 全月汇总 | 营业外收入 | 600 | | 借 | 1 600 |
| | 31 | 汇收第1号 | 全月汇总 | 其他应收款 | 100 | | 借 | 1 700 |
| | 31 | 汇付第2号 | 全月汇总 | 银行存款 | 60 000 | | 借 | 61 700 |
| | 31 | 汇付第1号 | 全月汇总 | 其他应收款 | | 1 000 | 借 | 60 700 |
| | 31 | 汇付第1号 | 全月汇总 | 应付职工薪酬 | | 60 000 | 借 | 700 |
| | 31 | 汇付第1号 | 全月汇总 | 管理费用 | | 300 | 借 | 400 |
| 12 | 331 | | 本期发生额及期末余额 | | 60 700 | 61 300 | 借 | 400 |

**表10-76 总分类账**

会计科目：银行存款

| 202×年 | | 凭证号数 | 摘要 | 对应科目 | 借方 | 贷方 | 借/贷 | 余额 |
|---|---|---|---|---|---|---|---|---|
| 月 | 日 | | | | | | | |
| 12 | 1 | | 期初余额 | | | | 借 | 900 000 |
| | 3 | 汇收第2号 | 全月汇总 | 主营业务收入 | 100 000 | | 借 | 1 000 000 |
| | 7 | 汇收第2号 | 全月汇总 | 应交税费 | 13 000 | | 借 | 1 013 000 |
| | 7 | 汇付第2号 | 全月汇总 | 库存现金 | | 60 000 | 借 | 953 000 |
| | 8 | 汇付第2号 | 全月汇总 | 应付账款 | | 149 000 | 借 | 804 000 |
| | 9 | 汇付第2号 | 全月汇总 | 应交税费 | | 29 400 | 借 | 774 600 |
| | 10 | 汇付第2号 | 全月汇总 | 销售费用 | | 20 000 | 借 | 754 600 |
| | 31 | 汇付第2号 | 全月汇总 | 预付账款 | | 60 600 | 借 | 694 000 |
| | 31 | 汇付第2号 | 全月汇总 | 管理费用 | | 12 000 | 借 | 682 000 |
| 12 | 31 | | 本期发生额及期末余额 | | 113 000 | 331 000 | 借 | 682 000 |

**表 10-77　总分类账**

会计科目：制造费用

| 202×年 | | 凭证号数 | 摘要 | 对应科目 | 借方 | 贷方 | 借/贷 | 余额 |
|---|---|---|---|---|---|---|---|---|
| 月 | 日 | | | | | | | |
| 12 | 31 | 汇转第 6 号 | 全月汇总 | 原材料 | 30 000 | | 借 | 30 000 |
| | 31 | 汇转第 7 号 | 全月汇总 | 应付职工薪酬 | 13 000 | | 借 | 43 000 |
| | 31 | 汇转第 10 号 | 全月汇总 | 预付账款 | 2 000 | | 借 | 45 000 |
| | 31 | 汇转第 11 号 | 全月汇总 | 累计折旧 | 20 000 | | 借 | 65 000 |
| | 31 | 汇转第 13 号 | 全月汇总 | 生产成本 | | 65 000 | 平 | 0 |
| 12 | 31 | | 本期发生额及期末余额 | | 65 000 | 65 000 | | |

**表 10-78　总分类账**

会计科目：生产成本

| 202×年 | | 凭证号数 | 摘要 | 对应科目 | 借方 | 贷方 | 借/贷 | 余额 |
|---|---|---|---|---|---|---|---|---|
| 月 | 日 | | | | | | | |
| 12 | 31 | 汇转第 6 号 | 全月汇总 | 原材料 | 60 000 | | 借 | 60 000 |
| | 31 | 汇转第 7 号 | 全月汇总 | 应付职工薪酬 | 30 000 | | 借 | 90 000 |
| | 31 | 汇转第 13 号 | 全月汇总 | 制造费用 | 65 000 | | 借 | 155 000 |
| | 31 | 汇转第 14 号 | 全月汇总 | 库存商品 | | 155 000 | 平 | 0 |
| 12 | 31 | | 本期发生额及期末余额 | | 155 000 | 155 000 | | |

**表 10-79　总分类账**

会计科目：本年利润

| 202×年 | | 凭证号数 | 摘要 | 对应科目 | 借方 | 贷方 | 借/贷 | 余额 |
|---|---|---|---|---|---|---|---|---|
| 月 | 日 | | | | | | | |
| 12 | 31 | 汇转第 16 号 | 全月汇总 | 主营业务收入 | | 200 000 | 贷 | 200 000 |
| | 31 | 汇转第 16 号 | 全月汇总 | 营业外收入 | | 600 | 贷 | 200 600 |
| | 31 | 汇转第 17 号 | 全月汇总 | 主营业务成本 | 100 600 | | 贷 | 100 000 |
| | 31 | 汇转第 18 号 | 全月汇总 | 销售费用 | 20 000 | | 贷 | 80 000 |
| | 31 | 汇转第 19 号 | 全月汇总 | 管理费用 | 55 800 | | 贷 | 24 200 |
| | 31 | 汇转第 20 号 | 全月汇总 | 财务费用 | 1 000 | | 贷 | 23 200 |

表10-79 续

| 202×年 | | 凭证号数 | 摘要 | 对应科目 | 借方 | 贷方 | 借/贷 | 余额 |
|---|---|---|---|---|---|---|---|---|
| 月 | 日 | | | | | | | |
| | 31 | 汇转第 21 号 | 全月汇总 | 所得税费用 | 5 800 | | 贷 | 17 400 |
| | 31 | 汇转第 22 号 | 全月汇总 | 利润分配 | 17 400 | | 平 | 0 |
| 12 | 31 | | 本期发生额及期末余额 | | 200 600 | 200 600 | | |

# 第四节　科目汇总表账务处理程序

## 一、科目汇总表账务处理程序的特点和核算要求

科目汇总表账务处理程序是在记账凭证账务处理程序的基础上发展而来的，其主要特点是定期编制科目总汇表，并据以登记总分类账。

采用这种账务处理程序，对凭证和账簿的要求及记账程序与前两种账务处理程序基本相同。

科目汇总表又称记账凭证汇总表，其性质和作用与汇总记账凭证相似，但两者的结构和编制的方法不同。科目汇总表不按对应科目进行汇总，而是将一定时期内的全部记账凭证按科目归类，并将所有科目的本期借方、贷方发生额汇总在一张科目汇总表内，然后据以登记总账，因此，科目汇总表下的总分类账只能采用不设立“对应科目”栏的借、贷、余三栏式。为了便于汇总，必须注意以下几点。

（1）每一张收款凭证一般应填列一个贷方科目，每一张付款凭证一般应填列一个借方科目；转账凭证，则应填列一个借方科目和一个贷方科目，一式两联，一联为借方科目转账凭证，一联为贷方科目转账凭证。

（2）为了便于登记总账，科目汇总表上的科目排列应按总分类账上科目排列的顺序来定。

（3）科目汇总表汇总的时间不宜过长，业务量多的单位可每天汇总一次，一般间隔最长不超过 10 天，以便对发生额进行试算平衡，及时了解资金运动状况。

## 二、科目汇总表账务处理程序的核算步骤和适用范围

### （一）科目汇总表账务处理程序的核算步骤

（1）根据原始凭证或原始凭证汇总表编制收款凭证、付款凭证和转账凭证；

（2）根据收款凭证和付款凭证逐笔登记现金日记账和银行存款日记账；

（3）根据记账凭证及其所附的原始凭证或原始凭证汇总表逐笔登记明细分类账；

（4）根据收款凭证、付款凭证和转账凭证，每日或定期编制科目汇总表；

（5）根据科目汇总表，每日或定期登记总分类账；

（6）月终，现金日记账、银行存款日记账的余额以及各种明细分类账余额的合计数，应与总分类账有关账户的余额核对相符；

（7）月终，根据总分类账和明细分类账资料编制会计报表。

科目汇总表账务处理程序如图 10-3 所示。

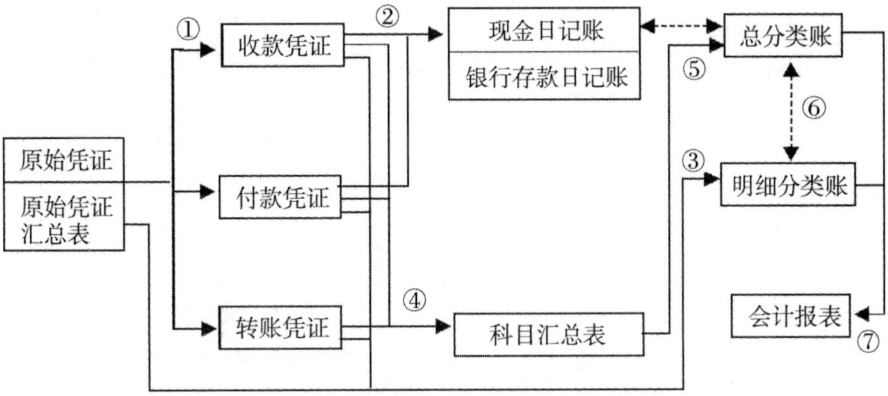


**图 10-3　科目汇总表账务处理程序**

## （二）科目汇总表账务处理程序的优缺点及适用范围

### 1. 优点

（1）由于科目汇总表会计核算程序是根据科目汇总表登记总账，每一个总分类账户每月只登记一次或几次，对于经济业务量比较大，记账凭证较多的单位来说，就大大地减少了登记总分类账的工作量。

（2）科目汇总表汇总方法简单、操作方便，并可根据各账户本期借贷方发生额合计数试算平衡，检查记账凭证的填制和汇总是否正确。

### 2. 缺点

（1）由于科目汇总表只按科目进行汇总，不反映科目间的对应关系，不便于了解分析具体经济业务的来龙去脉，不利于查找错账。

（2）由于总分类账登记的是汇总数字，看不出经济业务的内容，因而降低了总分类账所提供资料的可用性。

### 3. 适用范围

科目汇总表账务处理程序适用于规模大、经济业务频繁、记账凭证数量多的企业。

## 三、科目汇总表账务处理程序实例

**【例 3】**仍以本章第二节【例 10-1】资料来说明科目汇总表账务处理程序的实际操作方法，与记账凭证账务处理程序内容相同的部分已省略，这里仅列示不同的部分：根据记账凭证编制科目汇总表和根据汇总记账凭证登记总账。

1. 根据记账凭证编制科目汇总表，见表 10-80。

### 表 10-80 科目汇总表

202×年 12 月 31 日　　　　　　科汇第 1 号

| 总账科目 | 本期发生额 | | | | | | | |
|---|---|---|---|---|---|---|---|---|
| | 上旬 | | 中旬 | | 下旬 | | 合计 | |
| | 借方 | 贷方 | 借方 | 贷方 | 借方 | 贷方 | 借方 | 贷方 |
| 库存现金 | 600 | 1 000 | 60100 | 60 300 | | | 60 700 | 61 300 |
| 银行存款 | | 258 400 | 113 000 | 72 600 | | | 113 000 | 331 000 |
| 应收账款 | | | 113 000 | | | | 113 000 | |
| 其他应收款 | 1 000 | | | 1 000 | | | 1 000 | 1 000 |
| 在途物资 | 102 000 | 102 000 | | | | | 102 000 | 102 000 |
| 原材料 | 102 000 | | | 100 000 | | 600 | 102 000 | 100 600 |
| 制造费用 | | | 43 000 | | 22 000 | 65 000 | 65 000 | 65 000 |
| 生产成本 | | | 90 000 | | 65 000 | 155 000 | 155 000 | 155 000 |
| 库存商品 | | | | | 155 000 | 100 600 | 155 000 | 100 600 |
| 预付账款 | 60 000 | | 600 | | | 7 000 | 60 600 | 7 000 |
| 待处理财产损溢 | | | | | 600 | 600 | 600 | 600 |
| 固定资产 | 100 000 | | | | | | 100 000 | |
| 累计折旧 | | | | | | 30 000 | | 30 000 |
| 应付账款 | 149 000 | 115 000 | | | | | 149 000 | 115 000 |
| 应付职工薪酬 | | | 60 000 | 60 000 | | | 60 000 | 60 000 |
| 应交税费 | 42 400 | | | 26 000 | | 5 800 | 42 400 | 31 800 |
| 应付利息 | | | | | | 1 000 | | 1 000 |
| 实收资本 | | 100 000 | | | | | | 100 000 |
| 主营业务收入 | | | | 200 000 | 200 000 | | 200 000 | 200 000 |
| 营业外收入 | | 600 | | | 600 | | 600 | 600 |
| 主营业务成本 | | | | | 100 600 | 100 600 | 100 600 | 100 600 |
| 销售费用 | 20 000 | | | | | 20 000 | 20 000 | 20 000 |
| 管理费用 | | | 40 200 | | 15 600 | 55 800 | 55 800 | 55 800 |
| 财务费用 | | | | | 1 000 | 1 000 | 1 000 | 1 000 |
| 本年利润 | | | | | 200 600 | 200 600 | 200 600 | 200 600 |

表10-80　续

| 总账科目 | 本期发生额 | | | | | | | |
|---|---|---|---|---|---|---|---|---|
| | 上旬 | | 中旬 | | 下旬 | | 合计 | |
| | 借方 | 贷方 | 借方 | 贷方 | 借方 | 贷方 | 借方 | 贷方 |
| 所得税 | | | | | 5 800 | 5 800 | 5 800 | 5 800 |
| 利润分配 | | | | | 11 740 | 17 400 | 11 740 | 17 400 |
| 盈余公积 | | | | | | 1 740 | | 1 740 |
| 应付利润 | | | | | | 10 000 | | 10 000 |
| 合计 | 577 000 | 577 000 | 519 900 | 519 900 | 778 540 | 778 540 | 1 874 440 | 1 874 440 |

2. 根据科目汇总表定期登记总分类账（仍以“库存现金”、“银行存款”、“制造费用”、“生产成本”和“本年利润”账户为例），见表10-81至表10-85。

**表10-81　总分类账**

会计科目：库存现金

| 202×年 | | 凭证号数 | 摘要 | 借方 | 贷方 | 借/贷 | 余额 |
|---|---|---|---|---|---|---|---|
| 月 | 日 | | | | | | |
| 12 | 1 | | 期初余额 | | | 借 | 1 000 |
| | 10 | 科汇1 | 1—10日汇总 | 600 | 1 000 | 借 | 600 |
| | 20 | 科汇1 | 11—20日汇总 | 60 100 | 60 300 | 借 | 400 |
| 12 | 31 | | 本期发生额及期末余额 | 60 700 | 61 300 | 借 | 400 |

**表10-82　总分类账**

会计科目：银行存款

| 202×年 | | 凭证号数 | 摘要 | 借方 | 贷方 | 借/贷 | 余额 |
|---|---|---|---|---|---|---|---|
| 月 | 日 | | | | | | |
| 12 | 1 | | 期初余额 | | | 借 | 900 000 |
| | 10 | 科汇1 | 1—10日汇总 | | 258 400 | 借 | 641 600 |
| | 20 | 科汇1 | 11—20日汇总 | 113 000 | 72 600 | 借 | 682 000 |
| 12 | 31 | | 本期发生额及期末余额 | 113 000 | 331 000 | 借 | 682 000 |

表 10-83 总分类账

会计科目：制造费用

| 202×年 | | 凭证号数 | 摘要 | 借方 | 贷方 | 借/贷 | 余额 |
|---|---|---|---|---|---|---|---|
| 月 | 日 | | | | | | |
| 12 | 1 | | 期初余额 | | | 平 | 0 |
| | 20 | 科汇 1 | 11—20 日汇总 | 43 000 | | 借 | 43 000 |
| | 31 | 科汇 1 | 21—31 日汇总 | 22 000 | 65 000 | 平 | 0 |
| 12 | 31 | | 本期发生额 | 65 000 | 65 000 | 平 | 0 |

表 10-84 总分类账

会计科目：生产成本

| 202×年 | | 凭证号数 | 摘要 | 借方 | 贷方 | 借/贷 | 余额 |
|---|---|---|---|---|---|---|---|
| 月 | 日 | | | | | | |
| 12 | 1 | | 期初余额 | | | 平 | 0 |
| | 20 | 科汇 1 | 11—20 日汇总 | 90 000 | | 借 | 90 000 |
| | 31 | 科汇 1 | 21—31 日汇总 | 65 000 | 155 000 | 平 | 0 |
| 12 | 31 | | 本期发生额 | 155 000 | 155 000 | 平 | 0 |

表 10-85 总分类账

会计科目：本年利润

| 202×年 | | 凭证号数 | 摘要 | 借方 | 贷方 | 借/贷 | 余额 |
|---|---|---|---|---|---|---|---|
| 月 | 日 | | | | | | |
| 12 | 1 | | 期初余额 | | | 平 | 0 |
| | 31 | 科汇 1 | 21—31 日汇总 | 200 600 | 200 600 | 平 | 0 |
| 12 | 31 | | 本期发生额 | 200 600 | 200 600 | 平 | 0 |

## 第五节 其他账务处理程序

除了前面讲述的记账凭证账务处理程序、科目汇总表账务处理程序和汇总记账凭证账务处理程序外，还有多栏式日记账账务处理程序和日记总账账务处理程序两种，以下分别予以简单介绍。

## 一、多栏式日记账账务处理程序

### （一）多栏式日记账账务处理程序的特点和核算要求

多栏式日记账账务处理程序是根据收款凭证和付款凭证逐笔登记多栏式现金日记账和多栏式银行存款日记账，月终根据多栏式日记账登记总分类账的一种账务处理程序，其特点就是设置多栏式现金日记账和银行存款日记账，并据以登记总分类账。这种账务处理程序除了多栏式日记账及其过账方法外，其他方面的要求与前面几种账务处理程序基本相同。

在多栏式日记账账务处理程序下，由于现金日记账和银行存款日记账都按其对应账户设置专栏，起到了汇总收款凭证和付款凭证的作用。月终可根据这些日记账的本月收、付发生额和各对应科目的发生额直接登记总分类账。登记时，根据多栏式日记账“收入合计栏”的本月发生额合计数，记入现金、银行存款总分类账的借方，并将“收入栏”下对应贷方科目的本月发生额合计数记入有关总分类账户的贷方；根据多栏式日记账“付出合计栏”的本月发生额合计数，记入现金、银行存款总分类账的贷方，并将“付出栏”下对应借方科目的本月发生额合计数记入有关总分类账户的借方。对于现金与银行存款之间的相互划转数额，因已分别包含在有关日记账的收入和付出合计栏的本月发生额内，所以无须再根据有关对应账户专栏的合计数登记总分类账，以免重复计算。对于转账业务，可视业务量大小，逐笔登记总分类账或根据转账凭证先编制转账凭证科目汇总表，然后再据以登记总分类账。

### （二）多栏式日记账账务处理程序的核算步骤和适用范围

#### 1. 多栏式日记账账务处理程序的核算步骤

（1）根据原始凭证或原始凭证汇总表填制记账凭证；

（2）根据收款凭证和付款凭证登记多栏式现金日记账和银行存款日记账；

（3）根据转账凭证填制转账凭证科目汇总表；

（4）根据记账凭证、原始凭证或原始凭证汇总表登记各明细分类账；

（5）月终，根据多栏式日记账和转账凭证科目汇总表（或转账凭证）登记总分类账；

（6）月终，明细分类账与总分类账核对相符；

（7）根据总分类账和明细分类账资料编制会计报表。

多栏式日记账账务处理程序如图 10-4 所示。

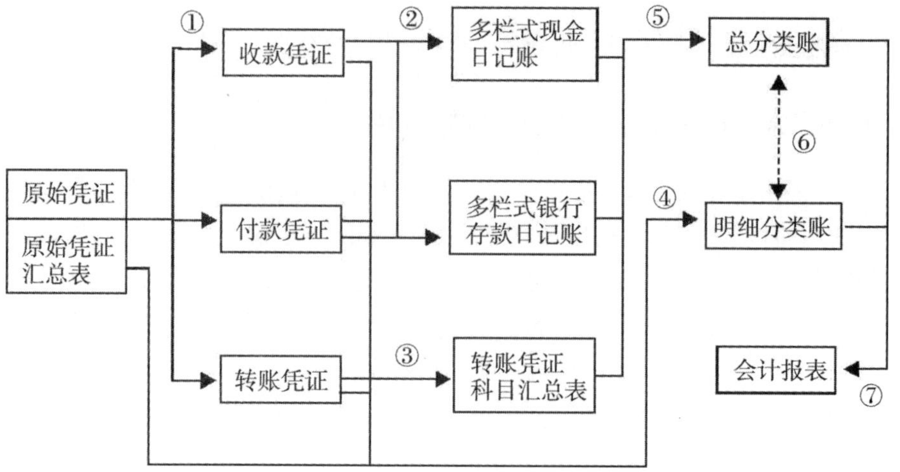


图 10-4 多栏式日记账账务账处理程序

**2. 多栏式日记账账务处理程序的优缺点和适用范围**

(1) 优点。收款凭证和付款凭证通过多栏式日记账进行汇总，然后据以登记总分类账，转账业务通过转账凭证科目汇总表来登记总分类账，这样简化了总账的登记工作量，效率较高，对于收、付款业务还可反映账户对应关系，可以具体反映有关库存现金、银行存款收支业务。便于了解这一部分经济业务的来龙去脉。

(2) 缺点。由于多栏式现金和银行存款日记账成为登记总分类账的直接依据，因而，日记账与总分类账就丧失了相互核对的作用。而且，转账凭证科目汇总表不能反映账户对应关系，不便于经济分析；同时，当经济业务较复杂、会计科目设置较多时，日记账的专栏栏次过多，账页庞大，不便于记账。

(3) 适用范围。多栏式日记账账务处理程序适用于收款、付款业务较多，而转账业务较少，且经营规模不大的企业。

## 二、日记总账账务处理程序

### (一) 日记总账账务处理程序的特点和核算要求

日记总账账务处理程序是根据记账凭证直接登记日记总账的一种账务处理程序。这里，日记总账既具有日记账的作用，又具有总分类账的作用，因此，它是一种联合账簿。这种账务处理程序的特点是设置日记总账，所有的经济业务都要根据记账凭证逐笔登记总账。采用日记总账账务处理程序时，除日记总账外，其余账簿和凭证的设置均与上述各种账务处理程序相同。

日记总账的设计格式与一般总账不同，因此，其登记方法与一般总账的登记方法也不一样。日记总账把所有总账科目都集中反映在一张账页上，所有的经济业务均按业务发生的时间顺序进行序时逐笔登记，同时根据业务的性质，按科目的对应关系进行总分类记录。其基本格式包含两部分：一部分是用于序时核算的日记账部分，在日记总账账页的左方，设置日期、记账凭证号数、摘要、本期发生额等栏目；另一部分按总分类账户设置专栏，每个专栏再设“借方”和“贷方”栏，用以进行总分类核算。

登记日记总账时，每笔经济业务的借方发生额和贷方发生额应该在同一行的借方栏和贷方栏内分别登记，并将发生额记入“发生额”栏内。对于收、付款业务，在采用三栏式现金日记账和银行存款日记账的情况下，可以直接根据收、付款凭证逐日汇总登记日记总账，月末结出合计数，并与日记账核对；在采用多栏式现金日记账和银行存款日记账的情况下，可以在月终时，根据多栏式现金和银行存款日记账登记日记总账。对于转账业务，则应根据转账凭证逐日、逐笔登记总账。每月登记完毕后，应当结算出各栏的合计数，计算各科目的月末借方或贷方余额，进行账簿记录的核对工作。“发生额”栏所列本月发生额合计数，应与全部科目的借方发生额或贷方发生额的合计数核对相符。

### （二）日记总账账务处理程序的核算步骤和适用范围

#### 1. 日记总账账务处理程序的核算步骤

（1）根据原始凭证或原始凭证汇总表填制记账凭证；

（2）根据收款凭证和付款凭证逐笔登记现金日记账和银行存款日记账；

（3）根据记账凭证及其所附的原始凭证或原始凭证汇总表逐笔登记明细分类账；

（4）根据收款凭证、付款凭证和转账凭证逐日、逐笔登记日记总账；

（5）月终，现金日记账、银行存款日记账的余额及其各明细分类账余额的合计数应分别与相应的日记总账的余额核对相符；

（6）月终，根据日记总账和明细分类账资料编制会计报表。

日记总账账务处理程序的核算步骤如图 10-5 所示。

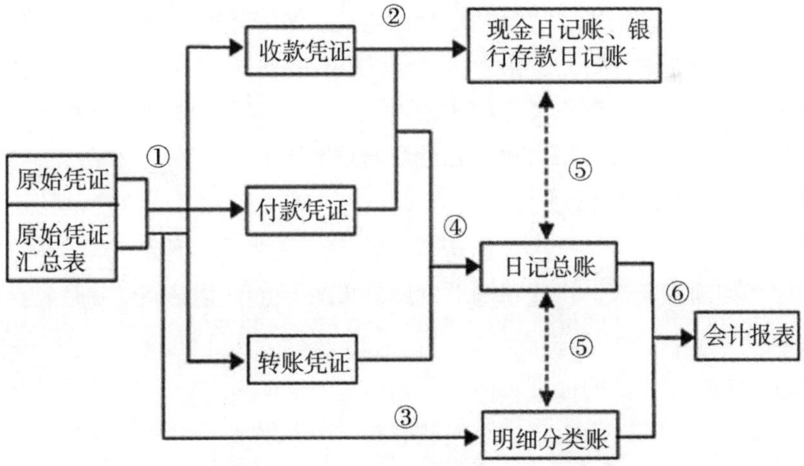


**图 10-5 日记总账账务处理程序**

**2. 日记总账账务处理程序的优缺点和适用范围**

（1）优点。序时核算与总分类核算结合进行，使账户间的对应关系清晰，便于对经济业务的检查、分析。

（2）缺点。所有会计科目均集中在一张账页内，在运用科目较多的情况下，导致账页过长，不便于记账和保管。

（3）适用范围。日记总账账务处理程序只适用于规模小、业务简单且使用会计科目较少的企业。

## 本章小结

本章主要阐述的账务处理程序是以账簿体系为核心，把会计凭证、会计账簿、记账程序和记账方法有机结合在一起的技术组织形式。账务处理程序的种类有记账凭证账务处理程序、汇总记账凭证账务处理程序、科目汇总表账务处理程序、多栏式日记账账务处理程序和日记总账账务处理程序等。不同的账务处理程序主要区别在于登记总分类账的依据和方法不同。本章重点内容如下。

**1. 账务处理程序**

账务处理程序又称会计核算组织程序，是指对会计数据的记录、归类、汇总、呈报的步骤和方法，即从原始凭证的整理、汇总，记账凭证的填制、汇总，日记账、明细分类账、总分类账的登记，到会计报表的编制的步骤和方法。

采用一定的账务处理程序，通过规定会计凭证、账簿和财务会计报告之间的登记、编制、传递程序，将各企业和行政、事业等单位的会计核算工作有机地组织成为既有分工又有协作的整体，将各个会计核算岗位的工作连在一起。科学的账务处理程序，对于减少会计人员的工作量、节省人力和物力也有着重要的意义。

**2. 记账凭证账务处理程序**

记账凭证账务处理程序是直接根据记账凭证登记总账的一种最基本的账务处理程序。其他类型的账务处理程序都是在此基础上发展起来的。它的主要特点就是直接根据记账凭证逐笔登记总分类账。

采用这种账务处理程序的优点是简单明了，总分类账可以详细记录和反映经济业务的发生情况，但登记总分类账的工作量较大。因此，一般只适用于规模较小、经济业务较简单的企业。

**3. 汇总记账凭证账务处理程序**

汇总记账凭证账务处理程序是记账凭证账务处理程序的发展，它的特点是先根据记账凭证编制汇总记账凭证，然后再根据汇总记账凭证登记总分类账。

汇总记账凭证账务处理程序利用汇总记账凭证把许多记账凭证上的数据汇总起来，月终一次记入总分类账，可以简化总分类账的登记工作。但是，由于转账凭证的汇总是按有关账户的贷方而不是按经济业务的性质归类汇总的，不利于会计核算分工。这种账务处理程序一般适用于规模较大、业务较多的企业。

**4. 科目汇总表账务处理程序**

科目汇总表账务处理程序是在记账凭证账务处理程序的基础上发展而来的，其主要特点是定期编制科目总汇表，并据以登记总分类账。

采用这种账务处理程序的优点是不仅可以简化总分类账的登记，还可以每天或定期就科目汇总表进行试算平衡，便于及时发现问题，采取措施。但科目汇总表反映不出账户的对应关系，不便于了解经济业务的内容。它适用于经济业务频繁的单位。

**5. 多栏式日记账账务处理程序**

多栏式日记账账务处理程序是根据收款凭证和付款凭证逐笔登记现金日记账和银行存款日记账，月终根据多栏式日记账登记总分类账的一种账务处理程序，其特点是设置多栏式现金日记账和银行存款日记账，并据以登记总分类账。这种账务处理程序除了多栏式日记账及其过账方法外，其他方面的要求与前面几种账务处理程序基本相同。

采用这种账务处理程序的优点是可简化总分类账的核算过程，效率较高。虽然多栏式日记账账务处理程序能较好地反映账户间的对应关系，但是，它限制了会计科目的数量，只能用于会计科目不多的单位。另外，转账凭证科目汇总表仍反映不出账户的对应关系。

**6. 日记总账账务处理程序**

日记总账账务处理程序是根据记账凭证直接登记日记总账的一种账务处理程序。这里，日记总账既具有日记账的作用，又具有总分类账的作用，因此，它是一种联合账簿。这种账务处理程序的特点是设置日记总账，所有的经济业务都要根据记账凭证逐笔登记总账。采用日记总账账务处理程序时，除日记总账外，其余账簿和凭证的设置均与上述各种账务处理程序相同。

采用这种账务处理程序的优点是序时核算与总分类核算结合进行，使账户间的对应关系清晰，便于对经济业务的检查、分析。不足之处是所有科目均设在一张账页内，导致账页过长，不便于记账和保管。这种账务处理程序只适用于规模小、业务简单且使用会计科目较少的企业。

## 关键词汇

1. 账务处理程序　2. 记账凭证账务处理程序　3. 汇总记账凭证账务处理程序
4. 汇总收款凭证　5. 汇总付款凭证　6. 汇总转账凭证
7. 科目汇总表　8. 科目汇总表账务处理程序　9. 多栏式日记账账务处理程序
10. 日记总账账务处理程序

# 练习与思考

## 一、单项选择题

1. 企业的会计凭证、会计账簿、会计报表相结合的方式为（　　）。
A. 账簿组织　B. 账务处理程序　C. 会计报表组织　D. 会计工作组织

2. 记账凭证账务处理程序的主要特点是（　　）。
A. 根据各种记账凭证编制汇总记账凭证
B. 根据各种记账凭证逐笔登记总分类账
C. 根据各种记账凭证编制科目汇总表
D. 根据各种汇总记账凭证登记总分类账

3. 记账凭证账务处理程序的适用范围是（　　）。
A. 规模较大、经济业务量较多的单位
B. 采用单式记账的单位
C. 规模较小、经济业务量较少的单位
D. 会计基础工作薄弱的单位

4. 各种账务处理程序的主要区别是（　　）。
A. 登记明细分类账的依据和方法不同
B. 登记总分类账的依据和方法不同
C. 总账的格式不同
D. 编制会计报表的依据不同

5. 直接根据记账凭证逐笔登记总分类账这种账务处理程序是（　　）。
A. 记账凭证账务处理程序　B. 科目汇总表账务处理程序
C. 汇总记账凭证账务处理程序　D. 日记总账账务处理程序

6. 科目汇总表账务处理程序比记账凭证账务处理程序增设了（　　）。
A. 原始凭证汇总表　B. 汇总原始凭证
C. 科目汇总表　D. 汇总记账凭证

7. 既能汇总登记总分类账，减轻总账登记工作，又能明确反映账户对应关系，便于查账、对账的账务处理程序是（　　）。
A. 记账凭证账务处理程序　B. 汇总记账凭证账务处理程序
C. 科目汇总表账务处理程序　D. 日记总账账务处理程序

8. 科目汇总表账务处理程序的缺点是（　　）。
A. 登记总账的工作量大　B. 程序复杂，不易掌握
C. 不能对发生额进行试算　D. 不能反映账户之间的对应关系

9. 下列各项中，属于最基本的账务处理程序的是（　　）。

A. 记账凭证账务处理程序　　B. 汇总记账凭证账务处理程序

C. 科目汇总表账务处理程序　　D. 日记总账账务处理程序

10. 记账凭证账务处理程序的缺点是（　　）。

A. 不便于分工记账　　B. 程序复杂，不易掌握

C. 登记总账的工作量大　　D. 不便于查账、对账

11. 科目汇总表账务处理程序的主要特点是（　　）。

A. 根据各种记账凭证编制汇总记账凭证

B. 根据各种记账凭证逐笔登记总分类账

C. 根据各种记账凭证编制科目汇总表

D. 根据科目汇总表登记总分类账

12. 记账凭证账务处理程序登记总账的依据是（　　）。

A. 原始凭证　　B. 科目汇总表　　C. 汇总记账凭证　　D. 记账凭证

13. 汇总记账凭证账务处理程序的主要特点是（　　）。

A. 根据各种记账凭证编制汇总记账凭证

B. 根据各种记账凭证逐笔登记总分类账

C. 根据各种记账凭证编制科目汇总表

D. 根据各种汇总记账凭证登记总分类账

14. 汇总记账凭证账务处理程序的缺点是（　　）。

A. 不便于分工记账　　B. 不能体现账户的对应关系

C. 登记总账的工作量大　　D. 汇总记账凭证的工作量较大

15. 科目汇总表账务处理程序与汇总记账凭证账务处理程序的主要相同之处是(　　)。

A. 登记总账的依据相同　　B. 记账凭证汇总的方法相同

C. 汇总凭证的方法相同　　D. 都需要对记账凭证的资料进行汇总

## 二、多项选择题

1. 记账凭证账务处理程序的优点有（　　）。

A. 登记总分类账的工作量较小　　B. 账务处理程序简明，容易理解

C. 便于查账、对账　　D. 适用于规模大、业务量多的大型企业

2. 关于科目汇总表账务处理程序，下列说法正确的有（　　）。

A. 可以大大减轻总账的登记工作　　B. 可以对发生额进行试算平衡

C. 能明确反映账户的对应关系　　D. 适应于规模较大、业务量较多的企业

3. 在不同账务处理程序下，下列可以作为登记总分类账依据的有（　　）。

A. 记账凭证　　B. 科目汇总表　　C. 汇总记账凭证　　D. 多栏式日记账

4. 汇总记账凭证账务处理程序下，会计凭证方面除设置收款凭证、付款凭证、转账凭证外，还应设置（　　）。

A. 科目汇总表　B. 汇总收款凭证　　C. 汇总付款凭证　　D. 汇总转账凭证

5. 汇总记账凭证账务处理程序的优点有（　　）。

A. 总分类账的登记工作量相对较小　　B. 便于会计核算的日常分工

C. 便于了解账户之间的对应关系　　D. 编制汇总转账凭证的工作量较小

6. 在各种账务处理程序中，相同的会计账务处理工作有（　　）。

A. 编制汇总记账凭证　　B. 登记现金、银行存款日记账

C. 登记总分类账和各种明细账　　D. 编制会计报表

7. 科目汇总表账务处理程序的优点有（　　）。

A. 反映科目的对应关系　　B. 可起到试算平衡的作用

C. 减少登记总账的工作量　　D. 是最基础的账务处理程序

8. 科目汇总表的特点有（　　）。

A. 便于用计算机处理　　B. 根据原始凭证归类编制

C. 可作为登记总账的依据　　D. 可起到试算平衡的作用

9. 科目汇总表的缺点有（　　）。

A. 不能反映账户之间的对应关系　　B. 不能在大企业里使用

C. 加大登记总账的工作量　　D. 不便于查对账目

10. 在各种账务处理程序中，能减少登记总账工作量的有（　　）。

A. 记账凭证账务处理程序　　B. 多栏式日记账账务处理程序

C. 汇总记账凭证账务处理程序　　D. 科目汇总表编制法

## 三、判断题

1. 记账凭证账务处理程序的特点是直接根据记账凭证登记总分类账，它是最基本的账务处理程序。（　　）

2. 编制财务报表也是企业账务处理程序的内容之一。（　　）

3. 汇总记账凭证账务处理程序是最基本的账务处理程序。（　　）

4. 汇总记账凭证账务处理程序可以简化总账的登记工作，但编制汇总记账凭证的工作较大。（　　）

5. 汇总记账凭证与科目汇总表的汇总方法基本相同，两种账务处理程序基本也相同。（　　）

6. 各种账务处理程序之间的主要区别在于登汇总账的依据和方法不同。（　　）

7. 科目汇总表账务处理程序是根据定期编制的科目汇总表登记总账的一种账务处理程序。（　　）

8. 采用科目汇总表账务处理程序，总账、明细账和日记账均应根据科目汇总表为依据登账。（　　）

9. 汇总记账凭证账户处理程序的主要不足在于编制汇总记账凭证的工作量较大。( )

10. 科目汇总表账务处理程序的主要不足在于科目汇总表不能反映账户之间的对应关系。( )

## 四、业务题

**习题一**

**【资料】**某工厂202×年7月1日各有关账户的余额见下表：

**某工厂202×年7月1日有关总分类账户余额**

| 账户名称 | 借方金额 | 贷方金额 |
|---|---|---|
| 库存现金 | 300 | |
| 银行存款 | 85 700 | |
| 应收账款 | 25 000 | |
| 原材料 | 80 000 | |
| 生产成本 | 20 000 | |
| 库存商品 | 19 000 | |
| 固定资产 | 240 000 | |
| 累计折旧 | | 45 000 |
| 短期借款 | | 40 000 |
| 应付账款 | | 20 000 |
| 应付职工薪酬 | | 50 000 |
| 应交税费 | | 5 000 |
| 本年利润 | | 10 000 |
| 实收资本 | | 300 000 |
| 合计 | 470 000 | 470 000 |

该工厂202×年7月1日有关明细分类账户的余额如下：

原材料：甲材料200吨，单价300元，金额60 000元。

乙材料1 000千克，单价20元，金额20 000元。

应付账款：红星工厂18 000元，东风工厂2 000元。

生产成本：直接材料10 000元，直接人工6 000元，制造费用4 000元。

该工厂7月份又发生以下的经济业务（假设不涉及增值税业务）：

（1）1日收回八一厂前欠的货款22 000元，存入银行。

（2）3日以银行存款40 000元归还银行短期借款。

（3）5日基本生产车间加工A产品领用甲材料50吨，计15 000元。

（4）6日以银行存款50 000元发放职工工资。

（5）10日长城公司投资转入全新机器一台，价值28 000元。

（6）10日出售A产品300件给八一厂，单价200元，货款收到存入银行。

（7）12 日向东风工厂购进甲材料 100 吨，单价 300 元，计 30 000 元，货款尚未支付，材料已验收入库。

（8）12 日购买办公用品 2 000 元，其中，车间领用 880 元，行政管理部门领用1 120 元。

（9）15 日以银行存款归还前欠红星工厂货款 15 000 元。

（10）15 日出售 A 产品 200 件给八一厂，售价 40 000 元，货款未收到。

（11）16 日车间生产 A 产品领用甲材料 100 吨，计 30 000 元，乙材料 200 千克，计4 000 元。

（12）18 日向银行借入短期借款 20 000 元，存入银行。

（13）20 日向红星工厂购进乙材料 1 500 千克，单价 20 元，计 30 000 元，货款未支付，材料已验收入库。

（14）22 日以银行存款归还前欠东风工厂货款 12 000 元。

（15）25 日长城公司投入货币资金 30 000 元，存入银行。

（16）28 日以银行存款归还前欠红星工厂的货款 30 000 元。

（17）31 日提固定资产折旧 5 800 元。其中，车间计提 2 800 元，行政管理部门计提3 000 元。

（18）31 日分配职工工资 57 000 元。其中：生产 A 产品工人工资 34 200 元，车间管理人员工资 9 120 元，行政管理人员工资 13 680 元。

（19）31 日结转制造费用 12 800 元。

（20）31 日 A 产品 1 000 件全部完工，结转已完工入库产品的生产成本 116 000 元。

（21）31 日结转本月已销售产品的成本 58 000 元。

（22）31 日结转主营业务收入 100 000 元。

（23）31 日结转主营业务成本 58 000 元，管理费用 17 800 元。

**【要求】**

1. 根据以上经济业务编制记账凭证。

2. 根据记账凭证登记银行存款日记账。

3. 根据记账凭证登记“银行存款”、“原材料”、“应付账款”、“生产成本”及“本年利润”总分类账。

**习题二**

**【资料】**同习题一的资料

**【要求】**

1. 根据记账凭证编制科目汇总表

2. 根据科目汇总表登记“银行存款”和“应付账款”总分类账。

**习题三**

**【资料】**同习题一的资料

**【要求】**

1. 根据记账凭证编制汇总收款凭证、汇总付款凭证以及汇总转账凭证。

2. 根据汇总凭证登记“银行存款”“应付账款”及“原材料”总分类账。

# 章节练习题参考答案

## 第一章 总 论

### 一、单项选择题

1. C 2. A 3. B 4. D 5. B
6. B 7. A 8. D 9. B 10. D
11. A 12. C 13. C 14. D 15. B
16. A 17. C 18. C 19. C 20. D
21. D 22. A 23. A 24. C 25. C

### 二、多项选择题

1. ABCE 2. ABCD 3. AD 4. BC 5. ACDE
6. ABCE 7. ABCDE 8. ABCD 9. ABCD 10. ABD
11. AB 12. ABCD 13. ABD 14. BD 15. CD

### 三、判断题

1. × 2. × 3. √ 4. √ 5. √
6. × 7. × 8. √ 9. × 10. ×
11. √ 12. × 13. × 14. √ 15. ×
16. √ 17. √ 18. × 19. √ 20. ×
21. × 22. √ 23. √ 24. × 25. √

### 四、业务题

习题一

| 业务序号 | 权责发生制 | | 收付实现制 | |
|---|---|---|---|---|
| | 收入 | 费用 | 收 入 | 费用 |
| 1 | 5 000 | | 5 000 | |
| 2 | 10 000 | | | |
| 3 | | 500 | | 3 000 |
| 4 | | | 8 000 | |
| 5 | | | 4 000 | |
| 6 | | 400 | | |

习题二

（1）收付实现制：收入＝30 000+800+26 000＝56 800 元
费用＝900+18 000+500＝19 400 元

（2）权责发生制：收入＝70 000+1 900+18 000＝89 900 元
费用＝900+500+1 200＝2 600 元

# 第二章　会计要素与会计等式

## 一、单项选择题

| | | | | |
|---|---|---|---|---|
| 1. B | 2. D | 3. A | 4. D | 5. C |
| 6. D | 7. D | 8. A | 9. A | 10. A |
| 11. D | 12. B | 13. A | 14. B | 15. D |
| 16. A | 17. B | 18. D | 19. A | 20. A |
| 21. D | 22. A | 23. B | 24. C | 25. C |
| 26. D | 27. A | 28. B | 29. B | 30. C |

## 二、多项选择题

| | | | | |
|---|---|---|---|---|
| 1. AD | 2. ABC | 3. ABCDE | 4. AD | 5. ABC |
| 6. BCD | 7. CD | 8. CD | 9. ABD | 10. ABCD |
| 11. ABCD | 12. BD | 13. ABC | 14. BCD | 15. BCD |
| 16. ABCD | 17. ABD | 18. ABCD | 19. AC | 20. ABD |
| 21. ABCD | 22. ABD | 23. CD | 24. BC | 25. AB |
| 26. AB | | | | |

## 三、判断题

| | | | | |
|---|---|---|---|---|
| 1. × | 2. × | 3. × | 4. × | 5. √ |
| 6. √ | 7. × | 8. × | 9. × | 10. √ |
| 11. × | 12. √ | 13. × | 14. √ | 15. √ |
| 16. √ | 17. × | 18. √ | 19. √ | 20. × |
| 21. √ | 22. × | | | |

## 四、业务题

习题一

1 属于库存现金；2 属于银行存款；3、4 属于应收账款；5、6 属于原材料；7、8 属于库存商品；9、10、11 属于固定资产；12 属于长期借款；13 属于应付账款；14 属于应交税费；15 属于实收资本；16 属于盈余公积。

其中，1~11 属于资产类，总金额为741 000元，12~14 属于负债类，总金额为111 000元，15、16 属于所有者权益类，总金额为 630 000 元。

**某企业 4 月 1 日财务状况表** 单位：元

| 资产 | 金额 | 负债及所有者权益 | 金额 |
|---|---|---|---|
| 库存现金 | 1 000 | 长期借款 | 100 000 |
| 银行存款 | 150 000 | 应付账款 | 5 000 |
| 应收账款 | 15 000 | 应交税费 | 6 000 |
| 原材料 | 60 000 | 实收资本 | 480 000 |
| 库存商品 | 115 000 | 盈余公积 | 150 000 |
| 固定资产 | 400 000 | | |
| 合计 | 741 000 | 合计 | 741 000 |

**习题二**

**某工厂 20×1 年 1 月初资产、负债及所有者权益余额表** 单位：元

| 资料 | 项目名称 | | |
|---|---|---|---|
| | 资产 | 负债 | 所有者权益 |
| 1. 企业拥有的实收资本300 000 | | | 300 000 |
| 2. 企业提留的盈余公积16 000 | | | 16 000 |
| 3. 企业库存材料价值80 000 | 80 000 | | |
| 4. 企业购入的专利权价值28 000 | 28 000 | | |
| 5. 企业库存现金4 000 | 4 000 | | |
| 6. 企业向银行借入的短期借款120 000 | | 120 000 | |
| 7. 企业在银行的存款168 000 | 168 000 | | |
| 8. 应向外单位收取的货款60 000 | 60 000 | | |
| 9. 企业的汽车价值100 000 | 100 000 | | |
| 10. 库存的 A 产品价值20 000 | 20 000 | | |
| 11. 企业在外单位的长期投资80 000 | 80 000 | | |
| 12. 企业的长期借款100 000 | | 100 000 | |
| 13. 未上交的税款24 000 | | 24 000 | |
| 14. 应付给供应单位的购货款40 000 | | 40 000 | |
| 15. 车间用设备60 000 | 60 000 | | |
| 合计 | 600 000 | 284 000 | 316 000 |

# 第三章 账户与复式记账

## 一、单项选择题

| | | | | |
|---|---|---|---|---|
| 1. C | 2. B | 3. A | 4. D | 5. D |
| 6. A | 7. A | 8. B | 9. B | 10. C |
| 11. D | 12. C | 13. A | 14. D | 15. C |
| 16. A | 17. B | 18. C | 19. D | 20. C |
| 21. C | 22. A | 23. B | 24. A | 25. D |
| 26. A | 27. A | 28. B | 29. C | 30. B |
| 31. D | 32. D | 33. C | 34. C | |

## 二、多项选择题

| | | | | |
|---|---|---|---|---|
| 1. BCD | 2. ABC | 3. AC | 4. BC | 5. CD |
| 6. ABCD | 7. BC | 8. ABCD | 9. ABC | 10. ABCD |
| 11. ABC | 12. BC | 13. ACD | 14. ACD | 15. BCD |
| 16. ACD | 17. ABD | 18. ACD | 19. AB | 20. BD |

## 三、判断题

| | | | | |
|---|---|---|---|---|
| 1. √ | 2. √ | 3. √ | 4. × | 5. √ |
| 6. × | 7. × | 8. × | 9. × | 10. × |
| 11. × | 12. √ | 13. × | 14. × | 15. × |
| 16. √ | 17. × | 18. √ | 19. √ | 20. × |
| 21. × | 22. √ | 23. √ | 24. × | 25. × |
| 26. × | 27. √ | 28. × | 29. × | 30. √ |
| 31. × | 32. × | | | |

## 四、业务题

### 习题一

**科目汇总表**

编制单位：达华公司202×年1月　　　　单位：元

| 账户名称 | 期初余额 | 本期借方发生额 | 本期贷方发生额 | 期末余额 |
|---|---|---|---|---|
| 库存现金 | 500 | 2 000 | 1 500 | (1 000) |
| 银行存款 | 120 000 | (30 000) | 80 000 | 70 000 |
| 应收账款 | 35 000 | 20 000 | (37 000) | 18 000 |
| 原材料 | (210 000) | 60 000 | 80 000 | 190 000 |
| 固定资产 | 500 000 | 50 000 | ( 0 ) | 550 000 |
| 短期借款 | 315 000 | (300 000) | 5 000 | 20 000 |
| 应付账款 | 28 000 | 8 000 | (12 000) | 32 000 |
| 其他应付款 | 3 000 | 2 000 | — | (1 000) |
| 实收资本 | 480 000 | ( 0 ) | 20 000 | 500 000 |

### 习题二

1. 借：银行存款　　10 000
　　贷：库存现金　　10 000
2. 借：原材料　　80 000
　　贷：银行存款　　80 000
3. 借：固定资产　　100 000
　　贷：实收资本　　100 000
4. 借：应交税费　　50 000
　　贷：银行存款　　50 000
5. 借：应付账款　　5 000
　　　银行存款　　95 000
　　贷：短期借款　　100 000
6. 借：长期借款　　8 000 000
　　贷：银行存款　　8 000 000
7. 借：其他应收款　　2 000
　　贷：库存现金　　2 000
8. 借：固定资产　　900 000
　　贷：银行存款　　900 000
9. 借：银行存款　　70 000
　　贷：应收账款　　70 000
10. 借：应付账款　　100 000

贷：银行存款　　　　100 000

习题三

**试算平衡表**

编制单位：长风公司　　　　202×年 2 月　　　　单位：元

| 账户名称 | 期初余额 | | 本期发生额 | | 期末余额 | |
|---|---|---|---|---|---|---|
| | 借方 | 贷方 | 借方 | 贷方 | 借方 | 贷方 |
| 库存现金 | 1125 | | 1 875 | (600) | 2 400 | |
| 银行存款 | (15 000) | | 75 000 | 82 500 | 7 500 | |
| 应收账款 | 12 750 | | (60 000) | 42 250 | 30 500 | |
| 库存商品 | (18 750) | | 37 500 | 56 250 | ( 0 ) | |
| 固定资产 | 262 500 | | 37 500 | (50 000) | 250 000 | |
| 应付账款 | | 49 500 | (48 250) | 18 750 | | (20 000) |
| 应交税金 | | 5 625 | (4 625) | 3150 | | 4150 |
| 实收资本 | | (255 000) | | | | 255 000 |
| 营业外收入 | | | (90 000) | 90 000 | | |
| 本年利润 | | | 78 750 | (90 000) | | 11 250 |
| 管理费用 | | | 78 750 | (78 750) | | |
| 合计 | (310125) | (310125) | (512 250) | (512 250) | (290 400) | (290 400) |

# 第四章　制造业企业主要经济业务的核算

## 一、单项选择题

1. C　2. A　3. A　4. C　5. D
6. D　7. D　8. B　9. A　10. D
11. B　12. A　13. A　14. B　15. D
16. A　17. B　18. A　19. A　20. A

## 二、多项选择题

1. ABCDE　2. ABCD　3. ABCD　4. ABC　5. ABCDE
6. ABC　7. BCD　8. CDE　9. ABC　10. ABCDE
11. ABC　12. AB　13. AD　14. ABC　15. ABD
16. AB　17. ABCD　18. ABC　19. ABC　20. AB

## 三、判断题

1. √　2. ×　3. ×　4. ×　5. √
6. ×　7. √　8. ×　9. ×　10. ×
11. ×　12. ×　13. ×　14. ×　15. ×
16. √　17. √　18. √　19. ×　20. ×

## 四、业务题

### 习题一

1. 采购费用分配率＝（2 500+500）/（4 000+1 000）＝0. 6（元/千克）

甲材料应分配的采购费＝4 000×0. 6＝2 400（元）

乙材料应分配的采购费＝1 000×0. 6＝600（元）

**材料采购成本计算表**

| 项目 | 采购费用分配标准（重量）（千克） | 分配率（元/千克） | 采购费用分配额（元） | 买价 | 总成本 | 单位成本（元/千克） |
|---|---|---|---|---|---|---|
| 甲材料 | 4 000 | 0. 6 | 2 400 | 118 000 | 120 400 | 30. 1 |
| 乙材料 | 1 000 | 0. 6 | 600 | 9 000 | 9 600 | 9. 6 |
| 合计 | 5 000 | | 3 000 | 127 000 | 130 000 | |

### 习题二

1. 借：银行存款　200 000
　　贷：实收资本　200 000
2. 借：银行存款　150 000
　　贷：短期借款　150 000
　借：财务费用　750
　　贷：应付利息　750
3. 借：管理费用　2 200
　　贷：其他应收款　2 000
　　　　库存现金　200
4. 借：在途物资——甲材料　38 000
　　　应交税费——应交增值税（进项税额）4 940
　　贷：银行存款　42 940
5. 借：生产成本——A 产品　6 000
　　贷：原材料——甲材料　3 600
　　　　　　——乙材料　2 400
6. 借：应交税金——应交增值税（已交税金）8 500

贷：银行存款　　8 500

7. 借：银行存款　　226 000

贷：主营业务收入——A 产品　　200 000

应交税费——应交增值税（销项税额）26 000

8. 借：制造费用　　800

贷：库存现金　　800

9. 借：库存现金　　30 000

贷：银行存款　　30 000

借：应付职工薪酬　　30 000

贷：库存现金　　30 000

10. 借：生产成本——B 产品　　5 000

贷：原材料——甲材料　　5 000

11. 借：销售费用　　1 000

贷：银行存款　　1 000

12. 借：生产成本——A 产品　　2 000

——B 产品　　1 500

制造费用　　1 000

管理费用　　500

贷：银行存款　　5 000

13. 借：应收账款　　56 500

贷：主营业务收入——B 产品　　50 000

应交税费——应交增值税（销项税额）6 500

14. 借：税金及附加　　1 500

贷：应交税费——应交消费税　　1 500

15. 借：制造费用　　780

贷：库存现金　　780

16. 借：制造费用　　1 800

管理费用　　3 200

贷：累计折旧　　5 000

17. 借：应付股利　　34 000

贷：银行存款　　34 000

18. 借：生产成本——A 产品　　12 000

——B 产品　　10 000

制造费用　　2 000

管理费用　　8 000

贷：应付职工薪酬　　32 000

19. 借：资本公积　　60 000

贷：实收资本　　60 000

20. 借：生产成本——A 产品　　3 828
　　　　　　　——B 产品　　2 552
　贷：制造费用　　6 380
21. 借：库存商品——A 产品　　38 500
　贷：生产成本——A 产品　　38 500
22. 借：营业外支出　　5 400
　贷：银行存款　　5 400
23. 借：主营业务成本——A 产品　　85 650
　　　　　　　　——B 产品　　25 000
　贷：库存商品——A 产品　　85 650
　　　　　　　——B 产品　　25 000
24. 借：主营业务收入　　250 000
　贷：本年利润　　250 000
借：本年利润　　133 200
　贷：主营业务成本　　110 650
　　税金及附加　　1 500
　　销售费用　　1 000
　　管理费用　　13 900
　　财务费用　　750
　　营业外支出　　5 400
25. 借：所得税费用　　29 200
　贷：应交税费——应交所得税　　29 200
借：本年利润　　29 200
　贷：所得税费用　　29 200
26. 借：本年利润　　87 600
　贷：利润分配　　87 600
27. 借：利润分配——提取盈余公积　　8 760
　贷：盈余公积　　8 760
28. 借：利润分配——应付股利　　35 040
　贷：应付股利　　35 040

# 第五章　账户的分类

## 一、单项选择题

| | | | | |
|---|---|---|---|---|
| 1. B | 2. C | 3. D | 4. A | 5. B |
| 6. C | 7. A | 8. D | 9. C | 10. A |

| | | | | |
|---|---|---|---|---|
| 11. A | 12. C | 13. B | 14. C | 15. A |
| 16. A | 17. D | 18. A | 19. A | 20. C |
| 21. C | 22. B | 23. D | 24. B | 25. A |

## 二、多项选择题

| | | | | |
|---|---|---|---|---|
| 1. ABCD | 2. ABCDE | 3. BC | 4. ABCD | 5. BCD |
| 6. ACD | 7. ABCD | 8. CDE | 9. AC | 10. BCD |
| 11. ABC | 12. AB | 13. ACE | 14. AB | 15. ABCE |

## 三、判断题

| | | | | |
|---|---|---|---|---|
| 1. × | 2. √ | 3. × | 4. × | 5. √ |
| 6. × | 7. √ | 8. × | 9. √ | 10. × |
| 11. √ | 12. × | 13. √ | 14. √ | 15. × |
| 16. × | 17. √ | 18. √ | 19. × | 20. × |

## 四、业务题

### 习题一

| 账户类别 | 资产类账户 | 负债类账户 | 所有者权益类账户 | 成本类账户 | 损益类账户 |
|---|---|---|---|---|---|
| 盘存账户 | 银行存款<br>库存现金<br>固定资产<br>库存商品 | | | | |
| 资本账户 | | | 实收资本 | | |
| 结算账户 | 应收账款<br>其他应收款 | 预收账款<br>应付账款<br>应交税费<br>应付职工薪酬<br>其他应付款<br>长期借款<br>应付票据 | | | |
| 调整账户 | 坏账准备 | | | | |
| 成本计算账户 | 在建工程<br>材料采购 | | | 生产成本 | |
| 财务成果账户 | | | 本年利润 | | |
| 留存收益账户 | | | 盈余公积 | | |

续表

| 账户类别 | 资产类账户 | 负债类账户 | 所有者权益类账户 | 成本类账户 | 损益类账户 |
|---|---|---|---|---|---|
| 损益计算账户 | | | | | 财务费用<br>所得税费用<br>主营业务成本<br>主营业务收入<br>营业外支出<br>管理费用<br>投资收益 |

习题二

单位：万元

| 项目序号 | 科目名称 | 资产 | 负债 | 所有者权益 | 盘存账户 | 结算账户 | 成本账户 | 损益类账户 |
|---|---|---|---|---|---|---|---|---|
| 1 | 固定资产 | 200 | | | √ | | | |
| 2 | 制造费用 | | | | | | 2 | |
| 3 | 原材料 | 50 | | | √ | | | |
| 4 | 周转材料 | 20 | | | √ | | | |
| 5 | 原材料 | 13 | | | √ | | | |
| 6 | 应收账款 | 8 | | | | √ | | |
| 7 | 应付账款 | | 15 | | | √ | | |
| 8 | 实收资本 | | | 40 | | | | |
| 9 | 本年利润 | | | 30 | | | | |
| 10 | 利润分配 | | | 10 | | | | |
| 11 | 库存现金 | 5 | | | √ | | | |
| 12 | 银行存款 | 23 | | | √ | | | |
| 13 | 其他应收款 | 0.8 | | | | √ | | |
| 14 | 盈余公积 | | | 3 | | | | |
| 15 | 累计折旧 | 13 | | | | | | |

# 第六章　会计凭证

## 一、单项选择题

1. B　　2. A　　3. A　　4. B　　5. B

| | | | | |
|---|---|---|---|---|
| 6. D | 7. D | 8. C | 9. B | 10. A |
| 11. B | 12. A | 13. C | 14. A | 15. A |
| 16. B | 17. C | 18. D | 19. D | 20. C |
| 21. B | 22. A | 23. A | 24. A | 25. A |

## 二、多项选择题

| | | | | |
|---|---|---|---|---|
| 1. ABC | 2. CE | 3. ABDE | 4. ABCD | 5. ABCE |
| 6. AB | 7. ABD | 8. ABDE | 9. AB | 10. CDE |
| 11. AC | 12. CD | 13. AB | 14. ABCD | 15. ABCDE |

## 三、判断题

| | | | | |
|---|---|---|---|---|
| 1. × | 2. √ | 3. × | 4. √ | 5. × |
| 6. × | 7. √ | 8. √ | 9. × | 10. × |
| 11. × | 12. √ | 13. √ | 14. × | 15. √ |
| 16. × | 17. √ | 18. × | 19. × | 20. × |
| 21. √ | 22. × | 23. × | 24. √ | 25. √ |

## 四、业务题

习题一

1.

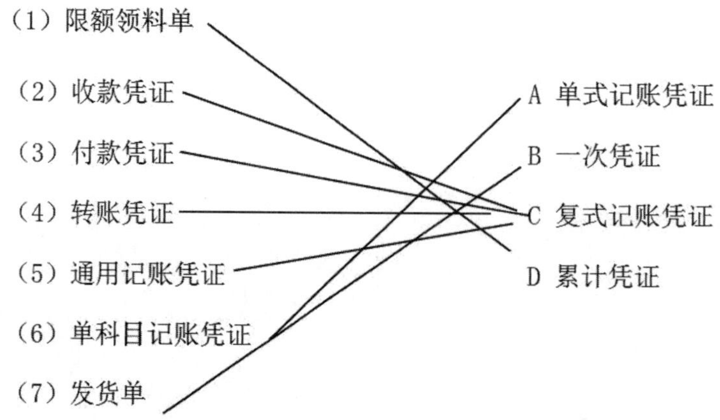


2.

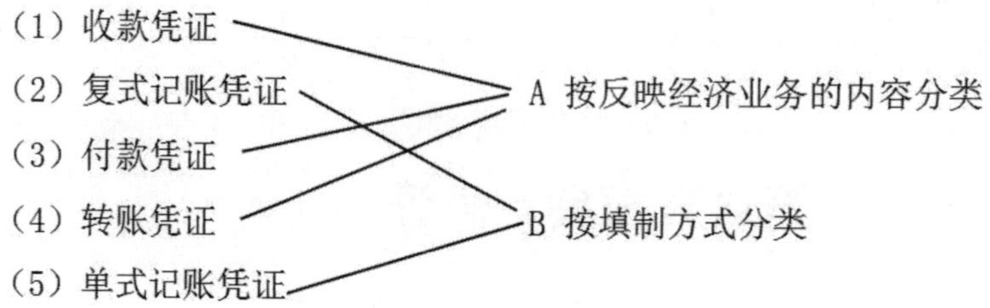


习题二

1. 借：库存现金　　2 000
　　贷：银行存款　　2 000

此项经济业务应填制银行存款付款凭证。

2. 借：其他应收款　　　　1 000
　　贷：库存现金　　　　　1 000

此项经济业务应填制库存现金付款凭证。

3. 借：生产成本　　　　20 000
　　　　管理费用　　　　3 000
　　贷：原材料　　　　　23 000

此项经济业务应填制转账凭证。

4. 借：管理费用　　　　5 000
　　贷：银行存款　　　　5 000

此项经济业务应填制银行存款付款凭证。

5. 借：管理费用　　　　1 200
　　贷：其他应收款　　　1 000
　　　　库存现金　　　　200

此项经济业务应填制转账凭证和库存现金付款凭证。

6. 借：银行存款　　　　500
　　贷：库存现金　　　　500

此项经济业务应填制库存现金付款凭证。

# 第七章　会计账簿

## 一、单项选择题

| | | | | |
|---|---|---|---|---|
| 1. D | 2. D | 3. D | 4. C | 5. C |
| 6. C | 7. B | 8. C | 9. C | 10. A |
| 11. B | 12. C | 13. A | 14. A | 15. C |
| 16. C | 17. C | 18. C | 19. A | 20. C |
| 21. B | 22. C | 23. B | 24. D | 25. B |
| 26. A | 27. C | 28. D | 29. B | 30. D |

## 二、多项选择题

| | | | | |
|---|---|---|---|---|
| 1. ACD | 2. AB | 3. ABC | 4. ABC | 5. AD |
| 6. AD | 7. BC | 8. ACD | 9. AB | 10. ABC |
| 11. BCD | 12. AB | 13. ABD | 14. CD | 15. ACD |
| 16. ABC | 17. ABCD | 18. ABC | 19. BCD | 20. CD |

## 三、判断题

| | | | | |
|---|---|---|---|---|
| 1. √ | 2. √ | 3. √ | 4. √ | 5. √ |
| 6. × | 7. √ | 8. × | 9. × | 10. × |
| 11. × | 12. × | 13. √ | 14. × | 15. √ |
| 16. × | 17. √ | 18. × | 19. × | 20. √ |

## 四、业务题

习题一

| 20××年 | | 凭证号数 | 摘要 | 会计分录 |
|---|---|---|---|---|
| 月 | 日 | | | |
| 1 | 2 | 银收字 1 号 | 1 收到货款 | 借：银行存款 2 830<br>贷：应收账款 2 830 |
| 1 | 3 | 转字 1 号 | 2 购入材料，款未付 | 借：在途物资 8 000<br>应交税费——应交增值税（进项税额） 1 040<br>贷：应付账款 9 040 |
| 1 | 5 | 银付字 1 号 | 3 提取现金 | 借：库存现金 300<br>贷：银行存款 300 |
| 1 | 6 | 现付字 1 号 | 4 预借差旅费 | 借：其他应收款 400<br>贷：库存现金 400 |
| 1 | 8 | 银付字 2 号 | 5 预付保险费 | 借：预付账款 6 000<br>贷：银行存款 6 000 |
| 1 | 9 | 银付字 3 号 | 6 支付欠款 | 借：应付账款 1 300<br>贷：银行存款 1 300 |
| 1 | 11 | 银付字 4 号 | 7 归还短期借款 | 借：短期借款 5 000<br>贷：银行存款 5 000 |
| 1 | 12 | 银付字 5 号 | 8 支付管理费用 | 借：管理费用 500<br>贷：银行存款 500 |
| 1 | 15 | 银付字 6 号 | 9 提取现金 | 借：库存现金 500<br>贷：银行存款 500 |
| 1 | 16 | 现付字 2 号 | 10 支付修理费 | 借：管理费用 400<br>贷：库存现金 400 |
| 1 | 20 | 现付字 3 号 | 11-1 报销差旅费 | 借：管理费用 50<br>贷：库存现金 50 |
| 1 | 20 | 转字 2 号 | 11-2 报销差旅费 | 借：管理费用 400<br>贷：其他应收款 400 |
| 1 | 22 | 银收字 2 号 | 12 短期借款存入银行 | 借：银行存款 2 000<br>贷：短期借款 2 000 |

续表

| 20××年 | | 凭证号数 | 摘要 | 会计分录 |
| --- | --- | --- | --- | --- |
| 月 | 日 | | | |
| 1 | 26 | 转字 3 号 | 13 销售产品，货款未收 | 借：应收账款 6 780<br>贷：主营业务收入——A 产品 6 000<br>应交税费——应交增值税（销项税额）780 |
| 1 | 31 | 转字 4 号 | 14 摊销财产保险费 | 借：管理费用 500<br>贷：预付账款 500 |
| 1 | 31 | 银付字 7 号 | 15 支付利息 | 借：财务费用 200<br>贷：银行存款 200 |
| 1 | 31 | 转字 5 号 | 16 固定资产折旧 | 借：管理费用 500<br>贷：累计折旧 500 |
| 1 | 31 | 转字 6 号 | 17-1 转账至本年利润 | 借：主营业务收入 6 000<br>贷：本年利润 6 000 |
| 1 | 31 | 转字 7 号 | 17-2 转账至本年利润 | 借：本年利润 2 350<br>贷：管理费用 2 350 |
| 1 | 31 | 转字 8 号 | 17-3 转账至本年利润 | 借：本年利润 200<br>贷：财务费用 200 |

库存现金

| 借方 | | 贷方 | |
| --- | --- | --- | --- |
| 期初余额 | 280 | (4) | 400 |
| (3) | 300 | (10) | 400 |
| (9) | 500 | (11-1) | 50 |
| 本期发生额 | 800 | 本期发生额 | 850 |
| 期末余额 | 230 | | |

银行存款

| 借方 | | 贷方 | |
| --- | --- | --- | --- |
| 期初余额 | 12 560 | (3) | 300 |
| (1) | 2 830 | (5) | 6 000 |
| (12) | 2 000 | (6) | 1 300 |
| | | (7) | 5 000 |
| | | (8) | 500 |
| | | (9) | 500 |
| | | (15) | 200 |
| 本期发生额 | 4 830 | 本期发生额 | 13 800 |
| 期末余额 | 3 590 | | |

应收账款

| | | | |
|---|---|---|---|
| 期初余额 | 2 830 | (1) | 2 830 |
| (13) | 6 780 | | |
| 本期发生额 | 6 780 | 本期发生额 | 2 830 |
| 期末余额 | 6 780 | | |

在途物资

| | | | |
|---|---|---|---|
| 期初余额 | 7 800 | | |
| (2) | 8 000 | | |
| 本期发生额 | 8 000 | | |
| 期末余额 | 15 800 | | |

其他应收款

| | | | |
|---|---|---|---|
| 期初余额 | 360 | (11-2) | 400 |
| (4) | 400 | | |
| 本期发生额 | 400 | 本期发生额 | 400 |
| 期末余额 | 360 | | |

预付账款

| | | | |
|---|---|---|---|
| 期初余额 | 480 | (14) | 500 |
| (5) | 6 000 | | |
| 本期发生额 | 6 000 | 本期发生额 | 500 |
| 期末余额 | 5 980 | | |

累计折旧

| | | | |
|---|---|---|---|
| | | 期初余额 | 3190 |
| | | (16) | 500 |
| | | 本期发生额 | 500 |
| | | 期末余额 | 3 690 |

固定资产

| | | | |
|---|---|---|---|
| 期初余额 | 25 800 | | |
| 期末余额 | 25 800 | | |

短期借款

| | | | |
|---|---|---|---|
| (7) | 5 000 | 期初余额 | 8 400 |
| | | (12) | 2 000 |
| 本期发生额 | 5 000 | 本期发生额 | 2 000 |
| | | 期末余额 | 5 400 |

应付账款

| | | | |
|---|---|---|---|
| (6) | 1 300 | 期初余额 | 1 300 |
| | | (2) | 9 040 |
| 本期发生额 | 1 300 | 本期发生额 | 9 040 |
| | | 期末余额 | 9 040 |

应交税费

| | | | |
|---|---|---|---|
| (2) | 1 040 | 期初余额 | 0 |
| | | (13) | 780 |
| 本期发生额 | 1 040 | 本期发生额 | 780 |
| | | 期末余额 | 260 |

应付利息

| | | | |
|---|---|---|---|
| | | 期初余额 | 120 |
| | | 期末余额 | 120 |

实收资本

| | | | |
|---|---|---|---|
| | | 期初余额 | 30 000 |
| | | 期末余额 | 30 000 |

盈余公积

| 借方 | | 贷方 | |
|---|---|---|---|
| | | 期初余额 | 2100 |
| | | 期末余额 | 2100 |

本年利润

| 借方 | | 贷方 | |
|---|---|---|---|
| （17-2） | 2 350 | 期初余额 | 5 000 |
| （17-3） | 200 | （17-1） | 6 000 |
| 本期发生额 | 2 550 | 本期发生额 | 6 000 |
| | | 期末余额 | 8 450 |

主营业务收入

| 借方 | | 贷方 | |
|---|---|---|---|
| （17） | 6 000 | 期初余额 | 0 |
| | | （13） | 6 000 |
| 本期发生额 | 6 000 | 本期发生额 | 6 000 |
| | | 期末余额 | 0 |

管理费用

| 借方 | | 贷方 | |
|---|---|---|---|
| 期初余额 | 0 | （17） | 2 350 |
| （8） | 500 | | |
| （10） | 400 | | |
| （11） | 450 | | |
| （14） | 500 | | |
| （16） | 500 | | |
| 本期发生额 | 2 350 | 本期发生额 | 2 350 |
| 期末余额 | 0 | | |

财务费用

| 借方 | | 贷方 | |
|---|---|---|---|
| 期初余额 | 0 | （17） | 200 |
| （15） | 200 | | |
| 本期发生额 | 200 | 本期发生额 | 200 |
| 期末余额 | 0 | | |

| 账户名称 | 期初余额 | | 本期发生额 | | 期末余额 | |
|---|---|---|---|---|---|---|
| | 借方 | 贷方 | 借方 | 贷方 | 借方 | 贷方 |
| 库存现金 | 280 | | 800 | 850 | 230 | |
| 银行存款 | 12 560 | | 4 830 | 13 800 | 3 590 | |
| 应收账款 | 2 830 | | 6 780 | 2 830 | 6 780 | |
| 在途物资 | 7 800 | | 8 000 | | 15 800 | |
| 其他应收款 | 360 | | 400 | 400 | 360 | |
| 预付账款 | 480 | | 6 000 | 500 | 5 980 | |
| 固定资产 | 25 800 | | | | 25 800 | |
| 累计折旧 | | 3190 | | 500 | | 3 690 |
| 短期借款 | | 8 400 | 5 000 | 2 000 | | 5 400 |
| 应付账款 | | 1 300 | 1 300 | 9 040 | | 9 040 |
| 应交税费 | | — | 1 040 | 780 | | 260 |
| 应付利息 | | 120 | | | | 120 |
| 实收资本 | | 30 000 | | | | 30 000 |
| 盈余公积 | | 2100 | | | | 2100 |
| 本年利润 | | 5 000 | 2 550 | 6 000 | | 8 450 |
| 主营业务收入 | | — | 6 000 | 6 000 | | — |
| 管理费用 | — | | 2 350 | 2 350 | | — |
| 财务费用 | — | | 200 | 200 | | — |
| 合计 | 50110 | 50110 | 45 250 | 45 250 | 58 540 | 58 540 |

注：表中“□”表示红字。

**习题二**

（1）采用划线更正法。

| 库存现金 | | 银行存款 | |
|---|---|---|---|
| 16 000 | | | 16 000 |
| ~~16 00~~ | | | ~~16 00~~ |

（2）采用红字更正法。

① 用红字编制一份相同的记账凭证并登账。

借：预收账款　　25 000

　贷：银行存款　　25 000

② 编制一份正确的记账凭证并登账。

借：预付账款　　25 000

贷：银行存款　　　25 000

账簿记录为：

| 预收账款 | |
|---|---|
| 原账 25 000 | |
| 更正① 25 000 | |

| 银行存款 | |
|---|---|
| | 25 000 原账 |
| | 25 000 更正① |

| 预付账款 | |
|---|---|
| 更正② 25 000 | |

| 银行存款 | |
|---|---|
| | 25 000 更正② |

（3）采用红字更正法。

将多记的 900 元费用，用红字编制一份记账凭证并冲账。

借：管理费用　　　900

贷：银行存款　　　900

账簿记录为：

| 管理费用 | |
|---|---|
| 原账 3 200 | |
| 更正 900 | |

| 银行存款 | |
|---|---|
| | 3 200 原账 |
| | 900 更正 |

（4）采用补充更正法。

将少记的 90 元用蓝字再编制一份记账凭证并登账。

借：在途物资　　　90

贷：银行存款　　　90

账簿记录为：

| 在途物资 | |
|---|---|
| 原账 450 | |
| 更正 90 | |

| 银行存款 | |
|---|---|
| | 450 原账 |
| | 90 更正 |

注：“□”表示红字。

# 第八章　财产清查

## 一、单项选择题

1. B　　2. C　　3. D　　4. D　　5. C

| | | | | |
|---|---|---|---|---|
| 6. A | 7. D | 8. C | 9. B | 10. B |
| 11. D | 12. A | 13. D | 14. C | 15. C |
| 16. A | 17. C | 18. C | 19. A | 20. B |
| 21. B | 22. A | 23. A | 24. C | 25. B |
| 26. D | 27. B | 28. C | 29. B | 30. B |

## 二、多项选择题

| | | | | |
|---|---|---|---|---|
| 1. ABCD | 2. ABCD | 3. BD | 4. CD | 5. BC |
| 6. ABCD | 7. CD | 8. BC | 9. BD | 10. BCD |
| 11. AB | 12. ABD | 13. BD | 14. ABC | 15. ACD |
| 16. ABD | 17. AB | 18. BC | 19. ABC | 20. ABCD |

## 三、判断题

| | | | | |
|---|---|---|---|---|
| 1. √ | 2. √ | 3. √ | 4. × | 5. √ |
| 6. × | 7. × | 8. × | 9. × | 10. × |
| 11. √ | 12. √ | 13. √ | 14. √ | 15. √ |
| 16. √ | 17. × | 18. √ | 19. × | 20. × |
| 21. × | 22. × | 23. √ | 24. × | 25. √ |
| 26. × | 27. × | 28. × | 29. × | 30. √ |

## 四、业务题

### 习题一

**银行存款余调节表**

编制单位：新泾公司　　202×年 11 月 30 日　　单位：元

| 项目 | 金额 | 项目 | 金额 |
|---|---|---|---|
| 银行存款日记账余额 | 476 000 | 银行对账单余额 | 486 000 |
| 加：银行已收，企业未收款 | 40 000 | 加：企业已收、银行未收款 | 70 200 |
| 减：银行已付、企业未付款 | 9 800 | 减：企业已付、银行未付款 | 50 000 |
| 调节后余额 | 506 200 | 调节后余额 | 506 200 |

### 习题二

（1）借：原材料——甲材料　5 000

　　贷：待处理财产损溢——待处理流动资产损溢　5 000

　借：待处理财产损溢——待处理流动资产损溢　5 000

　　贷：管理费用　5 000

（2）借：固定资产　40 000

贷：以前年度损益调整 40 000

补交所得税＝40 000×25%＝10 000（元）

借：以前年度损益调整 10 000

贷：应交税费——应交所得税 10 000

补提盈余公积＝30 000×10%＝3 000（元）

借：以前年度损益调整 3 000

贷：盈余公积 3 000

结转盈余净值到未分配利润＝40 000－10 000－3 000＝27 000（元）

借：以前年度损益调整 27 000

贷：利润分配——未分配利润 27 000

（3）借：待处理财产损溢——待处理流动资产损溢 210

贷：原材料——乙材料 210

借：管理费用 168

其他应收款——韩进 42

贷：待处理财产损溢——待处理流动资产损溢 210

（4）借：待处理财产损溢——待处理固定资产损溢 38 000

累计折旧 14 000

贷：固定资产 52 000

借：营业外支出 38 000

贷：待处理财产损溢——待处理固定资产损溢 38 000

（5）借：待处理财产损溢——待处理流动资产损溢 100

贷：库存现金 100

借：其他应收款——王娟 100

贷：待处理财产损溢——待处理流动资产损溢 100

# 第九章　财务报告

## 一、单项选择题

1. A　2. B　3. C　4. D　5. C
6. B　7. D　8. D　9. B　10. B
11. A　12. C　13. D　14. C　15. D
16. D　17. B　18. D

## 二、多项选择题

1. ABCD　2. AC　3. ABC　4. ABC　5. ABCD
6. ABCD　7. ABD　8. BCD　9. ABC　10. AB

11. CD　12. BCD　13. BCD　14. AB　15. ACD
16. ABCD

## 三、判断题

1. ×　2. √　3. √　4. √　5. ×
6. √　7. ×　8. ×　9. ×　10. √
11. ×　12. √　13. ×　14. ×　15. ×
16. ×　17. ×　18. √

## 四、业务题

**习题一**

（1）资产负债表上“货币资金”项目的数额=1 200+20 470+26 800=48 470（元）；

（2）资产负债表上“应收账款”项目的净额=65 000−500=64 500（元）；

（2）资产负债表上“存货”项目的数额=30 000+67 000+75 000+6 400−5100=173 300（元）；

（3）资产负债表上“应付账款”项目的数额=300 000+33 970=333 970（元）；

（4）资产负债表上“预收款项”项目的数额=53 700+185 000=238 700（元）；

（5）资产负债表上“固定资产”项目的净额=5 680 000+18 000−1 400 000−230 000=4 068 000（元）。

**习题二**

**利润表**

会企 02 表

编制单位：明达公司　　20×9 年 12 月份　　单位：元

| 项目 | 本期金额 | 上期金额（略） |
|---|---|---|
| 一、营业收入 | 1 285 000 | |
| 减：营业成本 | 720 000 | |
| 税金及附加 | 20 800 | |
| 销售费用 | 30 000 | |
| 管理费用 | 127 000 | |
| 财务费用 | 31 000 | |
| 加：投资收益（损失以“-”号填列） | 30 800 | |
| 公允价值变动收益（损失以“-”号填列） | 88 000 | |
| 资产减值损失（损失以“-”号填列） | -30 300 | |
| 二、营业利润（亏损以“-”号填列） | 444 700 | |
| 加：营业外收入 | 60 000 | |
| 减：营业外支出 | 67 000 | |

续表

| 项目 | 本期金额 | 上期金额（略） |
|---|---|---|
| 三、利润总额（亏损总额以“-”号填列） | 437 700 | |
| 减：所得税费用 | 109 425 | |
| 四、净利润（净亏损以“-”号填列） | 328 275 | |
| 五、每股收益： | （略） | |
| （一）基本每股收益 | | |
| （二）稀释每股收益 | | |

# 第十章　账务处理程序

## 一、单项选择题

1. B　2. B　3. C　4. B　5. A
6. C　7. B　8. D　9. A　10. C
11. D　12. D　13. D　14. D　15. D

## 二、多项选择题

1. BC　2. ABD　3. ABCD　4. BCD　5. AC
6. BCD　7. BC　8. ACD　9. AD　10. BCD

## 三、判断题

1. √　2. √　3. ×　4. √　5. ×
6. √　7. √　8. ×　9. √　10. √

## 四、业务题

### 习题一

1. 填制记账凭证。

**收款凭证**

借方科目：银行存款　　202×年 7 月 1 日　　银收字第 1 号

| 摘要 | 贷方科目 | | 金额 |
|---|---|---|---|
| | 一级科目 | 二级和明细科目 | |
| 收回八一厂欠款 | 应收账款 | 八一厂 | 22 000 |
| 合计 | | | 22 000 |

## 付款凭证

贷方科目：银行存款　　　　202×年 7 月 3 日　　　　银付字第 1 号

| 摘要 | 借方科目 | | 金额 |
|---|---|---|---|
| | 一级科目 | 二级和明细科目 | |
| 归还银行欠款 | 短期借款 | | 40 000 |
| 合计 | | | 40 000 |

## 转账凭证

202×年 7 月 5 日　　　　转字第 1 号

| 摘要 | 科目名称 | | 借方金额 | 贷方金额 |
|---|---|---|---|---|
| | 一级科目 | 二级和明细科目 | | |
| 生产领用材料 | 生产成本 | A 产品 | 15 000 | |
| | 原材料 | 甲材料 | | 15 000 |
| 合计 | | | 15 000 | 15 000 |

其余经济业务填制的记账凭证简化列示如下：

## 某工厂有关经济业务的记账凭证

| 202×年 | | 凭证号数 | 摘要 | 借或贷 | 会计科目 | 明细科目 | 金额 |
|---|---|---|---|---|---|---|---|
| 月 | 日 | | | | | | |
| 7 | 6 | 银付 2 | 发放工资 | 借 | 应付职工薪酬 | | 50 000 |
| | | | | 贷 | 银行存款 | | 50 000 |
| 7 | 10 | 转 2 | 收到投资设备 | 借 | 固定资产 | | 28 000 |
| | | | | 贷 | 实收资本 | | 28 000 |
| 7 | 10 | 银收 2 | 销售产品 300 件 | 借 | 银行存款 | | 60 000 |
| | | | | 贷 | 主营业务收入 | A 产品 | 60 000 |
| 7 | 12 | 转 3 | 购入材料 | 借 | 在途物资 | 甲材料 | 30 000 |
| | | | | 贷 | 应付账款 | 东风工厂 | 30 000 |
| 7 | 12 | 转 4 | 甲材料 100 吨入库 | 借 | 原材料 | 甲材料 | 30 000 |
| | | | | 贷 | 在途物资 | 甲材料 | 30 000 |
| 7 | 12 | 银付 3 | 购买办公用品 | 借 | 制造费用 | | 880 |
| | | | | | 管理费用 | | 1 120 |
| | | | | 贷 | 银行存款 | | 2 000 |
| 7 | 15 | 银付 4 | 偿还红星工厂货款 | 借 | 应付账款 | 红星工厂 | 15 000 |
| | | | | 贷 | 银行存款 | | 15 000 |

续表

| 202×年 | | 凭证号数 | 摘要 | 借或贷 | 会计科目 | 明细科目 | 金额 |
|---|---|---|---|---|---|---|---|
| 月 | 日 | | | | | | |
| 7 | 15 | 转 5 | 销售产品 200 件 | 借<br>贷 | 应收账款<br>主营业务收入 | 八一厂<br>A 产品 | 40 000<br>40 000 |
| 7 | 16 | 转 6 | 生产领用材料 | 借<br>贷 | 生产成本<br>原材料 | A 产品<br>甲材料<br>乙材料 | 34 000<br>30 000<br>4 000 |
| 7 | 18 | 银收 3 | 取得短期借款 | 借<br>贷 | 银行存款<br>短期借款 | | 20 000<br>20 000 |
| 7 | 20 | 转 7 | 购入材料 | 借<br>贷 | 在途物资<br>应付账款 | 乙材料<br>红星工厂 | 30 000<br>30 000 |
| 7 | 20 | 转 8 | 乙材料入库 | 借<br>贷 | 原材料<br>在途物资 | 乙材料<br>乙材料 | 30 000<br>30 000 |
| 7 | 22 | 银付 5 | 偿还东风工厂货款 | 借<br>贷 | 应付账款<br>银行存款 | 东风工厂 | 12 000<br>12 000 |
| 7 | 25 | 银收 4 | 收到长城公司投资 | 借<br>贷 | 银行存款<br>实收资本 | | 30 000<br>30 000 |
| 7 | 28 | 银付 6 | 偿还红星工厂货款 | 借<br>贷 | 应付账款<br>银行存款 | 红星工厂 | 30 000<br>30 000 |
| 7 | 31 | 转 9 | 计提折旧 | 借<br><br>贷 | 制造费用<br>管理费用<br>累计折旧 | | 2 800<br>3 000<br>5 800 |
| 7 | 31 | 转 10 | 分配工资 | 借<br><br><br>贷 | 生产成本<br>制造费用<br>管理费用<br>应付职工薪酬 | A 产品 | 34 200<br>9 120<br>13 680<br>57 000 |
| 7 | 31 | 转 11 | 结转制造费用 | 借<br>贷 | 生产成本<br>制造费用 | A 产品 | 12 800<br>12 800 |
| 7 | 31 | 转 12 | 结转入库产品成本 | 借<br>贷 | 库存商品<br>生产成本 | A 产品<br>A 产品 | 116 000<br>116 000 |
| 7 | 31 | 转 13 | 结转已售 500 件 A 产品的生产成本 | 借<br>贷 | 主营业务成本<br>库存商品 | A 产品 | 58 000<br>58 000 |
| 7 | 31 | 转 14 | 结转主营业务收入 | 借<br>贷 | 主营业务收入<br>本年利润 | | 100 000<br>100 000 |
| 7 | 31 | 转 15 | 结转主营业务成本、管理费用 | 借<br>贷 | 本年利润<br>主营业务成本<br>管理费用 | | 75 800<br>58 000<br>17 800 |

2. 根据记账凭证登记银行存款日记账。

**银行存款日记账**

| 202×年 | | 凭证号数 | 摘要 | 对方科目 | 借方 | 贷方 | 余额 |
|---|---|---|---|---|---|---|---|
| 月 | 日 | | | | | | |
| 7 | 1 | | 期初余额 | | | | 85 700 |
| | 1 | 银收 1 | 收回八一厂欠款 | 应收账款 | 22 000 | | 107 700 |
| | 3 | 银付 1 | 归还银行借款 | 短期借款 | | 40 000 | 67 700 |
| | 6 | 银付 2 | 发放工资 | 应付职工薪酬 | | 50 000 | 17 700 |
| | 10 | 银收 2 | 销售产品 300 件 | 主营业务收入 | 60 000 | | 77 700 |
| | 12 | 银付 3 | 购买办公用品 | 制造费用、管理费用 | | 2 000 | 75 700 |
| | 15 | 银付 4 | 偿还红星工厂货款 | 应付货款 | | 15 000 | 60 700 |
| | 18 | 银收 3 | 取得短期借款 | 短期借款 | 20 000 | | 80 700 |
| | 22 | 银付 5 | 偿还东风工厂货款 | 应付账款 | | 12 000 | 68 700 |
| | 25 | 银收 4 | 收到长城公司投资 | 实收资本 | 30 000 | | 98 700 |
| | 28 | 银付 6 | 偿还红星工厂货款 | 应付账款 | | 30 000 | 68 700 |
| 7 | 31 | | 本月合计 | | 132 000 | 149 000 | 68 700 |

3. 根据记账凭证登记总分类账。

**总分类账**

账户名称：银行存款

| 202×年 | | 凭证号数 | 摘要 | 借方 | 贷方 | 借或贷 | 余额 |
|---|---|---|---|---|---|---|---|
| 月 | 日 | | | | | | |
| 7 | 1 | | 期初余额 | | | 借 | 85 700 |
| | 1 | 银收 1 | 收回八一厂欠款 | 22 000 | | 借 | 107 700 |
| | 3 | 银付 1 | 归还银行借款 | | 40 000 | 借 | 67 700 |
| | 6 | 银付 2 | 发放工资 | | 50 000 | 借 | 17 700 |
| | 10 | 银收 2 | 销售产品 300 件 | 60 000 | | 借 | 77 700 |
| | 12 | 银付 3 | 购买办公用品 | | 2 000 | 借 | 75 700 |
| | 15 | 银付 4 | 偿还红星工厂货款 | | 15 000 | 借 | 60 700 |
| | 18 | 银收 3 | 取得短期借款 | 20 000 | | 借 | 80 700 |
| | 22 | 银付 5 | 偿还东风工厂货款 | | 12 000 | 借 | 68 700 |
| | 25 | 银收 4 | 收到长城公司投资 | 30 000 | | 借 | 98 700 |
| | 28 | 银付 6 | 偿还红星工厂货款 | | 30 000 | 借 | 68 700 |
| 7 | 31 | | 本期发生额及期末余额 | 132 000 | 149 000 | 借 | 68 700 |

**总分类账**

账户名称：原材料

| 202×年 | | 凭证号数 | 摘要 | 借方 | 贷方 | 借或贷 | 余额 |
|---|---|---|---|---|---|---|---|
| 月 | 日 | | | | | | |
| 7 | 1 | | 期初余额 | | | 借 | 80 000 |
| | 5 | 转 1 | 生产领用材料 | | 15 000 | 借 | 65 000 |
| | 12 | 转 4 | 甲材料 100 吨入库 | 30 000 | | 借 | 95 000 |
| | 16 | 转 6 | 生产领用材料 | | 34 000 | 借 | 61 000 |
| | 20 | 转 8 | 乙材料入库 | 30 000 | | 借 | 91 000 |
| 7 | 31 | | 本期发生额及期末余额 | 60 000 | 49 000 | 借 | 91 000 |

**总分类账**

账户名称：应付账款

| 202×年 | | 凭证号数 | 摘要 | 借方 | 贷方 | 借或贷 | 余额 |
|---|---|---|---|---|---|---|---|
| 月 | 日 | | | | | | |
| 7 | 1 | | 期初余额 | | | 贷 | 20 000 |
| | 12 | 转 3 | 购入材料 | | 30 000 | 贷 | 50 000 |
| | 15 | 银付 4 | 偿还红星工厂货款 | 15 000 | | 贷 | 35 000 |
| | 20 | 转 7 | 购入材料 | | 30 000 | 贷 | 65 000 |
| | 22 | 银付 5 | 偿还东风工厂货款 | 12 000 | | 贷 | 53 000 |
| | 28 | 银付 6 | 偿还红星工厂货款 | 30 000 | | 贷 | 23 000 |
| 7 | 31 | | 本期发生额及期末余额 | 57 000 | 60 000 | 贷 | 23 000 |

**总分类账**

账户名称：生产成本

| 202×年 | | 凭证号数 | 摘要 | 借方 | 贷方 | 借或贷 | 余额 |
|---|---|---|---|---|---|---|---|
| 月 | 日 | | | | | | |
| 7 | 1 | | 期初余额 | | | 借 | 20 000 |
| | 5 | 转 1 | 生产领用材料 | 15 000 | | 借 | 35 000 |
| | 16 | 转 6 | 生产领用材料 | 34 000 | | 借 | 69 000 |
| | 31 | 转 10 | 分配工资 | 34 200 | | 借 | 103 200 |
| | 31 | 转 11 | 结转制造成本 | 12 800 | | 借 | 116 000 |
| | 31 | 转 12 | 结转入库产品成本 | | 116 000 | 平 | 0 |
| | 31 | 转 13 | | | | | |
| | 31 | | 本期发生额及期末余额 | 96 000 | 116 000 | 平 | 0 |

**总分类账**

账户名称：本年利润

| 202×年 | | 凭证号数 | 摘要 | 借方 | 贷方 | 借或贷 | 余额 |
|---|---|---|---|---|---|---|---|
| 月 | 日 | | | | | | |
| 7 | 1 | | 期初余额 | | | 贷 | 10 000 |
| | 31 | 转 14 | 结转主营业务收入 | | 100 000 | 贷 | 110 000 |
| | 31 | 转 15 | 结转主营业务成本、管理费用 | 75 800 | | 贷 | 34 200 |
| 7 | 31 | | 本期发生额及期末余额 | 75 800 | 100 000 | 贷 | 34 200 |

习题二

1. 编制科目汇总表。

**科目汇总表**

科汇第 1 号

| 总账科目 | 上旬 | | 中旬 | | 下旬 | | 合计 | |
|---|---|---|---|---|---|---|---|---|
| | 借方 | 贷方 | 借方 | 贷方 | 借方 | 贷方 | 借方 | 贷方 |
| 银行存款 | 82 000 | 90 000 | 20 000 | 17 000 | 30 000 | 42 000 | 132 000 | 149 000 |
| 应收账款 | | 22 000 | 40 000 | | | | 40 000 | 22 000 |
| 原材料 | | 15 000 | 60 000 | 34 000 | | | 60 000 | 49 000 |

续表

| 总账科目 | 上旬 | | 中旬 | | 下旬 | | 合计 | |
|---|---|---|---|---|---|---|---|---|
| | 借方 | 贷方 | 借方 | 贷方 | 借方 | 贷方 | 借方 | 贷方 |
| 在途物资 | | | 60 000 | 60 000 | | | 60 000 | 60 000 |
| 应付账款 | | | 15 000 | 60 000 | 42 000 | | 57 000 | 60 000 |
| 生产成本 | 15 000 | | 34 000 | | 47 000 | 116 000 | 96 000 | 116 000 |
| 库存商品 | | | | | 116 000 | 58 000 | 116 000 | 58 000 |
| 固定资产 | 28 000 | | | | | | 28 000 | |
| 累计折旧 | | | | | | 5 800 | | 5 800 |
| 短期借款 | 40 000 | | | 20 000 | | | 40 000 | 20 000 |
| 应付职工薪酬 | 50 000 | | | | | 57 000 | 50 000 | 57 000 |
| 实收资本 | | 28 000 | | | | 30 000 | | 58 000 |
| 制造费用 | | | 880 | | 11 920 | 12 800 | 12 800 | 12 800 |
| 管理费用 | | | 1 120 | | 16 680 | 17 800 | 17 800 | 17 800 |
| 主营业务成本 | | | | | 58 000 | 58 000 | 58 000 | 58 000 |
| 主营业务收入 | | 60 000 | | 40 000 | 100 000 | | 100 000 | 100 000 |
| 本年利润 | | | | | 75 800 | 100 000 | 75 800 | 100 000 |
| 合计 | 215 000 | 215 000 | 231 000 | 231 000 | 497 400 | 497 400 | 943 400 | 943 400 |

2. 登记“银行存款”和“应付账款”总分类账。

**总分类账**

账户名称：银行存款

| 202×年 | | 凭证号数 | 摘要 | 借方 | 贷方 | 借或贷 | 余额 |
|---|---|---|---|---|---|---|---|
| 月 | 日 | | | | | | |
| 7 | 1 | | 期初余额 | | | 借 | 85 700 |
| | 10 | 科汇 1 | 1—10 日汇总 | 82 000 | 90 000 | 借 | 77 700 |
| | 20 | 科汇 1 | 11—20 日汇总 | 20 000 | 17 000 | 借 | 80 700 |
| | 31 | 科汇 1 | 21—31 日汇总 | 30 000 | 42 000 | 借 | 68 700 |
| 7 | 31 | | 本期发生额及期末余额 | 132 000 | 149 000 | 借 | 78 700 |

### 总分类账

账户名称：应付账款

| 202×年 | | 凭证号数 | 摘要 | 借方 | 贷方 | 借或贷 | 余额 |
|---|---|---|---|---|---|---|---|
| 月 | 日 | | | | | | |
| 7 | 1 | | 期初余额 | | | 贷 | 20 000 |
| | 20 | 科汇 1 | 11—20 日汇总 | 15 000 | 60 000 | 贷 | 65 000 |
| | 31 | 科汇 1 | 21—31 日汇总 | 42 000 | | 贷 | 23 000 |
| 7 | 31 | | 本期发生额及期末余额 | 57 000 | 60 000 | 借 | 23 000 |

**习题三**

1. 编制汇总收款、付款及转账凭证。

### 汇总收款凭证

借方科目：银行存款　　　　202×年 7 月 31 日　　　　汇收字第 1 号

| 贷方科目 | 金额 | | | | 总账　页数 | |
|---|---|---|---|---|---|---|
| | 上旬 | 中旬 | 下旬 | 合计 | 借方 | 贷方 |
| 应收账款 | 22 000 | | | 22 000 | （略） | （略） |
| 主营业务收入 | 60 000 | | | 60 000 | | |
| 短期借款 | | 20 000 | | 20 000 | | |
| 实收资本 | | | 30 000 | 30 000 | | |
| 合计 | 82 000 | 20 000 | 30 000 | 132 000 | | |

### 汇总付款凭证

贷方科目：银行存款　　　　202×年 7 月 31 日　　　　汇付字第 1 号

| 借方科目 | 金额 | | | | 总账　页数 | |
|---|---|---|---|---|---|---|
| | 上旬 | 中旬 | 下旬 | 合计 | 借方 | 贷方 |
| 短期借款 | 40 000 | | | 40 000 | （略） | （略） |
| 应付职工薪酬 | 50 000 | | | 50 000 | | |
| 制造费用 | | 880 | | 880 | | |
| 管理费用 | | 1 120 | | 1120 | | |
| 应付账款 | | 15 000 | 42 000 | 57 000 | | |
| 合计 | 90 000 | 17 000 | 42 000 | 149 000 | | |

### 汇总转账凭证

贷方科目：原材料　　　202×年 7 月 31 日　　　汇转字第 1 号

| 借方科目 | 金额 | | | | 总账　页数 | |
|---|---|---|---|---|---|---|
| | 上旬 | 中旬 | 下旬 | 合计 | 借方 | 贷方 |
| 生产成本 | 15 000 | 34 000 | | 49 000 | （略） | （略） |
| 合计 | 15 000 | 34 000 | | 49 000 | | |

### 汇总转账凭证

贷方科目：实收资本　　　202×年 7 月 31 日　　　汇转字第 2 号

| 借方科目 | 金额 | | | | 总账　页数 | |
|---|---|---|---|---|---|---|
| | 上旬 | 中旬 | 下旬 | 合计 | 借方 | 贷方 |
| 固定资产 | 28 000 | | | 28 000 | （略） | （略） |
| 合计 | 28 000 | | | 28 000 | | |

### 汇总转账凭证

贷方科目：应付账款　　　202×年 7 月 31 日　　　汇转字第 3 号

| 借方科目 | 金额 | | | | 总账　页数 | |
|---|---|---|---|---|---|---|
| | 上旬 | 中旬 | 下旬 | 合计 | 借方 | 贷方 |
| 在途物资 | | 60 000 | | 60 000 | （略） | （略） |
| 合计 | | 60 000 | | 60 000 | | |

### 汇总转账凭证

贷方科目：在途物资　　　202×年 7 月 31 日　　　汇转字第 4 号

| 借方科目 | 金额 | | | | 总账　页数 | |
|---|---|---|---|---|---|---|
| | 上旬 | 中旬 | 下旬 | 合计 | 借方 | 贷方 |
| 原材料 | | 60 000 | | 60 000 | （略） | （略） |
| 合计 | | 60 000 | | 60 000 | | |

## 汇总转账凭证

贷方科目：主营业务收入　　202×年 7 月 31 日　　汇转字第 5 号

| 借方科目 | 金额 | | | | 总账　页数 | |
|---|---|---|---|---|---|---|
| | 上旬 | 中旬 | 下旬 | 合计 | 借方 | 贷方 |
| 应收账款 | | 40 000 | | 40 000 | （略） | （略） |
| 合计 | | 40 000 | | 40 000 | | |

## 汇总转账凭证

贷方科目：累计折旧　　202×年 7 月 31 日　　汇转字第 6 号

| 借方科目 | 金额 | | | | 总账　页数 | |
|---|---|---|---|---|---|---|
| | 上旬 | 中旬 | 下旬 | 合计 | 借方 | 贷方 |
| 制造费用 | | | 2 800 | 2 800 | （略） | （略） |
| 管理费用 | | | 3 000 | 3 000 | | |
| 合计 | | | 5 800 | 5 800 | | |

## 汇总转账凭证

贷方科目：应付职工薪酬　　202×年 7 月 31 日　　汇转字第 7 号

| 借方科目 | 金额 | | | | 总账　页数 | |
|---|---|---|---|---|---|---|
| | 上旬 | 中旬 | 下旬 | 合计 | 借方 | 贷方 |
| 生产成本 | | | 34 200 | 34 200 | （略） | （略） |
| 制造费用 | | | 9 120 | 9 120 | | |
| 管理费用 | | | 13 680 | 13 680 | | |
| 合计 | | | 57 000 | 57 000 | | |

## 汇总转账凭证

贷方科目：制造费用　　202×年 7 月 31 日　　汇转字第 8 号

| 借方科目 | 金额 | | | | 总账　页数 | |
|---|---|---|---|---|---|---|
| | 上旬 | 中旬 | 下旬 | 合计 | 借方 | 贷方 |
| 生产成本 | | | 12 800 | 12 800 | （略） | （略） |
| 合计 | | | 12 800 | 12 800 | | |

## 汇总转账凭证

贷方科目：生产成本　　202×年 7 月 31 日　　汇转字第 9 号

| 借方科目 | 金额 | | | | 总账　页数 | |
| --- | --- | --- | --- | --- | --- | --- |
| | 上旬 | 中旬 | 下旬 | 合计 | 借方 | 贷方 |
| 库存商品 | | | 116 000 | 116 000 | （略） | （略） |
| 合计 | | | 116 000 | 116 000 | | |

## 汇总转账凭证

贷方科目：库存商品　　202×年 7 月 31 日　　汇转字第 10 号

| 借方科目 | 金额 | | | | 总账　页数 | |
| --- | --- | --- | --- | --- | --- | --- |
| | 上旬 | 中旬 | 下旬 | 合计 | 借方 | 贷方 |
| 主营业务成本 | | | 58 000 | 58 000 | （略） | （略） |
| 合计 | | | 58 000 | 58 000 | | |

## 汇总转账凭证

贷方科目：本年利润　　202×年 7 月 31 日　　汇转字第 11 号

| 借方科目 | 金额 | | | | 总账　页数 | |
| --- | --- | --- | --- | --- | --- | --- |
| | 上旬 | 中旬 | 下旬 | 合计 | 借方 | 贷方 |
| 主营业务收入 | | | 100 000 | 100 000 | （略） | （略） |
| 合计 | | | 100 000 | 100 000 | | |

## 汇总转账凭证

贷方科目：主营业务成本　　202×年 7 月 31 日　　汇转字第 12 号

| 借方科目 | 金额 | | | | 总账　页数 | |
| --- | --- | --- | --- | --- | --- | --- |
| | 上旬 | 中旬 | 下旬 | 合计 | 借方 | 贷方 |
| 本年利润 | | | 58 000 | 58 000 | （略） | （略） |
| 合计 | | | 58 000 | 58 000 | | |

## 汇总转账凭证

贷方科目：管理费用　　202×年7月31日　　汇转字第13号

| 借方科目 | 金额 | | | | 总账　页数 | |
|---|---|---|---|---|---|---|
| | 上旬 | 中旬 | 下旬 | 合计 | 借方 | 贷方 |
| 本年利润 | | | 17 800 | 17 800 | （略） | （略） |
| 合计 | | | 17 800 | 17 800 | | |

2. 根据汇总凭证登记总分类账。

## 总分类账

账户名称：银行存款

| 202×年 | | 凭证号数 | 摘要 | 对方科目 | 借方 | 贷方 | 借或贷 | 余额 |
|---|---|---|---|---|---|---|---|---|
| 月 | 日 | | | | | | | |
| 7 | 1 | | 期初余额 | | | | 借 | 85 700 |
| | 31 | 汇收1 | 全月汇总 | 应收账款 | 22 000 | | 借 | 107 700 |
| | | | | 主营业务收入 | 60 000 | | 借 | 167 700 |
| | | | | 短期借款 | 20 000 | | 借 | 187 700 |
| | | | | 实收资本 | 30 000 | | 借 | 217 700 |
| | 31 | 汇付1 | 全月汇总 | 短期借款 | | 40 000 | 借 | 177 700 |
| | | | | 应付职工薪酬 | | 50 000 | 借 | 127 700 |
| | | | | 制造费用 | | 880 | 借 | 126 820 |
| | | | | 管理费用 | | 1 120 | 借 | 125 700 |
| | | | | 应付账款 | | 57 000 | 借 | 68 700 |
| 7 | 31 | | 本期发生额及期末余额 | | 132 000 | 149 000 | 借 | 78 700 |

## 总分类账

账户名称：应付账款

| 202×年 | | 凭证号数 | 摘要 | 对方科目 | 借方 | 贷方 | 借或贷 | 余额 |
|---|---|---|---|---|---|---|---|---|
| 月 | 日 | | | | | | | |
| 7 | 1 | | 期初余额 | | | | 贷 | 20 000 |
| | 31 | 汇付1 | 全月汇总 | 银行存款 | 57 000 | | 借 | 37 000 |
| | 31 | 汇转3 | 全月汇总 | 在途物资 | | 60 000 | 贷 | 23 000 |
| 7 | 31 | | 本期发生额及期末余额 | | 57 000 | 60 000 | 贷 | 23 000 |

**总分类账**

账户名称：原材料

| 202×年 | | 凭证号数 | 摘要 | 对方科目 | 借方 | 贷方 | 借或贷 | 余额 |
|---|---|---|---|---|---|---|---|---|
| 月 | 日 | | | | | | | |
| 7 | 1 | | 期初余额 | | | | 借 | 80 000 |
| | 31 | 汇转 1 | 全月汇总 | 生产成本 | | 49 000 | 借 | 31 000 |
| | 31 | 汇转 4 | 全月汇总 | 在途物资 | 60 000 | | 借 | 91 000 |
| 7 | 31 | | 本期发生额及期末余额 | | 60 000 | 49 000 | 借 | 91 000 |

# 附录

## 企业会计准则——基本准则

## 中华人民共和国财政部令第76号

（2006年2月15日财政部令第33号公布，自2007年1月1日起施行。2014年7月23日根据《财政部关于修改〈企业会计准则——基本准则〉的决定》修改）

### 第一章　总　则

**第一条**　为了规范企业会计确认、计量和报告行为，保证会计信息质量，根据《中华人民共和国会计法》和其他有关法律、行政法规，制定本准则。

**第二条**　本准则适用于在中华人民共和国境内设立的企业（包括公司，下同）。

**第三条**　企业会计准则包括基本准则和具体准则，具体准则的制定应当遵循本准则。

**第四条**　企业应当编制财务会计报告（又称财务报告，下同）。财务会计报告的目标是向财务会计报告使用者提供与企业财务状况、经营成果和现金流量等有关的会计信息，反映企业管理层受托责任履行情况，有助于财务会计报告使用者作出经济决策。

财务会计报告使用者包括投资者、债权人、政府及其有关部门和社会公众等。

**第五条**　企业应当对其本身发生的交易或者事项进行会计确认、计量和报告。

**第六条**　企业会计确认、计量和报告应当以持续经营为前提。

**第七条**　企业应当划分会计期间，分期结算账目和编制财务会计报告。

会计期间分为年度和中期。中期是指短于一个完整的会计年度的报告期间。

**第八条**　企业会计应当以货币计量。

**第九条**　企业应当以权责发生制为基础进行会计确认、计量和报告。

**第十条**　企业应当按照交易或者事项的经济特征确定会计要素。会计要素包括资产、负债、所有者权益、收入、费用和利润。

**第十一条**　企业应当采用借贷记账法记账。

### 第二章　会计信息质量要求

**第十二条**　企业应当以实际发生的交易或者事项为依据进行会计确认、计量和报告，如实反映符合确认和计量要求的各项会计要素及其他相关信息，保证会计信息真实可靠、内容完整。

**第十三条**　企业提供的会计信息应当与财务会计报告使用者的经济决策需要相关，有助于财务会计报告使用者对企业过去、现在或者未来的情况作出评价或者预测。

**第十四条** 企业提供的会计信息应当清晰明了，便于财务会计报告使用者理解和使用。

**第十五条** 企业提供的会计信息应当具有可比性。

同一企业不同时期发生的相同或者相似的交易或者事项，应当采用一致的会计政策，不得随意变更。确需变更的，应当在附注中说明。

不同企业发生的相同或者相似的交易或者事项，应当采用规定的会计政策，确保会计信息口径一致、相互可比。

**第十六条** 企业应当按照交易或者事项的经济实质进行会计确认、计量和报告，不应仅以交易或者事项的法律形式为依据。

**第十七条** 企业提供的会计信息应当反映与企业财务状况、经营成果和现金流量等有关的所有重要交易或者事项。

**第十八条** 企业对交易或者事项进行会计确认、计量和报告应当保持应有的谨慎，不应高估资产或者收益、低估负债或者费用。

**第十九条** 企业对于已经发生的交易或者事项，应当及时进行会计确认、计量和报告，不得提前或者延后。

## 第三章 资 产

**第二十条** 资产是指企业过去的交易或者事项形成的、由企业拥有或者控制的、预期会给企业带来经济利益的资源。

前款所指的企业过去的交易或者事项包括购买、生产、建造行为或其他交易或者事项。预期在未来发生的交易或者事项不形成资产。

由企业拥有或者控制，是指企业享有某项资源的所有权，或者虽然不享有某项资源的所有权，但该资源能被企业所控制。

预期会给企业带来经济利益，是指直接或者间接导致现金和现金等价物流入企业的潜力。

**第二十一条** 符合本准则第二十条规定的资产定义的资源，在同时满足以下条件时，确认为资产：

（一）与该资源有关的经济利益很可能流入企业；

（二）该资源的成本或者价值能够可靠地计量。

**第二十二条** 符合资产定义和资产确认条件的项目，应当列入资产负债表；符合资产定义、但不符合资产确认条件的项目，不应当列入资产负债表。

## 第四章 负 债

**第二十三条** 负债是指企业过去的交易或者事项形成的、预期会导致经济利益流出企业的现时义务。

现时义务是指企业在现行条件下已承担的义务。未来发生的交易或者事项形成的义务，不属于现时义务，不应当确认为负债。

**第二十四条** 符合本准则第二十三条规定的负债定义的义务，在同时满足以下条件时，确认为负债：

（一）与该义务有关的经济利益很可能流出企业；

（二）未来流出的经济利益的金额能够可靠地计量。

**第二十五条** 符合负债定义和负债确认条件的项目，应当列入资产负债表；符合负债定义、但不符合负债确认条件的项目，不应当列入资产负债表。

## 第五章 所有者权益

**第二十六条** 所有者权益是指企业资产扣除负债后由所有者享有的剩余权益。

公司的所有者权益又称为股东权益。

**第二十七条** 所有者权益的来源包括所有者投入的资本、直接计入所有者权益的利得和损失、留存收益等。

直接计入所有者权益的利得和损失，是指不应计入当期损益、会导致所有者权益发生增减变动的、与所有者投入资本或者向所有者分配利润无关的利得或者损失。

利得是指由企业非日常活动所形成的、会导致所有者权益增加的、与所有者投入资本无关的经济利益的流入。

损失是指由企业非日常活动所发生的、会导致所有者权益减少的、与向所有者分配利润无关的经济利益的流出。

**第二十八条** 所有者权益金额取决于资产和负债的计量。

**第二十九条** 所有者权益项目应当列入资产负债表。

## 第六章 收 入

**第三十条** 收入是指企业在日常活动中形成的、会导致所有者权益增加的、与所有者投入资本无关的经济利益的总流入。

**第三十一条** 收入只有在经济利益很可能流入从而导致企业资产增加或者负债减少、且经济利益的流入额能够可靠计量时才能予以确认。

**第三十二条** 符合收入定义和收入确认条件的项目，应当列入利润表。

## 第七章 费 用

**第三十三条** 费用是指企业在日常活动中发生的、会导致所有者权益减少的、与向所有者分配利润无关的经济利益的总流出。

**第三十四条** 费用只有在经济利益很可能流出从而导致企业资产减少或者负债增加、且经济利益的流出额能够可靠计量时才能予以确认。

**第三十五条** 企业为生产产品、提供劳务等发生的可归属于产品成本、劳务成本等的费用，应当在确认产品销售收入、劳务收入等时，将已销售产品、已提供劳务的成本等计入当期损益。

企业发生的支出不产生经济利益的，或者即使能够产生经济利益但不符合或者不再符合资产确认条件的，应当在发生时确认为费用，计入当期损益。

企业发生的交易或者事项导致其承担了一项负债而又不确认为一项资产的，应当在发生时确认为费用，计入当期损益。

**第三十六条** 符合费用定义和费用确认条件的项目，应当列入利润表。

## 第八章 利 润

**第三十七条** 利润是指企业在一定会计期间的经营成果。利润包括收入减去费用后的净额、直接计入当期利润的利得和损失等。

**第三十八条** 直接计入当期利润的利得和损失，是指应当计入当期损益、会导致所有者权益发生增减变动的、与所有者投入资本或者向所有者分配利润无关的利得或者损失。

**第三十九条** 利润金额取决于收入和费用、直接计入当期利润的利得和损失金额的计量。

**第四十条** 利润项目应当列入利润表。

## 第九章 会计计量

**第四十一条** 企业在将符合确认条件的会计要素登记入账并列报于会计报表及其附注（又称财务报表，下同）时，应当按照规定的会计计量属性进行计量，确定其金额。

**第四十二条** 会计计量属性主要包括：

（一）历史成本。在历史成本计量下，资产按照购置时支付的现金或者现金等价物的金额，或者按照购置资产时所付出的对价的公允价值计量。负债按照因承担现时义务而实际收到的款项或者资产的金额，或者承担现时义务的合同金额，或者按照日常活动中为偿还负债预期需要支付的现金或者现金等价物的金额计量。

（二）重置成本。在重置成本计量下，资产按照现在购买相同或者相似资产所需支付的现金或者现金等价物的金额计量。负债按照现在偿付该项债务所需支付的现金或者现金等价物的金额计量。

（三）可变现净值。在可变现净值计量下，资产按照其正常对外销售所能收到现金或者现金等价物的金额扣减该资产至完工时估计将要发生的成本、估计的销售费用以及相关税费后的金额计量。

（四）现值。在现值计量下，资产按照预计从其持续使用和最终处置中所产生的未来净现金流入量的折现金额计量。负债按照预计期限内需要偿还的未来净现金流出量的折现金额计量。

（五）公允价值。在公允价值计量下，资产和负债按照市场参与者在计量日发生的有序交易中，出售资产所能收到或者转移负债所需支付的价格计量。

**第四十三条** 企业在对会计要素进行计量时，一般应当采用历史成本，采用重置成本、可变现净值、现值、公允价值计量的，应当保证所确定的会计要素金额能够取得并可靠计量。

## 第十章 财务会计报告

**第四十四条** 财务会计报告是指企业对外提供的反映企业某一特定日期的财务状况和某一会计期间的经营成果、现金流量等会计信息的文件。

财务会计报告包括会计报表及其附注和其他应当在财务会计报告中披露的相关信息和资料。会计报表至少应当包括资产负债表、利润表、现金流量表等报表。

小企业编制的会计报表可以不包括现金流量表。

**第四十五条**　资产负债表是指反映企业在某一特定日期的财务状况的会计报表。

**第四十六条**　利润表是指反映企业在一定会计期间的经营成果的会计报表。

**第四十七条**　现金流量表是指反映企业在一定会计期间的现金和现金等价物流入和流出的会计报表。

**第四十八条**　附注是指对在会计报表中列示项目所作的进一步说明，以及对未能在这些报表中列示项目的说明等。

## 第十一章　附　则

**第四十九条**　本准则由财政部负责解释。

**第五十条**　本准则自 2007 年 1 月 1 日起施行。

# 参考文献

[1] 王文华等．会计学［M］．上海：立信会计出版社，2010.
[2] 周华．会计学基础［M］．北京：中国人民大学出版社，2020.
[3] 崔智敏，陈爱玲．会计学基础［M］．北京：中国人民大学出版社，2020.
[4] 财政部会计资格评价中心．初级会计实务［M］．北京：经济科学出版社，2020.
[5] 康均．中国古代民间会计的发展．财会学习［J］．2006（10）．